戴逸文集

史论纵横

中国人民大学出版社
·北京·

目　录

写群众的历史　为群众写历史*

1964 年 10 月到 1965 年 6 月，我们中国人民大学历史系中国历史教研室的几个同志，到山西五台县阳白公社李家庄大队参加农村社会主义教育运动，了解到农村中文化生活的一些情况和农民中流传的历史观点、历史知识，对于历史科学怎样为农民群众服务的问题有了一点体会。现在把它写出来，请大家指正。

农村的文化要求

劳动人民是历史的主人，是历史的真正创造者。在阶级社会里，农民用自己的血汗创造了社会物质财富和精神文化财富，但是他们处在被压迫被剥削的地位，没有学习文化的权利。毛主席说："中国历来只是地主有文化，农民没有文化。可是地主的文化是由农民造成的，因为造成地主文化的东西，不是别的，正是从农民身上掠取的血汗。"① 新中国成立后，农民群众在政治上、经济上翻身做了主人，同时，他们也就迫切地要求自己成为文化的主人。从前农村里读书识字的人很少，现在新一代的农村知识青年正在迅速成长，大批复员军人、还乡职工参加了农业生产，有些原来一字不识的农民也经过努力学习摘除了文盲帽子，农村里有文化的人大大增多了。拿李家庄来说，全大队 160 户、550 余人，男女知识青年（小学四年级以上）将近 100 人，复员军人和还乡职工 20 余人，加上识字的中

---

* 原载《历史研究》，1965 年第 5 期。笔名夏芗。

① 《毛泽东选集》，1 版，第 1 卷，39 页，北京，人民出版社，1952。

年老年农民，略有文化的人有 150 人以上，占全村人口 27%。新中国成立以来，我们在农村文化建设方面做了很多工作，但还远远不能满足广大农民日益增长的需要。在社会主义教育运动以前，李家庄只有一个四年制的初级小学；没有文化室、俱乐部和医疗站；大队办公室和小学校里的几份报纸，常常有许多人抢着阅读；书籍也很少，分散在个人手里，不能广泛流通，而且其中还有不少是新中国成立前的旧书；近年来已经加强了农村电影的放映工作，但农民们看电影的次数也还是不多。农闲的时候，或者每天傍晚的时候，经常有许多人挤在一个小窑洞里，听一位老贫农吹唢呐、说故事。这个老贫农是农村的义务乐师，他的“演奏会”几乎每晚举行，风雨无阻，可惜他的乐器仅有一支唢呐而已。农民在一天劳动之余，迫切需要文化生活，可是却缺乏组织、缺乏指导、缺乏必要的书籍和设备。

在社会主义教育运动中，我们帮助农民组织起来，学习毛主席著作，他们的劲头很大。我们又和农民一起建立了文化室，捐赠了 500 多册图书，举办了讲习所、故事会，农民群众非常欢迎。40 天内文化室借书达 1 200 人次，平均每人借了 2 本书。吃过晚饭，小伙子们不愁没处去了，他们相约说：“走！听老李、老尹讲形势、讲故事去。”

农民如饥似渴地要求学习政治、学习文化，农村正在经历一场巨大深刻的社会主义文化革命，5 亿农民群众意气风发、信心百倍，为彻底铲除历史上遗留的文化落后状况而斗争。在这样的形势和要求面前，我们历史科学工作者能不能为农村的文化革命和文化建设贡献自己的力量？历史科学要不要下乡以及怎样下乡为广大农民群众服务呢？

农民喜爱学历史

要回答历史科学要不要下乡的问题，可以先看看农民中有多少历史知识以及流行着什么样的历史观点，他们是否需要和喜爱历史科学，历史知识在他们的生活中能够起什么作用。

农村中流传着许多历史故事和历史传说，农民们非常喜欢听、非常喜欢讲这些故事和传说。历史知识从来就是农村传统文化的一个重要构成部分。农村里有一些能写会算、能说会道的“秀才”，他们往往就是农村的故事员。在出工集合的时候，在地头休息的时候，在夜晚乘凉的时候，这些“秀才”的周围常常跟上一群小伙子、姑娘们、娃娃们，天南地北地开讲起来。讲的人眉飞色舞，听的人津津有味。其中有很大部分讲的是历史故事。在农民看来，能够讲历史故事是知识渊博的一种表现。

我们遇到了几位出色的农村“秀才”，一位是 55 岁的贫农老大爷，他只上过两年私塾，却读了不少旧演义。农民们说他“一肚子两肋巴都装着故事”，而且有讲故事的瘾。他自己说：“一讲起故事，茶也不思，饭也不想了。”全村男女老少都听过他讲故事。另一位只有 21 岁，农业中学毕业，下中农，现任生产队会计。他读的新旧小说很多，本村的书读完了，就跑到邻村去借。我们和他谈了几次，他讲起故事来滔滔不绝，从周幽王烽火戏诸侯说到杨五郎五台山出家，从义和团打洋鬼子说到抗日战争中牺牲的模范治安员。他对历史的细节描绘得非常具体，周幽王的大臣叫什么名字，杨五郎打死韩昌怎样把铁棍打折了，义和团怎样架着光着脚板的五台知县在东冶镇上游街等等；有时候还穿插几句七言诗、西江月（从旧小说里学来的）。尽管他讲的事实有真有假，他的观点有正确的也有不正确的，但是他那过人的记忆力、生动的语言、诙谐的评论，使得我们这些专搞历史的人也听得出了神。

农民们讲的乡土现代革命历史具有很大的真实性和很高的价值。李家庄及其邻村有几位刘胡兰式的和狼牙山壮士式的英雄人物，他们光辉壮烈、可歌可泣的事迹，感人至深，值得历史科学工作者为之立传作赞，大书特书。但是超过乡土的和现代的范围，涉及较远较古的历史，农民们就只有些片断的、模糊的、不确切的印象了。除少数农村“秀才”以外，大多数农民的历史知识是很缺乏的，尤其是妇女和不识字的人更是如此。我们和 4 位女知识青年（都是小学毕业生）谈过，她们知道关公、曹操、包青天、杨五郎、穆桂英等人，但不知道汉武帝、李自成、林则徐、洪秀全。有的回答："只听说过名字，学校课本上也学过，全忘光了。"也有的不知道孙中山是什么人。问她们中国共产党是哪年成立的，先是异口同声地回答1949年。再问时，有人回答："大概是1937年。"

农民群众缺乏科学的历史知识。在农村中流行的故事和传说，大多掺杂着虚构的成分。有的还比较健康，能够反映历史的某些侧面；有的则显然是出自剥削阶级的捏造，包含着严重的毒素。劳动人民创造了历史，但是几千年的封建统治剥夺了农民群众正确地了解自己历史的权利。他们通过迂回曲折的途径，而且常常是通过剥削阶级的欺骗宣传，才能窥见被歪曲了的祖国历史的一斑，也因此在农民纯朴的思想中留下了一些消极、落后、迷信的影响。农村文化革命的深入发展要求涤荡剥削阶级遗留的腥秽，要求澄清反动派对历史的歪曲，使农民的历史知识建立在更确切、更真实可信的基础上。

农民群众对祖国历史具有深挚的感情，他们爱听历史故事，爱读历史书。有一些好学的农村知识青年，他们的求知欲是那样的强烈，什么知识都想学习，但苦于缺乏指导，缺乏书籍。李家庄有一个19岁的小学毕业生，下中农出身，民兵队长的弟弟，家庭经济比较困难，却很爱读书。他从县武装部借到一本《世界现代史讲义》（油印本，300多页），自修了两个月，已经学到1918年德国11月革命一节。他自己还保存着几本书，其中一本是《唐诗合解》，还是乾隆版的线装书，有他自己圈点过的痕迹；另一本是《词林富艳》，是封建文人吟诗作赋的蓝本，都是土改时的遗物。我们问他为什么不买新书读，他有点不好意思地回答说："新书要花钱嘛！"这种贫而好学的精神实在令人感动。

为了加强阶级教育，活跃农村的文化生活，我们一共举办过14次故事会，大部分是讲近代革命斗争的故事。农民们非常欢迎。每逢故事会的日子，南坡的群众提前吃了晚饭，赶到北坡来听讲。屋子里挤满了人，来迟了的挤不进去，就站在窗外听。群众反映：听革命历史故事，“既受教育，又听着红火（生动热闹的意思）”。群众常常向我们探询，哪一天开故事会。邻村听到我们这里讲革命历史故事，也邀请我们去讲了两个晚上。

我们还买了一批通俗历史读物，借给农民读。这本来是为了征求他们的意见的，不料有一个青年第一天借了一本《鸦片战争》（工农通俗文库），一口气就读完了。他称赞这本书有头有尾，一连几天向我们借书读。

这些现象使我们既兴奋又惭愧。我们过去对农村的文化工作做得太少了，不了解农村的情况和农民的要求，甚至以为农民不喜欢学历史，不能接受科学的历史知识，这些错误想法必须彻底纠正！历史科学工作者应当深入农村，把农民口头流传的阶级斗争史集中起来，去粗取精，作为阶级教育的教材；并把科学的历史知识送到农村，让广大农民群众了解自己历史的真面目，在汹涌澎湃的农村文化建设的洪流中贡献我们的力量。

农村文化建设的一个侧面

现在，各地农村正在掀起学习毛主席著作的热潮，这是提高农民政治思想水平，促进农村阶级斗争、生产斗争和科学实验三大革命运动的最主要的途径。围绕着毛主席著作的学习，文化教育方面的各行各业应当紧紧跟上，满足农民群众广泛的、多方面的需要。在这场农村的文化建设中，历史科学作为一个方面军，应该而且可以发挥它的战斗作用。

历史科学通过事实陈述达到规律性的认识，这个特点和农民的认识方法很相近。单纯而朴素的农民群众不容易理解名词、概念、原理之类抽象的东西，而习惯于从生动、具体、明确的事实中接受某种观点和某种看法。因此，那些历史故事和传说曾经是农民智慧的重要来源之一，他们从中学到了待人、接物、处事的态度和方法，农民自己在说明一个道理的时候，也往往更多地借助摆事实的办法，很少做长篇的议论分析。在一次会议上，我们听一个贫农（文盲）讲了一个中山狼的历史寓言，来说明对假装老实的反革命分子要保持警惕。他讲得虽然不很确切，不少地方加枝添叶，但却很生动，有声有色，狼的残忍本性和东郭先生的迂腐愚蠢被他描绘得淋漓尽致。这个发言紧紧扣住了听众的心弦，它没有很多议论，却透彻地阐明了加强无产阶级专政的必要性，具有很大的说服力。

历史知识潜移默化的教育力量是相当强大的，农民在听历史故事、读历史书的同时，不知不觉地在陶冶自己的品质。革命的历史故事给人以鼓舞和推动，而反动、淫秽、不健康的历史故事则给人以消极恶劣的影响。我们在前面提到的那位爱读书善讲故事的青年会计，他跟我们谈到李自成的失败时说："李闯王很爱士兵，有一天闯王问士兵过什么日子最快乐，士兵们回答过年最快乐。于是闯王就让全体士兵天天过年，饮酒吃肉，不几天就把粮食吃光了。士兵们滋长了贪图享受的思想，也不再想打仗，结果就失败了。"这位农民最后还发表他的感想说："家业再大也不能讲浪费图舒服，领导国家是这样，领导一个生产队也这样。"这个故事虽然史籍无征，但却包含着生活的真理，它不借助任何复杂的概念，但却培育了农民刻苦勤俭的美德。

但是，不健康的历史故事也对农民的思想产生了有害的影响。这位青年农民跟我们谈到生产队里干群不团结的问题时讲了一个朱元璋的故事。他说："朱元璋炮打庆功楼，把功臣都杀光，就是听了皇后马娘娘的话。后来朱元璋听说某地有一个五世同堂、百余口人的大家庭，日子过得挺和睦，就把那家的家长找来，问他这么多的人一起生活，怎能过得这样和睦？那个家长回答说，'事无巨细不听妇人言'，于是朱元璋才醒悟过来。"这位农民的结论是："生产队也往往是给多嘴饶舌的妇女搅坏了。"这个历史故事不但灌输了歧视妇女的落后观念，也妨碍了农民找到生产队里不团结问题的真正根源。

革命和反动、正确和错误，两种历史故事和历史传说都在农村流行，这是农村文化生活的现实。马克思列宁主义的历史科学如果长期不下乡，如果不去占领农村的阵地，那么，包含着资本主义与封建主义毒素的历史知识和历史观点就仍然要谬种流传，继续腐蚀农民群众的思想。事实上，农村中确有个别人还在那里嘘其余焰，农村青年爱听故事，他们就投其所好，大讲神仙鬼怪、孝子忠臣；农村青年爱读书，他们就拿出荒唐淫秽的旧小说给这些青年看。青年们读了这些书，产生了一些消极的思想。有的农民受了“分久必合，合久必分”的历史循环论的影响；也有的农民很称赞“人生在世如蜉蝣，争名夺利几时休。成败万事总由天，费尽心机亦枉然”的诗句。李家庄以前有一个反动道首，常讲些阴风森森的故事，吓得胆小的人夜间不敢出门；他还和历史上的大汉奸吴三桂攀上了亲戚，他写的反动歌诀里还说什么“三桂爷，奉天命，下凡报仇。不办道，不领法，不能存留”等等。对于他们散布的反动观点必须通过思想斗争来加以清除。

历史科学是党在文化战线上向劳动人民进行政治思想教育的有力武器。历史科学工作者应当是生气蓬勃的革命战士，应当写出适合于农民需要的科学的历史，特别是“四史”和近现代革命史，宣传无产阶级的革命的、科学的历史观点，批判地主阶级和资产阶级的反动、淫秽、有毒的观点，在农村的文化建设中贡献出自己的力量。

为谁写和写什么

历史科学，也如哲学社会科学的其他学科一样，只有适应时代的需要，和广大人民群众相结合，才能发挥积极的作用，变成物质的力量，使得对于既往历史的研究成为推进未来历史发展的工具。当然，为了达到这个目的，两方面的工作都是重要的：既要有普及基础上的提高，又要注意到在提高指导下的普及。

新中国成立以来，历史学界在历史知识的普及方面做了一些工作。近年以来，又出版了大量的“四史”专著和单篇文章。但从广大农村的需要来说，还是远远不够的。我们在李家庄住了半年多，连一本“四史”和通俗历史读物也没有看见，只发现一本《太平军在永安》和一本《世界现代史讲义》，而这两本书又都是教学用书，带有专门研究的性质，不适于农民阅读。周围几个村庄的情况也是一样。我们又在县城和几个市镇上进行了解，历史书籍（包括“四史”在内）一般都很少。农村和一些城镇中非常缺乏适合农民阅读的历史书籍，这是历史科学工作者应当极端重视的问题。

农村是各行各业人才广泛活动的园地，为农民服务，这是社会主义革命之必需。我们应该下定决心，为农民写出好的历史作品。毛主席说：“一切进步的文化工作者，在抗日战争中，应有自己的文化军队，这个军队就是人民大众。革命的文化人而不接近民众，就是‘无兵司令’，他的火力就打不倒敌人”①。历史科学工作者只有遵循毛主席的指示，在最广大的农民中集结起自己的文化军队，才能真正发挥出战斗作用。

怎样才能写出适合农村需要的历史作品？关键还在于历史科学工作者自身的思想革命化。和贫下中农交知心朋友，学习劳动人民的高贵品质，使我们的思想感情和农民息息相关，这样，写出来的作品才能立场鲜明、思想性强、通俗生动，为广大农民群众所欢迎。毛主席说：“要使自己的作品为群众所欢迎，就得把自己的思想感情来一个变化，来一番改造。没有这个变化，没有这个改造，什么事情都是做不好的，都是格格不入的”②。

为农民写历史，首先应当写农民自己的斗争史。占人口绝大多数的农民群众是几千年来历史舞台上的主角，历史科学当然要反映和讴歌农民群众创造历史的丰功伟绩。历史学界的确也很重视农民战争史的研究，但是农民战争的史料较少，而且几乎全是剥削阶级遗留下来的充满诬蔑歪曲的记载，如果只在这样的史料堆里兜圈子，我们是很难探索到历代农民战争的真相的。要深入理解农民战争的历史，就必须深入农村，调查农村的现状和过去，了解农民的生产

---

① 《毛泽东选集》，1版，第2卷，668页，北京，人民出版社，1952。
② 《毛泽东选集》，1版，第3卷，803页，北京，人民出版社，1953。

和生活状况，体会他们的思想、感情和要求。流不尽的血泪、诉不完的苦难、扑不灭的仇恨，这一切，正是一次又一次地开动了历代农民战争的发条。要抓住这根历史的发条，就只有到农村去，和农民同命运、共呼吸，做深入的调查研究，此外别无捷径。

就在李家庄这个偏僻的小山村里，我们听到了许多极富教育意义和历史价值的传说：几百年前，有两户农民怎样迁移到这里，他们的汗水滋润了这片土地，辛勤地抚育起附近的山村；清朝初年爱国志士傅山的朋友张黄楚怎样在这一带组织起义，又怎样被清兵击破；若干年前，某村的大恶霸向李家庄勒索银米不遂，怎样一把火把全村化为灰烬，至今有些农民仍被迫在山沟窑洞里存身。特别是在抗日战争和解放战争时期，活在农民记忆里的事件和人物更加丰富具体，神采奕奕。抗日战争时期，有几位民兵在附近山头上和日寇浴血搏斗，剩下最后一个人，他拉响了一颗手榴弹和敌人同归于尽，这位大无畏的战士就是本村贫农团长的儿子；邻村的治安员被敌人绑在树上，被用锥子遍刺全身，血流如注，但他坚强不屈，骂不绝口，直到流尽最后一滴血；在阎匪军对石村的一次大屠杀中，本村的前支部书记率领十几位民兵机智地摆脱了敌人的追击，冲出了包围圈；还有一位本村的武工队员赤手空拳被困在斗室里，和阎匪军官展开了一场夺枪大战。听了这些传奇式的真人真事，我们仿佛回到了烽火连天的斗争岁月，一幅又一幅群众斗争的光辉画面展现在眼前。农民群众没有读过历史学家的论文，他们从自身最切近的斗争历史中受到了教育，吸取了前进的力量；但历史学家却对群众的斗争史知之甚少，类似这些可歌可泣的生动史实还被排除在史册之外。

目前各地正在展开群众性的编写“四史”的运动，这是人民群众伟大的自我教育运动，同时也为历史研究开辟了一个宽广的新天地。历史科学工作者应该积极投身到编写“四史”的运动中去，认真改造自己的立场、观点、方法，全心全意帮助群众续起红色的家谱，让群众的革命英雄主义广泛传布，成为鼓舞全体人民的巨大力量。

当然，写“四史”，写群众近现代革命斗争史，并不排斥我们为农民创作其他历史作品。我国人民以自己悠久的革命传统和丰富的历史遗产而自豪。历史上阶级斗争和生产斗争的经验教训可以作为今天的借鉴。农民群众喜爱学习祖国历史，希望弄清剥削阶级对古代历史的歪曲，以利于摆脱旧思想、旧观点的影响。同时，他们还有了解世界历史、吸取世界人民斗争经验的愿望。只要我们坚持古为今用的方针，引导农民向前看，使历史科学密切地结合现实斗争，那么，古代的和世界的人民革命的历史就能够成为推进农村文化建设的巨大力量。

历史科学怎样进入农村

历史科学工作者有了为农民服务的决心，还需要解决怎样服务的问题。如果只有一片服务的好心肠，而没有好的服务手段和方法，写出来的东西不合农民的胃口，不为农民所欢迎，那么“为农民服务”就是一句空话。

毛主席说：“共产党员如果真想做宣传，就要看对象，就要想一想自己的文章、演说、谈话、写字是给什么人看、给什么人听的，否则就等于下决心不要人看，不要人听。”① 这个宣传的对象决定了我们所应采取的宣传形式和宣传方法，因此对宣传对象必须下一番调查、研究、分析的功夫，努力去了解他们，熟悉他们。我们只有真正熟悉、了解、懂得农民的思想感情、文化水平、生活环境、风俗习惯、兴趣爱好等，才能写出农民所需要的和易于接受的东西。

我们在李家庄分发了一批通俗历史读物（其中包括中国和外国历史小丛书、历史故事、中国历史常识、工农通俗文库等），请农民阅读，征求他们的意见。他们从来没有看到过这种新书，表示很欢迎。有的农民说：“这些书有头有尾、有眉有眼、有根有据。”（意即系

---

① 《毛泽东选集》，1版，第3卷，793页。

统、清楚、真实）有的农民说："旧小说拿迷信欺骗我们，这些书拿政治教育我们。"但是，他们也提出了很多意见，看来现有的通俗历史读物还不完全适合农村的需要。他们的意见归纳起来有三个方面。

第一，情节不够生动。不少农民反映通俗历史读物"不红火"（不热闹），有些书里"没有人"（指史话一类），有些事"写得太简单"，"读着没意思"。农民们读这类书都是在劳动之余，希望得到休息，针对这种情况，我们应当在生动活泼的形式中展开历史教育，拿娓娓动听的情节吸引他们。历史科学不是文艺作品，当然不允许随意虚构，但却应当尽量写得像文艺作品一样生动可读，应当十分讲究题材的剪裁、人物的描写、场面的烘染。不讲究剪裁，什么都想往里塞，是不会受欢迎的；对人物和场面平铺直叙、苍白无力，也是不会受欢迎的。一部好的通俗历史读物，可以是而且应当是一部好的文学作品，它不但要说服人，而且要感动人。《三国演义》之所以在农村广泛流行，就在于它情节生动。历史本来是无限生动的，但到我们手里往往把它弄得干巴巴了，这是我们的过错。我们觉得，如果把历史谱成演义，使它既有生动丰富、扣人心弦的情节，又有发人深思的教育意义，那么这就不失为一种可以尝试的方法。

第二，语言文字不够群众化。农民对某些通俗读物的反映是"看不懂"，"字认得，不知讲个甚"，希望"通俗更通俗，易懂再易懂"。这里面有两个问题：一个问题是难字难句、名词术语、人名地名（特别是世界史）太多，文章半文半白、半中半西，农民不容易懂；另一个问题是有些书带有浓厚的"学生腔"，表达的方式和农民不一样，他们看不惯。这两个毛病都妨碍我们接近农民。毛主席再三要我们学习人民的语汇，他说："人民的语汇是很丰富的，生动活泼的，表现实际生活的。我们很多人没有学好语言，所以我们在写文章做演说时没有几句生动活泼切实有力的话，只有死板板的几条筋，像瘪三一样，瘦得难看，不像一个健康的人。"① 我们听了农民讲的一些故事，他们的语言的确生动简洁、富有风趣，说得入骨三

① 《毛泽东选集》，1版，第3卷，794页。

分。我们确实应当老老实实地做个小学生，认真地向农民学话，再拿到农民中去运用，这样才能把一件事、把一个思想说到农民的心坎上。

第三，选题缺乏针对性。有些农民反映通俗历史读物里写的人物、事件，他们大多不知道，而他们熟悉的人物、事件，书里又没有。譬如，这里距北宋名将杨业的故乡很近，邻村大多姓杨，他们自然而然很关心杨家将。他们不了解为什么历史书里不写杨家将，也不知道自己关于杨家将的知识是不是真实的。农民希望复习和验证自己已有的历史知识，并在这个基础上扩大知识领域。如果整本书全是陌生人、陌生事，一大堆人名、年代、地名，整套的分析说理和冗长的历史过程，一阵倾盆大雨，农民是要摇头的。我们应当尽量结合农民已有的知识和存在的问题来进行历史教育。譬如，我们是不是可以讲讲杨家将的故事，给农民分清其中虚构的方面和真实的方面，再联系讲一些宋辽斗争的历史？这样，也许更容易受到农民的欢迎。《中国历史常识》这本书里，有一些是用民间熟知的历史成语为题目（如“卧薪尝胆”“班门弄斧”“风声鹤唳”等）而编写的小故事，讲讲这些成语的意义和来历，逐渐引导到故事的展开，这种方法是较易为农民群众所欢迎的。

此外，历史知识的普及还可以采用连环画、故事会、幻灯、科教影片等手段，创造一些普及历史知识的新途径。

历史科学怎样下乡？这不能单靠头脑的想象，而是要在实践中摸索。重要的是历史科学工作者必须亲身熟悉和了解农民，反复实践，不断总结。办法是从实践中来的。如果我们真正放下架子，到群众中去，诚恳地向农民学习，诚恳地为农民做事，那么经过一段时间，我们一定能够积累起普及科学历史知识的好经验和好办法。农村的各个方面都将一日千里地进步，几千年来农村文化的落后状况将一去不复返，让我们历史科学工作者把自己的力量和智慧贡献给农民群众、贡献给伟大的社会主义事业吧！

实事求是　勇于创新*

马列主义、毛泽东思想是真理。追求真理就是实事求是。真理是要向前发展的，在实践中不断地丰富和完善。历史科学就是要在马列主义、毛泽东思想的指导下，不断前进，勇于创新，超越前人的成果，对历史做出越来越合乎实际的理解和判断，为无产阶级的革命事业服务。必须反对一成不变、因循保守，反对在只言片语中讨生活。实践是最有权威的，理论必须从实践中来，再回到实践中去，接受实践的检验。在历史研究中，就是要占有丰富的实际材料，用马列主义的立场、观点、方法进行分析研究，而不能从抽象的原则出发，不能受框框的束缚。恩格斯说："原则不是研究的出发点，而是它的最终结果；这些原则不是被应用于自然界和人类历史，而是从它们中抽象出来的；不是自然界和人类去适应原则，而是原则只有在适合于自然界和历史的情况下才是正确的。这是对事物的唯一唯物主义的观点"①。

任何有成就的思想家、科学家都能倾听实践的呼声并富有创造精神。司马迁写《史记》，总结了大量的实际材料，进行创造性的劳动，不但思想是新颖的，而且风格、体裁、语言也是新颖的。大科学家哥白尼、伽利略都是在无数次科学实验中创立和验证了自己的理论，并且勇于为科学献身，不顾教会和官方的禁令与阻挠，才把科学推向前进。毛泽东思想就具有创新精神。过去的一些机会主义者、教条主义者都是理论上的侏儒，只会躺在马克思主义的书本上，寻章摘句，凡是马克思、列宁说过的话，不敢越雷池一步。他们在

---

* 原载《历史研究》，1978年第8期。

① 《马克思恩格斯选集》，1版，第3卷，74页，北京，人民出版社，1972。

马克思、列宁的书里找不到农村包围城市、革命根据地、统一战线等思想和词句，就不承认毛泽东的伟大创新，讥讽毛泽东思想是“山沟沟里的马克思主义”。但是，革命的实践证明：正确的不是无视实践而只会引经据典的机会主义者、教条主义者。

在历史学界，也存在着不从历史实际出发而从只言片语出发来研究历史的情况。发言写文章，瞻前顾后，谨小慎微，力求稳妥，一个论点总要寻找经典著作上的某句话作为护符，似乎这样做就能证明论点之“正确”，就能保证不犯错误。这种态度是和实事求是、勇于创新的精神背道而驰的。

人类历史的发展无限生动、无限丰富。马列主义、毛泽东思想是我们研究历史的锐利武器，使我们在错综复杂的历史现象中不至于迷失方向。我们一定要坚持马列主义、毛泽东思想的原则。但是，革命导师们并没有也不可能对无限丰富、错综复杂而又不断发展着的人类历史做出现成的结论，大量的、艰苦的工作应该由后人承担。马列主义、毛泽东思想为历史研究开辟了无限广阔的道路，却并不是穷尽和结束了历史研究工作。革命导师们总是实事求是、十分谦虚的。恩格斯晚年对俄国问题已深有研究，但他说：“至于我，对俄国现状知道得太少，不能冒昧地对那里在某一时期所应采取的策略的细节作出判断。……而这是得出肯定意见的必不可少的条件。”① 他殷切地期望俄国青年研究俄国的情况，把马克思的理论“应用于本国的经济条件和政治条件”，而并没有做出现成的结论，发布策略指示。

有时候，革命导师就某个具体的历史问题的某个侧面讲过几句话，发表了一些意见，我们当然必须认真领会和学习。但是，有人却不正确地以为这就是不可移易的金科玉律，似乎整个复杂的历史问题就全面解决了，以后只要翻来覆去地引用这些话就行了，没有什么再可分析、再可研究的了。甚至把这些话发挥引申，应用到别的历史问题、历史人物上，胡乱地套用。例如：毛泽东写了“不可

---

① 《马克思恩格斯选集》，1版，第4卷，450页，北京，人民出版社，1972。

沽名学霸王”的著名诗句，意思是说项羽对敌手刘邦太手软。毛泽东从这个典故中总结了历史经验，来阐明我们必须把革命进行到底的道理，但并不是对项羽的一生做出了全面的评价。又如，毛泽东评论《水浒》，批评宋江是投降派，这明明是指小说中的宋江，而有人认为历史上的宋江也一定是投降派。谁如果说历史上的宋江并不是小说中的宋江，历史上的宋江并没有投降，那就如同犯了弥天大罪，被认为是反对毛泽东思想，替投降派辩护。其实，历史上的宋江是否投降了，这是可以研究、可以讨论的学术问题，可以根据史料，各抒己见。又如，毛泽东谈到太平天国革命的领导者李秀成，批判了李秀成被俘以后在亲笔供词中所表现的思想情绪。在这里，毛泽东并没有对李秀成的全部活动做出分析、评论，但有的人却说李秀成在革命前期就在搞投降，一贯地仇恨革命，破坏革命，把李秀成在被俘以前的一些重要功绩、正确主张全都说成错误和反动，这难道是实事求是的态度吗？历史人物，谁有幸被认为代表正确路线，就一切都正确，连错误也变成正确，谁不幸被认为代表错误路线，就一切都错误，连正确也变成错误。似乎研究历史只要有两个标签就行了，一个是“正确路线”，一个是“反动路线”，稀里糊涂乱贴一气，不必钻研大量材料，进行具体分析。于是历史事实被歪曲，是非被颠倒。这种引证只言片语，加以引申推广、胡乱搬用的研究方法，不但糟蹋了历史科学，也糟蹋了马列主义、毛泽东思想。

“文化大革命”中中国历代的农民战争史被歪曲得最混乱不堪，他们先验地定下了评价历史上农民革命领袖的框框，以代替对复杂情况的具体分析。按照似是而非的简单逻辑：凡是受过招安的、闹过内讧的或者发生转变、当上了皇帝的都是背叛了农民革命，都是叛徒、野心家、阶级异己分子，都要从农民革命队伍中开除出去。这样一来，历史上许多农民革命领袖就被肆意否定了。例如，太平天国革命前期，有洪秀全和7位封了王的著名领导人，其中两人（冯云山、萧朝贵）早死，5人（杨秀清、韦昌辉、石达开、秦日纲、胡以晃）被否定，太平天国前期的领导人就只剩下洪秀全一个人。

与太平天国革命同时的许多次农民起义和抗清斗争，其知名领导人如张洛行、宋景诗、杜文秀、张秀眉也被否定。推而广之，中国农民战争史上的大批领导人也遭到同样的命运，毛泽东在《中国革命和中国共产党》中曾指出我国历史上有过许多次农民起义，并列举了12个农民起义的领袖，即陈胜、吴广、项羽、刘邦、李密、窦建德、王仙芝、黄巢、宋江、方腊、朱元璋、李自成，其中有半数被否定，被戴上复辟派、儒家、叛徒、阶级异己分子、野心家、阴谋家、新生地主分子等帽子。

中国人民有英勇斗争的传统。两千多年来，被压迫的农民群众奋起反对封建地主阶级的统治，谱写了光辉灿烂、可歌可泣的历史篇章。难道伟大农民革命的发动者、组织者、领导者大多数是坏蛋？这种要打倒大批农民革命领袖的做法究竟有多少根据？

当然，历史上的农民革命领袖不可避免地会犯这样那样的错误，有的还犯有严重的原则性错误，对他们实事求是地进行分析、批判是完全必要的。有些史学工作者根据史料，对某些农民革命领袖的功过有不同的评价，有的失之过高，有的失之过低，因而展开争论，这是学术研究中的正常现象，问题并不在于这些。问题是：为什么把许多农民领袖扫出了农民革命的队伍？是不是发现了什么新史料必须对大批农民革命领袖重新做出评价？显然不是。是不是从前的评价都违反了历史唯物主义？显然也不是。因为连毛泽东在40年前所列举的农民革命领袖也被打倒了半数。

这股打倒历史上农民革命领袖的歪风，其风源盖出于影射史学。我们应当拨乱反正，实事求是地为许多农民革命领袖恢复名誉，恢复历史地位，还历史以本来面貌。

农民革命推动了封建社会历史的前进。历史上的农民群众受地主阶级的压迫和剥削，奋起反抗，他们的英勇革命精神应该得到充分的歌颂赞扬。但是，农民不是无产阶级而是小生产者、小私有者，他们和封建的生产方式相联系，因此，有其落后的一面。马克思主义者对事物总是抱着一分为二的分析态度，农民革命领袖的优点与弱点、功绩与过失正是农民的阶级地位造成的。农民群众在发动伟大革命的过程中常常伴随着许多落后的东西，如宗教迷信、享乐腐化、分散主义、内讧争权、互相吞并，在革命行将失败的时候，又看不见斗争的前途，失去信心，不再继续革命，甚至常常蜕变堕落。发生在农民领袖身上的种种严重弱点并不是偶然的，是农民由于阶级局限、思想局限，不可能从根本上抵制坏思想、坏风气的侵蚀而导致的后果。作为无产阶级的历史科学工作者在歌颂农民伟大革命作用的同时，当然应该揭露和批判农民领袖的种种弱点，从中吸取教训。但不能因其犯有过失甚至罪行而将他们一笔抹杀，驱逐出农民的队伍。一切事物都是对立的统一体，美的东西和丑的东西常常互相联系而存在。如果把历史看得那么单纯，好就是绝对的好，一切都好，坏就是绝对的坏，一切都坏，那是僵化的形而上学观点。

洪秀全发动和领导太平天国运动，当然具有不可磨灭的功绩，但由于农民阶级的局限性，也存在许多错误和缺点，如宗教迷信思想，任人唯亲倾向，最后死守南京的战略错误等。对这些缺点和错误进行认真的分析研究，从正反两方面总结农民革命的经验教训，这是历史科学的重要任务之一。谁都知道，革命的成败与革命领袖能否实行正确的领导是有很大关系的。如果洪秀全是十全十美的人，那么太平天国最后失败岂不成了不可理解的事情？

无产阶级的革命导师对历史上的农民阶级和农民战争做了正确精辟的分析，应该是我们研究农民革命和评价农民领袖的典范。恩格斯在《德国农民战争》一书中满腔热情地赞扬了16世纪德国农民阶级的革命起义，但又毫不隐讳地指明了农民阶级的种种弱点。毛泽东在《中国革命和中国共产党》中说："中国历史上的农民起义和农民战争的规模之大，是世界历史上所仅见的。在中国封建社会里，只有这种农民的阶级斗争、农民的起义和农民的战争，才是历史发展的真正动力。"同时也指出：由于没有无产阶级的领导，"当时的农民革命总是陷于失败，总是在革命中和革命后被地主和贵族利用了去，当作他们改朝换代的工具"。古代农民战争的最后结局，不是被残酷地屠杀、镇压，就是溃散或被统治阶级所收编。汉光武帝刘秀曾收编了大批铜马和赤眉的起义军，刘秀被称为"铜马帝"；曹操收编过大批黄巾军；李世民收编了大批瓦岗军，唐初著名的将相李勣、魏徵、秦叔宝、程知节都曾是瓦岗军的领导人；太平天国失败时，几十万西北的太平军披星戴月，赶来救援天京，听到天京失陷的消息，顿时军心瓦解，大批太平军放下了武器。这种现象在农民革命的历史上难道还少见吗？如果不对复杂的历史现象进行具体分析，而是拿一个先验的框框生搬硬套，岂不是要把大批农民领袖和农民群众全都打成叛徒？

隋末的李密，出身于贵族，参加瓦岗寨农民起义军后内讧争权，杀死领导人翟让，后来又归降李世民，这是尽人皆知的事实。李密一度领导了瓦岗军，有杰出的政治和军事才能，在推翻隋王朝的战争中起过较大的作用，具有较大的影响。人是会发展变化的，在一定条件下可以从坏变好，也可以从好变坏，不能因为他最后干了坏事而把他以前干的好事一概抹杀，甚至把以前的好事也硬说成坏事。这不是实事求是的态度，不是辩证的、发展的观点。

同样，对项羽、刘邦、王仙芝、宋江、杨秀清、石达开、李秀成以及其他人物都应根据大量材料，做具体的分析。

从历史实际出发进行具体分析，不像引证个别词句那样容易、那样保险，而是很艰苦细致的工作，还可能发生错误。科学研究是为了探索真理，当然不会那样容易，也难免发生错误，有了错误就改正，并没有什么可怕。怕犯错误就不可能前进，不可能创新，不可能对人类有所贡献。人们认识真理，不会一下子就穷尽、完成，总有一个反复修改、不断充实发展的过程。郭沫若对历史科学的发展做出了重大贡献。他一生的研究工作就是不断探索、不断前进、不断创新的过程，如对于中国古代史分期问题就经过了多次修改而愈趋于充实。20 世纪 30 年代，郭沫若写《中国古代社会研究》，把古代史分期放在西周和东周之间；40 年代写《十批判书》，放在秦汉之际；50 年代写《奴隶制时代》，又放在春秋战国之际，而且具体确定在公元前 475 年。在古代史分期问题上，郭沫若不断前进，勇于创新，根据新掌握的实际材料，改变自己已形成的结论而不被任何框框所束缚，他的古代史分期意见也越来越趋于充实、合理。我们是不是可以在郭沫若已达到的基础上继续前进，进行第四次创新？

当然可以，而且应该鼓励、提倡。开展学术上不同意见的讨论，才能促进科学的发展。

创新必须实事求是，而不是飘在空中，随心所欲，异想天开。马克思主义的创新是尊重实践，从实际出发，理论联系实际；是实事求是，从实际中来，到实际中去。实事求是的思想是我们的世界观、方法论，是马克思主义创新的基础和出发点。

我们应该树立实事求是、勇于创新的好风尚，要有抱负，有勇气超越前人的成就，攀登科学的顶峰。我们的时代是革命变革的伟大时代。史学工作者要研究和总结这一伟大时代的历史，就不能只躺在马克思主义的书本上，不能满足于寻章摘句，简单地照搬、照抄、照转，而要运用马克思主义的观点、方法，研究丰富生动的实际，开动脑筋，解放思想，用我们全部的才智、精力创造性地发展马克思主义的历史科学。我们要无愧于这个伟大的革命时代，不辜负人民群众和党中央对历史科学工作者的殷切期望。

关于历史研究中阶级斗争理论问题的几点看法*

粉碎“四人帮”已经3年多了。我们整个思想界包括历史学界，面貌大大改观，出现了新气象，积极性被调动起来了，思想大大活跃了。确实是一片大好形势，前途大有可为。特别是1978年以来，全国展开了“实践是检验真理的唯一标准”的讨论，影响很大。这次讨论提出了一系列重大的理论问题，批判了林彪、“四人帮”的谬论，正本清源，拨乱反正。讨论十分热烈，很有成效。讨论中提出的一些重大的理论问题，同我们历史学界是息息相关的。现在，我就历史研究中的阶级斗争理论问题，谈几点看法，不一定正确，如果说错了，请大家批评。

列宁说过，阶级斗争理论是马克思主义最基本的东西。这个理论是指导我们进行历史研究的思想武器。过去，由于林彪、“四人帮”的干扰和破坏，由于我们马列主义、毛泽东思想水平不高，尽管我们也经常讲阶级斗争，但是讲的不一定都是马克思主义的阶级斗争理论，对阶级斗争的理解不一定正确或不一定完全正确。这一点，在我们实际工作当中表现得比较明显。对于阶级斗争，毛泽东在1957年2月发表的《关于正确处理人民内部矛盾的问题》一文中，有这样一个为我们大家都很熟悉的论断：“革命时期的大规模的疾风暴雨式的群众阶级斗争已经基本结束，但是阶级斗争还没有完全结束。”这个论断是完全符合我们当时的实际情况的，是完全正确的。但是，在实际工作中，人们对毛泽东思想的理解恐怕就不是那

---

* 原载《社会科学研究》，1979年第2期。是作者1979年在四川成都社会科学规划会议上的发言。

么深入，在实践中也没有真正遵循这个正确理论，而是连续搞疾风暴雨，搞了很多政治运动。对阶级斗争和敌情，估计得十分严重。这样，打击面就宽了，没有正确区分和处理两类不同性质的矛盾，在一些政治运动中误伤了好同志。同时，我们对阶级斗争的理解不完全符合马列主义、毛泽东思想，给我们的工作带来了很大的损失。

阶级斗争理论上的这种“左”的情况，在我们历史研究中是不是存在，是不是也反映到我们历史学界？这是我们应当认真考虑的。林彪、“四人帮”出于篡党夺权的反革命需要，首先是从史学界开刀的。同志们记得很清楚，“文化大革命”一开始就是批判《海瑞罢官》，打击和陷害吴晗、邓拓、翦伯赞等同志。这是记忆犹新的。提起这些冤狱，我们无比痛心，义愤填膺。血的教训，我们是不能忘掉的。但是，林彪、“四人帮”为什么能够在一段时间里这样横行霸道，欺骗、蒙蔽那么多的群众？这恐怕是因为我们的马列主义水平不高，对阶级斗争的理解不完全正确，有片面性、绝对化，不符合马列主义、毛泽东思想。林彪、“四人帮”正是利用了这一点，在全国煽起了“怀疑一切、否定一切、打倒一切”的极左思潮。同志们都亲眼看到，这使得我们的党和国家遭受了多么大的损失，使我们的学术界、文化界遭受了一场怎样的毁灭性浩劫。

同志们，要总结新中国成立30年我们的历史研究和历史教学工作，我看对一些理论问题理解得是否正确，应该是首先要总结的一条。因为理论是研究工作的指导思想，如果指导思想不完全正确，那么研究和教学工作就会走弯路，甚至会误入歧途。应该总结的理论问题是很多的，今天，我想着重谈谈自己在阶级斗争理论问题上的一些体会。

过去很长一段时间，由于对阶级斗争理解得不完全正确，孤立地突出阶级斗争，脱离开生产和经济发展而片面地强调了阶级斗争，片面地强调了农民战争的作用。我们的历史研究工作中是不是有这样一个问题，提出来和同志们共同探讨。

把阶级斗争、农民战争当作推进历史的唯一动力，甚至用农民战争解释一切、代替一切。有的地方讲课时，不讲全部历史、通史，只讲农民战争史，用农民战争史代替整个通史。当时还有种种提法，如“用农民战争打头”“用农民战争分期”，等等。很多提法和意见，值得我们回过头来考虑。

我首先要说明一点，我们应当充分地肯定、热情地歌颂农民战争，歌颂古代劳动人民反抗压迫的斗争。但是，历史研究的任务，并不仅仅是对某种历史现象做一些赞美和歌颂。历史研究的任务，是要对历史现象做科学分析。历史内容是生动丰富的：有阶级斗争、生产斗争、民族斗争；也有思想文化的发展，科学技术的发展；还有政治制度和法律制度的演变，统治阶级内部的斗争；等等。历史现象非常丰富，错综复杂，互相影响，互相制约。当然，在阶级社会中，阶级斗争是主要线索，我们应当牢牢地把握这条主要线索。但是，阶级斗争并不是唯一的历史内容。社会的基本矛盾，是生产力和生产关系、经济基础和上层建筑的矛盾。这是历史唯物论的一般常识。阶级斗争只是体现了这些矛盾，并受社会基本矛盾所制约。阶级斗争不能代替或者取消社会的基本矛盾。孤立地突出阶级斗争，并不能帮助我们弄清楚阶级斗争。当然，阶级斗争对各种历史现象产生了深刻的影响，使它们都带上阶级的烙印。但是，同时我们不能用阶级斗争代替一切，用农民战争史代替整个封建社会的历史。这是不妥当的，这是以偏概全。

中国封建社会的历史长达两三千年。但是，说得上是大规模的农民战争的，也不过是一二十次。每次时间短则几年，多则十几年。农民和地主的矛盾是经常存在的，是普遍的。但是，农民战争——农民斗争的高潮，在整个封建社会的历史中是短暂的。加在一起——如果能够加在一起的话——也不过两百年时间。怎么能用不到两百年的农民战争代替长达两三千年的封建社会历史？这样，势必使丰富复杂的历史内容简单化。

还有，把农民战争当作历史发展的唯一动力，我对这一点是表示怀疑的。这种意见表面上似乎重视阶级斗争，实际上具有很大的片面性，在理论上是缺乏根据的，在历史实际中也是解释不通的。从人类社会存在以来，无论何时，生产活动总是首要的活动，生产斗争是推进社会历史的强大动力。如果生产活动停止下来，社会不要说什么发展、前进了，就连存在一天都不可能。这一点，马列主义经典作家是讲了很多的。恩格斯曾说："用'历史唯物主义'这个名词来表达一种关于历史过程的观点，这种观点认为一切重要历史事件的终极原因和伟大动力是社会的经济发展、生产方式和交换方式的改变、由此产生的社会之划分为不同的阶级，以及这些阶级彼此之间的斗争"①。斯大林曾说："社会发展史首先是生产的发展史，是许多世纪以来依次更迭的生产方式的发展史，是生产力和人们生产关系的发展史。"② 生产力是最活跃、最革命的要素。生产的发展、社会的前进，首先是从生产力的发展、从生产工具的变革和发展开始的。阶级斗争本身也依赖于生产力的发展。如果离开了生产来谈阶级斗争，如果忘记了生产斗争而片面地把阶级斗争当作"唯一动力"，我认为这是不符合马克思主义的。

另外，科学技术也是历史发展的动力。革命导师十分强调这一点。恩格斯在《在马克思墓前的讲话》中说："在马克思看来，科学是一种在历史上起推动作用的、革命的力量。"马克思把科学技术上的发明创造看作比很多革命家还要革命，"蒸汽、电力和自动纺机甚至是比巴尔贝斯、拉斯拜尔和布朗基诸位公民更危险万分的革命家"③。马克思和恩格斯把科学技术视为推动社会前进的力量。毛泽东也指出："阶级斗争、生产斗争和科学实验，是建设社会主义强大国家的三项伟大革命运动"。

革命导师的话说得多么明确！可是，我们的历史研究，至少拿我个人来说，不知道从哪里来了一种糊涂观念，有意无意地只把阶级斗争看作历史发展的唯一动力。这种理论观点对我们的历史研究的影响是非常重大的，以至于在我们的头脑里形成了这样一个公式：每次农民战争之后，总是要带来生产上的大发展。我们的研究工作也正是按照这种思想和公式，寻找这种生产的大发展。秦末农民起

---

① 《马克思恩格斯选集》，1版，第3卷，389页。

② 《苏联共产党（布）历史简明教程》，135页，北京，人民出版社，1954。

③ 《马克思恩格斯全集》，1版，第12卷，3页，北京，人民出版社，1962。

义之后，有一个“文景之治”；隋末农民起义之后，有一个“贞观之治”。我认为，历史的实际情况恐怕不是那么简单。因为，有些农民战争并没有直接带来生产的高涨，甚至有时还可能带来生产的萎缩。我们千方百计地寻找每一次农民战争是如何推动历史发展的，是如何促进生产的，经常感到比较困难。有时，也找到一些材料，找到一些论据，但说服力不强，比较牵强。特别是，对有些农民战争，我们就说明不了。这样一个阶级斗争、农民战争推动生产发展的公式，经常暴露出同历史实际有较大的差距，不完全符合历史实际，不能解释一些历史现象。如果把阶级斗争当作历史发展的唯一动力，那么我们便可以合乎逻辑地得出：阶级斗争规模愈大，次数愈多、愈频繁，社会前进就愈快。可是，实际情况并不是这样。日本在“明治维新”之前处于封建社会，“明治维新”一百多年来，日本并没有发生什么大规模的阶级斗争。就是“明治维新”，这次日本近代史上最大的一次社会变革，也是自上而下的。有些研究世界史的同志，并不承认“明治维新”是一次革命，即使承认它是革命也认为它是不彻底的革命，近代日本，虽然也发生过农民起义、罢工、游行，但规模小，大规模的阶级冲突、长时间的革命战争是没有的。可是，日本的生产发展很快，可以说是突飞猛进。这是为什么？如果说，阶级斗争是“唯一动力”，那么日本的生产应该是发展不快的。事实恰恰相反。此外，英美也是一样。英国从 17 世纪进行资产阶级革命，距今有 300 年了。此后，没有发生过什么大的革命战争。美国除独立战争、南北战争之外，以后也没有发生过什么国内战争。可是，它们都是当今世界上生产发展水平很高的国家。当然，资本主义制度是剥削和压迫劳动人民的制度，避免不了经济危机，最终注定是要灭亡的。一旦这些国家的无产阶级革命成功，建立了社会主义制度，其生产力就将以现在所不能比拟的速度向前发展。这是无疑义的。同时，我们也要承认，社会历史发展的原因是很多的，不能简单地用阶级斗争来解释。

阶级斗争并不是推动社会发展的唯一动力。毛泽东曾指出，中国受帝国主义侵略的原因有两个：一个是社会制度腐败，一个是经济技术落后。这两个原因既相互联系，又相互区别。社会制度腐败怎么办？那就要使用革命的手段通过阶级斗争来解决。经济落后怎么办？那就要通过发展生产、发展科学文化来解决。解决的手段是不同的，但二者又是互相联系的。如果不用革命的手段改变旧的社会制度，那么生产和科学文化就发展不了。同样，经济、文化不发展，只讲阶级斗争，也不能推动社会的前进。

马克思说："暴力是每一个孕育着新社会的旧社会的助产婆。"①暴力革命，对社会发展起"助产婆"的作用。怎么能说这种作用是历史发展的唯一动力？怀孕成熟了，肚子里有了小孩，才有必要请来助产婆，助产婆才能起作用。否则，如果没有怀孕，肚子里没有小孩，那么就是请来几十个助产婆，也是生不出孩子的。因此，中国农民战争虽然很多，很频繁，规模也很大，但是生产并不一定就发展得最快。

每一次农民战争的作用也是不一样的，不见得都同样对生产发展有明显的推动作用。马克思主义最重要的是，具体情况具体分析。不能预先设一个框框，预先有一个先验公式。中国历史上的农民战争，有的对生产发展的推动作用明显一些，有的就不那么明显。就阶级斗争、农民战争对旧生产关系的打击来说，确实，农民战争推动了历史的前进。阶级斗争、农民战争是历史发展的动力，但不是唯一动力。同时，我们还要看到另一面，就战争的直接后果来说，战争是要造成破坏的。历史上的农民革命战争，就它对旧生产关系的打击来说，就它长远的影响来说，对社会前进是有促进作用的，这是主要方面。如果看不到这个主要方面，就不能正确评价历史上的农民革命战争。但就战争的直接后果来说，农民革命战争则有破坏生产的一面。我们有时为了抬高农民战争的地位，就不讲它破坏生产的一面。这样，就不能做到如实地反映历史的真实情况，就无法解释农民战争后经常出现的土地荒芜、赤地千里、人口锐减的情况。农民战争，一方面有推动作用，另一方面也有破坏作用。总的

---

① 马克思：《资本论》，第1卷，819页，北京，人民出版社，1975。

来说，推动作用是主要的。这是历史的辩证法。

一般地说，生产的发展并不在农民战争的动乱时期，不在农民正同地主激烈作战的时期。恰恰相反，生产的发展必须要有一个统一的、稳定的政治局面作为前提。生产的发展是一个逐步的、渐进的过程，是生产活动和科学技术积累的过程。历史的前进，不是通过不断的暴力革命，不是通过一连串的突变来完成的。恩格斯在《反杜林论》这部光辉论著中批判了杜林的“暴力论”。杜林认为，似乎不断的暴力革命可以创造一切。这是荒谬的。自然科学有一种“灾变论”，认为自然界是通过一连串的“灾变”而形成的。这完全是唯心主义，是形而上学。只承认量变，不承认质变，这当然是错误的。但是，反过来，抛开量变，只谈质变，同样是错误的，其危害也是极为严重的。不承认社会发展要有一个逐渐的积累过程，在实际工作中无休止地搞政治运动，而不是脚踏实地地进行建设，我们已经为此而吃了不少苦头。我们应当抛弃那种对阶级斗争的片面理解。

总的来说，我认为马克思主义阶级斗争理论应包括以下几点：

第一，推动社会历史前进的直接的主要动力是生产斗争。

第二，生产的发展，从历史上来看，总要有一个统一的、稳定的政治局面作为前提。没有这个前提，生产发展就谈不上。

第三，在阶级社会里，阶级斗争也是推动社会历史前进的伟大动力。但只有联系生产才能表现它的推动作用，离开生产就谈不上什么推动作用。只有当生产关系严重地阻碍生产力的发展时，才必须用阶级斗争，用革命的手段破坏旧的生产关系，推翻旧的生产关系，使生产力得到进一步的发展。革命就是解放生产力。阶级斗争对历史的推动作用，也就体现在解放生产力这一点上，而不是体现在别的方面。

第四，阶级斗争是和生产斗争相联系的，是取决于生产斗争的。阶级的划分、阶级斗争的性质和深度、每个阶级的历史命运，都是由社会生产力的发展水平决定的。在历史上，只有代表新生产力的阶级才有远大的前途，这个阶级进行的斗争才能取得真正历史性的胜利。

第五，各个不同阶级进行的革命，情况是很不一样的，推动历史的作用也是不相同的。譬如，法国大革命、俄国十月革命、中国新民主主义革命，这样一些革命引起整个生产方式的改变、推动历史的作用是十分明显的。另外，在同一社会形态内发生的革命，譬如封建社会的农民战争，相对来说，对历史的推动作用是不显著的。这种农民战争只能给旧的生产关系一定的打击，只能改变它的某些环节，而不可能整个地改变旧的生产方式。

这里，我想谈谈同阶级斗争理论相联系的一个问题，即历史上的改良主义问题。改良是相对于革命而言的。过去，由于片面地强调阶级斗争、暴力革命，评价改良时总是将之贬得比较低的。这是不公平的、不正确的。改良主义作为一种思想体系，完全否定质变，反对革命，这是错误的、反动的。但是，历史上的政治改良和改良主义思想是起过相当进步的作用的。这一点绝不能低估。

革命并不是在任何时候都会发生。只有当形成革命的主客观条件已经具备、已经成熟的时候，才会发生革命。当发生革命的条件还没有成熟的时候，改良是有进步作用的。从某种意义上说，改良运动是为革命做准备的，正如量变为质变做准备一样，没有量的变化，就不会有质的变化。譬如，戊戌变法是一次改良主义的政治运动，最后失败了。就其性质来说，它和辛亥革命是完全不同的。但是，变法运动中所进行的那些改革，意义十分重大。中国最早的学校——新学堂就是在这时开的，报纸是在这时办的，各种各样的学会也是在这时设立的，西方资产阶级的社会政治学说也是在这时开始传进来的。这是一次资产阶级思想的启蒙运动。评价戊戌变法，不能局限于它在 100 天内发布的上谕、奏折，而应该看到它所引起的政治变动和思想变动。如果没有戊戌变法时代西方资产阶级思想的传入，没有新学堂、学会和报纸的创办，没有大批留学生出国，那么，中国社会就仍旧是一潭死水，辛亥革命也就不可能发生。孙中山先生领导了辛亥革命。但是，如果没有戊戌变法前后的政治变动和思想变动的话，那么跟孙中山走的人就不会那么多。量变为质变准备了条件。从这个意义上说，戊戌变法是为辛亥革命做了准备的。

我们讲戊戌变法的意义的时候，常这样说，戊戌变法失败了，证明改良主义道路是行不通的，故而更多的人觉悟了，走上了革命的道路。这样说当然不错。但这是从一个方面来说明的。难道，它的意义仅仅在于它的失败？这样说是不够的。我想补充一句，戊戌变法所造成的社会变动和思想变动，是大批知识分子走上革命道路的前提。当时的知识分子是怎样觉悟的？戊戌变法如果没有给社会留下一些积极的东西，没有造成一次思想解放，而仅仅是失败，那么是不会吸引那么多知识分子走上革命道路的。没有这个思想转变过程，是不会爆发辛亥革命的。

毛泽东对戊戌变法的评价是很高的。在讲到旧民主主义革命时，总是把它包括在内，把它和太平天国、义和团运动、辛亥革命并列在一起。毛泽东的评价为什么这样高？毛泽东所提到的向西方学习的先进的中国人中，就有两个是戊戌变法中的改良主义者：康有为和严复。可见，毛泽东是高度评价戊戌变法，高度评价社会改良和社会改革的意义与作用的。

现在，我们对“改良”这个词好像是抱着一种成见，很忌讳这个词。一提改良就认为是不好，一提改良就认为是反革命。这完全是一种误解。其实，革命和改良是历史前进中的两种不同形式。列宁说过，马克思主义者承认争取改良的斗争，同时又坚决反对局限于改良范围内的改良主义者。如果只是抽象地提出“我们应该怎样评价改良?”，那么是无法回答这个问题的。要看是在什么样的历史条件下进行的改良。正如抽象地提出下雨好不好的问题，同样是无法回答的。天旱，下雨就好；闹水灾，下雨就很不好。马克思主义最重要的观点和立场是，具体问题具体分析。现在，一提改良就谈虎色变，认为改良是反动的。我以为，如果发生革命的条件还不成熟，那就必须用改良的手段促进革命的到来。革命胜利之后，也应该用改良的手段巩固革命的成果。如果拒绝走这样的路径，拒绝做艰苦细致的积累工作，拒绝采取量变的形式，而空谈革命，无休止地搞阶级斗争，搞政治运动，搞质变，那就是自己跟自己捣乱，就是自讨苦吃，结果必然受到历史的惩罚。

讲到这里，我想起了戚本禹的那篇黑文《爱国主义还是卖国主义?》，到现在为止，尚未对这篇黑文进行清算和批判。我们历史学界有责任来批判这个大毒草。这篇黑文的作用和影响是极坏的，它大肆攻击、诬陷革命领导同志，在政治上是极其反动的，在理论上是极其荒谬的。这篇黑文歪曲革命与改良的关系，无限夸大、抬高农民革命。当然，义和团运动是一次伟大的革命运动，但它毕竟是农民革命，不可避免地有它的弱点、局限性。这是农民阶级在斗争时的包袱，在前进过程中的负担。可是，戚本禹打着歌颂农民革命的幌子，要我们把农民的弱点、局限性当作可资学习的榜样，当作革命遗产来继承。他大喊什么“红灯照围攻东交民巷”，宣扬盲目的排外主义。文章出笼不久，就发生了火烧英国代办处的事件，给我们在外交上造成了很大的被动。这篇文章全盘否定光绪皇帝和康有为，给他们扣上卖国主义的帽子，一棍子打死，并用恶毒的影射手法，为“四人帮”篡党夺权效劳。我们暂时抛开这篇文章政治上的反动性不谈，作为历史研究，我们能把戊戌变法中的改良派、把支持变法运动的帝党说成卖国主义吗?我认为不能。就光绪来说，他在甲午战争时是主战派，反对投降，在戊戌维新时是支持政治改良、支持变法运动的。当然，光绪作为一个封建皇帝，有他自己的出发点，有他自己的阶级立场。但就这个人的历史作用来讲，我认为，他对中国做了一点好事。戊戌维新失败，他被软禁起来，失去了自由。卖国主义的帽子是不能扣到光绪头上的。相反，光绪的政敌、被江青大肆吹捧的慈禧太后，是坏事做尽的封建专制独裁者，是地地道道的卖国贼。

有人为了强调阶级斗争的作用，总是生硬地把一些历史现象往阶级斗争上拉。这里，我想对“让步政策论”谈一点意见。首先说明，“四人帮”批“让步政策论”是反动的，他们是为了打击翦伯赞等历史学家。完全应该为翦伯赞等同志平反。“让步政策论”作为一个学术问题，是可以讨论的。这是一个百家争鸣的问题。

怎样评价“让步政策论”?我认为，“让步政策论”是为了说明阶级斗争、农民战争的历史作用而提出的一种理论。它的大概意思是，先是大规模的农民战争，迫使统治阶级“让步”，实行某种对农民有利的政策，促进了生产的发展，推动了社会的前进。“让步政策论”把农民战争同生产发展挂上了钩。要不然，农民战争怎样推动生产发展？“让步政策论”并不是完全错误，确实也有一点道理，但还有一些缺陷，至少会给人一种印象：统治阶级、剥削阶级不能自动提出对生产发展有利的措施，因而，必须通过农民革命迫使他们“让步”。我不同意这种观点。我以为，统治阶级从自身的阶级利益出发，在一定历史条件下也是能够提出有利于生产发展的措施的，并不一定需要农民迫使他们“让步”。我们似乎有一种观念，认为剥削阶级、统治阶级都是不管生产的，是反对发展经济的，而农民总是推动生产发展的。这种观念从道理上是说不通的。当然，农民是创造社会财富的主人，是要求发展生产的。但是，剥削阶级为了多剥削一点，通常也是希望发展生产的。

我这个说法可能很危险，会被认为是“阶级调和论”。但是，实际情况确实是这样的。这个问题并不难理解。请问，地主希望土地上出产的农产品是多一点还是少一点？当然是多一点。资本家希望工厂生产的商品是多一点还是少一点？难道会希望少一点吗？没这个道理。因为，生产的东西多一些，他们的剥削所得就会增加。有没有一个地主、资本家希望自己的土地荒废、工厂减产呢？我想没有。地主、资本家作为剥削阶级，总是要进行剥削的。不剥削，就不是地主、资本家了。在这一点上，农民起来斗争，反对他们的剥削，是完全合理的。但是，地主、资本家进行剥削是一回事，能否推动生产是另一回事。在一定的条件下，地主、资本家在进行剥削的同时，也会实行有利于生产发展的政策。不承认这一点，中国历史就说不通。美、日等帝国主义国家的资本家，在发展生产、管理企业、提高劳动生产率方面是很有本事、很有能力的。现在，我们不能不承认这一点了。不能因为是剥削者，就认为他们一定要破坏生产，不能提出对经济发展有利的措施。可不可以这样说，在一定的条件下，发展生产也是剥削阶级的要求，并不需要农民强迫他们这样做。“让步政策论”是一个转弯抹角、为了挂钩的理论。它的前提就是，只承认农民要求发展生产，而不承认剥削阶级从自身利益出发，也可以采取有利于生产发展的措施。“让步政策论”有道理，但不足以完全说明生产发展的原因。地主一定要农民迫使他们“让步”吗？他们就不会从自身利益出发，采取有利于生产发展的措施吗？我的这些看法可能会被认为是“美化地主、资本家”。我相信，这次大会上肯定会有人不同意我的意见，但绝不会有人打我的棍子，所以，我大胆地把想法提出来向同志们请教。弄清楚这个问题，与我们的历史研究关系重大。否则，我们就总会在死胡同里转来转去。

马克思主义告诉我们，任何事物的矛盾着的两个方面都既对立又统一。对立是绝对的，统一是相对的。如果不承认对立，只承认统一，这是错误的，是“阶级调和论”。又应该看到，矛盾对立的双方是互相依存、互相贯通、互相渗透的，共同构成一个统一体。不承认矛盾的同一性，同样不是马克思主义。地主与农民处于一个统一体内进行斗争，因此，彼此必然有一些共同的东西。譬如，在一定的条件下都要求发展生产；在遭到外来侵略时，都要求抵抗侵略。如果没有这种抵抗侵略的共同要求，那我们的抗日民族统一战线怎么能组成呢？我们不要孤立地只强调对立这一方面，而不承认事物还有统一的方面。地主与农民，如果不存在同一性，那么统一体就要破裂，封建社会就不可能延续。

阶级斗争理论，是马克思主义的重要组成部分。在阶级社会里，阶级斗争是客观存在，是推动历史前进的伟大力量。研究历史，应当也必须以阶级斗争理论作为指南，才不至于迷失方向。但是，只承认阶级斗争，甚至大唱阶级斗争高调，那不一定是马克思主义。阶级斗争并不是从马克思才开始讲起的。在马克思之前，资产阶级就讲“阶级斗争”。后来，林彪、“四人帮”更是片面地强调阶级斗争，把阶级斗争绝对化。早在100多年前，马克思就指出：“无论是发现现代社会中有阶级存在或发现各阶级间的斗争，都不是我的功劳。在我以前很久，资产阶级的历史学家就已叙述过阶级斗争的历史发展，资产阶级的经济学家也已对各个阶级做过经济上的分析。我的新贡献就是证明了下列几点：(1) **阶级的存在**仅仅同**生产发展的一定历史阶段**相联系；(2) 阶级斗争必然要导致**无产阶级专政**；(3) 这个专政不过是达到**消灭一切阶级**和进入**无阶级社会**的过渡……”① 阶级斗争是同生产的发展相联系的。脱离生产发展的阶级斗争，不是马克思主义的阶级斗争理论。由此可见，阶级斗争理论有两种：一种是马克思主义的阶级斗争理论，一种是资产阶级的阶级斗争理论。孤立地、脱离生产谈阶级斗争，人为地拔高阶级斗争，恰恰不是马克思主义的阶级斗争理论。对历史研究来说，马克思主义的阶级斗争理论是一个非常重要的指导思想，贯穿在古今中外的全部阶级社会历史中。不能全面地、准确地理解这个基本理论，必然会严重地影响历史研究工作的开展，使历史研究工作走进死胡同。

阶级斗争理论是一个十分重要的理论，不是三言两语能够说清楚的。特别是鉴于我个人的水平很低，不可能准确无误地阐明这个理论。我只是简单地谈一谈感想，把我在学习中间碰到的一些问题提出来，向同志们请教。我建议历史学界深入讨论这个问题，摆脱林彪、“四人帮”所造成的精神枷锁和影响，使马克思主义的阶级斗争理论恢复它本来的面目，放射出更加光辉的异彩，真正成为我们历史研究工作的强大思想武器。

---

① 《马克思恩格斯选集》，1版，第4卷，332～333页。

批判极左思潮　推动研究工作*

义和团运动的历史，在十年浩劫期间颇为时兴了一阵，“四人帮”居然也大谈义和团。当然，他们不是科学地研究和正确地评价义和团，而是为了煽动红卫兵“造反”，胡乱吹捧义和团运动的落后方面，把义和团运动的历史歪曲得面目全非。“四人帮”被粉碎了，思想得到了解放，理所当然地要把被颠倒的历史再颠倒过来。所以，近年来发表了许多文章，批判了“四人帮”对义和团运动的歪曲，这些文章在拨乱反正方面是起了积极作用的。当然，有的文章，在正面阐述自己的意见时，某些论点强调得过了头，可能把农民的缺点说得太多、太重，这完全可以商榷、讨论。我们和“四人帮”的显著区别就在于：“四人帮”实行文化专制主义，自封为绝对正确，搞一言堂，只准许发表一种意见；而我们提倡学术民主，百家争鸣，学术上的各个派别、各种观点，只有各抒己见，展开充分的讨论，才能分清是非，促使科学的发展。这次义和团运动讨论会上摆出了很多不同的观点，有些观点甚至是对立的，如义和团的起源问题、义和团反不反封建、扶清灭洋的口号、盲目排外问题、义和团的历史作用等，争论很热烈。科学研究中出现许多不同的意见，这是好事情，是科学正常地、健康地发展的标志，我们没有可能也没有必要经过几天讨论就做出结论。在这里，不能要求“舆论一律”，不同意见的存在正好可以推动我们进一步思考和钻研问题。

现在，历史学界以至整个学术界，学术空气很活跃，出版了许多刊物，发表了许多文章，在各个领域提出了种种不同的观点，简

---

* 原载《义和团研究会刊——义和团运动史学术讨论会专辑》，1981 年第 1 期。是作者 1980 年在济南召开的“义和团运动八十周年学术讨论会”上的发言。

直是“目不暇接”。学术争论很广泛，也很尖锐。就拿中国旧民主主义革命的历史来说，上自太平天国，中间洋务运动、戊戌变法、义和团运动，下至辛亥革命、五四运动，提出了一系列问题，提出了很多新观点。我感到，30年来，中国近代史领域从来没有像今天这样思想活跃。有不少从前认为有了结论的问题，也有人提出了怀疑；有不少一向被以为天经地义的观点，也产生了问题。这种局面并没有什么不好。科学就是要不断探索、不断前进，而不囿于成说。凡是在科学上提出的新观点，只要言之成理，持之有故，都应该对之抱欢迎的态度。当然，这种新观点最后能否成立，那是需要经过讨论、经过检验的。

历史学界，以至整个学术界存在着广泛、深入而又尖锐的学术争论，这是怎么发生的？它意味着什么？是不是可以说：这种学术争论是以特殊的形式，对我们30年来哲学社会科学研究成绩的一次回顾和检查。十年浩劫，使我们增长了智慧，学习了不少东西，感到我们过去的工作中存在着不少缺点和错误。各条战线都在回顾我们过去的30年，哲学社会科学也不例外。当然，并没有人在号召与组织我们去回顾和检查过去。可是，对事业的责任感，希望历史科学能更好地发展，这是无声的命令，迫使我们不得不回顾30年走过的里程。对于这次义和团讨论会，对于会上出现的尖锐的意见分歧，我是从这个角度认识它的意义的。讨论会上出现的意见分歧，实质上产生于我们对30年研究成绩的回顾和检查。过去的哪些论点是正确的，应该坚持？哪些论点是错误的，应该抛弃？哪些论点有缺陷，应该补充、修正？在这些方面，我们有意见分歧。在“文化大革命”以前，我们没有这些争论，也不可能发生这些争论。“文化大革命”以后，大家的认识提高了，变化了，才有这些争论。学术领域以学术讨论的形式回顾和检查过去的研究成果，这种讨论应该继续开展下去，以利于研究工作。

新中国成立以来，我们的社会科学，具体到中国近代史或者义和团运动的研究，成绩很大，有其光辉的、值得自豪的一面，我们应珍惜、爱护已取得的成绩，这是没有问题的，回顾和检查过去并不是全盘否定过去的成绩。但我们的历史研究确实也有并不美妙的一面，经历了挫折，走了弯路，干了蠢事，我所指的是 30 年来“左”倾思想对历史研究的干扰。我并不是说林彪、“四人帮”的极左思潮，并不是说“文化大革命”中影射史学和批儒评法的那一套。对于那一套的错误，大家现在都已认识到了。我是指包括“文化大革命”以前的 17 年在内，存在着“左”倾思想对历史学的干扰，对于这一点，我们思想上可能不是那样清楚。“文化大革命”以前的 17 年，在历史学阵地上，马列主义、毛泽东思想占主导地位，因此，我们取得了很大成绩，但不时刮起一阵阵“左”倾的风，吹得我们晕头转向，立脚不稳，受到很大干扰，这也是不可否认的事实。十年浩劫，对不了解其原因的人来说是突然发生的，是偶然的灾难，真是“闭门家中坐，祸从天上来”。但如果研究一下新中国成立以后 17 年的政治状况、思想状况，那么就会明白“文化大革命”的产生并不是突然的、无缘无故的。在某种意义上说，它是早已存在的“左”倾思想的恶性发展。

历史学不是在真空里生长的，必然受到影响。甚至，新中国成立初期，全国范围内“左”的思想尚不严重的时候，历史学领域就刮进了一点“左”的风。当时，对电影《清宫秘史》展开了批判，这是一个冤案、错案，现已平反。这可以说是“左”倾思想的较早表现，直接影响义和团运动的研究。给《清宫秘史》定的一大罪状就是诬蔑了义和团运动，当然电影有缺点，对农民的弱点渲染过甚，这是不对的，可以批评、讨论，但是用对付敌人的办法来对待电影中出现的一些问题，这是错误的，影响是不好的，至少使人不敢仔细地研究义和团的落后方面。这次讨论会上，大家都承认过去研究中对义和团的局限性研究得不够，轻描淡写。如果这是义和团研究中的缺点的话，那么，我想，这个缺点之所以产生，恐怕与批判电影《清宫秘史》是有关系的。

接着是批判电影《武训传》，再下去是关于《红楼梦》的讨论、反右派斗争、拔白旗、史学革命、反右倾、教学检查、反修正主义，一个运动接着一个运动，对历史科学有过多次冲击。许多事情，记忆犹新。如农民战争的讨论，本来可以各抒己见，但是有的同志对农民的落后性多讲了几句，就遭到了打击批判，在座的有的同志身受其害，当时关锋一伙打棍子最起劲。后来，到了批判李秀成、批判《海瑞罢官》，十年浩劫首先在历史学领域打开缺口，拿历史学家开刀祭旗。

回顾和检查过去，应当肯定我们取得的成绩，但也要承认存在的问题。文学中有所谓“伤痕文学”，应该坦率地承认历史学也是有“伤痕”的。当然我们并不是因此而躺倒在地，哭哭啼啼，灰心丧气，不思振作，而是应该治愈“伤痕”，肃清流毒，恢复健康的机体，大踏步前进。我们在17年形成的许多观点、研究方法、研究成果确有回顾和检查的必要，以发扬成绩、纠正错误。现在，不是要不要回顾和检查过去的30年，而是已经在回顾和检查了。学术界出现了一系列争论，从来没有像今天这样广泛、深刻和尖锐，我认为这就是回顾和检查的结果。过去30年，有一股“左”倾思潮经常侵袭学术界；今天，我们不得不重新认识、重新估价以往取得的成果、形成的看法，回顾过去是为了更好地前进。我把义和团研究中出现的许多尖锐的意见分歧放在这样的历史背景下认识，不知道是否恰当。

对于会议上出现的意见分歧，我在倾听和琢磨双方的论据，来不及表明我的看法。但是有一点应该说明：回顾和检查过去是通过学术讨论的方式进行的，应当遵循科学发展的规律来分辨是非，而并不是又要搞一场政治运动，来纠正所谓历史学领域中“左”的偏差，如果这样搞，就会重复过去的错误。“左”和“右”是政治概念，学术上的是非曲直不是“左”和“右”所能概括的。我们由于掌握的史料不同，观察问题的角度不同，运用马列主义熟练的程度不同，所以会产生认识上的分歧。这是学术分歧而不是政治分歧，学术分歧并不排斥政治上的一致，我们可以在学术上争论得面红耳赤，但可以是很亲密的同志。

学术界极左思潮的影响必须肃清，可是不能采取简单化的办法，不能随意地给某种学术观点加上“左”或“右”的帽子，这不符合学术发展的规律，不利于讨论，不利于团结。我们要学会倾听和尊重不同意见，要习惯和风细雨地讨论问题，养成一种既严肃认真又谦虚谨慎的好学风。

尽管存在着广泛而尖锐的意见分歧，但我们都承认马列主义的指导，我们的目的都是繁荣社会主义新中国的历史科学，我们一定能够团结起来，共同前进，取得更大的成绩。

历史研究要以马克思主义作指导*

历史科学必须以马克思主义理论为指导。马克思主义把唯物论和辩证法运用于社会历史的研究，从错综复杂的历史现象中揭示了生产方式在社会发展中的决定作用，阐明了经济因素和政治、思想、法权、民族、地理、人口等多种因素之间的相互关系，从而发现了客观历史的基本规律，使历史的研究真正成为科学。马克思主义的科学理论是人们借以认识自然和社会历史的强大思想武器。中华人民共和国成立以来，我国的历史科学工作者认真地学习了马克思列宁主义、毛泽东思想，在历史研究和教学工作中取得了巨大的成绩。林彪、江青反革命集团篡党夺权，篡改马克思主义，歪曲历史，蛊惑人心，败坏理论的名声。我们要彻底肃清林彪、江青反革命集团的流毒，就要重视理论的作用，认真学习理论，加强理论研究，发扬理论的威力，用马克思主义占领历史研究阵地。过去，千千万万的学问家虽然勤奋研究，孜孜不倦，但是由于找不到正确理论的指导，他们的研究大大地受到限制，只能搜集、排比历史资料，描述历史过程的个别片段，而不能认识历史的规律和本质。有的甚至在错误理论的支配下，误入歧途，得出了谬误的结论。我们提倡科学理论与历史实际相结合，实事求是，解放思想，勇于探索，追求真理，这是提高历史研究水平的最重要的途径。

当然，以马克思主义作指导，是指以马克思主义的基本原理作指导。因为它的基本原理，是从实践中总结出来的，并且是被实践所证实了的。至于革命导师就某个问题或历史问题发表的具体意见，当然也值得我们学习和领会，但是其中一些词句和论断由于种种原

---

* 原载《人民日报》，1981 年 4 月 2 日。

因，不一定完全符合实际，我们切不可把它奉为不可改变的教条。以马克思主义作指导，不是把革命导师说的话都当作可以信手滥用的套语和标签，不是任意剪裁历史事实使之适合于某种理论图式，而是掌握马克思主义的精神实质，尊重历史事实，占有大量史料，进行新的理论探讨，丰富和发展马克思主义。革命导师的某些不符合客观实际的具体论断是可以修改、可以补充的，但唯物论、辩证法的基本原则是常青的，它永远是指导我们进行革命、从事建设、观察问题、研究学问的强大武器。

马克思主义理论提供了历史研究的指导原则，但它不是保证百事亨通的灵符。我们必须发奋努力，收集史料，弄清史实，付出长期的、艰苦的劳动，才能比较正确地说明某些具体的历史问题。在科学的道路上，只有不畏险阻、肯于辛劳攀登的人，才能到达光辉的顶峰。马克思主义为科学研究的发展开辟了广阔的道路，但却不能保证研究者可以躺在马克思主义的本本上舒舒服服地摘取科学的果实。恩格斯在《卡尔·马克思〈政治经济学批判〉》中说："即使只是在一个单独的历史实例上发展唯物主义的观点，也是一项要求多年冷静钻研的科学工作，因为很明显，在这里只说空话是无济于事的，只有靠大量的、批判地审查过的、充分地掌握了的历史资料，才能解决这样的任务。"

马克思主义充分承认历史资料对于研究工作的重要性，只有在坚实可靠的资料基础上，才能建筑辉煌的科学殿堂。历史学家必须搜集和掌握丰富的资料，进行整理、考订，去粗取精，去伪存真，清除蒙在史料上的重重迷雾，使史实显露其本来面目。史料的搜集和考订是史学研究中极其重要的部分，我们应该十分尊重许多历史学家在史料工作上付出的劳动。这种工作过去不是做得太多，而是做得太少，今后应该投入更大的力量。但是，无论如何，不能片面地夸大史料的作用，认为历史研究仅仅是对史料的整理、考订，用史料学代替和取消历史科学。收集和排比事实材料，考证某个记载的真伪虚实，是为进一步认识历史做准备，但不能以这一工作取代对历史规律的探索。历史的研究，一旦从收集和考订史料、排比史事进入在错综复杂的历史事实之间确立相互联系，透过纷纭的现象深入本质、揭明规律的时候，研究者的历史观、方法论就将起重大的作用。如果没有正确的思想观点和深湛的理论素养，研究工作必将举步维艰。

有一些人认为：历史科学只凭史料说话，不需要任何理论。甚至有人认为，理论的指导必然带来主观武断的弊病，反而损害科学性。因此，他们倾向于摒弃任何理论，标榜“无所依傍”和“超然独立”。其实，“只凭史料说话”，仅仅在某些陈述简单事实的很有限的领域内可以做到，例如某事件发生在某年某月。这类陈述不是对历史规律的认识。如果超过一定的范围，当我们试图对历史过程做某种分析判断时，对一条史料就可能有几种不同的解释。就拿当前的学术争论来说，在有些争论中，大家掌握的史料基本相同，但意见分歧却很大。“只凭史料说话”，也会众说纷纭。可见，对史料的陈述和解释，离不开各种理论观点的影响，这样才会对相同的史料做出不同的解释。完全不受某种理论影响的科学研究是根本不存在的，问题是接受哪一种理论观点的影响，用哪一种方法进行思考。马克思主义是最严谨、最完整的学说，它总结和继承了人类最优秀的思想文化遗产，并以彻底的唯物主义作为自己的基础，因此和唯心主义的主观武断水火不容。为了防止主观武断的弊病，保证研究工作的科学性，恰恰应当坚持以马克思主义作指导。历史研究如果不以马克思主义的唯物主义史观作指导，就必然自觉或不自觉地受形形色色唯心史观的支配和影响。在两种思想体系之间，“无所依傍”“超然独立”是不可能的。恩格斯在《神灵世界中的自然科学》一文中指出了蔑视理论思维的经验主义的自然科学家遭到了怎样的报复。这对于只重视史料的历史学家是很有借鉴意义的，恩格斯在《自然辩证法》中指出，没有理论思维，就会连两件自然的事实也联系不起来，或者连二者之间所存在的联系都无法了解。在这里，唯一的问题是思维得正确或不正确。如果接受了唯心主义，把错误的思维贯彻下去，那么就连某些最清醒的经验主义者也会陷入最荒唐的迷信中，陷入现代降神术中。

也有人认为，用马克思主义理论作指导，会束缚研究工作，妨碍人们的独立思考和自由讨论。这也是严重的误解。马克思主义不但不会窒息独立思考和自由讨论，而且正是马克思主义才使人们的思考富有成果，使讨论更加生动活泼。马克思主义在本质上是革命的和批判的，它要破除一切束缚思想的桎梏，从种种迷信和偏见中解放出来。十年浩劫中，林彪、江青反革命集团歪曲篡改马克思主义，摧残科学事业，使学术界万马齐喑，一片萧条。自从粉碎了江青反革命集团，展开了“实践是检验真理的唯一标准”的讨论以来，正确的思想路线战胜了错误的思想路线，马克思主义占了主导地位，党的“双百”方针得以贯彻，学术界进行了各种讨论，解放思想，各抒己见，呈现出生机蓬勃、欣欣向荣的气象。这就充分证明：正是马克思主义才使独立思考和自由讨论有了保证。马克思主义不是狭隘的宗派学说，它不但允许科学上各种不同观点的存在，而且认为，只有通过不同观点的自由讨论才能促进科学的发展。当然，独立思考和自由讨论，目的都是揭示规律、追求真理。马克思主义是揭示规律最有效的武器。我们如果不愿意把思考和讨论变为随心所欲的狂想与无聊的清谈，那么就不会拒绝马克思主义科学理论的指导。

新中国成立以来，史学界在历史研究工作中获得了很大成绩，也走过不少弯路。开始是为了纠正只重史料、不重理论的倾向而提出“以论带史”的口号，以后又为了纠正只发空论、轻视史实史料的倾向而提出“论从史出”的口号。这两个口号针对历史学界的不同情况，起过一定的积极作用。当然，简单的口号只反映事情的某个方面，语义往往含混不清，容易引起误解。

“论从史出”，从认识的根源来说是正确的。历史理论是从哪里来的？它不是在某些理论家的头脑中凭空产生的，而是源于历史实际。只有深入研究历史实际，才能总结出正确的理论。“论从史出”，对于纠正那种不肯在史实史料上下苦功夫，只凭背诵几条语录就自以为是、夸夸其谈、乱放空炮的错误倾向，是有积极作用的。但是，这个口号没有表明理论在研究工作中的指导作用，如果拿“论从史出”作为拒绝正确理论指导的借口，那就是对史论关系的错误理解。

“以论带史”，语义更欠明确。我们不能把它理解为理论观点君临于历史实际之上，可以带着历史任意乱转，如果这样理解，那么这一口号就是错误的。但是，如果把“以论带史”理解为不很确切地表明了理论对历史研究的指导作用，那么这一口号就正好和“论从史出”相反相成，互为补充。我们坚持存在决定意识的唯物主义原则，因此提出了“论从史出”；同时，我们又坚持理论的指导作用，因此提出了“以论带史”。理论源于实践，但是对每个人来说，获得理论知识并不是都要亲自从实践中去总结，而通常是继承前人的成果，把前人创立的某一理论作为指导自己进一步研究的原则。承认这种指导和不承认这种指导是有原则区别的，拒绝以前人的正确理论作指导，只能使我们永远陷于蒙昧状态中。

我们主张“史论结合”，即科学理论和历史实际相结合，用马克思主义指导历史研究工作。遵循这条路线，社会主义新中国的历史科学就一定能够迅速发展，繁荣昌盛。

论中国历史上的封建君主专制主义*

君主专制主义，是封建主义的政治核心。在中国历史上，封建中央集权的君主专制制度，曾经支配了两千余年的封建社会的政治生活。在这种制度最终为民主革命烈火烧毁之后的很长时间内，专制主义不可避免地还会在人们的意识里和生活中留下鲜明而深刻的印迹。早在1928年，毛泽东就曾谈及这一点，指出："封建时代独裁专断的恶习惯深中于群众乃至一般党员的头脑中，一时扫除不净，遇事贪图便利，不喜欢麻烦的民主制度。"① 后来的实践表明，肃清封建专制主义的流毒，不仅要经过持久的、顽强的斗争，有时还需要付出沉重的代价。掉以轻心是不行的，一蹴而就是做不到的。

对历史科学来说，任务并不只是在于指明封建君主专制主义怎样已经完全不适合我们目前的时代，也不只是在于对这种古老的意识形态和制度发泄革命的义愤，它还要求我们探究封建君主专制主义的历史形态，说明其在历史上怎样和为什么存在，曾经起过什么样的历史作用。

一

作为封建生产关系上层建筑的君主专制主义，其产生差不多是同封建制度的确立同时的。早在战国时期，各诸侯国的封建国君就极力扩大王权，初步形成了还是地方性的和不甚完备的君主专制制

---

* 原载《社会科学战线》，1981年第2期。与李文海、罗明合撰。

① 《毛泽东选集》，1版，第1卷，71页。

度。秦始皇统一六国以后，建立了中央集权的统一的封建王朝，使得君主专制制度有了一个新的发展。以后，随着封建社会的日益成熟和繁盛，这种君主专制制度就更加严密。一直到封建社会末期，由于社会矛盾的更加尖锐和复杂，反动的地主阶级为了维护自己的腐朽统治，把君主专制制度进一步强化到前所未有的程度。最后，在 20 世纪初，资产阶级领导的革命运动兴起了，君主专制作为一种政治制度，才被 1911 年的辛亥革命最终扫进了历史的垃圾堆。

绵延了如此之久的封建君主专制制度，一般地说，具有哪些基本特征呢？

第一，君主拥有独揽的至高无上的权力。不论是政治的、经济的或是军事的最后决定权，都集中于君主一人，“天下之事无大小皆决于上”（《史记·秦始皇本纪》）。君主对于任何人的生命财产，都可以随意生杀予夺，甚至曾经对专制主义做过一定程度的批判的进步思想家王夫之也承认，君主对于人臣，“可贵、可贱、可生、可杀”，因为“刑赏者，天之所以命人主也，贵贱生死，君即逆而吾固顺乎天”（《读通鉴论》卷二）。君主的话就是法律。当封建的成文法与君主的诏令发生矛盾时，法律只能卑贱地服从诏令。“君心之好恶”成为判断是与非、罪与非罪的最高准则。正像孟德斯鸠所说的：“在专制国家里，法律仅仅是君主的意志而已。”（《论法的精神》）总之，“朕即国家，朕即法律”，一切都可以凭着君主个人的专制权威独断专行。

权力的高度集中于一极，是以另一极的绝对无权为前提的。既然君主的权力不受限制，那么这也就意味着人民群众被剥夺了所有的民主和自由。人民不但根本不能参加国家的机构和管理国家，甚至没有资格对政治做任何的评议。马克思说过，“专制制度的唯一原则就是轻视人类，使人不成其为人”①。人民的天职被看成只是服从、奉行君主的意旨，忍受一切凌辱和压迫。人民和君主的关系是十分明确的，按照韩愈的毫无掩饰的说法，那就是：“民不出粟、

---

① 《马克思恩格斯全集》，1 版，第 1 卷，411 页，北京，人民出版社，1956。

米、麻、丝，作器皿，通货财，以事其上，则诛。”（《原道》）在封建专制制度的政治统治下，人民是奴隶，或者连奴隶还不如。鲁迅说：“但实际上，中国人向来就没有争到过‘人’的价格，至多不过是奴隶，到现在还如此，然而下于奴隶的时候，却是数见不鲜的。”（《灯下漫笔》）正因为如此，鲁迅把历史上的一乱一治，看作不过是两种时代的依次交替：一是“想做奴隶而不得的时代”，二是“暂时做稳了奴隶的时代”。只要有一位强有力的君主，较有秩序地收拾了天下，并且厘定规则怎样服役、怎样纳粮、怎样磕头、怎样颂圣，那就算是“天下太平”了。

第二，有无数大大小小的官僚，作为君权的代表，对人民实行专制统治。马克思在分析西欧的封建政治时，把“大批的文职、军职和神职官僚”称作“君主专制”的“组成部分”①。列宁在谈到俄国的专制统治时曾说：“沙皇专制就是官吏专制。”② 中国的情况完全一样。皇帝虽有至高无上的权力，但并不是也不可能由他一个人管理国家。他选拔和任命从中央到地方的各级官僚，这些官僚，对皇帝来说，不过是他的一批可以随意使唤的奴才；但对人民群众来说，则都是王权的代表，是一个个可以擅作威福的小暴君。“骑在没有发言权的人民头上的官吏黑压压地好象一片森林；普通的做工的人永远穿不过这片森林，永远得不到公道。对于官吏的贪污、掠夺和残暴行为的任何控诉，都是石沉大海，官场舞弊使得一切状子都毫无下文。……不由人民选举因而不必对人民负责的大群官吏，结成了一张紧密的蜘蛛网，人们就像苍蝇那样在这张蜘蛛网上挣扎。”③ 列宁的这一段话，生动地描绘了君主专制制度下官僚政治的黑暗状况。

第三，君主专制制度是与封建的宗法制、家长制紧密结合在一起的。封建帝王从来都把天下国家视作一家一姓的私产，所谓“普天之下，莫非王土；率土之滨，莫非王臣”。他们最大的愿望就是，把这种对于整个国家的占有权万世一系地传给自己的子孙。最早确定皇帝称号的嬴政曾说：“朕为始皇帝，后世以计数，二世、三世至

---

① 《马克思恩格斯选集》，1版，第1卷，186页，北京，人民出版社，1972。

②③ 《列宁选集》，1版，第1卷，395页，北京，人民出版社，1960。

于万世，传之无穷。”（《资治通鉴》卷七）虽然秦王朝的统治极有讽刺意味地到二世就垮台了，但秦始皇的这段话却代表了后来一切帝王的共同心理。只要他们的统治不被农民起义所推翻，不在统治阶级的内部斗争中被篡夺，也不为国内其他民族的统治者所征服，那么，掌握着最高政治权力的皇帝就总是按照“嫡长制”的原则把帝位一代一代地传下去，通过世袭制以达到“家天下”的目的。作为这种统治的基层细胞的，恰恰就是一个一个封建的家族单位。几千年来小生产的家长制，正是君主专制制度赖以存在的广阔的社会基础。在这种情况下，独裁统治的皇帝被说成扩大了的大家长，一切军民等无不是“朝廷赤子”、君主的“子民”，而皇帝则“上为皇天子，下为黎庶父母”（《汉书·鲍宣传》）。就是小小的地方长吏，如州牧、县令之类，也习惯地被称作老百姓的“父母官”。统治与被统治的阶级关系，被罩上了一层温情脉脉的宗族关系的面纱。封建的政权和族权、夫权互相纠结。封建政治原则中，总是把“君为臣纲”同“父为子纲”“夫为妻纲”并提，强调“家齐而后国治”，这正是君主专制制度与宗法家长制结合的理论反映。

第四，形成了一整套维护君主专制制度的封建意识形态。早在封建社会初期，先秦的法家思想家就竭力强调君主的独尊地位，并从政治上论证了君主拥有超越和凌驾于全社会之上的无限权力的必要性。西汉以后，经过改造的儒家思想宣扬“天人合一”“君权神授”，皇帝被认为是天即上帝的儿子，所谓“王者，父天母地，为天之子也”（班固：《白虎通义》）。君主至高无上和无所不包的权力被说成“天意之所予”（董仲舒：《春秋繁露》）。这样，服从皇帝就是顺应天意，而对皇帝的任何冒犯都是对天与神的亵渎。这就在理论上给君主专制制度涂上了一层神秘主义的色彩，使得君权变得更加神圣不可侵犯。于是，忠君就成了封建政治行为的最高准则，也成了封建道德规范的首要标准。一本托名东汉马融而作的题为《臣轨》的书中写道：“天之所覆，地之所载，人之所履，莫大乎忠。”“善莫大于作忠，恶莫大于不忠。忠则福禄至焉，不忠则刑罚加焉。”这里，不仅把忠君看作天地之间至大至要的事，而且告诉人们，忠君的政治原则如果得不到遵守，那就不但要受到封建道德之类精神力量的约束，而且要受到封建法律这类物质力量的惩罚。事实上，封建法律一直把触犯皇帝权威的“大逆”罪和冒犯皇帝尊严的“大不敬”罪列为“十恶”之首，处以最严厉的刑罚。有些封建王朝的律法甚至规定对皇帝“腹诽”也要获罪处刑。

第五，封建地主经济支配下的农业和家庭手工业相结合的自然经济形态，是君主专制制度赖以存在的物质基础。封建的土地占有关系，农民对地主的人身依附关系，都要求有一种与之相适应并能保护这种经济关系的政权形式，君主专制制度正是封建经济关系的政治表现。在地主经济的支配下，农民作为小生产者，一家一户就是一个生产单位，他们被束缚在一小块土地上，从事着繁重的劳动。每家农户差不多都是自给自足的，农业和家庭手工业紧密结合。农民虽然过着同样的牛马不如的生活，但他们的生产方式不是使他们互相交往，而是使他们互相隔离。这种分散的个体生产，使得农民习惯于服从他人的主宰，听命于高高在上的权威，容忍那种不受限制的政府权力。封建君主专制制度，正是以这种经济条件作为自己长期生存的肥沃土壤的。

君主专制制度并不是中国历史上独有的现象。但是，应该指出，我国的君主专制统治，较之其他各国，要彻底得多、严厉得多。被恩格斯称为“在中世纪是封建制度的中心”的法国，在法王腓力四世时就召开了有教会贵族、世俗贵族和市民三个等级代表参加的第一次三级会议；英国在1265年就召开了不仅有大贵族而且有地方骑士和市民代表参加的第一次国会，到14世纪，国会分成了上、下两院。以后一直延续下来的“三级会议”和“国会”，在封建时代虽然在本质上仍然是地主阶级专政的工具，但毕竟提供了某些民主（哪怕是如此有限的地主阶级民主）的形式。即使在被马克思和列宁常常称为具有“最野蛮、最横暴”的专制制度的沙皇俄国，也还有过“贵族委员会”“贵族代表会议”之类的代议机关。但中国的封建社会政治史上却从未有过这些东西。

二

在一定的历史时期内，封建君主专制制度曾经起过积极作用。当封建制度还是作为一种新的社会制度代替腐朽的奴隶制度的时候，集中而强有力的王权，在与没落的奴隶主贵族的政治斗争中是必不可少的杠杆。当封建主义处于生机勃勃的上升阶段时，君主专制制度也为维护新的生产方式尽过自己的历史责任。特别是在从封建割据的状况联合为统一集中的国家的过程中，君主专制制度发挥过重大的促进作用，而任何一个国家，如果不能摆脱封建分散和诸侯混乱的状态，就不可能指望保持自己的独立和真正发展经济与文化。

但是，即使在封建社会的前期，专制制度的历史进步性也是同残暴的镇压与专横的统治紧密联系在一起的。随着社会的发展，封建生产方式内部各种固有矛盾日益深化和激化，专制制度曾经有过的一点积极作用也就逐步消失。历史越往前走，专制制度就越加成为社会发展的桎梏。

君主专制制度对于社会历史的消极作用，主要表现在哪些方面？

马克思曾说，企图“在君主政体、专制制度和暴政三者之间找区别”，是徒劳的，因为“这一切都是同一概念的不同说法”[①]。也就是说，君主专制制度就是暴政。当然，这绝不是说，历史上从来没有出现过某些贤明的君主，他们的统治政策曾经对历史发展起过积极的甚至是重大的促进作用。这样的在历史上应该给予肯定评价的封建君主无疑是存在的。秦皇汉武、唐宗宋祖，以及明代的朱元璋、清代的康熙等，就是一些具有雄才大略的著名历史人物。但是，一方面，在历史上起过积极作用并不排除他们的统治是残暴的；另一方面，这样一些有作为的君主是如此之少，简直是凤毛麟角。明末清初的进步思想家唐甄曾说：“帝室富贵，生习骄恣，岂能成贤？是故一代之中，十数

---

① 《马克思恩格斯全集》，1版，第1卷，411页。

世有二三贤君……其余非暴即暗，非暗即辟，非辟即懦。”（《潜书·鲜君》）这个说法是大体符合历史真实的。我们如果翻翻“二十四史”，就不难发现，“君临天下”的封建君主绝大多数不是暴君，就是暗君、辟君、懦君。他们之中，有的“天性好杀，一日无事，辄惨惨不乐”（李延寿：《南史》），“钳凿锥锯，不离左右，为击脑、槌阴、剖心之诛，日有数十。常见卧尸流血，然后为乐”（同上）；有的“沉湎于酒，昏醉如痴，沉酣既久，遂亏本性”（同上）；有的听说百姓无食，竟问“何不食肉糜”；有的在位数十年，从未召见过大臣。当然，绝不是历史故意捉弄人，偏偏把那些昏暴庸愚的人物推上君主的宝座，而是君主专制的一整套制度，决定了登临大位的人往往难以摆脱全部教养、环境、条件所铸成的性格特征。可悲的是，正是这些昏暴庸愚的封建君主，拥有着极大的影响历史进程的政治权力。这种情况，往往成为封建政治腐败黑暗的一个重要因素。

既然君主成为一切权力的象征，那么那些充满贪欲和权力野心的政治集团就不可避免地要加强对皇位的角逐和对君主的控制。在我国历史上，外戚、宦官、权臣、军阀，相互之间争权夺利的斗争，史不绝书。在皇室内部，父母、子女、兄弟、夫妇之间，彼此阴谋弑杀，也是屡见不鲜。统治集团内部矛盾的不断暴发和尖锐化，是封建君主专制制度的必然产物。这种斗争，在统治阶级内部是你死我活的，既充满着诡谲奸诈又十分残酷狠毒，它往往还会发展为大规模的政治动乱，给社会生活造成极大的破坏。

一方面是臣属对君权的觊觎，一方面必然是君主对臣僚权力的限制、防范。“飞鸟尽，良弓藏；狡兔死，走狗烹。”在我国历史上，一次又一次地发生过皇帝诛逐功臣良将的事情。我们绝不能把这种现象归之于君主性格的普遍多疑，实质上，不过是某些人功高权重，危及了君权的独断地位。杜牧诗云：“由来枉死贤才事，消长相持势自然。”（《樊川诗集·李和鼎》）用这两句诗来解释上述历史现象，是相当贴切中肯的。因此，在君主专制制度之下，封建官僚政治的基本要求正是庸庸碌碌、无所作为。“万岁相公”的历史掌故①，

① 沈德符《万历野获编》卷一载：“（明宪宗）一日召阁臣万眉州、刘博野、刘寿光等人，话及时政，俱不能置对，即叩头呼万岁，当时有‘万岁相公’之谑。”

“多磕头，少说话”的官场诀窍，并不是封建政治中的偶然现象，倒是深刻地反映了官僚政治的本质。在封建时代，也曾出现过极少数正直、有作为、多少考虑到人民利益的所谓“清官”，但这些人大抵仕途坎坷，只落得一个悲剧的结局。真正能够经得起宦海沉浮、居高位而不衰的，一般是那些尸位素餐、无所事事之徒。朱熹在《政训》中引用一个姓范的小官僚的话说：“今日气象，官无大小，皆难于有为，盖通身是病，无下药处耳。”（《朱文公政训》）他们不了解“通身是病”的病根是什么，其实正是封建君主专制制度。君主专制制度不去，官僚政治的弊病是无药可医的。

政治专制制度必然导致文化专制制度和愚民政策。“民可使由之，不可使知之”，这是因为，如我们在前一节所讲过的，在君主专制制度之下，民只是提供“王赋”的工具，只是压迫和役使的对象，绝不容许他们有丝毫干预国家政事的权利。斯大林在谈到俄国的专制制度时说，受这种专制制度压迫摧残的人是举不胜举的，“他们的人数是如此之多，要是他们都懂得这一点并明白谁是他们的共同敌人，那末俄国的暴政是一天也不能存在的”①。因此，独裁的君主想尽一切办法“愚弄黔首”，以阻止人们的团结和觉醒。文化专制制度就是其中最重要的一个手段。在封建时代，文化、思想“定于一尊”，任何逾越封建主义界限的异端都遭到严密的防范和残酷的镇压。明清时代的文字狱，不过是君主专制制度禁锢思想的突出表现而已。其结果，必然是阻遏了社会政治思想的活跃和学术文化的繁荣，也堵塞了科学技术迅速发展的道路。当然，我国封建社会并不是没有产生过灿烂的文化，在意识形态领域也不乏民主性的精华，但这些都是在极端困苦的条件下，经过曲折的道路和顽强的斗争，艰难地生长起来的。

专制制度对于社会历史的消极作用，更直接地体现在经济领域。为了保护和巩固专制制度的经济基础，封建政权一直实行“重农抑商”政策，一方面使封建小农经济得到维持和相对稳定，另一方面

---

① 《斯大林全集》，1版，第1卷，18页，北京，人民出版社，1953。

对商品经济的发展加以限制。为了满足君主和皇室奢侈生活的需要，历代王朝都经营着相当规模的官营手工业，并对一些重要的生产部门实行垄断。宋代人石介说：“国家之禁，疏密不得其中矣。今山泽江海皆有禁，盐铁酒茗皆有禁，布绵丝枲皆有禁，关市河梁皆有禁。”（《石徂徕集》卷下《明禁》）宋代如此，以后各朝大体皆然。这不可避免地会对民间工商业的发展造成阻碍。特别是资本主义萌芽后，封建主义的这一套经济政策更成为遏止新生产关系幼芽进一步成长的巨大障壁。

最后，还必须提到君主专制制度在民族问题上产生的影响。列宁指出：“民族压迫政策是专制制度和君主制度的遗产”①。我国很早以来就是一个统一的多民族国家。但是，在封建君主专制制度之下，不论君主是汉族人还是其他少数民族人，从总体上说，实行的都是民族压迫和民族歧视的政策。对专制君主来说，民族之间的分裂、隔膜、仇恨，是便于他实行“分而治之”的政策，因而也是有利于他的独裁统治的。

当然，上面所说的一切，都已经是历史的陈迹。但是，认真估计君主专制制度的历史作用，对于我们了解历史上曾经存在的这种思想和制度，却是完全必要的。

三

在历史上，不同时期、不同阶级的许多人物，都曾对封建专制制度做过程度不同的批判。

在封建社会晚期，由于君主专制制度的弊病暴露得越来越充分，甚至地主阶级中的一些进步思想家也开始对这个制度产生怀疑和不满，进而对之进行猛烈的抨击。特别是在明末清初这个大动乱的时代，大胆暴露君主专制制度的有一批人。黄宗羲曾公开宣称，“为天

---

① 《列宁全集》，1版，第24卷，269页，北京，人民出版社，1957。

下之大害者，君而已矣！”因为他们“敲剥天下之骨髓，离散天下之子女，以奉我一人之淫乐”（《明夷待访录·原君》）。唐甄则说：“自秦以来，凡为帝王者皆贼也。”“自秦以来，屠杀二千余年，不可究止，嗟乎，何帝王盗贼之毒至于如此其极哉！”（《潜书·全学》）王夫之认为，“天下者，非一姓之私也”（《读通鉴论》卷十一）。比他们稍后的龚自珍，也不满于“一人为刚，万夫为柔”的政治状况，并指斥君主“震荡摧锄天下之廉耻”（《定盦续集》卷二）。但是，他们的言论无论多么激烈，无论写得如何痛快淋漓，都并没有提出代替封建君主专制制度的方案。在他们的心目中，君主仍是取消不得的，所谓“人不可一日而无君”（《读通鉴论》卷十九）。他们只是要求君主变得贤良、公正、开明而已。所以，黄宗羲希望君主更多地注意“万民之忧乐”（《明夷待访录·原臣》），而唐甄则要求“富有四海，贵为天子”者，“存心如赤子，处身如农夫，殿陛如田舍，衣食如贫士，海内如室家”（《潜书·尚治》）。我们在钦佩这些思想家勇敢的批判精神的同时，还得承认，他们的这种政治理想虽然颇为美丽的，但只是地地道道的空中楼阁，没有一点现实基础。拥有无限独裁权的封建君主，是永远不会按照他们描绘的形象出现在历史舞台上的。

处于封建社会最底层的贫苦农民群众，受君主专制制度的蹂躏最直接、最深重，因此，这个阶级中的一些人对君主专制制度的批判比地主阶级进步思想家要早得多。中国的封建社会，爆发过无数次农民起义和农民战争，每当这个时候，革命农民不但用暴力对封建专制政权进行武器的批判，同时也往往举起批判的武器，指斥专制政治的残暴和揭露封建统治的黑暗。从陈胜吴广起义“伐无道，诛暴秦”开始，到李自成起义公开发布“明朝昏主不仁，宠宦官，重科第，贪税敛，重刑罚，不能救民水火，日罄师旅，掳掠民财，奸人妻女，吸髓剥肤”（《剿兵安民疏》）的讨伐檄文止，一次又一次的斗争，都包含了在政治上和思想上批判封建君主专制制度的内容。但是，农民不是新的生产方式的代表者，他们仇恨封建专制制度，却又跳不出君权主义的圈子，仍然幻想着有个“好皇帝”高高地君临于他们头上，从上面赐给他们雨水和阳光。甚至作为旧式农民战争最高峰的太平天国运动，其领袖洪秀全登上了天王的宝座之后，也宣扬起“只有臣错无君错”的观念来，从造君主专制制度的反开始，最后依然回到了君主专制制度的轨道上。

历史进入了近代，一个新的阶级——资产阶级登上了政治舞台。资产阶级的第一个政治派别——戊戌时代的维新派，曾把批判的锋芒指向封建君主专制制度。维新派中的激进分子谭嗣同，把自秦以来的历代帝王统统骂作“独夫民贼”，指出他们把天下作为自己“囊中之私产”，实际上是戕害人民的“大盗”。他从根本上否定“忠君”的观念，指出：“君为独夫民贼，而犹以忠事之，是辅桀也，是助纣也。”进而，他又对君主专制制度的理论核心“三纲五常”展开了进攻，他说：“数千年来，三纲五伦之惨祸烈毒，由是酷焉矣”，提出了“冲决君主之网罗”的口号，主张“废君统，倡民主，变不平等为平等”（《谭嗣同全集》）。可以看出，维新派对君主专制制度的批判，要比他们的前人深刻得多、有力得多。这种批判，在当时确实起到了振聋发聩的作用，极大地启迪了人们民主思想的觉醒。但是，维新派的批判仍然有着很大的局限性。大多数维新人士在政治观点上并没有达到谭嗣同所达到的水平。从根本上说，维新派同样并不否定君主的存在，他们的政治理想，只是改君主专制为君主立宪，用他们自己的话说，就是实行“开明专制”。达到这种政治理想的主要途径，又恰恰是依靠他们心目中的圣君贤主光绪皇帝。这种不触动封建统治的资产阶级改良运动，很快就被反动的封建势力扼杀了。

接踵而来的是资产阶级革命民主派的兴起。这个政治派别是以推翻和根除封建君主专制制度作为自己运动的首要目标的，所以，在革命斗争中，资产阶级革命民主派人士对君主专制制度展开了全面的、比较系统的批判。他们揭露了君主专制制度的反动本质，控诉了独裁统治造成的“恶劣政治”给予人民的痛苦，指出专制君主是反对一切改革和进步、造成国家贫弱的总根源，热切地呼吁人民改变自己任人宰割的奴隶地位。以孙中山为代表的资产阶级革命派，在批判君主专制制度的同时，提出了资产阶级民主共和国的纲领，并且响亮地提出："敢有帝制自为者，天下共击之!"（《同盟会宣言》）人民群众在资产阶级革命派的领导下，发动了具有重大历史意义的辛亥革命运动，摧毁了延续两千多年的封建君主专制制度，建立了共和国，这是资产阶级革命派的伟大历史功绩。

封建君主专制制度虽然被推翻，但它的流毒和影响是不可能被很快肃清的。一方面，这是由于资产阶级革命派具有软弱性，他们在批判君主专制制度的时候，仍然不免有某种保留，如孙中山就曾说："中国所受君权的影响，可以说是利害参半"，甚至认为，同西方相比，中国人民"并没有受过极大专制的痛苦"①。另一方面，这是由于意识形态有相对的独立性，当一种旧制度死亡的时候，反映这种旧制度的旧思想并不会跟着被装进棺材、埋入坟墓，它仍然要在人们中间腐烂发臭，毒化周围的空气。

回顾对封建君主专制制度的批判历史，可以清楚地看出，继续清算封建君主专制制度的思想影响，彻底消除它的有害遗毒，这个战斗任务历史地要求无产阶级来完成。中国人民在中国共产党的领导下，进行了28年的新民主主义革命，推翻封建主义的反动统治和封建土地所有制，是成功的、彻底的。但是，肃清思想政治方面的封建主义残余影响这个任务，因为我们对它的重要性估计不足，以后又很快转入社会主义革命，所以并没有很好地完成。在我们今天的政治生活和社会生活中，一些不合理、不完善的制度和不健康、不正确的思想作风，如官僚主义、特权主义、权力过分集中、干部领导职务终身制、社会关系中残存的宗法观念和等级观念、上下级关系和干群关系中在身份上的不平等现象，等等，无不带有封建主义色彩，无不是封建主义残余影响尚未肃清的表现。对于这些东西，如果不在思想上对它们有足够的、清醒的认识，同时在制度上做一系列切实的改革，那就必然要成为实现"四化"这个宏伟目标的巨大障碍和阻力。正是在这个意义上，分析中国历史上曾经长期存在的封建君主专制制度，仍然有着重要的现实意义。

---

① 《孙中山选集》，下卷，669页，北京，人民出版社，1981。

爱国主义和历史科学*

爱国主义是对自己祖国和人民的最深厚的感情，它深深地植根于中国久远的历史和文明之中，世世代代哺育着中华儿女，鼓舞和激励他们去劳动、去战斗、去开创祖国的锦绣前程。爱国主义，过去是中华民族生存、团聚、延续、立国的思想支柱，今后仍然是实现社会主义现代化宏伟事业的精神源泉。历史科学是进行爱国主义思想教育的强大武器。在我国历史上，有足以令我们自豪的、光辉灿烂的文明遗产，有许多伟大的、堪称表率的政治家、军事家、思想家、科学家、文学家、艺术家，有反对阶级剥削和民族压迫的光荣革命传统，有众多坚忍不拔、可歌可泣的英勇斗争事迹。特别是从 1840 年鸦片战争以后，中国人民开展了反帝反封建的激烈斗争，爱国主义精神得到高度发扬。人民群众为了争取国家的独立、民族的解放，不惜抛头颅、洒热血，和强大的敌人进行拼搏，经过崎岖曲折的路程，终于在中国共产党的领导下，推翻了压在人民身上的三座大山，取得了革命的胜利，建立了社会主义新中国。一部中国史是进行爱国主义教育最丰富、最生动的教材，人们将能从中认识我们民族伟大的过去和光明的未来，将能激发对祖国的忠诚、热爱和高度的自豪感、责任心。

为了开创社会主义现代化建设事业的新局面，我国各条战线需要培养千千万万有理想、有道德、有文化、守纪律的人，需要有超过祖辈、父辈的青年一代。为此，就必须加强祖国历史，特别是近代史的教育。历史的教育，既要陈述事实，总结经验，揭示规律，给人以知识、智慧和才能，又要陶冶品德，培养情操，鼓舞信心，

* 原载《光明日报》，1983 年 6 月 22 日。

使人们的内心世界迸射出爱国主义的光芒。

人的思想发展和世界观的树立，有各自不同的特点，也有共同普遍的规律。从爱国主义走向共产主义，这是许多前辈革命家经历的共同道路。中国的老一辈共产主义战士，很多人不是一开始就具有共产主义思想觉悟的，而是目睹国家的贫弱、民族的苦难，救国救民之心油然而生，奋不顾身地投入革命运动，经历了多次的失败和挫折，在实践中学习马克思列宁主义，认识到社会主义是拯救中国的唯一可行的方案。这样，他们才逐步成长为伟大的共产主义者。在今天，爱国主义和共产主义更是相通的。一个共产主义者必须是最坚定的爱国者，为国家、民族的复兴而全力奋斗，贡献一切，并把爱国主义和无产阶级的国际主义紧密地结合起来。而一个真正的爱国者，即使还没有建立起共产主义的世界观，也会在大量生动、具体的事实面前，认识到社会主义的优越性，赞成和拥护社会主义制度和中国共产党的领导。

在青年和人民群众中大力开展爱国主义教育，这是建设社会主义精神文明的重要内容，将会促进共产主义新一代的成长。我国史学界过去在普及历史知识、宣传爱国主义方面做了很多工作，今后还有更多的工作要做。

进行爱国主义教育是一项长远的战略任务，应该投入更多的力量，更有计划性，做得更加扎实、更有成效。在内容、体裁、方法、选题、文字等方面都有探讨和改进的余地。时代给历史科学提出了新的要求，一切史学工作者、史学研究和教学单位、史学刊物都应该关心这项任务，义不容辞地承担更多的责任，利用各种方法，通过不同途径，广泛传播科学的历史知识，使爱国主义精神更加发扬光大，在群众中生根、开花、结果。

巨大的支持　英明的预见*

——重读马克思恩格斯关于中国革命的教导

今年是世界无产阶级的伟大导师马克思逝世100周年。他和恩格斯一起创立的科学共产主义理论以及革命的纲领、策略，是全世界无产阶级和人民群众进行解放斗争的指南针。经历了100多年历史实践的验证，马克思主义历久而常新，并不断地丰富、发展，越来越显示出指导革命、改造社会的巨大威力。

马克思一生从事巨大的理论活动和革命实践活动，他和恩格斯撰著了卷帙浩繁、包罗宏富、光辉灿烂的革命文献，给全人类留下了最锐利的思想武器和最珍贵的精神财富。马克思和恩格斯在积极参与并研究、指导当时世界上资本主义国家的工人运动的同时，还关心与注意殖民地、落后国家的社会状况和解放斗争。他们从全世界相互联系和无产阶级革命总的发展来考察各地的民族解放运动，写了一系列有关印度、波斯、中国等东方国家的光辉论文，强烈谴责资本主义列强对这些地区的野蛮侵略，歌颂人民的反抗斗争，这些论文对于殖民地半殖民地国家的解放运动一直具有重大的鼓舞和指导作用。

马克思和恩格斯专门论述中国问题的论文共有20多篇，都写于19世纪50年代，即第二次鸦片战争和太平天国运动时期。大多数文章登载于《纽约每日论坛报》，作为该报的社论发表。马克思和恩格斯远离中国，要获得关于中国的消息是很困难的，不得不利用欧洲国家派往中国的外交官和传教士送回去的报告，这些报告有不少出自传闻或经过掺假、歪曲。但马克思和恩格斯对中国发生的事件极其关切，对一切细节十分注意并仔细分析，能够透过不很确切的报

* 原载《北京史苑》，第1辑，北京，北京出版社，1983。

道，去粗取精，去伪存真，从中观察到事件的本质。他们在文章中愤怒地揭露了英、法、俄等国对中国的侵略，对受欺凌的中国人民满怀同情，热烈地支持和歌颂中国人民的反抗斗争。他们以深邃的智慧洞察究竟，预见到中国人民的反侵略斗争，在经历了艰难曲折的路程之后，必将取得最后的胜利。这些论著写于120多年前，今天重新温习，仍感觉到强烈的现实感、新鲜感。它是我们研究中国近百年革命斗争、理解中国国情的理论根据，也是鼓舞我们继承先驱者遗业、奋勇前进、全面开创社会主义现代化建设新局面的巨大力量。

一

两次鸦片战争是中国历史上具有划时代意义的重大事件。资本主义列强武装入侵中国，强迫清政府签订了一系列不平等条约。从此，文明古老、历史悠久的封建中国逐步沦为半殖民地半封建社会，中国人民陷入了水深火热的痛苦深渊。马克思和恩格斯对两次鸦片战争的性质、起因、过程、影响进行了全面的研究，做出了精辟的分析。当时，英国资产阶级为了推脱罪责，胡说鸦片战争发生的原因是中国政府对英国不友好，歧视、迫害了外国商人，把战争的责任推到中国身上。马克思严正地驳斥了这种谰言，他说："英国政府报纸和一部分美国报刊就不断地诬蔑中国人……它们举不出一件确凿的罪名，举不出一件事实来证实这一切诬蔑"，"中国人针对着英国人提出的每一件控诉，至少可以提出九十九件控诉"①。马克思怀着强烈的无产阶级义愤，指出这场战争是由于英国资产阶级坚持进行肮脏的鸦片贸易而引起的"极端不义的战争"②。

为了揭露英国的侵略罪行，马克思对半个多世纪以来的中英关系和鸦片贸易进行了仔细的研究，写了题为《鸦片贸易史》的两篇文章，列举19世纪上半叶中英贸易的状况和鸦片贸易的急剧增长，

①② 《马克思恩格斯全集》，1版，第12卷，177页。

谴责这种贸易不道德的、非人道的性质。马克思转引了一位英国人的话："同鸦片贸易比较起来，奴隶贸易是仁慈的"①，因为奴隶贩卖者的直接利益要求维持奴隶的生命和思想，"可是鸦片贩子在腐蚀、败坏和毁灭了不幸的罪人的精神世界以后，还折磨他们的肉体"②。主持这项贸易的不是别人，正是英国政府，它从这桩肮脏的贸易中一年即可获得 2 500 万美元的收入，即等于它总收入的1/6。中国政府三令五申，禁止鸦片输入，但英国资产阶级则千方百计，破坏禁烟命令，借助走私和贿赂等卑鄙手段，使鸦片在中国日益泛滥。"浸透了天朝的整个官僚体系和破坏了宗法制度支柱的营私舞弊行为，同鸦片烟箱一起从停泊在黄埔的英国趸船上偷偷运进了天朝"③，"随着鸦片日益成为中国人的统治者，皇帝及其周围墨守成规的大官们也就日益丧失自己的权力"④。正是英国进行的鸦片贸易，使中英两国的矛盾激化，马克思指出发生这场战争的真正根源是"中国当局不愿意让他们的人民为了东印度公司和英、法、美各国少数不法商人的金钱利益而被鸦片所毒害"⑤。英国自诩为文明国家，把中国看作半野蛮的未开化者，可是，"半野蛮人维护道德原则，而文明人却以发财的原则来对抗"⑥。在这里，资产阶级的贪婪本性和寡廉鲜耻表现得最清楚不过了。

英国侵略军在这场非正义战争中使用了惨无人道的暴虐手段，在中国烧杀淫掠，无恶不作。恩格斯对此揭露说："英军作战时自始至终采取了极端残酷的手段，这种手段是和引起这次战争的走私贪欲完全相符的。"⑦"英国人轻而易举地从中国人那里抢走了大宗银两……他们自己却保留了大量的为我们十六世纪和十七世纪的共同

---

① 《马克思恩格斯全集》，1 版，第 12 卷，584 页。

② 同上书，585 页。

③ 同上书，588 页。

④ 《马克思恩格斯全集》，1 版，第 9 卷，110 页，北京，人民出版社，1961。

⑤ 《马克思恩格斯论中国》，71 页，北京，人民出版社，1950。

⑥ 《马克思恩格斯全集》，1 版，第 12 卷，587 页。

⑦ 同上书，190 页。

祖先所特有的古老的海盗式掠夺精神”①。

一百几十年前，当落后贫弱的封建中国遭到强大的资本主义列强的侵略、蹂躏，中国人民处在最困难的时期，伟大的无产阶级革命导师，以笔墨为刀枪，讨伐侵略者，声援中国人民，其意义是很重大的。某些帝国主义的辩护士一直在歪曲鸦片战争的原因和性质，企图掩盖侵略罪责，说什么战争是由中国人民野蛮不友好的行动引起的，或者说这类战争给中国带来了文明，等等。马克思和恩格斯当年的论断是对这种谰言最有力的驳斥。

二

继第一次鸦片战争之后，1856 年爆发了第二次鸦片战争。同第一次鸦片战争一样，第二次鸦片战争是英国伙同法国挑起的侵略战争。战争的导火线是“亚罗号”事件，这是中国人的划艇，为了走私的方便，曾买了一份船籍登记证。1856 年 10 月，广州水师在“亚罗号”划艇上缉私捕盗，英国政府为了发动侵略战争，竟以此为借口，硬说“亚罗号”是英国船，指责清政府侵犯了英国船艇，扯下了船上悬挂的英国国旗，侮辱了英国的尊严。英国军舰竟驶入珠江，炮轰广州。英国的帕麦斯顿内阁派遣远征军到中国，一件小纠纷扩大蔓烧起一场大规模的侵略战火。

帕麦斯顿内阁借“亚罗号”事件，对中国大兴问罪之师，手段实在太卑鄙了，引起舆论的不满和反对党（托利党）的质问。1857 年 2—3 月，英国议会就此问题辩论 4 天之久，并进行了信任投票。结果，以 263 票对 247 票通过对内阁的不信任案，而帕麦斯顿却以解散议会、重新选举议员作为报复。大选的结果，帕麦斯顿获得胜利，这样才能够控制议会，强行通过侵华战争的军事拨款，派出远征军。这是当时英国政治生活中的一场轩然大波。

马克思密切地注视着英军在广州的挑衅活动和伦敦议会中的激

① 《马克思恩格斯全集》，1 版，第 12 卷，186 页。

烈辩论，他利用议会辩论中揭露的材料，对帕麦斯顿内阁的好战行径进行严厉的批判，给中国以巨大的同情和支持。马克思断言："我们认为，每一个公正无私的人在仔细地研究了香港英国当局同广州中国当局之间往来的公函以后，一定会得出这样的结论：在全部事件过程中，错误是在英国人方面。"① 英国政府称"亚罗号"划艇是英国划艇，以划艇遭到侵犯、英国国旗被扯落作为发动战争的借口，马克思引用了反对党领袖、曾3次出任英国首相的得比伯爵的演说词进行驳斥。得比伯爵承认："该船是由中国人建造、中国人俘获、中国人出售、中国人购买的，船员是中国人，船归中国人所有。"② 因此"亚罗号"划艇是中国船，根本谈不上对英国的侵犯和侮辱，"这只划艇，从任何正确意义上来看，都不是英国的"③。

"亚罗号"为了进行走私，在香港购买了船籍登记证。但是登记证并无法律根据，因为登记证是根据香港地方立法机关的命令颁发的，可是这个命令不仅违背了中英之间的条约，而且与英国的现行法律相抵触，"因此，划艇'亚罗号'所借以取得船籍登记证的那个命令，不过是一张废纸"④。

即使抛开法律根据不谈，该船的执照已经满期，船籍登记证已属无效。这一点，连策划"亚罗号"事件的香港总督包令也是承认的。至于英国国旗被扯落云云更是无中生有，马克思引用了当时在香港出版的英国官方报纸《中华之友》上刊载的证词说："现在广州尽人皆知，该艇被捕获前，已有六天没有挂英国国旗。"⑤ 可见，所谓扯下英国国旗完全是为了发动战争而捏造的借口，香港总督包令供认："船籍登记证是无效的，那只划艇没有权利挂英国国旗。""船不在我们的保护之下，不过中国人并不知道这一点。看在上帝的面上，千万不要把这一点透露给他们。"⑥

---

①③ 《马克思恩格斯全集》，1版，第12卷，112页。

② 同上书，149页。

④ 同上书，149页。

⑤ 同上书，150页。

⑥ 同上书，151页。

马克思对英国和中国政府之间的往来文书、报刊文章以及英国议会中的辩论情况了解得十分清楚，所以能够得心应手地摘引英国政府高级官员自己的话来驳斥他们的谎言，揭露他们的罪行。他的揭露和批判不仅尖锐严峻，而且有理有据，具有极大的说服力。当时，英国资产阶级大肆叫嚷，诬蔑中国违反条约、侮辱英国国旗、侵犯了英国人生命财产的安全。马克思说："这些非难是多么虚伪和空洞"，而英军却以这种捏造的口实，开炮轰击广州，"广州城的无辜居民和安居乐业的商人惨遭屠杀，他们的住宅被炮火夷为平地，人权横遭侵犯"①，到底是谁侵犯了谁的生命财产的安全？这难道不是一清二楚的吗！马克思义愤填膺地揭露英国政府和报刊掩盖事实真相、挑起战争的可耻行径，他写道：

> 英国报纸对于旅居中国的外国人在英国庇护下每天所干的破坏条约的可恶行为是多么沉默啊！非法的鸦片贸易年年靠摧残人命和败坏道德来充实英国国库的事情，我们一点也听不到。外国人经常贿赂下级官吏而使中国政府失去在商品进出口方面的合法收入的事情，我们一点也听不到。对那些被卖到秘鲁沿岸去充当连奴隶都不如的牛马以及在古巴被卖为奴的受骗的契约华工横施暴行"以至杀害"的情形，我们一点也听不到。外国人常常无耻地欺凌性情柔弱的中国人的情形以及这些外国人在各通商口岸干出的伤风败俗的事情，我们一点也听不到。我们所以听不到有关这一切以及其他许多的事情，首先是因为在中国以外的大多数人很少关心这个国家的社会和道德状况；其次是因为精明和谨慎的原则是不去涉及那些不能带来钱财的问题。②

马克思坚决站在被侵略的弱者一边，谴责了策划和发动战争的英国侵略头子。他指出，中国官员在"亚罗号"事件的交涉中，"心

① 《马克思恩格斯全集》，1版，第12卷，177页。

② 同上书，178页。

平气和、冷静沉着、彬彬有礼”①，而英国官吏却粗暴凶狠，蛮不讲理，广州的英国领事巴夏礼首先挑起事端，他“是一个性情暴躁的人”，竟“用命令式的口吻向两广总督提出书面要求”②，而指挥军舰，炮轰广州，制造惨案的海军上将西马糜各厘“态度专横，大肆恫吓”③，还有自称人道主义者的香港总督包令夸夸其谈，是个“偏执狂”，“完全自行其是”④，至于罪魁祸首则是英国首相帕麦斯顿，他亲自煽动发起侵略战争，其他人都是帕麦斯顿的战争政策的执行者。马克思揭露，早在1849年，当帕麦斯顿还在担任外交大臣的时候，他就给香港官员发出指示说：“只要形势需要，**英国的军事力量能够毁灭广州城，叫它片瓦不留**，从而使该城居民受到最厉害的惩罚。”⑤ 英军以“亚罗号”事件为借口，炮轰广州，挑起第二次鸦片战争，正是巴夏礼、西马糜各厘、包令等人执行了帕麦斯顿所说的对中国人民的“惩罚”。所以，马克思指出，“屠杀中国人的事情是由帕麦斯顿勋爵亲自策划的，这一点是毫无疑问的”⑥。他直接称呼帕麦斯顿是“广州大屠杀的英雄”⑦。

三

英法联军借口1856年的“亚罗号”事件占领广州，又北上攻陷天津，于1858年逼迫清政府签订《天津条约》，规定赔款、增开通商口岸、修改税则以及外国人享有在中国内地通商、游历和传教的权利等等，这是资本主义列强给中国人民戴上的又一副沉重的枷锁。

1859年英国公使普鲁斯、法国公使布尔布隆赴北京交换已批准的《天津条约》，这本来是国际间签订条约后的例行手续。但英国政

---

①③ 《马克思恩格斯全集》，1版，第12卷，177页。

② 同上书，176页。

④ 同上书，153页。

⑤ 同上书，159页。

⑥ 同上书，159页。

⑦ 同上书，163页。

府决心乘机进行武装示威，命令普鲁斯前往北京换约，“必须有一支充足的海军武力伴随着”①。随同英法公使北上的有海军上将贺布率领的远征舰队，包括英舰 19 艘、法舰 2 艘、士兵 2 000 人。同行的还有美国公使率领的 3 艘美舰。

英法公使来到大沽口外，坚持要从白河上溯，前往北京。白河口是清军的设防地，已被障碍物堵塞。清政府敦请三国公使改道，由北塘登陆，赴京换约，并表示负责沿路护送。英法公使蓄意挑衅，拒绝由北塘登陆，竟悍然闯进白河口，斩断铁链棕缆，拉倒铁戗等障碍物，并开炮轰击清军。守卫在祖国大门口的将士们忍无可忍，发炮还击，一场激战延续了一昼夜，“结果进攻者完全失败。远征队只得退却，并且在战斗中损失 3 艘英国战舰：‘海鹭鸶号’、‘破风号’和‘呼潮鸟号’，英军方面死伤 464 人，而参加作战的 60 个法国人当中，则死伤 14 人。英国军官死 5 人，伤 23 人，甚至海军司令贺布也受了伤”②。

白河口战斗的消息传到伦敦，英国资产阶级大肆咆哮，“帕麦斯顿派的报纸就立刻跨上不列颠狮子，一致高声要求实行大规模的报复”③。伦敦《每日电讯报》写道：“大不列颠应攻打中国沿海各地，占领京城，将皇帝逐出皇宫……我们应该用九尾鞭抽打每一个敢于侮辱我国民族象征的穿蟒袍的官吏……应该把这些人（中国将军们）个个都当做海盗和凶手，吊在英国军舰的桅杆上……无论如何应该实行恐怖手段……应该教训中国人重视英国人，英国人高出于中国人之上，应成为中国人的主人。”④

就在这样一片疯狂的叫嚣声中，马克思挺身而出，坚决支持被侵略的中国人民，对资产阶级进行驳斥。马克思说，对白河口战斗“应负责任的不是北京朝廷，而是他们自己（引者按：指英法公使）”，“中国当局曾经声明愿意护送英法公使进京；而且中国官员们的确在白河的一个河口等候接待他们……既然天津条约中并无条文赋予英国人和法国人以派遣舰队驶入白河的权利，那么非常明显，

① 马士：《中华帝国对外关系史》，第 1 卷，648 页，北京，商务印书馆，1963。

②③④ 《马克思恩格斯全集》，1 版，第 13 卷，569 页，北京，人民出版社，1962。

破坏条约的不是中国人而是英国人”[1]。

白河口战斗怎么会发生？究竟谁是衅端的制造者？马克思根据英国政府的文件和议会辩论的记录指出：“在中国发生的这场新灾难”“是帕麦斯顿一手制造的”，“该政府的首脑是这次对华战争的罪魁”[2]，英军的挑衅完全是按伦敦发出的训令行事。关于这一点，英军的两党首脑都供认不讳，在议会辩论中，反对党领袖迪斯累里说：“我不能不相信，在中国发生的事件，不是所援引的那种借口的结果，而实际上是很久以前**从国内收到的各种训令**的结果。”帕麦斯顿回答说：“这位可敬的绅士说，事变进程似乎是**英国政府预定的某种制度**的结果，事实确是如此。”[3] 英国政府借换约的机会，训令侵略军强行闯进白河口，当然要引起中国军队正当的抵抗。马克思说：“天朝居民因为对不久以前炮轰广州的事件记忆犹新，所以不能不认为这支舰队是实行入侵的工具。难道法国公使留驻伦敦的权利就能赋予法国公使以率领法国远征队强行侵入太晤士河的权利吗？”“中国人抵抗英国人的武装远征队，毫无疑义地也是有理的。中国人这种行动，并没有破坏条约，而只是挫败了英国人的入侵。”[4]

白河口战斗发生之后，帕麦斯顿鉴于两年前议会曾否定对华发动战争，因此干脆抛开议会，直接写信给法国的路易·波拿巴，“同这个独裁者商谈派一支新的英法远征军打中国”[5]。马克思指出，按照英国的宪法，只有国王拥有宣战、媾和的权力，只有议会才能批准军事拨款，而帕麦斯顿独断专行、僭越，窃夺了宣战、媾和、拨款、征税的权力，这是违宪行为。英国以“法治”“民主”相标榜，可是，“在对中国的关系上，帕麦斯顿违背了有关交战的所有国际法准则”，“帕麦斯顿内阁不经议会批准而发动了新的战争”[6]。议会在

---

① 《马克思恩格斯全集》，1版，第13卷，573页。
② 同上书，571页。
③ 同上书，582页。
④ 同上书，570页。
⑤ 《马克思恩格斯全集》，1版，第15卷，10页，北京，人民出版社，1963。
⑥ 同上书，13页。

帕麦斯顿的控制下，对之俯首听命，这就暴露了资产阶级国家“法治”和“民主”的虚假本质。

四

第二次鸦片战争期间，英法联军从海上进攻中国，沙皇俄国假惺惺地同情中国，冒充调停者，实际上却趁火打劫，窃夺中国的领土，它得到的利益最多、最大。马克思早就指出：“的确，非常可能，从目前同中国人发生的冲突中，俄国不要花费一文钱、出动一兵一卒，而能比任何一个参战国得到更多的好处。”① 历史的发展完全证实了马克思的这一预见。

从1689年（康熙二十八年）中俄订立《尼布楚条约》以来，两国的东段边界已明确划定。外兴安岭以南及格尔必齐河、额尔古纳河以东，包括整个黑龙江流域都是中国的领土。历代沙皇野心勃勃，企图“获得了鞑靼海峡和贝加尔湖之间最富庶的地域，俄国过去是极想把这个地域弄到手的，从沙皇阿列克塞·米哈伊洛维奇到尼古拉，一直都企图占有这个地域”②。第一次鸦片战争以后，俄国侵华的贪欲更加迫切，1847年任命穆拉维约夫为东西伯利亚总督。这个狂热的扩张主义者以侵占中国的黑龙江地区为自己的最高任务，一面加紧训练外贝加尔哥萨克军，一面派遣所谓探险队、考察队潜入我国境内，直至黑龙江江口。从1854年起，穆拉维约夫派出大批军队，乘船闯到黑龙江上，非法建立哨所村屯。1856年第二次鸦片战争爆发，给沙俄造成了割占我国大片领土的时机。“正当英法两国的海陆军向香港调集的时候，西伯利亚边防的哥萨克部队却缓慢地、然而继续不断地把自己的驻屯地由达乌尔山移向黑龙江岸，而俄国海军陆战队则在满洲的良好的港湾周围设立堡垒”③。就在“亚罗

---

① 《马克思恩格斯全集》，1版，第12卷，166页。

② 同上书，625～626页。

③ 同上书，233～234页。

号”事件发生后两个月，俄国悍然宣布在我国黑龙江下游设立滨海省，穆拉维约夫叫嚷：“如果中国不同意我国的分界线，依然坚持阿穆尔（引者按：即黑龙江）是中国的，我们必须以武力强迫他们承认我国的权利。”①

1858 年 5 月，正当英法联军进攻大沽口的时候，穆拉维约夫亲率军舰，入侵瑷珲，在黑龙江上鸣枪放炮，逼迫清朝黑龙江将军奕山签订《瑷珲条约》。1858 年和 1860 年，又趁英法逼迫清政府签订不平等条约的时机，以调停者自居，要求得到报酬，强迫清政府接受《中俄天津条约》和《中俄北京条约》。通过这些条约，俄国侵占了黑龙江以北、乌苏里江以东 100 万平方公里的中国土地，俄国“夺取了一块大小等于法德两国面积的领土和一条同多瑙河一样长的河流”②。马克思和恩格斯再三指明俄国在这次战争中获利最多，显露出沙皇的狡诈手段和贪婪本性。马克思说：“实际上从这次海盗式的英中战争中取得实利的唯一强国是俄国”③。恩格斯说：“英国和法国对中国进行战争，只是为了让俄国得到好处”④。

沙皇俄国的野心很大，扩张主义的贪欲永无止境。“一次征服必然继之以又一次征服，一次吞并必然继之以又一次吞并。”⑤ 在 1858 年俄国诱迫清政府成立一个俄中委员会来勘分两国的边界时，恩格斯就敏锐地指出：“我们知道，这种委员会在俄国手中是什么东西。我们曾看到这种委员会在土耳其的亚洲边界上的活动情况，二十多年来它们在那里把这个国家的领土一块一块地割去”⑥。果然，不出恩格斯所料，以后根据《中俄北京条约》，两国勘分西段边界，俄国用种种手段进行鲸吞和蚕食，将中国西北的领土“一块一块地割去”。沙俄通过对中亚细亚和中国的掠夺，“使自己的统治权扩大到

---

① 巴尔苏科夫：《穆拉维约夫-阿穆尔斯基伯爵》，第 1 卷，483 页，北京，商务印书馆，1973。

② 《马克思恩格斯全集》，1 版，第 12 卷，662 页。

③ 《马克思恩格斯全集》，1 版，第 13 卷，568 页。

④ 《马克思恩格斯全集》，1 版，第 12 卷，662 页。

⑤ 《马克思恩格斯全集》，1 版，第 9 卷，18 页。

⑥ 《马克思恩格斯全集》，1 版，第 12 卷，664 页。

一块与整个欧洲面积相等的领土上（俄罗斯帝国不包括在内），并从冰天雪地的西伯利亚进入了温带”①。

五

马克思和恩格斯一方面强烈谴责英、法、俄对中国的侵略，另一方面歌颂、支持中国人民的反抗斗争。第一次鸦片战争中，英军在镇江碰到驻防旗兵的殊死抵抗，损失很大。恩格斯高度赞扬镇江军民的英勇精神，他说：“驻防旗兵虽然不通兵法，可是决不缺乏勇敢和锐气。这些驻防旗兵总共只有 1 500 人，但却殊死奋战，直到最后一人。……在这次战斗中，英军损失了 185 人……如果这些侵略者到处都遭到同样的抵抗，他们绝对到不了南京。”②

第二次鸦片战争中，英法联军占领了广州，广东人民奋起抗击占领军，他们采用各种斗争方式，或组织团练，规划收复广州，或诱敌出动，进行埋伏狙击，或经济封锁，断绝粮水供应。许多被诱拐贩卖出洋的中国劳工也在途中暴动，夺取轮船，宁肯放火烧船，与侵略者同归于尽，也不肯投降。恩格斯说：“英国政府的海盗政策已引起了一切中国人反对一切外国人的普遍起义，并使这一起义带有绝灭战的性质”③，“现在至少在南方各省（……），民众积极地而且是狂热地参加反对外国人的斗争”④。

外国资产阶级辱骂和诋毁中国人民的正义斗争，指责中国人采取非正规的作战手段，野蛮落后，行为残暴。恩格斯满腔热情地为中国人民辩护，他说：“我们不要像骑士般的英国报纸那样去斥责中国人可怕的残暴行为，最好承认这是为了保卫社稷和家园的战争，这是为了保存中华民族的人民战争”，“而对于起义民族在人民战争

---

① 《马克思恩格斯全集》，1 版，第 12 卷，665 页。
② 同上书，189～190 页。
③ 同上书，232 页。
④ 同上书，231 页。

中所采取的手段，不应当根据公认的正规作战方法或者任何别的抽象标准来衡量”①。恩格斯充分肯定各自为战、分散伏击的人民战争是对付强大侵略者唯一有效的战争形式。他为中国的人民战争而欢呼，指出中国人“找到了一种抵抗办法，这种办法如果能彻底实行，就能使第一次英中战争时英军节节胜利的情形不再发生”②。

马克思和恩格斯，作为世界无产阶级革命的导师，胸怀全局，高瞻远瞩，他们从世界范围内的相互联系来考察中国的革命。中国的封建社会发展缓慢，与世隔绝，是什么力量打破了中国人孤立而平静的生活，把他们投进了斗争的激流？是世界资本主义的发展。《共产党宣言》中写道：“资产阶级，由于一切生产工具的迅速改进，由于交通的极其便利，把一切民族甚至最野蛮的民族都卷到文明中来了。它的商品的低廉价格，是它用来摧毁一切万里长城，征服野蛮人最顽强的仇外心理的重炮。”③《资本论》中也写道：“欧洲各国以地球为战场而进行的商业战争……在对中国的鸦片战争中继续进行下去”④。西方资产阶级越是对殖民地、落后国家采取高压手段和战争政策，便越是激起当地人民的激烈反抗，“在鸦片战争时期燃起的仇英火焰，在中国爆发成了愤怒的烈火”⑤。

外国资本主义入侵中国不仅激起中国人民的反侵略斗争，而且促使中国人民进一步觉醒，起来反对本国的反动统治。1851 年伟大的太平天国革命运动爆发了，马克思对之十分注意、关心。长期陷于停滞状态的东方的封建大国现在沸腾起来了。“在桌子开始跳舞以前不久，在**中国**，在这块活的化石上，就开始闹革命了。”⑥ 马克思指出，太平天国运动的发生，除了封建社会的内部矛盾以外，外国的侵略是一个重要的原因，“推动了这次大爆炸的毫无疑问是英国的

① 《马克思恩格斯全集》，1 版，第 12 卷，232 页。

② 同上书，228 页。

③ 《马克思恩格斯选集》，1 版，第 1 卷，255 页。

④ 《马克思恩格斯选集》，1 版，第 2 卷，255 页，北京，人民出版社，1972。

⑤ 《马克思恩格斯全集》，1 版，第 12 卷，178 页。

⑥ 《马克思恩格斯全集》，1 版，第 15 卷，545 页。

大炮”①，“运动发生的直接原因显然是：欧洲人的干涉，鸦片战争，鸦片战争所引起的现存政权的震动，白银的外流，外货输入所引起的经济平衡的破坏，等等。看起来很奇怪的是，鸦片没有起催眠作用，反而起了惊醒作用”②。

在当时条件下，马克思和恩格斯很难得到有关太平天国的准确报道，但他们十分关心这场农民革命的发展，仔细地研究传教士、外交官发回去的消息。马克思的论文中谈到了太平天国废除私有制，重新分配财产的要求；谈到了太平军北伐对北京造成的震动，咸丰皇帝准备逃往热河；谈到了宁波太平军的活动；谈到了太平军的品德、作风，“做事比较直爽，态度坚决认真”③。并且，早在1853年马克思就预见到列强必定会干涉中国革命，他说：“企图扶持摇摇欲坠的满清王朝的列强”，将会“借助于英法美等国的军舰在上海、南京和运河口建立‘秩序’”④。不久以后，外国资本主义果然向太平军发动大规模进攻，帮助清政府重建反动秩序，把太平天国革命推入血泊中。

那时候，中国的反帝反封建革命刚刚开始，力量很弱小，思想很幼稚，组织很涣散，在强大的资本主义侵略者面前尚无取胜的可能。但无产阶级的伟大导师对这种斗争十分同情，全力支持。在他们看来，这场正义的、革命的事业必然会壮大，必然会取得最后的胜利。在火热的斗争中，旧的中国将会死去，新的中国将会诞生。他们满腔热情地写道：“过不了多少年，我们就会看到世界上最古老的帝国作垂死的挣扎，同时我们也会看到整个亚洲新纪元的曙光”⑤。“如果我们欧洲的反动分子不久的将来会逃奔亚洲，最后到达万里长城，到达最反动最保守的堡垒的大门，那末他们说不定就会看见这样的字样：〔中华共和国，自由，平等，博爱〕。”⑥

---

① 《马克思恩格斯全集》，1版，第9卷，110页。
② 《马克思恩格斯全集》，1版，第15卷，545页。
③ 同上书，546页。
④ 《马克思恩格斯全集》，1版，第9卷，114页。
⑤ 《马克思恩格斯全集》，1版，第12卷，234页。
⑥ 《马克思恩格斯全集》，1版，第7卷，265页，北京，人民出版社，1959。

马克思和恩格斯高度估价中国革命将对世界历史进程发生重大的影响。西方资产阶级为了取得利润，巩固其统治，穷凶极恶地侵略中国及其他殖民地半殖民地，但是事情将会走向反面，殖民地人民日益猛烈的反抗必将削弱和动摇资本主义统治的基础，这正如恩格斯所说："资本主义的征服中国同时也就会对欧洲和美洲资本主义的崩溃起推动作用"①。伟大的革命导师对中国革命热烈歌颂，充满信心，寄予很大希望。他们认为，中国革命的发展将成为欧洲无产阶级革命的巨大助力。马克思说："可以大胆预言，中国革命将把火星抛到现代工业体系的即将爆炸的地雷上，使酝酿已久的普遍危机爆发，这个普遍危机一旦扩展到国外，直接随之而来的将是欧洲大陆的政治革命"②。

马克思和恩格斯留下了人类史上无与伦比的、光辉灿烂的思想财富，其中也包括他们对列强侵华的谴责和对中国革命的论述。今天我们重温马克思和恩格斯在这些方面的论述，仍然感到十分新鲜、亲切而富有教益。

① 《马克思恩格斯选集》，1版，第4卷，511页。
② 《马克思恩格斯全集》，1版，第9卷，114页。

实事求是地评价历史人物*
——在左宗棠历史评价学术讨论会上的发言

新中国成立以来，对左宗棠的评价有过很大变化。他是个重要的历史人物，也是个复杂的历史人物，有功有过。他的功劳很大，收复新疆，保卫国家的神圣领土，反对外来侵略，对国家和民族有重大贡献。试想：今天的中华人民共和国，如果少了新疆这片广大领域，那还成什么样子？收复新疆的丰功伟绩是不可磨灭的，这一点现在大家都是承认的。当然，左宗棠也做过错事、坏事，镇压太平天国、捻军和回民起义，屠杀革命人民。千秋功罪，要加以比较的话，应该是功大于过。

20世纪50年代和60年代，历史学界对左宗棠的评价是完全否定或者基本否定的，只说他是镇压革命的刽子手、卖国的洋务派，对收复新疆一笔带过，评价甚低。现在看来，对左宗棠完全否定或基本否定是不正确的，这个问题大体上已经澄清。现在，对左宗棠肯定的程度可能有分歧，对某些具体问题的看法可能有分歧，但不会有人再对他全盘否定或基本否定了，这是历史研究的进步。

不过，回顾过去对左宗棠的评价，我们可以从中总结教训。奇怪的是收复新疆这样大的功劳，为什么在50年代、60年代不被充分承认，甚至不予承认。所谓“一叶障目”，是什么东西遮挡了我们的眼睛，使我们视而不见？

我想可能有三个因素。

第一是左宗棠这个人物很复杂，有功有过，功很大，过也不小。今天我们讨论左宗棠的一生，就要全面地、历史地考察，不能只追

* 原载《苏州大学学报》（哲学社会科学版），1985年第1期。

究他打了太平军，不能攻其一点不及其余，而要实事求是地衡量他的功过，不能强调过错而抹杀功绩。人物的复杂性使我们在评价时容易发生失误，片面强调了这一面而忽略了那一面。不像洪秀全、孙中山那样，他们虽然也有局限性，但作为正面人物的形象很鲜明。左宗棠本人身上体现着正反两方面的性格，进行分析研究时必须非常慎重。

第二是政治气候的影响，左宗棠收复新疆，是反对沙俄和英国的。20 世纪 50 年代，我们跟苏联的关系很好，这一政治因素影响到历史研究，不说和少说沙俄对华的侵略。历史学是讲过去的事，却往往要受当前政治气候的影响，50 年代不谈或少谈左宗棠的功绩，与此大概有关。

第三是过去存在“左”的思想，宁“左”勿右，这在历史学领域中也是有的。在评价历史人物方面，特别是对地主阶级中的人物，否定的多，肯定的少。“千古风流人物”，能够肯定的又有几个？昨天，参观某校历史系的文物室，陈列的东西丰富多彩，琳琅满目。墙上挂着 19 个人的画像，画得神采奕奕，但看了一眼，很纳闷。19 个人中有 14 人是历史上的科学家、技术家，如张衡、祖冲之、僧一行、毕昇、李时珍、徐霞客等，还有 5 人是农民起义的领袖，陈胜、吴广、黄巢、方腊、李自成。为什么历史系的陈列室陈列的是大批科技人才加上几个农民领袖？这些人无疑是杰出人物，但显然并不能代表我国历史上各个方面的优秀人物，毛泽东讲的政治家、军事家、思想家、文学家都不见了。后来，我一问，就明白了，原来这是 1978 年以前历史系的一位学生画的，那还在十一届三中全会之前，还在思想路线全面拨乱反正之前，那时中华民族历史上的优秀人物大多靠边站，不能够出头露面，汉武帝、唐太宗、忽必烈、康熙是地主阶级的总头子，杜甫、李白、苏轼是地主阶级的代表，孔子更是成了最大的反动派、罪大恶极。连农民起义领袖也没有幸免，毛泽东在《中国革命和中国共产党》中提到 12 位农民起义领袖，几乎打倒了一半，项羽、刘邦是蜕化变质的，李密的罪状最大，是阶级异己分子、阴谋家、野心家、叛徒，王仙芝也是投降了的，宋江被戴了修正主义的帽子，朱元璋也是当了皇帝的。最保险的似乎是科技人物，还可以亮亮相，所以当时的历史博物馆所能陈列的人物大概是大批的科技人物和经过挑选的农民领袖，像左宗棠这样属于帝王将相的人根本没有资格进入博物馆的殿堂。在“左”的思想支配下，许多杰出人物被否定了，这种阶级分析法值得怀疑，恐怕不是马克思主义的阶级分析法。在一片“左”的气氛中，左宗棠怎能得到公正的评价?

评价历史人物必须实事求是。我想第一个教训是历史和历史人物具有复杂性，我们必须进行细致的具体分析。切忌简单化、一刀切：要么肯定一切，要么否定一切；一个人好了，一切都好，一个人坏了，一切都坏。这种形而上学的方法往往把我们引入歧途。特别是中国近代史上的人物很复杂，功与过交织在一起，功大过也大。如康有为、梁启超前期领导变法维新，站在历史潮流的前头，后来却成了保皇党，反对辛亥革命。又如杨度，本来是君主立宪派，但又拥护袁世凯称帝，组织筹安会，罪恶很大，可是晚年却脱胎换骨，大彻大悟，走上革命之路，参加共产党，做出很多贡献。我们要实事求是地分清他们的功过，不夸大、不缩小、不掩盖。对左宗棠的评价也应如此，左宗棠是地主阶级中的经世派、改革派，一方面他有爱国心、事业心，希望祖国强盛，他有办事的魄力和才干；另一方面，他反对革命，维护清朝封建统治。在我们今天看来，二者似乎是矛盾的、不可协调的，但在左宗棠身上却是可以统一的。因此，他打败了阿古柏，粉碎了俄英攫取新疆的阴谋，为祖国立了功勋，但也屠杀过许多农民起义军。功过并存，但功大于过。

第二个教训是学术和政治是互相联系的，历史和现实也是密切相关的。但是，学术毕竟不同于政治，历史毕竟不同于现实，二者之间不能画等号。科学研究的任务是追求真理，阐明规律。真实性是历史科学的生命线，离开真实性，历史科学就会枯萎死亡，不能为着眼前的需要而牺牲真实性。中国的历史学有一个优秀传统，即“秉笔直书”，要提倡秉笔直书的史德，实事求是地撰写历史、评价历史人物。不能让历史科学屈从于当前的需要，否则不但损害了科学性，而且对当前的政治也不会有好处。这方面最大的教训是“文化大革命”中，儒法斗争、批孔子、批《水浒传》，这哪里是历史研究，明明是含沙射影，指桑骂槐，是使历史屈从当前的政治需要。历史学家要有清醒的头脑，应当有坚持真理的勇气，应当有无愧于历史学家称号的史德。

第三个教训是历史科学领域中还需要反对“左”的影响，肃清“左”的影响，这是历史科学能否健康发展的关键。所谓“左”，就是主观脱离客观、超越客观，思想上的过激过火，不问历史条件而用过高的标准苛求、指责古人，有时又任意地美化、拔高古人。这种“左”的表现在过去历史学研究中是相当普遍的，我们见得太多了，太熟悉了。现在政治领域、经济领域中要肃清“左”的影响，思想领域中也要肃清“左”的影响，历史学是思想领域的一个部分，自然也应当反“左”。过去否定了许多不该否定的历史人物，其中就包括左宗棠，实在是一种“左”的表现。

但是历史学领域中反对“左”的影响，不能再采取过去那种“左”的办法，不能戴帽子、打棍子、抓辫子，不能用“文化大革命”期间大批判的方式，因为那样是解决不了思想问题、学术问题的。必须真正贯彻百家争鸣的方针，允许各种意见都摆出来，各抒己见，畅所欲言，进行心平气和的讨论，形成学术讨论的良好风气。可以不同意某种学术意见，但要尊重对方，虚心倾听对方的意见，耐心地进行说理，也可以吸取对方合理的部分。总之，要正确地对待不同的意见，即使是错误的意见，也不可以粗暴地打击。我们过去习惯于一种观点，出来一点新的想法，就视若离经叛道，洪水猛兽，所谓“舆论一律”，其实学术上要求一律，定于一尊，并没有什么好处，而且根本做不到。世界之大，各种思潮之多，不可能用行政命令禁止，也不可能用大批判来压服。不同意见的存在并没有什么可怕。马列主义不会因此垮台，我们相信马列主义是真理，真理是不会垮台的。马列主义在和各种意见的辩论中会更加丰富、更加充实。即使有些明显的错误意见，也要正确对待。邓小平提出“一国两制”，这是马列主义的创造，可以解决香港问题、台湾问题。一个国家内两种制度可以较长期地并存，也必定会有两种或更多种的思想较长期地并存，因为思想是制度的反映，是客观存在的反映。我们要学会适应新的形势，正确对待不同的学术意见。譬如以后和香港、台湾的学者讨论学术问题或者与国外学者进行国际学术交流，就不能要求人家都坚持唯物史观，都接受马列主义，我们可以求同存异。如果戴上“左”的有色眼镜，唯我正确，唯我是从，无限上纲，把学术问题和政治问题混淆起来，动不动就开展大批判，那么就谈不上和香港、台湾以及国外的学者开展正常的学术交流。

我对左宗棠没有研究，但由左宗棠的评价联想到历史研究中的一些问题，谈一些不成熟的看法。

谈学术自由*

这次作家协会开会，党中央鼓励文艺界创作自由和评论自由，历史学界也应当鼓励研究自由。自由地选题、自由地发表学术意见、自由地讨论和批评，这是发展历史科学的必需。

自由是对必然的认识，不能把自由当作随心所欲。人们的行动要按规律办事，总要受主客观的制约。自由和必然、自由和法治、自由和纪律是矛盾的统一，世界上不存在那种不受任何制约的绝对自由。自由和人类的实践相联系，人类越是进步，认识和改造客观世界的能力越强，自由就越多。自由和马克思主义不是对立的，恰恰相反，在马克思主义下才有最大的自由，社会主义制度应该比资本主义制度有更多的自由，并且只有在自由研究、自由讨论的环境中，马克思主义才能发展。马克思主义需要自由的土壤，否则，便会僵化、变质、死亡。

我们坚持以马克思主义为指导，那是通过理论的威力，通过讲理和说服，因为真理最有力量，真理迟早会令人信服，而不是以势压人，不是下达行政命令，那就不叫指导，而叫压服，或压而不服。我们不能像汉武帝那样罢黜百家，定于一尊，不能用政治运动、大批判的办法对待学术问题，这是错误的、极左的做法。这种做法在十年动乱时期登峰造极，结果是万马齐喑，什么声音都听不到了，而马列主义也没有了，只剩下一种声音，就是“四人帮”的帮腔，严重地摧残了科学。这种做法当然并不是坚持马克思主义的指导，而是歪曲、扼杀了马克思主义，千万要以此为戒。

粉碎“四人帮”以后，特别是十一届三中全会以来，整个社会

---

* 原载《繁露集》，北京，中国社会科学出版社，1997。

经历了思想解放过程，从“四人帮”的压制下解放出来，取得了民主和自由。今天，学术自由比 30 多年来任何时候都要充分，因此出现了学术的繁荣气象。之所以能取得这样大的成绩，是由于党中央的正确政策，恢复了马克思主义的指导地位，在马克思主义的指导下实现了较大的学术自由。

今后，历史科学的发展要继续提倡和发扬学术自由，贯彻“双百”方针，允许各种意见都摆出来，各抒己见，畅所欲言，进行心平气和的讨论，形成自由的学术气氛。我们可以不同意某种学术意见，但应尊重对方，虚心倾听不同意见，允许讨论和申辩，不能粗暴地打击。有的同志习惯于一种意见，碰到新的意见、新的想法，视之为离经叛道、洪水猛兽。其实，学术界总有各种学派存在、各种意见存在，不可能“舆论一律”。学术上的“舆论一律”，定于一尊，没有什么好处，也根本办不到，因为世界之大、事物之复杂、变迁之迅速，人们对客观世界的认识不可能全都一致。由于观察的角度、重点、方法不同，掌握的资料不同，认识深入的程度不同，所以会产生各种不同的看法。学术上的不同意见并不可怕，马克思主义绝不会因此垮台，正因为有各种不同的认识，才有一个用马克思主义指导的问题，引导主观的认识更接近于反映客观的实际。马克思主义正是在很多不同意见的比较和辩论中，吸收合理的因素而丰富、充实起来的。马克思主义不是一个偏狭的学派，而是集中全人类的智慧形成的。例如，有人用控制论、系统论、信息论或计量数学等研究社会历史，这不失为有意义的探索，尽管目前尚不完善，尚有缺点，但应该鼓励这种探索，而不应该排斥、打击。

学术界要能适应对外开放这种新形势。随着对外开放的不断进行，各种思潮、观点，正确的和错误的，都会在国内传播。凡是学术上的不同学派、不同观点，只要不是在政治上捣乱，不触犯法律，就都可以存在，实行最充分的学术自由。在资本主义社会，可以研究马克思主义，在社会主义社会，也用不着害怕研究各种各样的主义，有合理的部分就借鉴、吸收，有错误的东西就弄明白它错在哪里。对当代世界上的社会科学成就不闻不问，拒“敌”于国门之外，自我封锁，就会使我们的学术界闭目塞聪、孤陋寡闻。

邓小平提出“一国两制”，这是马列主义的新创造，是古今中外史无前例的，解决了香港问题，今后也可以解决台湾问题和世界上的其他问题。一个国家内，两种不同的政治和经济制度可以较长期地并存，也必定要允许两种或更多种的思想较长期地并存，因为思想是上层建筑，是政治和经济的反映。我们要学会适应对外开放的新形势，正确对待不同的学术意见，实行最大限度的学术自由。譬如今后和香港、台湾的学者交往，或者和外国学者交往，就不能要求人家都坚持唯物史观，都信奉马列主义，在学术上可以求同存异，要有学术上的雅量，不能戴上“左”的有色眼镜，挑错找碴，唯我是从，对人家开展大批判，无限上纲，把学术问题和政治问题混淆起来。秉持这种粗暴态度，就谈不到和香港、台湾的学者进行交往，也谈不到开展正常的国际学术交流。

我相信，今后历史学界对“百家争鸣”的方针将会贯彻得更好，将鼓励更大的学术自由。这是发展马克思主义历史科学的最强有力的杠杆。

历史研究的方法*

研究工作并不是专业研究者所独有的。同学们将来无论做什么工作，是做教学工作，做研究工作，还是做其他方面的工作，如文化、出版工作，恐怕各行各业都要进行研究，都要研究问题。

我讲的研究方法是具体的研究方法，不是指世界观、方法论的方法。因为我们的根本方法是唯物辩证法，是马克思主义的辩证法，辩证法是指导我们革命，指导我们做学问，指导我们一切工作的根本指针。具体方法是离不开根本方法的，是由根本方法决定的，是不能违反唯物辩证法的。

我们做任何事情，完成任何任务，都有一个方法问题，因此我们进行研究也有个方法问题。打个比方，我们要过一条河，可以坐船过去，或者从桥上走过去，或者游泳过去。要完成一件工作、一项任务，方法可以是各种各样的。如果方法不对头，就容易走弯路，影响任务的完成，劳而无功。学术研究也是这样，要讲究方法，要改进我们的方法。什么是好的方法，什么是不好的方法，这个问题是相对的，因人而异，不是绝对的。某种方法对我来讲，比较适合，可以收到较大的效果，这就是好方法。可是适合我的方法，对你就不一定完全适合，因为研究的对象不同，或研究的范围不同，采取的方法就可能不同。别人的研究方法可以供自己参考，但仅仅是参考，仅仅是借鉴，不能够完全照搬别人的方法。因此，根据我的体会，每一个研究工作者都应当在自己的研究实践中寻找适合自己的方法，摸索自己的研究道路，形成自己的研究风格。

研究各种各样的问题，所采取的研究方法不一定完全一样，但

---

* 原载《铁道师院学报》，1991 年第 3 期。

是研究方法是有共性的，都要符合研究工作的规律，都不能违背科学研究的规律。今天我讲三个问题：第一个问题，怎样收集和积累资料；第二个问题，怎样锻炼和提高思考能力；第三个问题，怎样写文章。这三个问题，实际上是我们做研究工作的三个步骤。

一、怎样收集和积累资料

进行科学研究，一定要掌握大量的第一手资料。我们的研究要从事实材料出发，而不是从定义、概念出发，要实事求是。有一位著名的科学家曾经说过，事实材料对于研究者来说就像空气对于鸟一样：没有空气，鸟就不能起飞；没有事实材料，研究者就不能进行科学研究，就不能筑起辉煌的科学殿堂。

事实材料是大量的，而且是分散的。“二十四史”浩如烟海，有3 000多卷，但是对我们历史研究工作者来说，“二十四史”只是最基本、最普通的材料，其他的材料还多得很。就拿清史来讲，一部《清实录》的数量就超过“二十四史”，有4 000多卷。《清实录》是二手材料，还不是第一手材料。现在藏在中国第一历史档案馆的清代中央机构的原始档案一共有1 000多万件，仅管理这些材料的人就有200多。他们出了一个刊物，名字叫《清代档案资料选辑》，每年出4期，照这样的速度，如果要发表完这些档案，至少要10 000年。可见其档案之多。除档案以外，还有很多资料，如文集、地方志等。我们一辈子搞研究，一辈子在无边无际的材料海洋里漂浮，夜以继日，勤奋努力，怎么用功也只能窥测到大海的一个很小的角落。一个人要把中国5 000年的历史全部进行精细的研究是不可能的，即使要把清朝这一朝的历史进行精细的研究也是不可能的。一个人穷一生之力，也只能看到大海的一个角落。因此，在这个大海中航行，首先有个目标的问题，也就是研究的方向、研究的范围问题，不能笼统地说研究中国历史，而只能说研究中国历史的哪一段、哪些问题、哪些方向、哪个题目，所以首先有个选题问题。

除了选题问题，还有个收集材料、积累材料的方法问题。怎样收集那么丰富但又杂乱无章的材料，怎样保存和使用它们？

材料的收集，不能单靠记忆。一个人的记忆力总是有局限的，总是不能那么准确。连很复杂的数字也能记得一字不差，恐怕没有这样的天才。收集材料要使用卡片，卡片的作用、功能是帮助我们记忆，一定要把有用的、重要的材料抄录下来，搞研究工作的人，一般都写卡片或者做笔记，至于将来可能用电脑，但是目前我们的科学技术条件，恐怕在相当长的一个时期内还很难做到这一点。在可以预见的将来，写卡片仍然是做学问的一种重要研究手段。

卡片可以分为两种。一种是材料卡片，有了研究的题目，阅读相关研究范围内的重要材料，把它们写下来，记录下来，然后注明它们的出处和作者，以便将来引用。有的材料可能相当长，还要加上标题说明这个材料讲的是什么主题。这样，拿出卡片一看标题，就知道这张卡片所讲的是什么内容了。

搞学问，从事研究工作应该很勤奋。实际上，我们很多的时间都花在写材料、抄录材料上，恐怕这也是必需的，目前还没有其他捷径。找老专家、老教授，问他们如何进行科学研究，他们可能搬出几箱卡片给你看，这里包含着他们毕生的心血和积累。对一个学者来讲，这些材料十分珍贵。

另一种是思想卡片，不是积累材料，而是积累自己的思想。我们往往看到一些材料以后，会有一些片断的、零碎的想法，应该立即把它们记录下来，因为思想的火花稍纵即逝，如不及时记录下来，以后就可能忘记。这样日积月累，对很多问题就会有比较系统成熟的看法。

写卡片要注意两点。第一是要抄材料，但不要光抄材料，变成抄公文。要开动脑筋想问题，养成一边看书、一边思考的习惯。不要一进图书馆，翻开书本就抄，还要用自己的脑子好好考虑考虑，要用自己智慧的光芒照射这些材料，进行分析、思考、总结、概括。这对我们进行研究是很重要的。另外，卡片要经常翻阅、整理，不要抄了以后就束之高阁，不过问了。要经常看，而且要进行分类整理。卡片相对于笔记本的优越性就在于可以重新分类，根据不同的需要、按照不同的分类方法重新编排，可根据时间顺序，也可根据内容，或者根据地区进行分类。

分类整理的过程，就是思考的过程。把同类材料放在一起，就有个比较，就可以看出发展变化。世界不是孤立的世界。从 1 张卡片可能看不出问题，但如果是 10 张、20 张卡片，甚至更多的卡片，它们所反映的是一个发展的过程，不是一个孤立的事件，相互之间比较，就可以看出问题。譬如说，我们研究粮食的价格，清朝皇帝对地方官有个要求，要求经常上报当地的粮食价格。故宫里粮价单非常多，这就可以进行研究。康熙十年，苏州地区粮价是多少，仅 1 张卡片是看不出问题的。如果把苏州地区的很多粮价单集合起来，康熙十年是一个价，康熙五十年是一个价，雍正时是一个价，乾隆时又是一个价，连续起来，几十年、上百年，那么它们所告诉你的就不是一个孤立的事件，而是一个粮食价格的变动过程。把这些卡片集中在一起，就可以看出苏州地区有清一代粮食价格的变化，甚至可以画出图表。这就是我们进行研究工作的开始，就可以进一步问：是什么原因造成粮食价格变动？是自然的原因还是社会的原因？上涨和下降的幅度为什么这样大？就可以探讨规律性的东西。这就向我们提出了研究的课题，是一项很有意义的研究工作。

把同类卡片放在一起进行比较，有时可以发现一些矛盾。如太平天国金田起义的日期，把凡是记载太平天国起义开始的材料放在一起，就可以看到几十种说法。金田起义日期现在一般公认为 1851 年 1 月 11 日，但是一些相当权威的说法却与此不一样。比如，李秀成的说法、洪仁玕的说法、赖文光的说法等。李秀成、赖文光都是一开始就参加起义的人，洪仁玕也是太平天国的元老，他们的说法就不一样，有的竟相差半年之久。为什么不一样？这就值得研究。太平天国起义究竟在什么时候？当然我们经分析，定在 1 月 11 日是有道理的，问题是这个道理是否充分。近代历史上像这种问题还有很多。比如，同盟会成立的时间。1905 年秋，这是肯定的，但究竟是几月几日？有几种说法。兴中会的成立时间也有几种说法，甚至当时参加的人都记不清了。我曾亲自问过吴玉章，他是参加 1905 年同盟会成立会的，但他也记不清了。那么，我们就要在众多不同的记载中进行比较，以确定相对合理的说法。

二、怎样锻炼和提高思考能力

思考是研究工作中决定性的环节。我们搞的是精神活动、意识形态。一定要勤于思索，善于分析，提高自己的思考能力。

我们进行研究，当然需要大量丰富的材料，没有大量的材料，没有很充分的第一手材料，就不能进行科学研究。掌握材料是前提，但材料掌握得很多，如何来进行分析，如何驾驭这些材料，这又是一个问题。有的同志，虽然材料掌握得很多，但对材料的思考、分析进行得不够，因此不能深入历史的本质，不能揭示历史的规律，而只是停留在罗列、排列材料的水平上。这不能算是很好地完成了科研任务，没有进行科学的概括，没有进行科学的抽象，仅停留在材料的表象上。

孔子曰："学而不思则罔，思而不学则殆。"这是讲学与思的关系，光学习而不思考，只埋头于收集材料而不进行思考，就不会有重大的收获，就不会有重要的科研成果；反过来，只在那里想而不去读书，不去收集材料，那就成为空谈家、空想家，同样也不行。所以，学与思要兼顾。资料的收集和储存都是非常重要的，但不能代替我们创造性的思考。攀登科学的高峰，必须要开动脑筋，必须要发挥我们的思辨能力，因此对刚刚在科学研究道路上起步的同志来说，要养成思考的习惯，锻炼思考的能力，这是一个非常重要的问题。

一般地说，让大家看材料做卡片，都容易理解。到图书馆坐下来，确定一个研究范围之后，开始看书，这是比较容易做到的。只要用功，只要有志于进行研究，就可以做到。但要求开动脑筋思考问题，就不知从何下手。怎么思考？怎么提高自己的思考能力？最重要的就是经常阅读那些富有思想内容的名著，主要就是马恩列斯毛的著作，还有历代思想家的著作，向这些经典大师学习，取得思想武器。

我们读书，不能一头扎进材料而不读理论书，必须重视理论。读马克思的《资本论》、恩格斯的《反杜林论》或毛泽东的著作，就会被一种思想的力量所吸引。只要认真读，就会感觉到这些书里蕴藏着高度的智慧、深刻的洞察力。我们所要学习的，就是这样一种思考的能力。向马列主义经典著作学习，就是要学习这种思想武器。马列主义是科学的思想，是总结了人类智慧的最高结晶。它给我们的一个重要武器就是，处理问题、研究学问、提高自己的思考能力的方法。思考能力并不是天生就有的，而是需要锻炼的。锻炼的方法，就是读这种富有思想内容的书籍。学习这些经典作家是如何观察问题的，他们对一个问题的处理与考察是怎样进行的。要学习这种方法，所以我们一般讲，要学习马克思主义的立场、观点、方法，以马克思主义为指导，掌握精神实质。当然，每个专业都有自己的课程，但是各个专业有一门共同的课程，就是马列主义。因为它是一门锻炼思想，提高我们的分析能力、思考能力的科学，也是我们进行创造性思考所不能缺少的思想武器。除马列主义经典著作，其他重要的古典著作，像哲学的、历史的、文学的、经济的、法学的等，我们也应该读，用来开拓自己的知识面。

注意扩大我们阅读的范围，关心理论界、学术界的新成果。历史系要培养历史学家，当然历史课程是主要的课程，历史书籍是主要阅读的书籍，但所谓专家，不是知识面非常狭窄，仅仅限于一个专业、只注意鼻子底下一点点东西的人，而是具有比较丰富的知识的人。专与博这一对矛盾的统一要处理好。我们的专是在有丰富知识基础上的专，只有知识渊博，我们才能思路开阔，这是培养与提高我们的分析能力、思考能力的一个不可缺少的条件，只有博才能促进专。如果只读专业领域的书，专业以外的书一概不读，这就限制了知识面，也限制了思路。专与博相反又相成，是辩证的统一。专是在丰富知识基础上的专，博也是有一定专业方向的博。有人说，马克思就像一艘待发的军舰，任何时候都可以开到任何知识的海洋，在任何知识的海洋中都能进行战斗，都能进行研究，都能进行工作。这就是说马克思的知识非常渊博，他的思想非常敏锐，洞察力非常深邃。当然，像马克思这样拥有如此渊博的知识，我们还做不到，但他是我们学习的榜样，我们应该向这样的方向去努力。

因此，一方面阅读马列主义经典著作，一方面阅读其他各方面的书籍，开阔我们的视野，经常用人类的优秀成果培育自己、武装自己、提高自己。如果不这样，就会变得头脑麻木、鼠目寸光，就会失去理论上的、思想上的敏锐性，思考能力就会变得迟钝。如果问怎样才能发展思考能力，怎样才能锻炼我们分析考虑问题的能力，我认为，要提高我们的思考能力，最重要的方法就是学习哲学，阅读有丰富内容的各种书籍，读名著。我们在高等学府，应该读一些第一流的书籍，而不只是一般的普及性书籍，大学生要学习最高的榜样、思想的榜样。我们要多方面提高思考能力，养成思考的习惯。科研工作最大的困难就是思考问题、分析问题，能否成功，最大的关键就在于此。

有的同志说，材料掌握了很多，也看了，但就是思考不行。其实思考能力强不是天生的，而是锻炼出来的。我们在学习阶段，就是要培养独立思考的能力。高等学校的一个很重要的任务就是，教会学生如何思考。锻炼之初，思考境界不可能非常高。如果不去锻炼，不去培养，思考能力就不可能发展，反之则会逐步提高。只要持之以恒，独立思考，不人云亦云，进行一种创造性的思考，时间长了就一定会有成绩。王国维先生是 19 世纪末 20 世纪初的一位大学者，在史学上成果很大，研究诗词，哲学成就很高。他在《人间词话》里曾引用了三句词，代表做学问的三个阶段、三种意境：“昨夜西风凋碧树，独上高楼，望尽天涯路”，“衣带渐宽终不悔，为伊消得人憔悴”，“众里寻他千百度，蓦然回首，那人却在灯火阑珊处”。第一句比喻研究学问的初期，碰到问题、挫折，思考之后仍茫茫然不得要领，思考不能深入，很苦恼。第二句代表第二个阶段，比喻艰苦地努力读书，进行思考，人瘦了衣带也宽了，但仍孜孜不倦。第三句代表第三个阶段，比喻付出了长期艰苦的劳动，终于取得了收获。这是王维国所讲的做研究的三种境界。

所以，科研之初有苦恼，感到难以深入，是正常现象。只要持之以恒，不断改进研究方法，就会有长进。做学问不可能一帆风顺。没有困难和问题，反而不正常。经过艰苦的钻研，然后取得研究成果，这是正常的过程。在研究过程中，如果难以深入，大致有以下几种情况：（1）材料不多，收集得不丰富，了解历史事实、过程不充分；（2）没有很好地开动脑筋，苦苦思索；（3）材料有了，也经过思考，但是限于理论和思想水平，无法提高。

三、怎样写文章

我们收集了材料，进行研究后，也形成了观点，还有一个表达的问题，或是写文章，或是口头表达讲授课程。研究和表达不一样。研究要求深入，客观事物的联系是多方面的，要尽可能把这些联系都掌握住，以揭示事物的本质，这是研究。但是表达与之有所不同，它是用很明了的方式把很复杂的问题描述出来，使读者明白。一个很复杂的问题，表达时不能拖泥带水，也不能搞得深奥莫测。当然有很多科学问题，难以用简单的方式表达，但必须能让别人看懂，让人家了解、接受。有的同志可能很有学问，研究也很有成就，但文章未必写得很成功。

写文章必须有几个要求：（1）文字要通，基本的文法、词汇能够应用。（2）观点鲜明，主张什么，反对什么，不能含糊，文章的含糊实际上是思想上的含糊。（3）准确，用词、概念、判断要求恰如其分，不夸大也不缩小，概念上不能混乱或跳跃，不能是片面性的、表面性的，而要准确、科学地说明事物。（4）精练，要求用比较小的篇幅、较少的字数表达比较丰富的内容，而不是相反。文章写得尽可能短一些，字数尽可能少一些，不要说很多空话，也不要说些套话，与主题关系少的可有可无的话，最好都删掉，要舍得删改文章，要反复地读，反复地改，反复地删，否则文章容易变得很庞杂，枝蔓多。（5）生动，文章要生动，不要干瘪，历史上有许多人物，有许多具体的情节，可以写得很生动，在不损害科学性的前提下，力求写得很生动，但不是编故事。我觉得，写文章应该有以上五个要求。

写文章要用心，不能粗心大意、马马虎虎。一篇精彩漂亮的文章，总是惨淡经营的结果。读者读起来非常舒服，如行云流水，但作者是非常艰苦的。曾经有种说法，叫作“文不加点，一挥而就”。才思敏捷的人是有的，但我想他们写文章写得快，可能是有腹稿，经过了思想的酝酿。我们一般人写文章，还是提倡字斟句酌、慢一点，要反复琢磨、反复推敲，一句话、一个字也不放过。特别是初学写文章的人，更要注意字斟句酌、反复推敲。有的文章，一眼就可以看出来，作者写完后可能连自己都没有好好看看，没有反复推敲，精打细磨。有人说写文章是呕心沥血，马马虎虎、粗心大意是写不出好文章的，的确如此。不仅写研究性文章是这样，写其他任何文章都要养成一种好的习惯、好的写作作风。写十篇粗糙的文章，不如写一篇好文章，要重质量，不要只重数量。只有养成推敲的习惯，才能写出有质量的文章。“宁肯少些，但要好些”，这是列宁的话，写文章便是这样。宁肯写得少一些，但要质量第一，这样写作，持之以恒，慢慢地写文章的速度就可以加快。

马克思主义与历史科学*

社会主义新中国成立以来，历史科学战线取得了巨大的成绩。新中国成立以前，研究历史的人寥寥可数，历史学科门类不齐，著作文章也很少。42 年来，历史学发展很快，建立了门类齐全的学科体系，培养了大批史学工作者，出版了许多研究成果。拿 1988 年为例，全国出版的历史学著作、译著和资料集计 700 余种，论文 7 000 余篇，最近出版了有关新中国历史科学 40 年的著作，有好几种，只要翻翻这些书就可以听见历史科学前进的步伐声，就可以看到历史学家们在付出艰巨劳动后所取得的丰硕成果。

42 年来成绩巨大，最重要的是马克思主义在历史科学领域占领了阵地。在老一辈史学家的指导和带领下，史学工作者努力学习马克思列宁主义，自觉地运用马克思主义指导历史学的研究，以期正确揭示历史发展的客观规律。老一辈史学家如郭沫若、范文澜、翦伯赞、侯外庐、吕振羽等，以马克思主义为指导，在各自领域中做出了创造性贡献。其他一大批史学工作者也取得了丰硕的成果。40 多年的经验告诉我们，历史学的发展、历史学家做出重大贡献的关键，在于学习、掌握和运用马克思主义理论，把理论和史料有机结合起来。当然史料也是非常重要的，史学家必须收集、积累大量的第一手史料，进行考证、鉴别，下扎扎实实的功夫。没有丰富的史料基础，不可能构筑辉煌的科学殿堂。但是，更重要的是锻炼、发展理论思维，用科学的观点阐明杂乱繁多的史料，用理论的光芒透视史料的僵硬外壳，认识历史发展的本质内容。史料的整理是研究

---

* 原载《高校理论战线》，1992 年第 1 期。是作者 1991 年在全国青年史学工作会议上的讲话。

的起点和基础，但并不是研究的终结。当代杰出历史学家应该是思想家、理论家，应该具有用正确理论武装起来的头脑。而科学和实践的发展已经证明，马列主义是最正确、最锐利的理论武器，它最能说明古往今来各个国家、各个民族的历史发展。马克思主义的产生使历史研究排除了主观随意的解释，使历史的研究真正成为一门科学。马克思主义唯物史观肯定经济的决定作用，同时又十分重视上层建筑、思想意识在历史发展中的作用，肯定历史的客观性，以揭示历史发展的客观规律，还重视人的主观能动性，认为在客观历史提供的舞台上，英雄人物能够发挥自己的聪明才智，演出威武雄壮的活剧。正因为马克思主义是科学的，最能正确解释历史，总结过去，所以我们在历史研究中必须坚持马克思主义。世界上历史理论很多，它们之中也有若干合理部分能够解释某些局部的历史现象，但是，只有马克思主义是科学，最具普遍性，最能深入阐明各种社会历史现象。一种理论体系，它能够说明的问题越普遍、越深刻，就越能抓住事物的本质，就越能深入人心，赢得群众的信仰，发挥强大的思想威力。马克思主义从它产生以来，已经历一个半世纪，由于自身的理论威力，它传播时间之久、范围之广、信仰者之多、影响之大，是任何其他理论、学说所不能比拟的。各种各样的历史理论、学说在风行一时以后都烟消云散了，唯有马克思主义历久而常新，保持着青春的活力，即使在西方资本主义国家中马克思主义也是很有影响的理论。

我们学习马克思主义，重要的不是学习个别的词句和结论，而在于掌握马克思主义的立场、观点、方法，掌握其精神实质。

马克思主义吸收、总结了人类历史上所有优秀的科学成果，在19世纪工人运动实践中产生，并且在20世纪由列宁、毛泽东加以丰富、发展。马克思主义不是停滞不前的学说，它随着实践的发展而发展。今天，党中央提出建设有中国特色的社会主义，就是马克思主义在中国的具体化，就是对马克思主义的发展。如果不学习马克思主义，不钻研马克思主义，不掌握思想武器，我们就不仅不能正确研究历史，而且不能正确认识现实，不能正确认识当前的社会主义建设，不能正确认识国际国内格局，甚至会在错综复杂的形势下迷失方向。所以，我们研究历史，不论是中国史、世界史，还是古代史、近现代史，一定要把学习马克思主义、坚持马克思主义放在头等重要的地位，一定要挤出更多时间阅读马克思、恩格斯、列宁、毛泽东的著作，吸收营养，武装头脑。这样才能成为一个好的历史学家，才能在国际风云多变的局面下，在马列主义处于低潮的情况下，认清方向，坚持真理，增强信心，开展有成果的科学研究。

同志们都是生活在世纪之交的青年人，21 世纪历史科学发展的希望寄托在你们身上。我刚才说 42 年来历史科学有重大成绩，但也碰到过困难和挫折。近几年来历史学处在不景气状况中，社会上对历史学的功能、作用不很理解，产生怀疑。历史学研究过去的人物、事件，几百年、几千年以前的陈谷子烂芝麻，有什么用处？与现实、与社会主义建设有什么关系？由于产生怀疑，报考历史系的学生减少，历史系毕业生找工作困难，历史著作不容易出版，文章不容易发表。当然，这些问题要随国家经济建设的发展，要随大气候的改善才能逐步获得解决。但是，作为青年史学工作者，无论在什么形势下，无论有什么困难，都应该对自己的专业、工作有明确的认识，抱有信心和社会责任感。历史学是基础学科，它和工程技术或应用性很强的工商管理等学科不太一样，不能直接被应用于生产，直接创造物质财富。但历史学的社会功能、社会效益是十分显著的。它的功能是启迪人们的智慧，提高人们的文化素质和道德素质，塑造美好的心灵和人格；它的作用是不可缺少的，而且是长远的。历史学虽然以过去作为研究对象，但是和现实密切相关，因为今天是昨天的延伸，要更好地理解今天，更有效地改造现实，就必须懂得过去、懂得历史。一个国家、一个民族，如果忘记了自己的过去，就必定不能把握今天和未来，从这个意义上说，历史学是十分重要的。

江泽民 1991 年 3 月给李铁映、何东昌写信，强调进行近代史教育和国情教育，要大家认识中国的过去和现在，这样才能沿着正确的道路走向未来。中国有悠久的历史，创造了光辉灿烂的古代文明，有一批伟大的政治家、军事家、思想家、科学家、史学家、文学家和艺术家，对世界文化做出了重大贡献。但自鸦片战争以来，帝国主义的侵略使中国沦为半殖民地半封建社会，国家被蹂躏，人民受苦难。中国的近现代史是一部屈辱史、抗争史、探索史、复兴史。我们史学工作者一方面要用马克思主义研究、总结几千年的中国文明史，去粗取精，吸收古代珍贵的历史文化遗产，古为今用，建设社会主义精神文明，振奋民族自尊心；另一方面又应研究和宣传近现代史，让青少年和群众了解我们的过去，了解我们民族经历的苦难历程，了解革命先烈的英勇事迹，继承和发扬爱国主义精神。爱国主义是凝聚中华民族的伟大力量，是我们国家得以生存、发展的精神支柱。过去战争年代需要爱国主义，在强敌入侵之际，它曾使我们全民族团结一致，筑成钢铁长城。今天，在社会主义建设时期，我们仍然需要这种精神力量。我们 11 亿人民不管什么党派，不管什么职业，不管什么宗教信仰，只要真心支持并且投身于国家的现代化建设，就可以在爱国主义的旗帜下团结起来，艰苦奋斗，为祖国的强盛、民族的复兴做出贡献。只有全民族的伟大团结，社会主义现代化建设才有希望，才能胜利完成。

我们还要让人民更多地了解世界史，认识全人类文明的发展进程，认识复杂多变的国际形势，认识帝国主义的由来和本质。我们一方面要借鉴外国、吸收西方先进的成果，在平等的基础上积极开展国际交往；另一方面又要警惕帝国主义的和平演变，绝不能盲目迷信西方，绝不能对帝国主义抱有幻想。

10 多年的改革开放已产生了伟大的成绩，我们一定要坚定不移地沿着建设有中国特色的社会主义道路走下去。如果我们的人民能正确认识自己的历史，正确对待民族的文化遗产，反对民族虚无主义；如果我们的人民能正确认识近现代历史，发扬爱国主义，继承革命传统，珍惜来之不易的斗争成果；如果我们的人民能正确认识多变的国际形势和帝国主义的本质，反对崇洋媚外，那么就能从思想上武装起来，也就鼓舞了建设社会主义的信心，增强了反对和平演变的能力。

当然，历史研究必须贯彻“双百”方针。不同意见可以展开同志式的商榷、讨论，要善于区别政治问题和学术问题，学术问题不能粗暴对待。我们的马克思主义水平提高了，我们的识别能力也就提高了。

同志们都是青年人，希望这次会议开成一个朝气蓬勃、生动活泼的会议，开成一个团结友爱、富有学术成果的会议，开成一个学习、研究和宣传马克思主义唯物史观的会议。

青年同志们，你们的前途是远大的，你们的任务是艰巨的，你们的使命是光荣的。中国历史科学这片土地等待着你们去开发、耕耘、收获。祝你们在马克思主义的旗帜下，努力前进，取得重大成绩。

马克思主义的指导是史学发展的关键*

举办这样一个中国近现代史研究的历史观和方法论问题的研讨会，来交流信息、探讨问题，我觉得非常好。

用马克思主义作为历史研究的指导，是我们今后发展的关键。历史研究要不要用理论指导，实质就是科学研究要不要接受前人的理论成果、学术成果。我想，历史学是研究人类社会的过去的，人类社会发展是有某种规律的，如果承认前人已经发现了一些重大的基本规律，那么就不能拒绝用前人的理论成果来武装自己，来指导自己的研究。

不过，这种指导有的可能是用先进的、正确的理论来指导，有的可能是用不那么先进、不那么正确甚至错误的理论来指导。有的人可能自觉地用理论来指导，有的人可能不自觉地用理论来指导。完全不用理论来指导，不接受前人的理论遗产，一切从头研究，这样的科学家是没有的。我们常常讲要站在科学巨人的肩膀上，这样才能超过前一代的巨人，因此，接受前人的理论成果是科学研究的前提，恐怕谁也不能否认这一点。研究数学，能抛开毕达哥拉斯吗？能抛开阿基米得吗？当然不能；研究天文学，不能离开哥白尼；研究物理学，不能离开牛顿，不能离开爱因斯坦。自然科学要用前人的理论作为指导，作为基础，那么为什么社会科学就不需要理论指导？这是说不通的。

迄今为止，马克思主义是研究人类社会最科学、最正确、最完善的理论。因此，用它来指导历史研究是使我们取得成果的关键因素。虽然马克思和恩格斯研究的是 19 世纪的西欧社会，但他们所揭

---

* 原载《中国近代史》，1995 年第 11 期。

示的社会发展规律对于其他国家，对于中国的近现代社会是适用的。例如，马克思主义所揭示的唯物史观、剩余价值学说、阶级斗争学说、革命运动的规律等都是适用于中国的，适用于中国近现代的，这是普遍的，是放之四海而皆准的。当然，我这里讲的指导是指基本立场、观点、方法上的指导，至于个别结论、个别词句，当然要随客观情况的变化而不断发展。坚持马克思主义的指导，能使我们的头脑更清楚，在历史的迷雾中抓住本质，能使我们的信念更坚定，将是非分辨得更清楚。所以，我今天还是讲这句老话，要坚持以马克思主义为指导。

现在，有人提出要淡化理论，我觉得这是行不通的。马克思主义理论当然要有发展。死守着 100 年前马克思和恩格斯讲过的话，这种态度恰恰是不符合马克思主义的。马克思主义是一个开放的理论，而不是一个狭小的宗派。马克思主义之所以伟大，就在于它能吸收人类历史上的优秀遗产，它可以从非马克思主义中吸收营养。

马克思主义又是一个前进的理论。它不故步自封。它研究新问题，研究新情况，丰富和发展自己。研究中国近现代历史本身就是丰富和发展马克思主义的一个很重要的方面。例如，我们中国革命中农村包围城市这种理论，马克思和恩格斯就不会提出；又如，今天建设有中国特色的社会主义，马克思和恩格斯也不可能提出。邓小平提出建设有中国特色社会主义理论，就是运用马克思主义对中国历史、对中国近现代史做了深入的研究，结合中国建设的实际才形成的，这就是中国化了的马克思主义，是既坚持了马克思主义又发展了马克思主义。所以，我想我们近现代史的研究应该以邓小平为榜样，像他那样运用马克思主义研究我们的实际问题，我们的近现代史研究就能够上一个新台阶，我们的水平就能够获得大大提高。

民主、科学和马克思主义*

五四运动是20世纪中国最重要的思想解放运动，是中国传统社会走向近代社会的一座里程碑。五四运动中，先进的中国人向西方学习救国的真理，他们如饥似渴，努力求索，学习西方的民主、科学和马克思主义。这三者都是古代中国社会中所没有的，正是这三者推动了20世纪中国历史的前进，指引和开辟了近现代中国的发展方向和道路。

民主和科学的口号，即德先生（democracy）和赛先生（science），是在五四前夕提出来的。由于辛亥革命虽然挂起了民主共和国的招牌，但帝国主义、封建主义的压迫依然如故，政治上的专制、腐败、黑暗依然如故，人民的贫穷、落后、愚昧依然如故，所以当时的先进分子认为：辛亥革命没有对封建旧思想进行彻底扫荡，这是革命不能成功的原因。他们先是歆慕法国革命的模式，主张倡导民主和科学。陈独秀说："西洋人因为拥护德、赛两先生，闹了多少事，流了多少血，德、赛两先生才渐渐从黑暗中把他们救出，引到光明世界。我们现在认定，只有这两位先生，可以救治中国政治上、道德上、学术上、思想上一切的黑暗。若因为拥护这两位先生，一切政府的压迫、社会的攻击笑骂，就是断头流血，都不推辞。"（《新青年》六卷一号）

1915年创刊的《新青年》是五四新文化运动的喉舌。它反对袁世凯称帝和张勋复辟，批判封建专制主义和等级制度，批判纲常伦理，批判为封建主义辩护的儒家思想。五四时代的战士们口诛笔伐，凌厉无前，表现了革命决心和理论勇气。他们对儒家和孔子的猛烈

---

* 原载《北京大学学报》（哲学社会科学版），1999年第3期。

批判，在今天看来不无过当之处，但在当时却是完全正确和必要的，因为不批判长期服务于封建主义的儒家思想，中国人民就不能摆脱这一沉重的思想枷锁，中国也就不可能向前迈进。

五四时代的先进分子还提倡科学。中国古代社会，文化知识垄断在少数人手中，而且只重视经、史、子、集，不重视自然科学，文盲遍地、迷信盛行。辛亥革命以后，神鬼之说盛行，祭天、请神、修仙、祀鬼，闹得乌烟瘴气。有人组织灵学会，出版《灵学丛志》，胡说什么："灵学者，即谓之圣学可也"，"鬼神之说不张，国家之命运遂促"。

五四时代的战士们对这种装神弄鬼的现象进行激烈的抨击，揭穿胡说者的骗局。当时的科学家任鸿隽说，科学要研究事实，"以发明未知之理，唯其要研究事实，所以科学家要讲究观察和实验"。他批评中国的文化，"只在文字上做工夫"，不如西方科学，"在事实上做工夫"（《新青年》六卷三号）。他们提倡科学，赞美科学，认为只有科学才能使中国社会进步。

五四运动不仅是一场文化运动，而且是一场反帝反封建的爱国政治运动。由于第一次世界大战后召开巴黎和会，帝国主义进行分赃，中国名义上是战胜国，但却丧失了山东的许多权利，引起了人民群众的愤慨。北京大学等校的学生示威游行，高喊"外争国权、内惩国贼"的口号。全国各地纷纷响应。五四爱国运动规模浩大，影响深远，以彻底的反帝反封建的精神揭开了中国新民主主义革命的序幕。

五四新文化运动和五四爱国运动相互汇合，使文化变革深入人心，也使政治运动更加波澜壮阔。这时，俄国已经爆发了十月革命，正在探索中国出路的先进分子引项北望，把希望寄托在社会主义上，如饥似渴地学习马克思主义，恪信它是唯一的救国真理，遂使五四运动向着纵深发展，从弘扬民主和科学进而学习与传播马克思主义。

1919年李大钊著文热烈讴歌马克思主义，他说："自俄国革命以来，'马克思主义'几有风靡世界之势。德、奥、匈诸国的社会革命相继而起，也都是奉‘马克思主义’为正宗。”(《新青年》六卷五号）接着，《新青年》《每周评论》发表了许多介绍马克思主义的文章，阐明了马克思主义的三个组成部分，即唯物史观、政治经济学、科学社会主义。马克思主义迅速传播，这就为中国共产党的诞生准备了思想条件，也为中国的革命和建设提供了锐利的理论武器。

中国共产党是五四精神忠实的继承者和积极的发扬者。她一贯重视民主和科学，从一诞生起就为中国民主革命的胜利而努力奋斗。新中国成立以后，中国进行了最重要的民主改革——土地改革，制定了第一部最民主的宪法，并大大发展了科学事业。直到今天，我们在建设有中国特色社会主义的时候，仍深感发扬民主和科学的重要性。

民主是我们国家的根本制度，人民要真正当家做主，能够参与政治，有发表意见的自由。民主是促进社会主义建设的积极因素，没有民主，就不能建成社会主义。经济改革必须和政治改革协调进行。邓小平说："就国内政策而言，最重大的有两条，一条是政治上发展民主，一条是经济上进行改革"①。没有政治改革相伴随，经济改革必定会遭到困难、挫折，而不能成功。

科学也是实现现代化的关键。科学技术是第一生产力。现代化建设能否搞好，要依靠科学技术的发展。对21世纪的国际竞争起决定性作用的是科学技术的竞争，"科教兴国"，这是我们不可动摇的国策。邓小平说："中国要发展，离开科学不行。"②

五四运动中，还从西方引进了马克思主义。它是引导民主革命走向胜利的指针，也是建设社会主义的理论基础。马克思主义是随着时代的前进而发展的，邓小平理论就是马克思主义在当代中国的新发展，它以科学的世界观、方法论观察中国和世界的局势，总结了国内外进行社会主义建设的经验教训，提出了建设有中国特色社会主义理论，这是唯一适合中国国情的正确理论。只有坚持邓小平

---

① 《邓小平文选》，第3卷，116页，北京，人民出版社，1993。

② 同上书，183页。

理论，才能使中国胜利地建成社会主义。

今天纪念五四运动，就是要继承和发扬五四精神，大力发展民主，充分尊重科学，牢牢坚持当代马克思主义，即邓小平理论，尽快地在有12亿人口的中国消除贫困、落后、愚昧，建设强大、繁荣、富裕、文明的社会主义新中国。

历史科学的社会功能*

历史科学是基础学科。它内容丰富、涵盖面宽广，有许多分支学科，如有各种断代史、地区史、国别史、考古学、史学史；它又和其他学科交错、渗透、重叠而构成各种专门史和边缘学科。历史科学在我国具有悠久的传统和深厚的基础，成果丰硕，著述浩瀚，名家辈出。儒家的“五经”中，《尚书》和《春秋》都是历史著作，章学诚甚至说过“六经皆史”。《左传》《战国策》《史记》这类编年体、纪传体的名著都成书在 2 000 多年以前。我国古籍以经、史、子、集四部分类，史部典籍数量极多、浩如烟海。在我国传统的知识结构中，历史科学占着十分重要的地位。

作为基础学科的历史科学，其基本功能是揭示客观历史的发展规律，启发人们的智慧，提高人们的文化素质，塑造人们的美好心灵与人格。它和单纯的应用学科不同，不能直接创造物质财富，难以追求快速效应。历史科学是把人和社会放在流动、发展的长河中来理解，来剖析，说明我们和我们的社会是怎样的，以及为什么是这样的。每个国家和民族都有不同的经历、不同的处境，今天的处境是由过去的经历造成的。追溯过去的经历，才能弄清今天的处境，才能设计改造世界的最佳方案。在某种意义上说，人类的知识都是历史的，都是对过去经验的总结和概括。“鉴古而知今”，人类总是从过去中理解今天，进而开拓未来。一个国家、一个民族，如果忘记了自己的过去，必然也要失去今天和未来。我们虽然不能期望历史科学取得立竿见影的效益，但它的社会功能是显著的、长远的而且非常重要的。它是了解国情、进行战略决策所必需的；它是认识

---

* 原载《语冰集》，南宁，广西人民出版社，1994。

我们国家的伟大、光荣，提高爱国主义和社会主义思想所必需的；它是发展文化、陶冶情操、建设高度的社会主义精神文明所必需的。

任何科学都要满足生活的需要，为现实服务，历史科学当然也是如此。不食人间烟火、对现实生活不能发挥作用的学科必将萎缩、消亡，失去自身存在的价值。但是，为现实服务必须以尊重历史事实、尊重客观规律为前提，必须尊重历史学自身的科学性和独立精神。因为按照事情的本来面目揭示其真相，遵循历史发展的客观规律，才能昭示真理，给人们以新知，并推动社会前进，这最符合国家和民族的长远利益。任何歪曲事实、混淆黑白、违反和抗拒历史规律的做法，都只能对现实生活产生负效应。中国历史学家有"秉笔直书"的美德，有为保卫历史真实而献身的传统，应该发扬这种美德，继承这种传统。历史科学不能成为政治的侍婢，不能鼠目寸光，局限于眼前的需要，更不能丢掉尊严，屈从势力集团的驱遣。十年浩劫的教训记忆犹新，不能忘记。当时，影射史学泛滥，全民批林批孔，学习儒法斗争。历史科学成了阴谋家篡党夺权的工具，这给国家和人民带来了巨大的灾难，也给历史科学的科学性和声誉造成了严重的损害。

今天，在新旧体制的交替过程中，历史科学面临新的困境，社会上流行"知识无用论"，历史科学和其他一些基础学科失去了光彩和吸引力，被冷落在一边，不受重视。历史著作难以出版，论文不易发表，学生不愿报考历史学专业，社会上不愿录用历史系的毕业生。造成这种情况，有多方面的原因。作为历史科学工作者，当然首先应该反躬自问，怎样改进自己的知识结构、思维模式和研究方法，怎样拓展研究领域，开辟具有现实意义的课题，加强其应用性，使历史科学能够适应当前改革开放的需要。但是，历史科学这类基础学科不能立竿见影地快速实现自身的价值。人们应该也必须以历史为借鉴，但如果企图从历史文献中寻找解决现实难题的现成答案，那将愚不可及。一切都以时间、地点、条件为转移。新的历史态势，形成新的问题，需要新的解决方案，人类社会总是不断创造、不断超越、不断前进的。历史科学不是对策学，要根据它自身的特点发挥其社会功能。

个人如果丧失了对过去的一切记忆，将不能继续生活下去；人类社会如果没有历史科学，也将难以存在和前进。历史科学的价值不会因商品经济浪潮一时的冲击而被永远否定。中国要前进，要建设社会主义，就必须理解建设的客体和主体，必须理解国情、民情，必须提高人们的文化素质和思想境界，这些都离不开历史科学。随着改革的深化，人们将会重新认识和发现历史科学的功能，恰如其分地肯定它的价值。马克思主义历史科学必定会发展，必定会大有用武之地，必定会在社会主义现代化建设中做出应有的贡献。

历史学要走出书斋*

我津津有味地读完了两卷本的《历史的顿挫》，其中包含着一系列历史上相继发生但并非连接的故事，犹如观赏了一出又一出的独幕剧，五光十色的事件、曲折具体的细节、悲欢离合的感情、叱咤风云的人物，在历史舞台上表演得有声有色、淋漓尽致，使人愤悱感慨、徘徊叹息。两千多年的历史，从眼底匆匆而过，留下了悲剧性的韵味和哲理式的反思。虽然书中描写的事件和人物是熟知的，但作者努力以新的思路、新的视角、新的表现方式，形象而生动地再现一幕又一幕的历史，使用自己的语言，讲出自己的感受，熔历史、哲理、文学于一炉，给人以面貌一新之感。

中国自古以来，文、史、哲不分家。历史学家应该具备哲学家的头脑和文学家的气质。人们学习历史，最重要的是增进智慧，吸取历史的经验教训，这就需要有哲学家那样深邃敏锐的思辨能力，才能从重重的迷雾中认清历史的真谛。而历史作品又应该生动丰富，引人入胜，使人百读不厌，如同优秀的文学作品一样。历史学家通过精心描述客观历史过程去启迪人们的思考、激发人们的热情，使人赏心悦目，给人以真、善、美的享受。历史的陈述既是真实的，即忠于客观事实，又是思辨的，即富于哲理性探讨，还应该是艺术的，即能给人以美的享受。

《历史的顿挫》是沿着这一方向所进行的成功的尝试。书中的每一个主题，前人都谈过了无数次，但读起来仍新鲜有趣而发人深思。因为作者对各个历史问题都有独立的见解，而并非因袭旧说，同时，在内容、体裁、结构、标题、行文等方面，力求推陈出新，注意了

---

* 原载《历史的顿挫》，台北，台湾云龙出版社。

曲折过程的描绘、具体情节的摹写、人物心态的刻画，避免了史料堆砌和空洞说教。这本书初版时受到读者的热烈欢迎，并不是偶然的，而是编著者们艰苦钻研、刻意创新的结果。

目前书市上的历史著作艰涩枯燥者居多，一般读者望而生畏。当然，有些专业性强的历史作品，读者是不会很多的，我们仍然需要这类作品，因为这对学术的发展是必需的、不可缺少的。但历史书籍总不能变成只是专家之间交流、对话的工具。历史科学走出书斋、深入民间，成为普通老百姓的精神食粮，就需要有一大批观点正确、材料丰富、思想健康、形式生动、文字流畅的作品，就需要新一代的历史学家运用其智慧和才华，发挥创造力，把科学性和可读性紧密地结合起来。我预祝中国历史科学的盛大花圃中出现更多这类优秀之作，这是广大读者十分需要和十分欢迎的。

中国古代修史的传统及其对国史研究的重要启示*

编纂历史是一门大学问，古今中外许多历史学家都曾研究过。中国古代的著名历史学家刘知幾作《史通》、章学诚作《文史通义》，论述历史编纂的理论与方法。中国近代的梁启超专门作《历史研究法》，总结了中国以往的历史编纂学，并吸收了外国研究历史编纂的一些成果。外国也有许多这方面的探索，如德国的兰克学派、英国的著名历史学家汤因比、法国的年鉴学派、美国的边疆历史学派，等等。我不是专门研究历史编纂法的，所了解的只是一些皮毛的、粗浅的知识，大概地做一介绍，可能有不妥当的地方，希望大家批评、指正。

一、中国编写历史的传统

中国是世界上唯一有几千年不间断历史记录的国家，从甲骨文、金文、《尚书》，到《春秋左传》，到司马迁的《史记》。《史记》从《五帝本纪》黄帝记起，至汉武帝《今上本纪》，成为一部通史，略古详今，最详细的是秦汉时期。如此连续未中断的历史记载，在全世界是独一无二的。埃及、巴比伦也是文明古国，但它们那里变化很大，今天埃及和两河流域的居民已经不是古代埃及与巴比伦的直接后裔，历史已然中断。文明古国印度也没有完整、系统的历史记录，关于中世纪的史书很少，有的需要依靠中国唐朝《大唐西域记》

---

* 原载《当代中国史研究》，2002 年第 4 期。

的相关记载。

中国的史书十分丰富，中国古代将知识分类为经、史、子、集，“经”即古代圣人传下的“十三经”，“史”即历史，“子”即各派学说——儒家、道家、墨家、法家、兵家、纵横家等，“集”即诗文集——主要是文学作品，史部列第二位，可见其重要性。

中国历史有连续未中断的记录，有两个原因。

一是因为中国人历史意识强烈，认识到历史学的重要性，将研究、编写历史作为自己的责任。

孔子作《春秋》，“其事则齐桓、晋文（霸王之间的斗争），其文则史（文字成为历史）”（《孟子·离娄下》），“其义则丘窃取之（包含的道理、观点，为孔丘得到了）”（同上），表明孔子十分重视历史。汉朝的太史令司马谈曾言：“废天下之史文，余甚惧焉”（《史记·太史公自序》），其子司马迁继承父亲志愿，作《史记》，流传后世。不仅中国古代知识分子重视历史，而且中国古代统治者也十分重视历史。唐太宗就是一位非常重视历史记载的皇帝，“二十四史”中有 8 部是于他与其子在位时完成的，占 1/3。唐太宗强调修史可以“览前王之得失，为在身之龟鉴”（《册府元龟》卷五百五十四），也就是说要以史为鉴。元世祖忽必烈，虽是蒙古游牧民族，但入主中原后同样重视历史，言“不可亡前人之史，若不立史馆，后世亦不知有今日”（《元史·董文炳传》），命令建立史馆，编纂历史。清朝龚自珍说：“灭人之国，必先去其史”（龚自珍：《古史钩沉论》），把历史提到了国家存亡的高度。日本侵占我国东北和台湾，就禁止讲习中国史。人类社会有昨天、有今天、有明天，现在的社会是过去的发展，它不是无源之水、无本之木。现在治理国家的理念、方法、政策，都是过去经验的总结。所以，人类要开辟未来美好社会，就离不开学习历史，总结历史，从历史中吸取经验教训，吸取智慧。只有借鉴历史，才能够胜利地走向未来。中国人的历史意识非常强，这是一个优秀传统，也是中国有凝聚力的表现，是保证中国悠久文明传承不绝的一个重要原因。

二是因为有制度上的保障，即开馆修史，专门设立国史馆，专门设立历史研究、历史编纂的政府机构，这也是我们的一个优秀传统。

关于中国远古之史学机构的记载较少，但《汉书·艺文志》上说“左史记言，右史记事”。古代还有很多类似与史有关的官职设置，如内史、外史、太史，等等。春秋战国普遍设有史官，所谓孔子作《春秋》，观“百二十国宝书”，“宝书”即指各国的史书。西汉设太史令，而且是世袭官职，如司马谈、司马迁父子。东汉设兰台，它不仅是藏书机构，而且是史学机构，其官称兰台令，如班固，也是世袭的，其父班彪、其妹班昭都供职兰台令。魏晋设有著作郎修史。魏晋后，分裂割据，出现了许多国家、许多朝代，虽然政权不稳，经常改朝换代，但各朝各代都修纂自己的历史，非常盛行，出现了修国史的高潮。三国都有自己的国史，但多已失传，只有陈寿的《三国志》流传，连同裴松之的注本都保存下来了。因为《三国志》不完整，只有本纪、传，没有志、表，裴松之的注释将其时的三国史料记载下来，保存了三国历史的丰富记录。晋人修晋史达 13 种，可惜未能流传。十六国修史书 29 种，其中 16 种是写国史，即本朝人修本朝史。南朝有很多史书，尤其是宋时，开设儒学、玄学、文学、史学四个馆，史馆之名可能始于此。除记述当代史外，还有“起居注”，记录君王的言论行事，《魏书·经籍志》记载有 41 部两晋南北朝的起居注，这些著作只有沈约的《宋书》、萧子显的《南齐书》、魏收的《魏书》等少数史书流传下来，这三书后来被列入“二十四史”。其他史书的失传既有社会原因，如战争多、印刷术不发达，也有其自身的原因，其多数为私人修史，所见不广，资料的搜集不完备，仓促成书，有局限性，水平不高，当更好的史书出现时，就在历史的长河中被淘汰了。唐代是一个重要的转折点，从私人修史转向政府修史，史馆设置正规化、规范化。唐太宗非常重视修史，从唐太宗到唐高宗，通过设立史馆修成 8 部纪传体史书，由宰相监修，如房玄龄、长孙无忌、魏徵等，还有所谓御修史书，如《晋书》中的《王羲之传》等是由唐太宗撰写的。故《晋书》冠以御纂之名。这时，政府开始参与修史，正史的编写逐步制度化，成为政府行为。

政府修史是必要的，因为历史所跨年度很长，数十年乃至数百年，资料很多，涉及人物、事件复杂，史学家个人的精力难以顾及，个人修史很难，并且越到后世，越不可能。唐初由史馆修“八史”，集体创作，国家领导支持，宰相监修，既有政治上的权威，也有学术上的权威。从此史馆修史成为中国的历史传统，史馆在修史中的地位、作用得到确立。唐朝国史馆除修国史外，还修“起居注”，记载君主言行，修“实录”，用编年体记国家大事，但流传至今的只有温大雅的《大唐创业起居注》和韩愈的《顺宗实录》，这是我国保存下来最早的起居注和实录。为了使国史馆了解当代的事情，积累文献史料，朝廷颁布《诸司应送史馆事例》，规定各衙门将档案移交史馆。设立史馆成为固定的制度，修史也就成为国家的重要政务，史馆修史保证了有连续不断的历史记录。为前代修史的传统也沿袭下来，唐朝为前朝修了 8 部史书，宋朝为唐朝修史，元朝为宋、辽、金修史，明朝为元朝修史，清朝为明朝修史，直至民国为清朝修史，但民国所修的清史不太理想。

新中国成立初期，董必武建议修两部史书，一是重修清史，一是修中国共产党史，受到了中央的高度重视。20 世纪 50 年代，吴晗与我谈及此事，当时周恩来总理委托吴晗搞一个修清史的规划。吴晗想建立清史馆，但当时缺乏研究清史的学者，所以考虑先从招收学生进行培养开始，但“大跃进”时被搁置下来。20 世纪 60 年代批判《海瑞罢官》前夕，中央宣传部召开会议，决定成立清史编纂委员会，在中国人民大学设立了清史研究所。20 世纪 80 年代初，邓小平将建议重修清史的一封人民来信转到中国社会科学院办理，时改革开放刚刚开始，百废待举，未能进行。2001 年中央再次关注修清史的问题，目前正在酝酿清史编纂问题，可见修清史的问题得到了党的三代领导人的关心。

二、对史学家的素质要求

中国史学著作很多，主要的体裁有纪传体、编年体和纪事本末体。《四库全书总目提要》将史书分成 15 类，还有三通——通典、通志、通考，地方志，等等。中国史学评论也很多，并且明确提出了对史学家的要求。

史学家应该具备什么样的素质？唐朝历史学家刘知幾当被问及为什么文学家多而史学家少时，他解释道："史家须有三长，世无其人，故史才少也"（《旧唐书·刘知幾传》），提出了对史学家的三个方面的要求——才、学、识。

所谓史才，就是要做到对历史事件的叙述和对史料的组织有条理性、逻辑性、生动性，文字简洁，条理清楚，叙人、叙事生动，文笔简练而又能抓住要害。典型的例子是新旧《唐书》和新旧《五代史》。宋朝大文豪欧阳修认为《旧唐书》《旧五代史》修得不好，太啰唆，叙述冗杂，于是重修《新唐书》《新五代史》，新史修好后，旧史无人使用，以至失传了。直至清朝修《四库全书》时，从《永乐大典》中辑出了《旧唐书》《旧五代史》的大部分内容，拼凑还原，与《新唐书》《新五代史》一并列入"二十四史"。欧阳修自称其书"事增于前，而文省于旧"。但后人也批评欧阳修"事增于前"，网罗野史、笔记中的记述，不足为信，"文省于旧"，但唐朝文章用骈体文，新书将旧书压缩节略反而晦涩难懂。新旧《唐书》和新旧《五代史》，从其简要、文章有条理而言，新胜于旧，但从记事详细、保存史料多且完整而言，旧胜于新，所以各有千秋。

所谓史学，是指史学家历史知识的广博、掌握资料的丰富、考证史料的严谨。既要求史学家掌握各个领域的知识，又要求史学家能鉴别史料的真伪。这一点，越到后代越难，因为现代知识领域更宽更广，而且史料积存越来越多。就拿清史来说，《清史稿》有 536 卷，《清实录》达 4 000 多卷，这些还都是第二手资料，第一手资料如中央档案基本上被完整地保存下来，达 1 000 多万件，而这一件并不是一片纸，而是一个卷宗，大的一件可以装一汽车，有 200 多人在管理这些档案资料。切实地掌握浩瀚的历史资料，很不容易。作为史学家就是要坐冷板凳，钻进去，下苦功夫。资料的海洋无边无际，一个人穷毕生之力也只能探索这片海洋的一个角落。只有掌握更多的知识、更丰富的史料，才能获得更大的发言权。我记得《第三帝国兴亡》一书的作者利用纳粹档案，数量之多要以吨计。现在各国政府档案多得不可胜计，我们中华人民共和国 50 余年的历史档案，用浩如烟海、汗牛充栋来形容，不为过分。

所谓史识，是指立场、观点、方法，也就是说如何认识历史，如何认识历史规律，如何判断历史。尽管叙述很有条理，文章很有文采，知识也很丰富，考证也很精细，但只要认识错了，观点不正确，其著作就会丧失价值。

刘知幾提出“才、学、识”，清朝的历史学家章学诚提出“史德”。“史德者何？著书者之心术也”（章学诚：《文史通义·史德》），是对史学家人品、道德、修养的要求。历史学最重要的特点就是实事求是，要求客观公正地记录历史，秉笔直书，不溢美，不隐恶。中国古代史学家非常重视史德。所谓“在齐太史简，在晋董狐笔”（文天祥：《正气歌》），是两个典故。春秋时齐国崔杼权力很大，杀了齐庄公，齐太史记“崔杼弑其君”，崔杼大发雷霆，下令把齐太史抓来杀了。齐太史的大弟仍然写“崔杼弑其君”，又被杀害。其二弟继续秉笔直书，亦被杀害。其三弟也视死如归，崔杼见状，只得将其三弟流放了。齐太史的三弟走出门时，看到南史氏拿着竹简在门口等候，就问他干什么，南史氏回答道：听说齐太史一门都被杀了，我怕这段历史无人记载，就想由我记下来，现在既已写上，没有我的事了，可以回家了。这些古代史官不畏强暴，为维护历史真实甚至不惜牺牲生命，难能可贵。还有晋国晋灵公时，赵盾是一个有权势的大夫，也是一位贤人，但和晋灵公产生矛盾，于是离开了晋国国都，其弟赵穿起兵政变，杀了晋灵公，把赵盾迎接回来，赵盾于是恢复了权势。晋国的史官董狐记道“赵盾弑其君”。赵盾辩解说，晋灵公乃赵穿所杀，当时他已经离开国都，与他无关。董狐答道：“子为正卿，而亡不出境，反不诛国乱，非子而谁”，实际上你就是赵穿的后台，责任在你，你是想要避开弑君的恶名，但历史要写真相，不能被假象所隐蔽。孔子称赞“董狐，古之良史也，书法不隐”（《左传·宣公二年》）。秉笔直书，才能成为信史，这是中国历史学的优良传统，历史学家要有大无畏的精神，要有很高的道德修养。

三、编写当代史的特点与难点

中国古代修史，多写通史，常常包括国史、当代史在内。孔子作《春秋》，其实就是鲁国的国史，上起鲁隐公元年，下至鲁哀公十四年，而孔子死于鲁哀公十六年，所以写《春秋》对孔子而言是从古代写到当代。司马迁作《史记》也是如此。直至魏晋南北朝时期，编写当代史、国史的还很多。但唐朝以后，修当代史由国史馆承担，私人编修的少了，写的也主要是局部的历史而不是全国的历史。为什么？我估计编写当代史有一些特点与难点。

第一，当代史与现实密切相关，具有强烈的政治性，修史者必须有正确的立场、观点、方法，同样一件史事，从不同的政治立场出发，会有截然不同的看法和评价。例如，辛亥革命推翻了清政府，结束了2 000多年的封建帝制，是一件令人民拍手称快的好事，但是如果站在清朝遗老遗少的立场上，就会得出完全不同的评价。《清史稿》就是这样，其作者都是清朝的遗老遗少，他们对清朝忠心耿耿，对辛亥革命很仇恨，因此歪曲历史，颠倒黑白。例如：写武昌起义，“宣统三年八月，革命党谋乱于武昌”；写中华民国成立，孙中山当选临时大总统，“举临时大总统，立政府于南京，定号曰中华民国”①，至于谁是大总统，不写，不愿写出孙中山的名字。《清史稿》中根本不谈孙中山的活动，关于兴中会、同盟会也一句没有，无从知道清朝是怎样被推翻的，其中有一处提到孙中山的地方，其言为“懿旨特赦戊戌党籍，除康有为、梁启超、孙文外”②。提到革命烈士秋瑾、徐锡麟等时，用“伏诛”一词。相反提到辛亥革命中被革命党打死的清朝官员如端方、恩铭、陆钟琦等，却大加歌颂，赞曰：

---

① 《清史稿》卷二十五《宣统皇帝本纪》，见赵尔巽等：《清史稿》，第4册，1003页，北京，中华书局，1976。

② 《清史稿》卷二十四《德宗本纪二》，见赵尔巽等：《清史稿》，第4册，948页。

“或慷慨捐躯，或从容就义，示天下以大节，垂绝纲常，庶几恃以复振焉。”① 这部书是民国政府出资，袁世凯下令编修的，竟大肆辱骂中华民国的烈士，而大加歌颂反革命敌人，所以北伐胜利后，国民党人评论道“诽谤民国，乖谬百出，开千百年未有之奇”②，禁止它的出版。

第二，历史发展，其后果、影响要经过一个长时间才能判断。历史上的新生事物刚刚出现，历史矛盾刚刚发生还没有充分展开的时候，不容易看清楚，很难预见它将如何发展，很难判定其结果和影响。如今天的巴以冲突正在激化，结果如何，是和平还是战争，难以预料。“不识庐山真面目，只缘身在此山中”，身处在历史事件中间，就看不清这段历史的全部情况，不容易把握其历史本质和发展趋向。所以，研究当代史最需要有慧眼，需要有深刻的洞察力。例如，法国拿破仑第三政变，在政变当时有三个人写了这段历史，一个是雨果，一个是蒲鲁东，一个是马克思，其中马克思写得最好、最正确、最深刻。马克思说“本书是根据对于事变的直接观感写成的”③。恩格斯在马克思《路易·波拿巴的雾月十八日》一书序言中说：“紧接着这样一个事变之后，马克思发表一篇简练的讽刺作品，叙述了二月事变以来法国历史的全部进程的内在联系……他对当前的活的历史的这种卓越的理解，他在事变刚刚发生时就对事变有这种透彻的洞察，的确是无与伦比”④。因此，我们研究当代史，必须要学习马克思的经典著作，学习马克思观察当代史的立场、观点、方法。

第三，资料方面的困难。研究当代史，在资料方面有两个特点，一是数量多，二是不容易看到。当代史由于时间距离近，资料被完整地保存，散失少，所以有大量的资料。搞一个专题，资料就浩如烟海。例如研究抗美援朝，既要涉及军事的、政治的、经济的、外

---

① 《清史稿》卷四百六十九《赵尔丰 冯汝骙 陆钟琦》，见赵尔巽等：《清史稿》，第42册，12790页，北京，中华书局，1977。

② 易培基：《呈行政院文》，1929-12-16。

③ 《马克思恩格斯选集》，1版，第1卷，598页。

④ 同上书，601页。

交的方方面面，又须掌握中国的、美国的、朝鲜的、韩国的等其他国家不同文字的资料，仅此一个专题，个人的力量就难以穷尽。古代由于文化不发达，资料较少，加上战乱等破坏，损失比较多。我国唐朝以前历史资料很少，一个人穷毕生精力可以读完。宋朝以后，由于印刷术的发展，资料大大增加，读完就困难了。例如《全唐诗》，有唐一代 300 年诗作共 40 000 多首，宋朝陆游一人《剑南诗稿》就有近 10 000 首，到清朝乾隆皇帝一人《御制诗文集》就有 40 000首，相当于一部《全唐诗》。史料积累越到当代越多、越庞杂。另外，史料虽然很多，但却不易看到。因为许多重要的史料没有公开，造成研究上的困难。国家档案一般规定有解密期限，常常是 30 年、50 年，甚至更长的时间。看不到原始档案，很难知道历史事件的底细和真相。不仅档案，即使是其他史料，其搜集、整理、发表也有一个等待时间。例如张学良的档案至今没有发表；又如李鸿章，中国清朝末年最重要的政治家之一，关于他的资料已经发表的有 300 多卷、1 000 多万字，其家中还有 2 000 多万字。上海图书馆馆长顾廷龙先生购买了这些资料，保存在上海图书馆。1993 年，顾先生邀请我与他合作整理，又集中了七八个人编辑，至今尚未完成。这些是资料方面的困难。

第四，由于当代史距离时间很近，历史人物很多还活着，或者他们的后代还活着，牵扯到利害关系、感情因素，写当代史要秉笔直书就更困难，会碰到很多干扰。古代司马迁作《史记》，因为在《今上本纪》中批评汉武帝，该书被称为“谤书”。北魏崔浩写国史，其中讲到北魏的祖先鲜卑族是落后民族，有许多野蛮习惯，崔浩因此被杀，并被满门抄斩，不仅如此，还牵涉到其他许多人。写当代史，容易得罪一些人，会遭到反对、打击、迫害。

《清史稿》的纂修及其缺陷*

我国有易代修史的传统，每当前一个朝代的统治结束，后继的政府为了吸取历史经验，都要为前一代修史，如此继承绵延，积累了丰富的历史典籍，被称为“正史”的“二十四史”就是这样形成的。清朝覆亡以后，后继的民国政府很快就启动了纂修清史的工作。经民国政府国务会议议决，1914 年 3 月 9 日，大总统袁世凯下令设置清史馆，聘赵尔巽为馆长，“延聘通儒分任编纂，踵二十四史沿袭之旧例，成二百余年传信之专书，用以昭示来兹，导扬盛美，本大总统有厚望焉”①（赵尔巽为汉军旗同治进士，曾任清山西、湖南等省巡抚，东三省总督）。赵尔巽死后，由柯绍忞代馆长。

清史馆早期邀请学者 136 人，后实际到馆工作者 86 人，另有 100 多位执行人员。参加撰写工作较多的有：柯绍忞（任天文、时宪志）、吴廷燮（任部分本纪、表、地理志）、缪荃孙（任儒林、文苑传、列传、土司传）、金兆蕃（任清前期列传）、吴士鉴（任宗室、世系表、部分地理志）、袁励准（任列传）、万本端（任礼志、舆服志）、邓邦述（任本纪、光宣列传）、秦树声（任地理志）、章钰（任忠义传、艺文志）、俞陛云（任兵志、列传）、姚永朴（任食货志、列传）、罗惇曧（任交通志）、吴广霈（任邦交志）、张尔田（任地理志、刑法志、乐志、后妃传）、李岳瑞（任列传）、金兆丰（任地理志）、马其昶（任列传）、刘师培（任出使大臣表）、王树枏（任列传）、夏孙桐（任列传）、奭良（任列传）、瑞洵（任本纪）、姚永概

---

* 原载《光明日报》，2002 年 3 月 19 日。

① 《大总统袁世凯设置清史馆令》，载《政府公报》，660 号。

(任食货志)、朱师辙(任艺文志)、李哲明(任本纪、列传)、戴锡章(任邦交志、列传)。

清史馆经费初定为每月10万银圆,最高级人士月薪达600元,后北洋政府财政困难,经费时有拖欠、扣减,不能按时按额发给,只得向当时的军阀如吴佩孚、张宗昌、张作霖等募捐,左支右绌,勉强维持。至1927年,北伐军将要打到北京,北洋军阀政府朝不保夕。《清史稿》全书虽基本竣工,但未经总阅修订,故名《清史稿》,共536卷,800余万字。由袁金铠、金梁负责刊刻发行,共印刷1 100部。后金梁私携其中400部往东北,且私自修改(加入张勋、康有为传,删改艺文志序,增校刻记,其他列传亦有修改),在关外发行,是为"关外本"。清史馆同人在北京集会,反对金梁的擅自修改,另行出版"关内本"。

《清史稿》出版之翌年,即1929年12月16日,故宫博物院院长易培基呈文行政院,建议禁止《清史稿》之发行,呈文内称:《清史稿》"系用亡清遗老主持其事……彼辈自诩忠于前朝,乃以诽谤民国为能事,并不顾其既食周粟之嫌,遂至乖谬百出,开千百年未有之奇……故其体例文字之错谬百出,尤属指不胜屈,此书若任其发行,实为民国之奇耻大辱"①。并开列《清史稿》之19项错误:(1)反革命;(2)藐视先烈;(3)不奉民国正朔;(4)例书伪谥;(5)称扬诸遗老,鼓励复辟;(6)反对汉族;(7)为清朝讳;(8)体例不合;(9)体例不一致;(10)人名先后不一致;(11)一人两传;(12)目录与书不合;(13)纪、表、传、志互相不合;(14)有日无月;(15)人名错误;(16)事迹之年月不详载;(17)泥古不化;(18)浅陋;(19)忽略。前7条错误属于政治性错误,后12条则为学术上、体例上、史实上、文字上的错误。

国民党政府将《清史稿》"永远封存,禁其流行",这未免太过分。前辈学者孟森、容庚先生为求《清史稿》之解禁,做过较客观公正之评论。平心而论,《清史稿》一书撰写时离清朝覆亡甚

① 易培基:《呈行政院文》,1929-12-16。

近，修史者大多为忠于清室之遗老，有很多谀扬清朝、反对革命之词。且当时清朝档案尚未清理，修史时多根据国史馆稿件，未曾利用原始材料，故价值较逊。又成书仓促，未能统一校改，史实、人名、地名、年月日的错误遗漏比比皆是，故而是一部有缺陷的史书。今天修史的主客观条件与20世纪初的情况大异，应该利用清室遗留的大量档案，集中人力、物力纂修一部能正确反映清代近300年之历史的史书。对于《清史稿》一书的缺陷，可从四个方面来考察。

一、立场

《清史稿》作者明确站在清朝一边，反对辛亥革命，不愿意写清朝的覆亡，对清末革命党的活动写得很少。如兴中会、同盟会的建立，《民报》的出版，孙中山领导的许多次武装起义，都是当时政治上的重大事件，《清史稿》全都没有记载，看不出清朝是怎样被推翻的。即使有一点关于革命活动的零星记载，也语含贬抑，评价很不公正。如写武昌起义：宣统三年（1911）八月“甲寅，革命党谋乱于武昌，事觉，捕三十二人，诛刘汝夔等三人……乙卯，武昌新军变附于革命党，总督瑞澂弃城走，遂陷武昌……丙辰，张彪以兵匪构变，弃营潜逃……嗣是行省各拥兵据地号独立，举为魁者皆称都督”①。寥寥数十字，就把修史者反对革命的立场体现得十分鲜明。将革命活动视为“谋逆”“作乱”，将革命中牺牲的烈士视为“匪党”“伏诛”。如光绪三十三年（1907）七月，“诏以匪徒谋逆，往往假革命名词，巧为煽诱”②。同年，徐锡麟在安庆刺死巡抚恩铭，该书称“安徽候补道徐锡麟刺杀巡抚恩铭，锡麟捕得伏诛”③。又称“武昌

① 《清史稿》卷二十五《宣统皇帝本纪》，见赵尔巽等：《清史稿》，第4册，996～997页。

②③ 《清史稿》卷二十四《德宗本纪二》，见赵尔巽等：《清史稿》，第4册，959页。

乱起，各省响应，朝论纷呶”①。四川保路运动是武昌起义的先声，《清史稿》载：“会川乱起，（赵）尔丰还省……尔丰至成都，察乱已成……重庆兵变，会匪蜂起……商民请尔丰出定乱”②。1912 年 1 月 1 日，孙中山当选临时大总统，《清史稿》称：“甲戌，各省代表十七人开选举临时大总统选举会于上海，举临时大总统，立政府于南京，定号曰中华民国。”③ 民国已建立，政府已组成，临时大总统亦选出，但不书孙文之名，遗老们系用春秋笔法蔑视中山先生，故意不写他的名字。孙中山是推翻清朝统治的领袖，《清史稿》上孙文之名仅见一次：光绪三十年（1904）五月“丙戌，懿旨特赦戊戌党籍，除康有为、梁启超、孙文外，褫职者复原衔，通缉、监禁、编管者释免之”④。这是慈禧太后下旨赦免戊戌党人时，特别指名康、梁、孙三人为大逆不赦，这样才提到了孙文之名。

相反，凡对抗革命者则大加歌颂、表扬，《清史稿》卷四百六十九为赵尔丰、冯汝骙、陆钟琦等一批被革命军击毙的督抚写传记，或称“不屈遇害”，或称“骂不绝口”，或称“忠孝节义萃于一门”，篇末论曰“或慷慨捐躯，或从容就义，示天下以大节，垂绝纲常，庶几恃以复振焉”⑤。这些吹捧之词，反映了修史者拥护清朝、反对民国的心态。

再者《忠义传》中列有梁济（梁漱溟之父）、王国维二人，称两人是因清朝覆亡而投湖自杀的，故列入《忠义传》。但是梁济投净业湖自杀在 1916 年，已在清亡后 4 年；王国维投昆明湖自杀在 1928 年，已在清亡后 16 年。清朝灭亡的时候，梁济、王国维为何不自杀，而等待那么长时间才自杀？梁济、王国维二人自杀的原因至今不明，怎能断言是为清朝“殉国”？

---

① 《清史稿》卷四百七十《良弼》，见赵尔巽等：《清史稿》，第 42 册，12799 页。

② 《清史稿》卷四百六十九《赵尔丰 冯汝骙 陆钟琦》，见赵尔巽等：《清史稿》，第 42 册，12794～12795 页。

③ 《清史稿》卷二十五《宣统皇帝本纪》，见赵尔巽等：《清史稿》，第 4 册，1003 页。

④ 《清史稿》卷二十四《德宗本纪二》，见赵尔巽等：《清史稿》，第 4 册，948 页。

⑤ 《清史稿》卷四百六十九《赵尔丰 冯汝骙 陆钟琦》，见赵尔巽等：《清史稿》，第 42 册，12790 页。

《清史稿》记述李自成、张献忠、南明、白莲教、太平天国一概称“匪”“逆”“寇”“贼”，立场亦极为鲜明。《清史稿》记载民国以后的事，不用民国纪年而用干支纪年，如民国元年称壬子，民国二年称癸丑，民国三年称甲寅，表示不承认中华民国，不奉其正朔。《清史稿》是中华民国出钱聘请纂修的，纂修者竟然不承认民国，诬蔑辛亥革命，所以易培基请禁《清史稿》的呈文中说它“乖谬百出，开千百年未有之奇”，“此书若任其发行，实为民国之奇耻大辱”，“若在前代，其身必受大辟，其书当然焚毁。现今我政府不罪其人，已属宽仁之至，至其书则决不宜再流行海内，贻笑后人，为吾民国之玷。宜将背叛之《清史稿》一书永远封存，禁其发行”①。

二、内容

晚清，帝国主义侵略中国，清朝丧权辱国，这是历史上的大事，《清史稿》为避清朝讳，往往轻描淡写，语焉不详，既看不出侵略者的凶狠，也看不出清朝政府的卖国。如鸦片战争后签订《南京条约》，《本纪》中仅书道光二十二年（1842）“八月戊寅，耆英奏广州、福州、厦门、宁波、上海各海口，与英国定议通商”②。《耆英传》中稍详细：“英人索烟价、商欠、战费共二千一百万两，广州、福州、厦门、宁波、上海五港通商，英官与中国官员用平行礼，及划抵关税，释放汉奸等款……耆英等与英将濮鼎查、马利逊会盟于仪凤门外静海寺，同签条约……和议遂成。”③ 寥寥几十个字，只提到赔款、通商，而对关系重大的割让香港、协定关税并未提及。

又如，中国的海关为外国把持，英人赫德长期任总税务司，掌

① 易培基：《呈行政院文》，1929－12－16。

② 《清史稿》卷十九《宣宗本纪三》，见赵尔巽等：《清史稿》，第4册，687页。

③ 《清史稿》卷三百七十《宗室耆英》，见赵尔巽等：《清史稿》，第37册，11506页，北京，中华书局，1977。

握国家之锁钥，门户洞开，利权尽失，而《清史稿》对海关主权的丧失全无记载，视而不见，无动于衷。

又如，新疆于光绪十年（1884）建行省，台湾于光绪十一年（1885）建行省，这几乎是人所共知的常识。而《清史稿·地理一》中却说："穆宗（同治）中兴以后，台湾、新疆改列行省；德宗（光绪）嗣位，复将奉天、吉林、黑龙江改为东三省。"① 这里把台湾、新疆建省提前到同治年间。而《清史稿·地理十七》中又称"光绪十三年，升台湾府为行省"②，又把台湾建省推迟两年。这都是不应有的错误。

修史者由于知识结构的局限，对外国不了解，错误最多，如说"俄国界近大西洋者崇天主教"③。其实俄国近波罗的海，距大西洋尚远，崇奉东正教，而不是天主教。修史者对新鲜事物缺乏兴趣，也不甚了解。晚清洋务运动中，设工厂、开矿山、建铁路、造轮船，开始启动中国近代化的步伐。而《清史稿》仅设立《交通志》，以铁路、轮船、电报、邮政四项概括了当时的工矿交通建设，而对当时的上海制造局，开滦煤矿，黑龙江漠河金矿，云南个旧锡矿，汉冶萍企业，张之洞开办的湖北布、纱、丝、麻四厂，上海纺织局，华盛纱厂，台湾的基隆煤矿以及张謇开办的大生纱厂，荣宗敬、荣德生的茂新面粉厂，张振勋的张裕酿酒厂等一大批近代工矿企业均视而不见。在轮船一项下亦只记载了轮船招商局，而遗漏了中国造船工业之始的福建船政局。我们今天看来这些工矿企业十分重要，标志着清末近代化的艰难起步，而《清史稿》偏偏忽略不计。近代帝国主义在中国的投资，对中国社会经济影响极为巨大，《清史稿》均无记载。这些都是重大的遗漏失误。

李鸿章是清末的重要历史人物，是洋务运动的领袖。凡工厂、

---

① 《清史稿》卷五十四《地理一》，见赵尔巽等：《清史稿》，第8册，1891页，北京，中华书局，1976。

② 《清史稿》卷七十《地理十七》，见赵尔巽等：《清史稿》，第9册，2241页，北京，中华书局，1976。

③ 《清史稿》卷一百五十三《邦交一 俄罗斯》，见赵尔巽等：《清史稿》，第16册，4484页，北京，中华书局，1976。

矿山、电报、铁路事业以及新式海军大多由他一手创办，晚清中国和外国交涉谈判、签订条约大多亦由他主持。《清史稿》中《李鸿章传》，大部分篇幅叙述李鸿章如何镇压太平天国和捻军，其他只占小部分篇幅，轻重倒置，很多重要东西都遗漏了。

还有由于修史者缺乏自然科学知识，在《时宪志》中编进了《八线表》，这是初中学生数学教科书中的对数表，和清史风马牛不相及，写在历史书中，实属不伦不类。又《阮元传》称“集清代天文、律算诸家作《畴人传》，以章绝学”①。其实阮元所作《畴人传》为记载我国历代科学家之传记，非仅记有清一代，修史者可能对此书未曾寓目，故而误认为仅是记载清代科学家的书籍。

三、体例

清朝统治期内，存在南明政权（包括弘光、隆武、永历三朝）共18年，以及太平天国政权14年，按传统史书应设《载记》以记其事。《清史稿》处理草率，南明政权只设立3个传记，即《张煌言传》《李定国传》《郑成功传》；而太平天国只设《洪秀全传》，其他重要人物如杨秀清、石达开、李秀成、陈玉成、洪仁玕均未立传。

《河渠志》记载全国河流的情况，却只记载黄河、淮河、运河、永定河四条，我国最长的河流长江遗漏不记，其他像珠江、黑龙江、松花江、雅鲁藏布江等大江大河全都不见踪影，岂不是笑话！

《天文志》只记到乾隆朝为止，乾隆以后100多年，无天文可查。原因是外国传教士任职钦天监期间，有天文记录。传教士被全部赶跑后，天文失载，资料缺乏，故只有半部《天文志》。

《列传》的设置十分凌乱，一人二传者共14人（王照园、乌什哈达、马三俊、安禄、周春、乐善、兰鼎元、胡承诺、苏纳、惠伦、罗璧、阿什坦、谢启昆、陈撰），以前《元史》因译名杂乱，一人多

① 《清史稿》卷三百六十四《阮元》，见赵尔巽等：《清史稿》，第38册，11423页，北京，中华书局，1977。

有二传者，共 13 人。顾炎武、朱彝尊、赵翼、钱大昕均批评《元史》体例混乱，而《清史稿》无译名之杂，却有一人二传之误，较《元史》更甚。

又有应立传而不立传者，如翁方纲、朱筠、吕留良、谭钟麟。又如严复是晚清思想家，翻译《天演论》等名著，介绍西方文化到中国，对中国思想界影响甚大。毛泽东评论晚清人物，列举洪秀全、康有为、严复、孙中山四人，而《清史稿》不为严复立专传，只在林纾之下列严复的附传。

《清史稿》的《列女传》，开列妇女二三百人，大多是丈夫早死，守节不嫁，受政府表扬。所谓“清制，礼部掌旌格孝妇、孝女、烈妇、烈女、守节、殉节、未婚守节，岁会而上，都数千人”，内容宣扬纲常礼教、三从四德、夫死殉节，是封建的糟粕。

《清史稿》卷二百七十二，列汤若望、杨光先、南怀仁在一起。一个是德国人，一个是中国人，一个是比利时人，放在一起，已有不伦不类之感。《清史稿》既为外国人立传，那么对中国有重大影响的外国人何止汤若望、南怀仁二人。其他如清朝中期的郎世宁、蒋友仁，尤其是清朝晚期的德璀琳、汉纳根、丁韪良、李提摩太、傅兰雅等人，《清史稿》何以均不立传？

四、史事

《清史稿》一书记载之史事有很多失实之处，如载延信“雍正元年袭贝子，寻以功封郡王。六年，因罪革爵”①。误。延信之最高封爵为贝勒，未封郡王，雍正三年（1725）革爵，非六年（1728）。又

---

① 《清史稿》卷一百六十三《皇子世表三》，见赵尔巽等：《清史稿》，第 18 册，5041～5042 页，北京，中华书局，1976。

称："弘曕世宗第六子"①，"弘昐世宗第六子"②，"福宜为世宗第七子"③。误。世宗岂有两个第六子？按：弘曕为第六子，弘昐则为第七子，福宜为第八子。又《诸王四》称："信宣和郡王多尼，多铎第一子"④，"信郡王董额，多铎第三子"⑤。误。多尼应为第二子，董额应第七子。又《职官一》载："咸丰间，复命恭亲王入直，历三朝领班如故。嗣是醇贤亲王、礼亲王、庆亲王等踵相蹑。"⑥ 误。按：醇亲王奕譞曾主持总理海军衙门，而从未进入军机处。又《职官五》载："康熙元年，诛内监吴良辅。"⑦ 按：吴良辅被杀在顺治十八年（1661），非康熙元年（1662）。又《职官六》载："延及德宗（光绪），外患蹑迹，译署始立。"⑧ 误。按：译署即总理各国事务衙门之简称，设立在咸丰年间，并非光绪时。又《公主表》载宣宗第六女寿恩固伦公主"道光十年十二月生，咸丰九年四月薨，年三十八"⑨。误。按其生卒年计算，虚岁仅 30 岁而非 38 岁。《邦交二》载："英有里国太者，嘉应州人也，世仰食外洋，随英公使额尔金为行营参赞。"⑩ 误。按：里国太亦译李泰国，李泰国曾任中国第一任总税务司，英国人，并非华裔，与广东嘉应州毫无关系。最荒唐的是《忠义七》叙太平天国时，浙江诸暨县所属包村，抗拒太平军"相持八九月，大小数十战，毙贼十余万"⑪，"合村死者，盖六十余

---

① 《清史稿》卷一百六十五《皇子世表五》，见赵尔巽等：《清史稿》，第 18 册，5202 页。

② 同上书，5204 页。

③ 同上书，5204～5205 页。

④ 《清史稿》卷二百一十八《诸王四》，见赵尔巽等：《清史稿》，第 30 册，9037 页，北京，中华书局，1976。

⑤ 同上书，9038 页。

⑥ 《清史稿》卷一百一十四《职官一》，见赵尔巽等：《清史稿》，第 12 册，3270 页，北京，中华书局，1976。

⑦ 《清史稿》卷一百一十八《职官五》，见赵尔巽等：《清史稿》，第 12 册，3425 页。

⑧ 《清史稿》卷一百一十九《职官六》，见赵尔巽等：《清史稿》，第 12 册，3445 页。

⑨ 《清史稿》卷一百六十六《公主表》，见赵尔巽等：《清史稿》，第18 册，5298～5299 页。

⑩ 《清史稿》卷一百五十四《邦交二》，见赵尔巽等：《清史稿》，第 16 册，4526 页。

⑪ 《清史稿》卷四百九十三《忠义七》，见赵尔巽等：《清史稿》，第 45 册，13653～13654 页，北京，中华书局，1977。

万人”①。小小的包村作战双方，死者合计70余万人，比起抗日战争中日本侵略军在南京屠杀我国30万同胞，数目还要增加1倍多，这样明显的夸大失实之词，还能称得上信史吗?

至于人名、地名、年月日之讹误，更数不胜数。仅阅太祖、太宗、顺治、康熙四帝《本纪》7卷，其错误之处就极多，如《太祖本纪》载：“丁未春正月，瓦尔喀斐悠城长穆特黑来”②，应作“策穆特黑”。“二月癸未，上还辽阳，辽阳城圮”③，辽阳城圮于三月，非二月。《太宗本纪一》载：天聪三年（1629）十一月，“宁远巡抚袁崇焕、锦州总兵祖大寿屯沙窝门”④，应为广渠门；天聪四年（1630）正月，“其帅明兵部尚书刘之纶领兵至”⑤，刘之纶应为兵部侍郎，战死后追赠尚书；天聪五年（1631）九月，“明太仆寺卿监军张春，总兵吴襄、钟纬等，以马步兵四万来援”⑥，钟纬应作宋纬。《世祖本纪一》载：顺治二年（1645）六月，“自成窜九宫山，自缢死”⑦，李自成为地主武装击杀，非自缢；顺治二年（1645）十月，“故明唐王朱聿钊据福建”⑧，唐王名朱聿键，非朱聿钊；顺治三年（1646）八月，“杀故明蜀王朱盛浓”⑨，朱盛浓为楚王非蜀王；顺治六年（1649）八月，“以张孝仁为直隶、山东、河南总督”⑩，张孝仁应为张存仁。《世祖本纪二》载：顺治十七年（1660）六月，“大学士刘正宗、成克巩、魏裔介以罪免”⑪，时魏裔介官左都御史，非

---

① 《清史稿》卷四百九十三《忠义七》，见赵尔巽等：《清史稿》，第45册，13654页，北京，中华书局，1977。

② 《清史稿》卷一《太祖本纪》，见赵尔巽等：《清史稿》，第2册，7页，北京，中华书局，1976。

③ 同上书，14页。

④ 《清史稿》卷二《太宗本纪一》，见赵尔巽等：《清史稿》，第2册，29页。

⑤ 同上书，31页。

⑥ 同上书，36页。

⑦ 《清史稿》卷四《世祖本纪一》，见赵尔巽等：《清史稿》，第2册，97页，北京，中华书局，1976。

⑧ 同上书，99页。

⑨ 同上书，103页。

⑩ 同上书，116页。

⑪ 《清史稿》卷五《世祖本纪二》，见赵尔巽等：《清史稿》，第2册，160页。

大学士。《圣祖本纪》载：顺治十八年（1661）十月，山东于七起事，“命靖东将军济世哈讨平之”①，济世哈应为济席哈；康熙五年（1666）三月，“以胡拜为直隶总督”②，是年直隶总督为朱昌祚，非胡拜；康熙十三年（1674）九月，“命简亲王喇布为扬威大将军，率师赴江西”③，喇布率师赴江宁，非江西；康熙十七年（1678）七月，“吴三桂僭号于衡州”④，吴三桂称帝应在本年三月，非七月；康熙十九年（1680）正月，“伪巡抚张文等迎降”⑤，应为张文德，漏一“德”字；同年三月，“吴丹复重庆，达州、奉乡诸州县悉定”⑥，四川无奉乡县，应为东乡县。《圣祖本纪二》载：康熙二十九年（1690），“恭亲王常宁为安远大将军，简亲王喇布、信郡王鄂扎副之”⑦，常宁应为安北大将军，非安远大将军，喇布已死于康熙二十年（1681），其弟雅布袭封简亲王，此处应为雅布，非喇布；康熙三十六年（1697），“振平将军、湖广提督徐治都卒”⑧，振平应作镇平。《圣祖本纪三》载：康熙四十一年（1702）五月，“先是，廉州府连山瑶人作乱”⑨，廉州府应为广州府；康熙四十八年（1709）十月，“皇九子胤禟、皇十二子胤祹、皇十四子胤禵俱为贝勒”⑩，应为贝子，非贝勒。以上所引太祖、太宗、顺治、康熙四帝《本纪》共7卷中错误18处，是汪宗衍先生在《读清史稿札记》中所摘，无怪汪宗衍先生评论说：“翻阅所及，凡年份、官爵、人、地、书名，误、倒、衍、夺之处，不胜条举，史实牴牾、体例乖谬亦多有之。”⑪

最近我请中国人民大学清史研究所的几位教师和博士生校勘了10多篇《清史稿》的列传，每篇都有很多错漏之处。《李鸿章传》全

---

① 《清史稿》卷六《圣祖本纪一》，见赵尔巽等：《清史稿》，第2册，167页。
② 同上书，173页。
③ 同上书，188页。
④ 同上书，198页。
⑤⑥ 同上书，202页。
⑦ 《清史稿》卷七《圣祖本纪二》，见赵尔巽等：《清史稿》，第2册，229～230页。
⑧ 同上书，229～247页。
⑨ 《清史稿》卷八《圣祖本纪三》，见赵尔巽等：《清史稿》，第2册，260页。
⑩ 同上书，276页。
⑪ 汪宗衍：《读清史稿札记》，“前言”1，北京，中华书局，1977。

文不到 8 000 字，错漏或有问题的地方达 26 处，平均 300 字即有 1 处错误，依此错误率推算，《清史稿》不到 900 万字，全书错漏可能达 30 000 处。当然我不是说它一定有 30 000 处错漏，而只是说明其错误之多。听说台湾出了一本《清史稿校注》，主要是校勘其错误，注释其遗漏，全书达 1 200 余万字，因我未曾寓目，不能评论。但全书字数竟达 1 200 万字，可见《清史稿》错漏确实是很多的。

造成《清史稿》错漏甚多的重要原因有以下几点：

第一，修史者大多为清朝遗老，虽受民国礼聘，但思想感情上留恋灭亡的清朝，对民国没有好感，写作时亦图避免过分得罪民国政府。对清末革命党活动尽量少记，但又不能不记，故笔底常流露其真实感情，反对民国，同情逊清，故而遭到北伐后国民党政府的封禁。

第二，《清史稿》写作时，清代档案尚未整理，亦未为世人所共知，故谈不到利用档案。修史者仅根据清代国史馆中所写底稿与其他书籍编纂而成，史料使用之范围有限。

第三，纂修过程前松后紧，定稿仓促，没有总阅修改的负责人，故繁简失当，内容前后矛盾，错误百出。

《清史稿》虽有以上所说种种错漏，不是一部理想的史书，但一部八九百万字的大书要挑拣错误肯定会有不少。我撰写本文的目的是说明已有《清史稿》一书，今天我们是否有必要再修清史，故而不惮烦琐，缕述此书的种种缺陷，以见《新清史》纂修之必要。但我不是一笔抹杀，说它毫无是处。《清史稿》根据国史馆稿本编成，而国史馆稿本是由清朝许多代的学者集体编撰、长期积累的学术成果，所写各种传记、志、表，很多是亲历其事，亲见其人，见闻较近而真切，有些内容较以往史书为胜，如：《地理志》所载疆域，很多是前史不载而经实地测量者；《灾异志》所载为水旱蝗疫，较少记载迷信祥瑞之事（亦有少量一妇产四男、龙见于天等可不必记）；又为自然科学家开辟《畴人传》，创前史未有之新。《清史稿》的文体用文言，修史者皆功底深厚之知名文士，故行文简练、清晰、流畅，后人颇难达到他们的文字水平。前辈学者孟森、容庚、金毓黻等建议此书开禁。孟森先生说："总之，《清史稿》为大宗之史料，故为治清代掌故者所甚重。即将来有纠正重作之《清史》，于此不满人意之旧稿，仍为史学家所必保存，供百世之尚论。"① 金毓黻先生说："平心论之，是书积十余年之岁月，经数十学者之用心，又有国史原本可据，而历朝所修之实录、圣训及宣统政纪，并将蒋、王、潘、朱四氏之东华录，采摭甚富，史实赅备，囊括以成一代大典，信足以继前代正史之后而同垂于奕祀矣。第其书令人不满者亦有多端：其一则诸志实未备作（如氏族志），列传多有缺遗（如麟庆传云，子崇实宗厚自有传，而崇实无传，又朱简亦无传）；其二则仓卒付印，错讹太多，而于原稿亦刊削未当（如本纪、地理志皆经刊削而后付印）；其三则书中时流露遗民口吻，与往代修史之例不合。"②

可见，《清史稿》既是"不满人意"，应该"纠正重作"的有重大缺陷的著作，又是"采摭甚富，史实赅备"，"为治清代掌故者所甚重"的史书。将来重修之《新清史》可以和《清史稿》并存，相互参证。"二十四史"不乏这种并行不悖的事例。如刘昫修《唐书》，薛居正修《五代史》，因篇幅烦冗，故欧阳修又修成《新唐书》《新五代史》，其后新书流行，刘、薛所修书反而晦没不传，至乾隆时才从《永乐大典》中辑出。从此，新旧《唐书》《五代史》四书并列于"二十四史"中。明宋濂修《元史》，讹误甚多，清末柯绍忞作《新元史》，与《元史》并行，北洋政府把《新元史》列为"二十五史"。我认为《新清史》如能启动修成，亦可与《清史稿》并行成"二十七史"。《清史稿》虽有重大缺陷，但这是由历史原因和主客观条件所造成的，参加修史的人已尽了极大的努力，而《清史稿》本身亦有相当之学术价值，不可一笔抹杀。

---

① 孟森：《清史稿应否禁锢之商榷》，载《国学季刊》，1932（4）：714页。

② 金毓黻：《请清史稿札记》，载《国史馆馆刊》，1948（3）：26页。

谈《清史稿》的编纂*

《清史稿》是中国的一部大型纪传体史书，记载有清一代将近300年的历史。编纂工作从1914年始，至1927年完成，历时14年。清史馆馆长为赵尔巽，参加编纂者前后达100余人。全书共536卷，比“二十四史”内任何一部史书的篇幅都要大。

《清史稿》是利用了清朝国史馆长期积累的史料和成果编纂而成的，分成本纪、表、志、列传四个部分，包罗广泛，内容丰富，是研究清史的重要参考书。孟森先生评论此书“搜辑宏富，纲举目张”。

可是，《清史稿》出版后，立即受到严厉的批评，有人指出它有19个方面的谬误。有的是政治观点问题，有的是体例问题和史实史料问题。在国民党统治时代，此书被禁止出版。

第一，政治观点问题。参加修史的大多是清朝遗老，忠于被推翻的清王朝，歌颂和粉饰清朝统治，对新建立的共和国抱敌对态度，如把武昌起义称为“革命党谋乱于武昌”；对于因反对革命而被打死的清朝官吏，称赞他们是“或慷慨捐躯，或从容就义”。

第二，体例问题。纪传体史书创始于司马迁的《史记》，适合记载中国古代历史。但是，到了清代，中国社会发生了巨大的变化，要记录新的复杂多变的社会生活，需要在体例上做较大的改进。又如《清史稿》中的《孝义传》《列女传》提倡割股疗母、妇女贞节等封建道德，应予废除。

第三，史料问题。《清史稿》编纂时，并未广泛征求各种史料，藏在故宫内的大批清代档案尚未被人注意，外国的许多史料也没有被利用，因此，史实记载遗漏和错误的地方比较多。

---

* 原载《语冰集》，南宁，广西人民出版社，1999。

1959年台湾组成“清史编纂委员会”，对《清史稿》进行修改，更名为《清史》出版。但时间仓促，只做了局部的修订，主要是修改和补充了南明史、太平天国史和辛亥革命史。在观点上、体例上、史料上还不可能做根本的改进，所以修改本的序言中说：“于《清史稿》之原著，不欲大事更张……依新史学之体例与风格，网罗有清一代文献，完成理想中之新清史，则寄厚望于后来之作家。”

现在编纂一部新的大型清史的条件越来越成熟了。一方面，史料越来越丰富，清代近300年中央机关的档案现在已进行整理，珍贵的史籍，包括许多稿本、抄本陆续被发现，各种官书、诗文集、地方志、笔记、日记、野史大量被印行，外国的史料也很多。一部理想的清史著作必须建立在丰富的史料基础之上。

另一方面，专题研究的成果日益增多。中国大陆的清史学者每年发表的论文达700篇左右，台湾的学者也有不少著作、论文，欧洲、美洲和日本的学者在清史研究方面也有许多成果，吸收这些研究成果，才能写好新的清史。

现在中国国内的清史专家初步组织起来，有多种刊物和研究会，召开全国的清史会议。我们十分希望和国外专家们建立更密切的联系，交流资料和研究成果，以推动清史研究工作。

加强对清史的研究*

近几年来，清史的研究相当活跃，发展比较迅速，发表了一大批论文，出版了许多部著作和资料，建立了一些专门的研究机构，全国形成了一支可观的研究力量，这是十分可喜的现象。

清史研究的对象是什么？包括什么样的范围？顾名思义，清史是指清朝统治时期的整个中国史。它的范围，从纵的方面说，应包括清朝兴起、发展和衰亡的全过程；从横的方面说，应包括政治、经济、军事、外交、民族、思想文化等各个方面。它的起讫时间，从1644年清朝入关、建立全国统治，经过康雍乾盛世以及鸦片战争后的衰落，直至辛亥革命、清朝灭亡为止，共268年。如果上溯清朝入关前努尔哈赤和皇太极时代的历史，则长达近300年。

我们通常以1840年鸦片战争为界，把整个中国历史分成两大部分，即中国古代史和中国近现代史。中国古代史包括原始社会、奴隶社会和封建社会，中国近现代史包括半殖民地半封建社会和社会主义社会，而清朝恰好跨在交界点上，分别属于不同领域。清代前期和中期，属于古代史范围，清代后期，属于近代史范围。这种对历史的划分，按社会形态的不同，基于生产方式的区别和阶级斗争的发展变化，自然是有道理的，许多年来，被我们习惯上所使用，并且得到社会的公认。但是，这种划分并不排斥我们可以把清代历史作为一个整体来研究，也不排斥我们可以把清史研究作为历史学中的一个单独分支。我国有断代史编纂的传统，著名的“二十四史”大多是按断代编纂的。一个封建王朝，从建立到覆亡，首尾一贯，自成段落，它的制度、政策、事件、人物，前后都有密切的关系，

---

* 原载《南开学报》，1982年第5期。

形成完整的体系，有区别于其他王朝的特色。许多朝代的递嬗接续大体上可以显示出中国历史的发展脉络。鸦片战争以前和以后的清代历史分别属于封建社会和半殖民地半封建社会，其社会性质、阶级结构、革命性质以及社会历史各方面的面貌是很不相同的。但是，作为中国最后的一个封建王朝，其前期、中期、后期有一脉相承的关系，我们既应该看到其区别，也应该看到其联系，而不能绝对地割断历史。把清史作为一个整体来研究，有助于我们从清王朝盛衰兴替的全过程来总结历史的经验教训，有助于我们更深刻地理解中国的封建社会是怎样一步一步地沦为半殖民地半封建社会的，有助于我们更清楚地了解清代的各种制度、政策、机构以及历史事件、思想潮流发展演变的来龙去脉。因此，把近300年的清代历史当作完整的研究对象是很有必要的。

清史，离我们今天很近，清朝灭亡距今仅70年，在历史的长河中，70年是很短暂的一段时间。现在70岁以上的老年人都出生在清代，他们在儿童时代的所见所闻，至今记忆犹新，历史留下来的痕迹还是非常新鲜而清晰的。我们现实生活中的许多问题，如果要了解其究竟，追溯其来历，都离不开清史。我们常常说要懂得中国的国情。根据中国的国情，进行社会主义建设，实现四个现代化。而要懂得国情，很重要的一条就是要学习和研究历史，特别是离我们较近的清史和中华民国史。毛泽东谆谆教导我们，要认真学习中国历史，“今天的中国是历史的中国的一个发展”①，“不但要懂得中国的今天，还要懂得中国的昨天和前天”②。可以说，清代就是现在中国的昨天和前天。一个伟大的国家和民族，必须从历史中认识自己，并取得经验、智慧和力量，而绝不可以忘记过去。

中国封建社会发展缓慢，延续了2 000多年，到了清代，它具有什么特点？它的经济、政治、文化发展到了怎样的高度？为什么古代中国一直处在世界的先进行列，而到了清代却愈来愈落后？在整个中华民族发展史上，清朝统治的268年处在什么地位？应对它如

---

① 《毛泽东选集》，1版，第2卷，499页。

② 《毛泽东选集》，1版，第3卷，759页。

何评价？如果没有外国的侵略，中国将会沿着什么方向发展？发展的前途可能会是怎样？这些都是清史研究中的重要问题。今天，我们奔驰在实现“四化”的新长征的道路上，缅怀过去，回顾历史，总结自清代以来革命斗争的经验教训，就可以使我们更清楚地认识中国的国情，辨明前进的方向，提高爱国主义和社会主义的觉悟，发扬艰苦创业精神，踏着革命先辈的足迹，满怀壮志豪情，更加迅速地前进。

清史研究和现实有密切的关系，它不是网罗奇闻逸事，不是观赏陈迹古董，不是“发思古之幽情”，而是和时代脉搏的跳动息息相关。我们在研究工作中应当严肃认真，力求深入，不要浅尝辄止。还要避免钻牛角尖，避免烦琐主义和材料堆砌。要努力研究与发现历史发展的一般规律和具体规律，用历史的规律性知识，为社会主义服务。这就要求我们必须牢牢地掌握马克思列宁主义的理论武器，立场坚定，胸怀广阔，高瞻远瞩。马克思主义的产生对历史研究是一场深刻的革命，从此，开辟了一条以科学态度研究社会历史的途径。就像列宁所说：“马克思的**历史唯物主义**是科学思想中的最大成果。人们过去对于历史和政治所持的极其混乱和武断的见解，为一种极其完整严密的科学理论所代替，这种科学理论说明，由于生产力的发展，从一种社会生活结构中会发展出另一种更高级的结构”①。“马克思主义则指出了对各种社会经济形态的产生、发展和衰落过程进行全面而周密的研究的途径，因为它考察了一切矛盾趋向的**总和**，并把这些趋向归结为可以确切判明的社会各**阶级**的生活和生产条件，排除了人们选择某一‘主导’思想或解释这个思想时所抱的主观主义和武断态度，揭示了物质生产力的状况是所有一切思想和各种趋向的**根源**。”② 只有在马克思主义的指导下，我们才有可能理解清代历史从封建社会向半殖民地半封建社会急剧而复杂的演变，才有可能认识当时各阶级、各派系产生的经济基础以及它们思想和行为的真实原因，才有可能透过现象把握本质，而不被五光

① 《列宁选集》，1版，第2卷，443页，北京，人民出版社，1960。

② 同上书，586页。

十色的历史迷雾所困惑。

清史研究是我国历史学中较晚起的一个分支，尚处在幼稚阶段，到了新中国成立以后，才获得了迅速的发展。很早以前，当清朝尚未灭亡的时候，也出现了公私编撰的许多历史书籍，如《皇朝武功纪盛》《满洲源流考》《圣武记》《湘军记》以及清王朝为了政治需要而编纂的《实录》《圣训》《方略》《会典》等。这些书籍叙述了某些历史事件的过程，记录了各种典章制度的轮廓和细节，收集整理了大量的政府档案，为后人的研究提供了条件。但是，其中充斥着令人厌烦的对清王朝“圣功盛德”的赞美，在封建专制制度之下，本朝的历史只能作为歌功颂德的话题，而不可能作为客观研究的对象。

清朝灭亡以后，1914 年北洋政府开设清史馆，延聘文人学士和退职的清朝官吏 100 多人，从事大规模编纂清史的工作，经 14 年之久，写成《清史稿》。《清史稿》共 536 卷，网罗了大批资料，按照纪、传、表、志的传统史书体裁，详细地叙述了有清一代的人物、史事和典章制度，是我国近代一部重要的历史书，也是第一部较详备的大型清史著作。著名的清史专家孟森称赞此书：“清一代掌故，无有搜辑宏富，纲举目张，如此书者。欲治近代史，舍此奚由。”①

但是，《清史稿》确实存在着重大的谬误和缺陷。(1) 编纂者完全站在清王朝的立场上，歌颂、粉饰清朝的统治，对皇帝歌功颂德的话，几于俯拾皆是。(2) 抹杀、诋毁资产阶级革命运动和农民战争。(3)《清史稿》按传统的纪传体编纂，体裁上没有大的增损变动。传统的体裁已不能适应迅速变化且十分复杂的清代历史，特别是不能反映帝国主义入侵后出现的许多新矛盾、新情况。有的内容十分陈腐，并无价值。其中《忠义传》《孝义传》《列女传》等尤其严重。(4)《清史稿》较多地利用清朝国史馆中积累的资料和编纂的各种史书，在当时是难得的资料，但在今天已属常见。当时，大内

① 孟森：《清史传目通检》，见许师慎：《有关清史稿编印经过及各方意见汇编》，下册，1215 页，台北，“中华民国”史料研究中心，1979。

档案尚未进行大规模的整理，故编纂《清史稿》未能直接利用丰富的档案。其他史料也很少利用。疏漏、错误之处很多。总之，《清史稿》虽为研究清史必备的重要史籍，但其立场、观点、体例、史料多可议之处，不是一部比较理想的著作。

清宫中保存的大量档案是研究清史最珍贵、最丰富的宝藏，但宫禁重地邃密森严，其库藏内容长期不被人知。清末，因内阁大库倾圮，将其中一部分档案陆续移出，世人才开始了解宫中保存着大量档案。民国初年，北洋政府的文化部门因经费困难，将8 000麻袋档案售给造纸厂，作为造纸的原料。此事被揭发后，轰动一时。由于一些热心保存祖国文物史料的人出资赎买，这批档案才被抢救了下来。此后，清宫档案分别庋藏于博物馆、研究所、大学和私人手中，并开始了整理工作，先后出版了《掌故丛编》《文献丛编》《史料旬刊》，推动了清史的研究。有一些专家，如孟森等，长期辛勤劳动，在清史领域做了有意义的开拓工作。但是，在半殖民地半封建的旧中国，缺乏必要的学术研究条件，因此，清史研究和档案整理进展都不大。又由于辛亥革命中高涨起来的反满情绪的影响，一般人将清朝统治下200多年的历史视作一团漆黑，对清朝的制度、政策和统治集团中的人物，颇多贬词，缺少冷静的具体分析。因此，长期以来，清史领域缺少有分量、有影响的著作，而人们的清史知识颇多模糊附会之词，来自不甚可靠的野史传闻。

中华人民共和国成立以后，历史研究，包括清史研究在内，得到了迅速的发展，尤其是鸦片战争以后的晚清历史的研究，亦即中国近代史研究，更是兴盛繁荣。可是，对鸦片战争以前的清史研究，仍是薄弱环节，只是最近几年才受到了重视。它像一片尚未开垦的土地，需要人们去努力开发。

人们说，《红楼梦》是中国封建社会的百科全书，这是就其反映封建社会的深刻和丰富程度而言的。《红楼梦》所描写的正是雍正、乾隆时期的清代社会，这时，中国封建社会发展到最高峰，经济繁荣，政治安定，文化发展，国家强盛，生产力达到封建社会前所未有的水平。马克思在写作《资本论》，分析研究资本主义社会的时候，常常以英国作为典型，因为在当时英国的资本主义最为纯粹、最为发达。如果要分析研究中国的封建主义，也可以用 18 世纪的清代社会做典型，因为这时候封建主义的各个方面发展得极为完备。要研究麻雀，不可能也不需要把所有的麻雀全都逐个地进行解剖，而只需解剖其中的一只。清代社会，便是可以用来研究封建主义而需要精心解剖的那只麻雀。

清朝入关时，西欧已将近走完封建主义的路程，英国正在发生资产阶级革命。此后，西欧国家相继摆脱封建势力的束缚，生产力和社会关系发生了空前的发展变化。和这些国家相比，中国已经落到后面了。但是，清代的经济发展水平，还是超过了中国历史上的所有朝代。它的农业生产养育了 4 亿人口，耕地面积达到了历史上的最高水平，它的手工业的产量、质量、生产组织以及技术、工艺水平发展到了新的高度。丝织、踹染、矿冶、制瓷、井盐等行业中资本主义萌芽有了进一步的发展。对于清代经济发展的水平，对于资本主义萌芽在整个封建经济中所占的地位和比重，对于阻碍经济发展的原因，目前史学界还存在不同的看法，需要进一步展开研究和讨论。还有，由于中国地域辽阔，经济发展很不平衡，地主经济在沿江沿海、平原腹地和边远山区，其形态是很不相同的，剥削量、剥削率、剥削形式呈现出很复杂的情况。至于帝国主义入侵以后，中国封建自然经济的解体，地主经济的变化，近代资本主义的发生以及工厂、矿业、航运、铁路、银行的出现等经济现象，都需要进行深入细致的研究。

活跃在清史舞台上的各个阶级、各种政治势力十分繁多，它们的盛衰荣替和相互关系十分复杂。农民阶级和封建地主阶级，在清代历史上始终是主要角色，二者之间的矛盾一直是封建社会的主要矛盾。但是，在鸦片战争以后，帝国主义入侵，深深插足于中国社会，成了阻碍中国进步的最主要的反动势力。另外，中国内部产生了新兴的资产阶级和无产阶级，各自带着自己的阶级特性，跃登历史舞台。这样，清代特别是晚清，阶级的构成和阶级力量的配置就呈现出五光十色的复杂画面。还有，各个阶级中不同的阶层和不同的政治势力，都按照自己的利益、意愿进行活动，影响着历史发展的进程。不具体地进行阶级的分析和研究，就不可能把握住清代历史的发展脉络。

清代历史上发生了频繁的起义和革命，最大的共有五次：清初，李自成、张献忠余部的抗清斗争；清代中叶，以川楚白莲教为代表的农民起义；太平天国革命战争；义和团反帝爱国运动；资产阶级领导、发动、推翻清朝统治的辛亥革命。这些起义、战争和革命，规模巨大，时间持久，影响深远，席卷了广阔的地区。革命者组织起来，提出了自己的理想和纲领，运用了机动灵活的战略策略，表现了中华民族反对压迫、反对侵略、不畏强暴的英勇气概。进一步研究这些伟大的历史事件，研究革命斗争中无数可歌可泣的英雄事迹，将能提高我们的爱国主义和革命英雄主义精神，鼓舞我们振兴中国，建设社会主义的信心。

我国是一个幅员辽阔的多民族统一国家，许多民族经过长时间的生产劳动和阶级斗争，共同缔造了伟大的中国，创造了中华民族光辉灿烂的文明。在清代史上，我国各民族长期共处，进一步融合，政治上达到了高度统一，经济和文化交流更加频繁，边疆和边远地区得到了很大开发，大体上奠定了现代中国的版图。清朝是由满族建立起来的政权，满族是人口很少的少数民族，它对少数民族的处境和要求，体会最深。为了有效地统治中国，它十分注意对民族和边远地区的管理，设立了各种类型的政治、军事和经济机构，分别制定了适合各地情况的方针、政策，所谓“修其教不易其俗，齐其政不易其宜”。清代的民族问题与前代有很大的不同，其民族政策有进行压迫的一面，也有开明和成功的一面，是值得进行大力研究的课题。

我国在古代虽然已和世界各国发生了交往，但限于生产力的低下和交通的困难，古代的国际交往还不是经常性的。自从世界的地理大发现和资本主义发展之后，列强争先恐后地向海外扩张，夺取殖民地，其势力逐渐伸到了远东。古老的封建中国面临外国的侵略，和外国侵略者的矛盾日益加深。郑成功驱逐荷兰侵略者，收复台湾，这是中国和西方侵略者的第一次大规模武装冲突；不久，清朝在黑龙江上抗击沙俄侵略军，这是又一次武装冲突。到1840年鸦片战争，侵略者终于用鸦片和大炮打开了中国的大门，从此，外国资本主义在中国横冲直撞，为所欲为。中国历史发生了重大的转折，中华民族遇到了前所未有的、生死存亡的危机。中国和世界的关系是怎样发展过来的？中国是怎样沦为帝国主义列强的半殖民地的？在外国列强的侵略下，中国社会发生了何种变化？中国人民是怎样英勇不屈地反抗的？研究这些问题应该是清史研究者的主要任务。

清代的学术思想、文化艺术都有很大的发展，著作丰富，成果累累，名家辈出，给中国传统的文化宝库增添了新内容。清初，以经世致用为目的，并具有某些民主色彩的进步思潮，一变而成18世纪的考据学，强调实证和具体细致的研究，其末流则沉溺于烦琐主义。19世纪，又变化而成以“微言大义”议论时政的经今文学。思想界的发展演变，自有其客观的物质基础和内在的思想规律，并且始终和有清一代的政治斗争相联系。更具体、更准确地了解和把握清代文化思想发展的线索，并深入探索各个时期、各个领域、各个学派、各个名家的思想要旨和文化成果，取其精华，弃其糟粕，使之为建设社会主义的精神文明服务，应该也是清史研究的重大课题。

没有大量的第一手资料，就谈不到科学的研究。清史资料繁多，浩如烟海，如何进行搜集、整理，进行必要的排比、考证和诠释，这是清史研究者必须承担的一项任务。中国第一历史档案馆贮藏的1 000多万件清代档案是极为珍贵的资料，其整理、编辑和出版是要求世世代代做下去的长期工作。此外，清代纂集的史书，如实录、圣训、方略、会典之类，数量极大，汗牛充栋。一部《清实录》，达4 000多卷，数量超过了“二十四史”，还有数以千百计的地方志、诗文集、笔记、日记、稗官野史、碑版谱牒等，种类繁多，难以尽述，对其数量、种类、版本、内容均须做全面的调查统计。我们研究上古的历史，资料虽然也是很多的，但只要勤勉从事，每个朝代的史料大体上可以读完。只有清史资料，无论怎样勤奋阅读，也只能浏览很小的一部分，犹如在汪洋大海中航行，只能窥测它的一个角落。章学诚早就有“书籍至后世而繁”[①] 的感慨，提出要“惜分阴”“爱日力”，学习要付出“十倍百倍之功”[②]。清史资料的杂乱繁多是我们必定会遇到的困难，但这一困难也正好是清史研究者的得天独厚之处，它拥有极为丰富的原料，可以供人广泛采集，处处有新资料和新课题，取之不尽，用之不竭，给勤奋好学者提供了广阔的用武之地。

清史包括的时间如此长久，领域如此宽广，内容如此丰富，资料如此繁多。有志于研究清史的人必须下苦功夫，坐冷板凳，脚踏实地，从事长期艰苦的劳动，才有可能理清历史的脉络，认识其本来的面貌。恩格斯说得好：“即使只是在一个单独的历史实例上发展唯物主义的观点，也是一项要求多年冷静钻研的科学工作，因为很明显，在这里只说空话是无济于事的，只有靠大量的、批判地审查过的、充分地掌握了的历史资料，才能解决这样的任务。”[③]

清史领域内，通史的编纂，专史、专题的撰述以及史料的整理等，有许多事情亟待进行。其任务之巨大、工作之繁重，不是几个人或少数单位所能全部承担的，必须协调全国的力量，由各方面的专家、人员通力合作，有计划、有组织、有步骤地开展工作，才能收到显著的效果，把清史研究提高到新的水平。毛泽东在 41 年前说：“对于近百年的中国史，应聚集人材，分工合作地去做，克服无组织的状态。应先作经济史、政治史、军事史、文化史几个部门的分析的研究，然后才有可能作综合的研究。”[④] 这段话，对清史的研究也是适用的。

当前，我国各条战线的工作正在迅速前进，情况越来越好。经济稳步上升，政治日益安定，改革已见成效。在这大好形势下，历

---

① 章学诚：《文史通义》，188 页，北京，古籍出版社，1956。

② 同上书，189 页。

③ 《马克思恩格斯选集》，1 版，第 2 卷，118 页。

④ 《毛泽东选集》，1 版，第 3 卷，760 页。

史学界取得了丰硕的研究成果，其中清史研究的成绩也是很显著的。只要我们清史研究工作者掌握马克思主义的思想武器，团结一致，协调步伐，努力工作，锲而不舍，我们的事业就将发展得更加迅速，就一定能为社会主义的思想文化建设做出应有的贡献。

谈清史研究*

近几年来，清史的研究发展很快。发表了许多论文，出版了许多著作，编辑了许多资料，召开了各种类型的学术讨论会，研究队伍也在逐步扩大。这是十分可喜的现象，是十一届三中全会以来，经过拨乱反正，历史学界欣欣向荣的表现。

清史研究，顾名思义，就是研究有清一代的历史。它的范围应从1644年（清顺治元年）清朝入关至1911年清朝覆亡为止，共268年。不过，清史的上限，不能仅起于1644年。这一年，清兵入关，开始建立全国性的统治。在这以前，还有一段满族兴起、奋斗、创业的历史，也属于清史的范围。早在1616年（明万历四十四年），努尔哈赤就建立了后金政权，至1636年（明崇祯九年）皇太极改国号为“清”。清朝，作为我国少数民族建立的地方政权，早在它入关以前就存在了。

习惯上，中国古代史截止于1840年（清道光二十年）鸦片战争。因为这一年外国资本主义武装入侵中国，使封建的中国逐步变成了半殖民地半封建的中国。从社会性质讲，鸦片战争前后是根本不同的。可是，清朝的统治到1840年还没有结束，因此，清史的下限也不能到此为止，应该延续到清帝退位。所以，清史实际上包括两种社会形态，既包括中国封建社会的末期，又包括半殖民地半封建社会的前期。

中国历史十分悠久，每个朝代都有生动丰富的内容，都值得很好地学习、研究。但是，清朝的历史，时间很长，达近300年之久，又离我们今天很近，和现实息息相关，对我们特别重要。在清代历

---

* 原载《文史知识》，1983年第3期。

史上，有许多为救国救民而流血牺牲的英雄志士，他们坚持反对外国侵略、争取民族解放的光辉业绩，是我们进行爱国主义教育的好教材。今天，我们社会生活中的许多问题，都有它们的来龙去脉，如果要做详细的了解，都要追溯到清代。譬如，今天我国人民正在开创社会主义现代化建设的新局面，以彻底改变我国贫穷落后的面貌，但是，中国的贫穷落后是怎样造成的？这就不能不追溯到清代历史，追溯到帝国主义和封建主义的侵略与压迫。如果不了解这段历史，就难以懂得为什么曾经处在古代文明国家前列的中国后来却落在世界其他国家的后面。又譬如，要建设高度的社会主义精神文明，必须批判地继承我国的历史文化遗产，清代近300年间涌现了大批政治家、军事家、思想家、文学家、科学家，有丰富的斗争经验和灿烂的文化成果，必须细致地进行分析、研究，才能取其精华、弃其糟粕，推陈出新，古为今用。

总之，清史研究是非常有意义的。一个国家、一个民族如果忘掉了自己的历史，就不能存在和前进。我们研究昨天，正是为了今天和明天。毛泽东说过："指导一个伟大的革命运动的政党，如果没有革命理论，没有历史知识，没有对于实际运动的深刻的了解，要取得胜利是不可能的。"①

那么，应该怎样学习和研究清史？

首先，应对近300年的清代历史有一个总的认识、概括的了解，可以把清代历史分成五个段落，每个段落都有特定的内容。

第一个段落，从1583年（明万历十一年）努尔哈赤起兵到1644年清朝入关，共60年。居住在我国东北地区的满族开始形成并逐渐发展，从奴隶社会进入封建社会。在努尔哈赤、皇太极两代人的努力下，分散的、落后的女真各部逐步统一并强大起来，打败了明朝军队，进入了辽沈地区，建立了后金政权，统一了东北地区。这是满族创业和清朝建立时期。这时满族虽然建立了地方政权，与明朝中央王朝对抗，但它仍然是我国多民族大家庭中的一个成员，它的

① 《毛泽东选集》，1版，第2卷，498页。

历史活动是在中国的疆域内进行的。任何分割中华民族，把满族说成不是中国人的谬论，都应当驳斥。

第二个段落，从 1644 年清朝入关到 1683 年（康熙二十二年）收复台湾，共 40 年，这是清朝频年征战，建立和巩固全国统治的时期。先是和李自成、张献忠的农民军作战，接着对付南明势力，击破福王、鲁王、唐王、桂王的政权，镇压各地人民的抗清斗争，以后又征讨吴三桂、耿精忠、尚之信的三藩叛乱，最后是收复台湾，郑克塽降清。40 年干戈扰攘，清朝打败了所有的对手，建立和巩固了对全国的统治。在这个时期，活动在历史舞台上的各种势力错综复杂，除了正在兴起、生气蓬勃的清朝以外，还有人数众多、遍布各地的农民起义军的余部，内部矛盾重重、互相倾轧的南明小朝廷以及拥有强大军事实力的吴三桂等。这几种势力之间的相互关系不断变化，斗争十分激烈。中原逐鹿，清朝成了优胜者。这并不是偶然的，应该从分析各种力量本身的强弱变化以及它们采取的战略、政略的是非得失中求得理解。

第三个段落，从 1683 年到 1774 年（乾隆三十九年），共 90 多年，这是所谓的“康雍乾盛世”，是清朝统治稳定、经济繁荣、文化鼎盛时期。这时，农业和手工业得到恢复与发展，资本主义萌芽比前代有所增长，社会殷富，人口增加，封建经济发展到了高峰。清朝为促进生产做了一些工作，如奖励垦荒、兴修水利、蠲免赋税、赈济灾荒、解放奴婢、革除匠籍以及改革赋役制度、实行地丁合一，等等。当然，它的封建专制制度及其根本的政策只允许生产力在一定范围内发展，超过了这个范围，专制政权便变成了生产力发展的桎梏。在政治上，人民的反抗活动趋于沉寂。清朝国力强盛，康、雍、乾三朝大力经营边疆地区，对少数民族既有团结笼络，又有征伐斗争，特别是长期对准噶尔、蒙古作战，终于在 1757 年（乾隆二十二年）攻灭准噶尔，剪除边疆的割据势力，并进一步对天山南北、蒙古、西藏以及西南地区实行了有效的行政管理，巩固和增强了国家的统一。在文化方面，清朝提倡儒学，大规模编纂封建典籍，汉学兴起并得到发展。小说、戏曲、诗歌、绘画等各方面也很兴盛，出现了像《红楼梦》这样的伟大文学作品。

第四个段落，从1774年到1840年（道光二十年），共60多年，这是清朝由盛转衰的时期。1774年有山东临清的王伦起义。这是发生在运河沿岸、接近清朝心脏地区的一次大规模斗争，以此为契机，打破了将近一个世纪中原地区的太平局面。北方的白莲教、南方的天地会等民间组织秘密结社，以及边疆和边远地区少数民族的抗清斗争，从此风起云涌，勃然兴起，不可阻遏。特别是1796年（嘉庆元年）爆发了白莲教大起义，延及鄂、川、陕、甘、豫五省，严重地打击了清朝的统治，清朝全盛时期的声威一去不复返了。同时，世界形势在发生急剧的变化，继英国资产阶级革命之后，又发生了法国大革命，资本主义一日千里地迅速发展，并向海外实行殖民扩张。中国和外国侵略势力的矛盾日益尖锐，于1840年发生了鸦片战争。

第五个段落，从1840年到1911年清朝灭亡为止，共70多年。这段历史内容非常丰富，几乎包括了整个旧民主主义革命史，处在承前启后的关键时刻，意义十分重要。由于外国的侵略，中国历史改变了前进的方向，沿着半殖民地半封建的轨道沉沦下去。中国人民一方面仍然反对统治中国已有2 000多年的封建主义，另一方面又要反对刚刚入侵的外国资本主义。反帝反封建斗争连续不断并且逐渐高涨，70多年间经历了鸦片战争、太平天国、中法战争、中日战争、戊戌维新、义和团以及辛亥革命等伟大的斗争。这时，中国的封建自然经济被破坏，资本主义近代工业开始产生并发展，随之而诞生了资产阶级和无产阶级。农民依然是革命的主力军，发动了像太平天国和义和团那样规模巨大的革命运动，而资产阶级也登上政治舞台，领导了戊戌维新和辛亥革命。清朝政府一步一步地走完了历史路程，随着侵略者的需要而改变自己的机构、政策和职能，最后完全成了帝国主义的附庸。在人民革命浪潮的冲击下，清朝统治土崩瓦解。1911年，以孙中山为代表的革命派发动了武昌起义，清帝逊位，从此结束了2 000多年的封建君主专制制度，建立了民主共和国。

以上，把清代近300年的史事纳入五个段落，是为了考察清史总的演变过程，简要地理解与掌握各个段落的内容和特点。至于清代历史应如何分期，那是需要另做讨论的。

历史科学包罗很广。社会生活的各个方面，政治的、经济的、军事的、文化的、民族的、外交的全都包括在历史学的范围之内。除了纵的方面可以分成若干段落之外，横的方面也可以分成若干专史和专题。我们固然应该了解清代近300年的整个历史过程，全面掌握清史知识，打好研究工作的基础，但也要有所分工，各有侧重，或研究某个时期，或研究某门专史，或研究某些专题。在具体研究的基础上通力合作，搞好综合的研究。毛泽东在40多年前谈到中国近百年史的研究时指出："应先作经济史、政治史、军事史、文化史几个部门的分析的研究，然后才有可能作综合的研究"①。这一指示同样适用于清史的研究。

研究清史，占有史料当然是非常重要的。我们是唯物主义者，要从历史的实际出发，而不是从任何概念、体系、模式出发。恩格斯说："不论在自然科学或历史科学的领域中，都必须从既有的**事实**出发"②。因此，我们必须掌握丰富的史料，从第一手资料入手，进行考订辨析，弄清基本事实。科学的大厦是依靠事实材料建造起来的，离开了事实材料，就谈不上学术研究。清史跨越3个世纪，头绪纷杂，史事繁多，人物众多，记载歧异。人们关于清史的知识很多来自稗官野史、道听途说，不能成为信史。研究工作应注意真实性、科学性，不能浮光掠影，以讹传讹，而要认真搞清事件的真相及源流本末。因此，必须深入大量的第一手材料中，以极大的力量和坚毅的精神进行探索，去粗取精，去伪存真。即令在一个具体问题上要取得坚实可靠的知识，也需要花费大量的劳动。在这里，贪图省力，寻求捷径，只说空话，浅尝辄止，都是不允许的。

清史资料有三个特点。一是"多"，各种史籍、档案、碑版、实物，数量庞大，浩如烟海。一个人无论怎样勤奋，穷毕生之力，也只能在清史资料这一浩瀚无际的海洋中勘探其一个角落。二是"乱"，许多原始资料未经整理，杂乱无章，缺少目录、索引和工具

① 《毛泽东选集》，1版，第3卷，760页。

② 《马克思恩格斯选集》，1版，第3卷，469页。

书，无现代化的检索工具和检索方法，使用不便。三是“散”，许多资料分散庋藏在全国各地的图书馆、档案馆、博物馆、高等学校和科学研究机构中。有的保管不善，有的灰积尘封，借阅较困难。由于客观上的种种困难，研究者就更应发奋努力，不辞辛劳，大力搜集和掌握资料，才能取得显著的成绩。

清史资料的类别甚多。一是档案，数量很大。中国第一历史档案馆所藏档案很集中，达1 000多万件，还有其他地方所藏档案，这些是研究清史最重要的宝库。清史领域中的大多数问题都可在档案中找到原始的记录。一般说来，如果不利用档案，清史研究成果便会减逊科学的价值。二是地方志，估计现存清代所修地方志大约有6 000多种。内容多为各地区政治、经济、军事、文化以及山川地理、民情风俗、物产灾异等，包罗宏富，具有地方百科全书的性质。三是文集，清代文集甚多，不下数千种，还有很多稿本、抄本。文集内有的收录奏议，这是大官僚向朝廷的报告；有的收录各种文章，或发表议论，或记叙事件，或抒发感情；有的收录信件、日记以及诗词歌赋，内容丰富，体裁多样，其中常有许多珍贵的资料。四是笔记，记载许多史料掌故，琐闻逸事，广采博收，可补正史之缺。此外，还有很多官书、谱牒、碑版、文物以至报纸、刊物，门类很多，都是进行研究的有用资料。

以下列举几种清史的基本书籍。

《清实录》，清代每一个皇帝死后，后继者都要派人根据档案，编纂前朝实录，共4 000多卷。实际上是一部编年体的档案汇编，篇幅很大，包罗宏富，虽有删节篡改，但在清宫档案还没有大量刊布之前，这部书还是极有价值的资料书。

《东华录》，也是根据档案编成的编年体资料书，较《清实录》简要。编者蒋良骐，自努尔哈赤编至雍正朝。以后王先谦、朱寿朋等续编至光绪朝。

“清三通”，乾隆年间编成的三部大书，汇集了清代前期典章制度的大量资料。包括《皇朝文献通考》300卷、《皇朝通典》100卷、《皇朝通志》126卷。以后又有刘锦藻续修《清朝续文献通考》400卷。

《清经世文编》，魏源代贺长龄编纂，收集清代前期经世致用的文章，分列八类：学、治、吏、户、礼、兵、刑、工，共 120 卷。清末经世之学大盛，又有人继承此书的体例，编成经世文续编、三编、四编、统编、新编等。

《中国近代史资料丛刊》，这是新中国成立以后编纂的一部大型资料书，由中国史学会主编。收集了 1840 年以后晚清的历史资料，以历史事件分类，已出 11 种 69 册（鸦片战争 6 册、太平天国 8 册、第二次鸦片战争 7 册、回民起义 4 册、捻军 6 册、洋务运动 8 册、中法战争 7 册、中日战争 7 册、戊戌变法 4 册、义和团 4 册、辛亥革命 8 册），内容完整，包罗丰富，纲目明晰，有不少重要的少见史料，后附书目解题，可以按图索骥，进一步查找其他资料。这部资料丛刊的出版，为研究者提供了较充足的史料，对中国近代史的研究起了良好的推动作用。目前正准备继续编纂此丛刊的续编。

新中国成立以后整理出版的大部头清代史籍很多，有各种《清代档案史料选编》《清代笔记史料丛刊》《中国近代经济史资料丛刊》《帝国主义与中国海关》《太平天国资料汇编》，以及重要人物的文集、奏稿、日记，碑刻资料，文学作品汇编，报刊文章选编，各个厂矿企业的史料，以及译自各种文字的史料，特别是中外关系史的资料，等等。

至于清代通史性的作品，新中国成立前有孟森的《清史讲义》、肖一山的《清代通史》。新中国成立后有郑天挺的《清史简述》、李洵的《明清史》、辽宁各单位的《清史简编》、戴逸主编的《简明清史》2 册。近代史方面的通史性著作，数量甚多，不胜枚举。目前正在连续出版的清史专集、刊物有《清史论丛》《清史研究集》《清史资料》《清代档案史料丛编》《清史研究通讯》等，《近代史研究》和《近代史资料》也刊登了很多研究清史的文章和清史史料。总之，清代的史籍和史料很多，这里只是简略开列，挂一漏万，不及备举。

详细地占有材料是历史研究的基础，但还不是研究的最终目的。历史研究应该揭示社会发展的规律，通过偶然的、表面的现象去认识历史的主流和本质。应该对搜集的丰富材料进行深入的分析和理论的总结，为此，就必须以马克思列宁主义、毛泽东思想为指导，站在无产阶级的立场上，掌握科学的观点和方法，锻炼理论思维的能力。理论水平的高下对历史研究起着决定性的作用，忽视史料，空谈理论，“以论代史”，当然是不正确的；但只搞史料，轻视理论，也必定会大大限制学术成就，甚至会在杂乱的材料和各派学说的汪洋大海中迷失方向，误入歧途。科学成就的大小不在于史料的堆砌和现象的罗列，而主要在于能否运用马列主义去解释历史上的问题，解释得是否正确，是否深刻，是否揭示了历史的规律。清史研究工作者应坚持不懈地学习马列主义，提高理论水平，永远保持理论探讨的兴趣和热情，这样才能使研究工作有正确的方向和锐利的武器。

历史的内容非常宽广，涉及社会生活的许多领域，故研究清史要求有广泛多样的知识，如目录学、版本学、方志学、历史地理学、文书档案学等。在清代，中国日益被卷进世界资本主义发展的旋涡，中外关系十分密切，研究清代的中外关系，就需要有世界史知识；如果研究清代的生产力状况或历法、治河、科技、医学，就需要数学和自然科学知识；如果研究军事，就需要兵制、武器、战略战术知识；如果研究清代的经济财政，就需要赋役、货币方面的知识；如果研究清代学术，就需要音韵、训诂、校勘、辨伪以及经学史知识；如果研究清代艺术，就需要绘画、书法、戏曲、金石方面的知识。还有，清代历史是我国许多兄弟民族共同缔造的历史，各民族都留下了大量史料，有《满文老档》以及蒙文、藏文、维文史籍，又从清初至清末，外国的传教士、商人、外交官纷纷来到中国，记录了许多史事，外文资料也十分丰富。要求研究者能够分别运用各种民族的以及各个国家的语言文字。总之，研究清史要有广泛的知识基础和能够掌握多种语言文字工具。

清史的时间漫长，领域广阔，资料丰富，有许多空白薄弱环节，待研究的问题很多，犹如一片待开垦的处女地。只要埋头苦干，勤奋钻研，方向对头，方法适当，就一定能获得有价值的研究成果，一定能为促进祖国的历史科学、建设社会主义精神文明做出贡献。

清史研究要有世界眼光*

我们这次会议的目的，一是向大家汇报我们的工作，听取大家的建议、意见；另一个目的就是我们拜师，向你们请教。我们请来的这些同志都是研究世界史的顶尖高手、领军人物，当然也不完全是世界史的，也有中国史的，中外兼通的学者。向你们请教：从世界的角度考察、观察中国历史，编纂《清史》，应注意些什么问题，如何把中国与世界联系起来；西方有哪些著作、有哪些读物研究中国的人物，我们必须加以注意；有哪些文献、有哪些著作我们必须加以搜集和翻译。总之，我们的目的就是两个：一是向大家汇报工作，希望大家看看我们现在的体裁体例行不行；二是向大家请教、学习，希望搞世界史的同志也能够参与到编纂《清史》的工作中。

李岚清同志关于编纂《清史》的讲话，特别强调要注意和世界的联系。这是清代历史和过去历史的一个很大不同，这时候世界和中国的联系越来越密切。清代的很多方面深受世界的影响，离开世界的历史背景，我们就难以解释清楚清代的许许多多的问题、许许多多的情况。我研究清史就感觉到，很多问题不联系世界就看不清楚。

清朝入关是 1644 年，离哥伦布到达美洲已经一个半世纪，全球历史的帷幕已经拉开，葡萄牙、西班牙、荷兰、英国、法国这样一些国家相继登上了世界历史舞台，美洲已经成为欧洲的殖民地，世界其他地方——非洲、东南亚、印度、中东也正在遭到殖民侵略。这个时候的中国，不仅保持了独立，而且还是强大的独立国家。但清朝历史和以前朝代不一样，清朝一开始崛起就和世界接触。如西

---

* 是作者 2003 年 7 月 17 日在编译工作座谈会上的讲话。

方的红衣大炮，清朝在入关前就开始引入。入关后，从顺治开始，就与传教士接触，顺治与传教士关系非常密切。顺治称汤若望为“玛法”，是父辈，一个很尊敬的称呼。据汤若望的记载，在两年的时间里，顺治帝去了汤若望家24次。汤若望在宫里医好了太后的病，得到太后的恩赐，可以出入宫禁，与清廷关系极好。康熙更不用说，喜欢天文、数学等西方科学技术，有很浓厚的兴趣，身边有很多传教士。康熙得了疟疾病是非常严重的，老治不好，会死人的，外国传教士治好了康熙的病，康熙还推广了金鸡纳治疗法。《尼布楚条约》谈判的时候，张诚、徐日升充当了翻译。《康熙皇舆全览图》也是传教士帮着画的。可以说，清初，传教士与清统治者有着一段蜜月般的关系，非常亲密。当时，满族的亲贵也有很多与传教士有很密切的关系，但相比之下，汉族士大夫在清初与传教士关系密切的不多。明末的汉族士大夫，像徐光启、李之藻信仰天主教，可是清初的士大夫，我印象中没有几个。

我猜想，当时中国也是处于十字路口，也有可能选择西方文化。作为统治者的满族，处在文化的后进地位，它要学习先进文化。当时，它面临的先进文化有两个，一个是西方文化，一个是汉文化。它和西方文化接触很多，也知道它的好处，为什么没有更多地选择西方文化？这也是一个历史之谜吧。后来，完全走了汉化的道路，而且越来越汉化。看来，它不是没有可能选择西方文化，它有机会选择，但没有更多地吸收西方文化，而是走了单纯汉化的道路。如果稍稍吸收一些西方文化，哪怕像日本一样，出现一个“兰学”（日本人18、19世纪学习荷兰语文，把西方的科学技术统称为“兰学”），那中国历史的道路肯定会不一样。这只是一种猜想。

看来，文化的选择需要适当的土壤，清统治者面临的是统治汉人，因此，它选择的是统治汉人的现成的文化模式，而不再考虑选择其他文化，这也是一种解释。我觉得，清初的历法之争，表面上是汤若望取得胜利，采用了西方的《时宪历》，因为它是科学的。但从更广泛的意义上讲，汤若望失败了，而杨光先胜利了。因为中国走的道路依然是汉族的传统道路，没有吸收西方的先进文化。这是历史事实，如果不是这样，中国的发展就可能不一样。因此，清史从一开始就面临着文化选择，一开始就面临着西方文化的影响，这是其他朝代没有的事。

文化的冲击、磨合、交流，这个过程很不容易。从历史上看，佛教经过上千年的时间才融合成中国的佛教，因此，刚进入中国不久的西方文化不可能很快被中国人所接受。历史有它的必然性。

清朝建立之初，要考虑统治汉人，所以传教士面临的困难越来越严重。罗马教廷坚持反对祖先崇拜。雍正时候，全面禁教，传教士被逐出宫廷，关上了大门。从历史的表面来看，雍正的全面禁教似乎阻止了中西文化交流，但是我认为历史是在前进的，世界一体化的进程不可阻挡、不可抗拒，确有禁教之举，但西方的冲击、影响越来越大。中国逐渐融入世界的潮流也是不可抗拒的。

文化交流暂时中断，但经济交流大大发展了。18 世纪文化交流虽然被阻断，乾隆后期传教士除宫廷以外已经没有了，失去了活动的舞台，但经济交流却大大发展了。当时海关对外贸易急剧增加。康熙时期海关收入只有 4 万两，贸易额很小，到鸦片战争前海关贸易达到了 190 万两，增加了 47 倍，增加得很快，如茶叶、丝绸、棉布等对外输出大量增加。到康乾盛世，海外贸易比较繁荣。

社会发展也达到了顶点。从人口来看，汉朝人口 5 000 万，唐朝是 8 000 万，后来也有增加，但中国的人口纪录从来没有过 1 亿，明朝是七八千万，到清朝道光时期为 4 亿。相应的农产品也必须增加 4 倍，才能养活这么多人，可以说，当时经济总量已超过汉、唐。根据外国的有关研究，当时中国的 GDP 占世界的 23%，很是了不起，这是外国人的统计。是否确切不敢说，但说明当时的经济总量已经很大。

这些方面的研究都需要中国历史与世界历史的结合，也需要你们的合作。我希望年轻的学者转而研究一些大问题：当时中国经济到底达到了什么样的高度？

康乾盛世如何解释，也需要世界历史的知识。不了解世界的情况，就难以解释康乾盛世。当时国内安定是个主要因素。不能老打仗，社会的安定对于生产的发展至关重要。康熙、乾隆非常重视农业生产，投入大量精力治理黄河。有一年，国家收入的 1/3 用于治河。康乾盛世的形成还有两个重要的因素。一个因素就是南美洲的白薯、玉米在康乾时期开始广泛种植。这些作物传入中国是在明朝，但广泛推广是在清朝。如果离开了白薯、玉米这种高产作物，这么多人口怎么养活，很难想象。只有高产的粮食作物才能养活这么多人，况且白薯、玉米的种植条件要求很低，对土壤、水、气候的要求不是那么苛刻，这些高产作物遍地可种。从前不能耕种的地方，开垦出来就可以种，平原、高原、地头旮旯都可以种。乾隆年间，开垦了以前的很多荒地。这对康乾盛世的到来非常重要。如果没有高产作物，养活不了 4 亿人。

高产作物在中国的推广，这方面的研究成果已经有了，但还不够，这个问题也需要中国历史、世界历史的专家和农学家合作研究。关于白薯这些作物如何推广的问题，值得研究。当时有个姓陈的人，带着他的儿子、孙子，山东、山西到处跑，一辈子推广种白薯。白薯种植，一个关键就是育秧，这类问题值得研究。可以肯定，南美洲作物的推广对康乾盛世的形成起了重要的作用，没有南美洲粮食作物的传入和推广，就没有康乾盛世。

另外一个因素是货币因素。当时墨西哥白银大量输入中国，这一点对中国市场的发展非常重要。白银当时是良好的硬通货，当时的贸易连年出超，有很多东西销往外国，像丝绸、瓷器、茶叶；而外国没有那么多东西运来中国，当时还没有大机器生产，只能用白银来平衡贸易逆差。有本书叫《白银资本》，曾轰动一时。讲当时中国是全世界的经济中心，所有的白银都流向中国，中国是白银的仓库。据说，在 18 世纪，有 3 亿两白银流入中国。可以说，大量白银的输入，成为中国市场交易的润滑剂，扩大了中国市场，推动了中国经济的发展，使中国经济发展达到了前所未有的高度。当时中国货币流通量、交易量到底如何，现在的研究大多是宏观的，实证的细致研究还不够。有统计说，中国当时国内的总贸易量超过了英国海外的贸易量，到底是不是这样，需要中国历史、世界历史学者共同论证这个问题。

我觉得这两个因素，经济方面高产作物的推广，货币方面白银的输入，对康乾盛世的到来起了非常重要的作用，否则很难达到那样的高度。所以说，清初中外的文化交流虽然暂时中断，但经济交流更加密切，而且其实际影响非常大。到了晚清，就更不用说了。如果不联系国际背景，根本没法研究中国近代史。清朝前期，中国还可以置身于国际事务之外，是天朝上国，扬扬自得，自高自大，关起门来。到了鸦片战争以后，大门被打开了，也就无法关门了。这个时候，中国就被彻底卷入了世界历史的旋涡。

无奈也罢，被迫也罢，缺乏精神准备也罢，反正是被卷入了历史旋涡。列强蜂拥而入，外国开始成为支配中国的一个力量。以前是外在力量，现在成为社会内部的力量，而且是强大的支配力量。一次一次的战争，一次一次的条约，把中国与世界绑在一起，把中国变成半殖民地。这个时候，研究中国历史，已经离不开世界历史。

反对西方列强是当时中国社会的一个主要任务，向西方学习同样也是中国的一个主要任务，这两个任务是矛盾的。受到外国侵略，还要向它学习，即“师夷长技以制夷”，历史就是这么复杂。老师打学生，这样的事在近代很多。割地赔款，丧失主权，如果不抵抗，不反戈一击，丧失的恐怕就不只是这些东西，丧失的不只是物质财富，还会丧失精神、信心和希望。中华民族就是在抵抗中逐渐成长的。但是光反对、不学习也不行，那样就没有进步，就会停留在愚昧落后的层次，就会停留在非理性的行动中，使自己的抵抗斗争变成“义和团式”的行为，使自己的爱国行为变成盲目的排外主义。正是这些经验教训使中国在近代逐渐走向了正确的革命道路。

晚清与外国打交道非常多，外国传教士、政治家、军事家、记者都到了中国，他们写了大量的东西，但目前还有很多没有翻译过来。当然，他们的记载、描述带有偏见，但在某些方面反映了中国历史。因此，清朝历史与以往的朝代不一样，它自始至终与世界历史保持着联系，我们必须在世界历史的背景下观察中国，必须了解当时西方人对中国写了些什么、说了些什么、做了些什么。我们编纂《清史》，如果不了解这些，就没法进行。所以，我们一定要把老师请来，给我们出主意。

有人去徐家汇看书，说那里有很多外文图书，有很多自清初以来的传教士书籍，但到目前研究很少。像里希霍芬到中国来的考察报告很有价值，但现在也没有翻译。诸如此类，我们想对这类文献资料进行一定程度的整理，当然不可能全部整理。所以，我们成立了编译组，希望在这方面做些工作。

今天请大家来的目的就是拜师，教我们如何从世界一体化的角度研究中国历史，怎样增长有关外国人研究中国历史的知识，了解他们的学术著作。诸位是世界历史专家、中西兼通的专家，想必在研究世界历史时会联想到中国的类似情况和同时代的事情。希望诸位充分发表意见，对我们来讲，将受益无穷；对大家来讲，也是一种参与，参与有几种，一种是直接写，一种是提供意见，一种是提供资料。

开展清史研究加强国际合作*

这次邀请了来自世界各国的著名学者参加研讨会，有的像法国巴斯蒂夫人院士、像俄国的米亚斯尼科夫院士都是老朋友，还有许多是我们闻名已久的新朋友。中国孔子说："有朋自远方来，不亦乐乎！"我正是怀着十分喜悦的心情，热烈欢迎您们的光临。

这次邀请大家来，主要是商讨《清史》编纂如何开展国际之间的合作。编纂《清史》是我国21世纪的一项巨大文化工程，主要是总结有清一代近300年的历史经验。工程已经启动一年多，拟定了编纂方案，讨论了《清史》框架，制作了92卷《清史》目录，这是主体工程。目前主体工程正在紧张地进行审议、立项，争取在今年年内基本上完成立项工作。

除了主体工程，还有规模浩大的基础工程，共有三类，一类是国内的档案整理，一类是国内的文献整理，一类是国外的档案文献收集整理。第三类国外的档案文献对《清史》编纂工作极为重要，国外的档案文献数量庞大，中国的学者对之缺乏研究，过去整理、翻译也较少，基础很薄弱。为了加强这方面的工作，我们特邀请诸位专家光临、指导和帮助我们做好外国档案文献的工作。

清代的3个世纪正处在全球一体化的浪潮中。以往处在东亚一隅的中国和外部世界的交往日益频繁，这是清代和汉、唐、宋、明大不相同的一大特点，清朝已成为全球历史不可分割的一部分。

清朝近300年和世界的关系呈现为很不相同的三个阶段：

第一个阶段即17世纪，清朝刚刚入关就和西方来华的传教士交往，如汤若望、南怀仁、白晋、张诚等，他们带来了西方的科学、

---

* 原载《国际汉学》，2005年第1期。

技术、艺术，帮助中国制火炮、定历法、画地图、传数学、绘图画等。人数很多，时间很久，进出宫廷，深入下层，写下在中国的所见所闻，定期寄回欧洲，这是对当时中国社会的第一手记录，十分珍贵。传教士是中西文化交流早期的开拓者，我们希望有计划地收集、出版他们的各种作品。

第二个阶段即 18 世纪，由于中西礼仪冲突，在雍乾之际，传教士的活动被禁，中西文化交流逐渐消歇，这是很可惜的损失。但中西交流并未因此停止，由于随之而起的中西贸易交往的发展，包括海上贸易和中俄的恰克图贸易，中国的茶叶、丝绸、瓷器、土布大量销往西方。从 18 世纪初到末期，粤海关的税收增加了 40 多倍，可见 18 世纪内对外贸易增长之速。中外贸易当时掌握在英国东印度公司之手。我曾托人在伦敦询问英国东印度公司的档案。据称数量浩瀚，如果复印购买，需经费 5 万英镑。这个时期俄国、英国还派使团访华，使团写的报告、回忆录也很有价值。

第三个阶段即 19 世纪，中西交往的性质发生根本变化，以前基本上是和平的、平等的往来。至此，西方以兵戎相见，武装侵略中国。经过两次鸦片战争、中法战争、中日战争、八国联军侵华战争，一次又一次痛打中国，侵略、欺负中国人民。其间，有大批军人、外交官、商人、传教士、探险家深入中国各地，成为中国社会的主宰者。他们写了许多政府文件、信函、传记、回忆录，多得不可胜计。这时还有了照相术，在中国照下许多相片。我们希望有选择地收集整理文献与相片，准备建立一个图片库。

总之，清代的近 300 年自始至终都在和外部世界交往、接触，尽管清朝实行闭关政策，但并不可能完全封闭。世界一体化的浪潮在汹涌前进，中外之间相互接触、相互往来，最后列强破关而入。我们研究这段历史要有世界眼光，要有广阔视野，不能局限于中国之内，也不能只收集、利用国内的史料，既要从整个世界的发展来观察中国的历史进程，也要从中国的局部地区和事件联系世界的历史背景。我们研究这段历史一定要得到国际同行专家的合作和帮助，这种合作和帮助可以使不同国家与人民之间加深理解、加深友谊。

中国近代史的分期问题*

关于中国近代史的分期问题，到目前为止，已经发表了胡绳、孙守任、金冲及和范文澜等同志的讨论文章。科学地划分中国近代史的各个时期，是推动历史研究的极有意义的一项工作。正像苏联历史学家德鲁任林在讨论俄国历史分期问题时所指出的，“分期的任务系在于发现历史发展的特点，指出它那连续性诸阶段间质的区别”①。这种工作“即令是一种假定的图式，但终究不失为研究者一种指导性和卓有建树的工作”②。

新中国成立以前，各式各样唯心主义的历史学家不可能科学地解决历史分期问题，甚至也不可能正确地触及这一问题。而少数马克思主义历史学家也还没有条件集中力量解决历史分期问题。因此，中国古代历史的分期就成为长期以来悬而不决的一段公案。而近代历史的分期则根本还没有人提出过。这种情况给通史和各种专史的研究与编纂造成很多困难，研究工作者没有一个明确的历史发展线索可以遵循。

范文澜同志的《中国近代史》是一部试图以马克思主义观点来阐明中国近代史的系统著作，这部著作打击了封建的、买办的和资产阶级的各种反动历史观点，在近代史一片荒芜的领域中做了初步的垦辟工作。但是，范文澜同志没有在比较科学的历史分期的基础上来完成自己的著作，这就极大地损害了这部著作的科学性，使它在阐述中国近代社会发展规律上显得不够有力。

---

* 原载《历史研究》，1956年第6期。

① 德鲁任林：《论俄国资本主义关系史的分期》，见石父：《苏联历史分期问题讨论》，101页，北京，中华书局，1954。

② 同上书，96页。

随着国家文化建设工作的开展，编著一本更科学的中国近代通史的任务已经日益迫切，加以7年来历史学家们在马列主义指导下做了不少工作，给编写中国近代通史提供了有利条件。广泛地展开近代史分期问题的讨论，从而得到一个比较科学的分期方案，可以说是编写中国近代通史中十分重要的一项准备工作。

一、关于划分中国近代史时期的标准问题

讨论历史分期，当然要根据历史的具体特点找出一个能够最本质地反映历史发展规律的分期标准。借这个分期标准的帮助，可以使经济、政治、思想各个领域内的历史现象按照其互相联系的规律来予以把握。在确定分期标准这个问题上，讨论者表现了重大的意见分歧。这里除了范文澜同志没有具体论述这个问题以外，在我们面前共有三个不同的分期标准：

(1)“基本上用阶级斗争的表现来做划分时期的标志”，从而将近代史分成七个时期（胡绳同志的建议）。

(2)“以中国近代社会的主要矛盾的发展及其质的某些变化为标准”，从而将近代史分成四个时期（孙守任同志的建议）。

(3)“应该是将社会经济（生产方式）的表征和阶级斗争的表征结合起来考察”，从而将近代史分成五个时期（金冲及同志的建议）。

在分期标准上，我基本同意第一个建议，不同意后两个建议。但我对近代社会阶级斗争的特殊性与胡绳同志的理解不尽相同，因而我也不同意七个分期而建议把近代史分成三个时期。

为什么要以阶级斗争作为中国近代史分期的标准？

斯大林说：“社会发展史首先便是生产发展史，数千百年来新陈代谢的生产方式发展史，生产力和人们生产关系发展史。”① 因此划分历史时期首先应该考察生产力和生产关系的发展变化，这是完全

---

① 《马克思恩格斯列宁斯大林论人口问题》，5页，北京，商务印书馆，1960。

正确的。但我们却不能简单地把社会经济自发发展过程，把纯粹经济性的现象作为分期标准，因为社会历史的发展虽然首先是由经济决定的，但社会历史包括人类活动的各个领域（政治的、军事的、经济的、思想的）。各个领域相互影响而构成历史的全面发展，在阶级社会里则构成敌对阶级的全面对抗。经济的发展是决定历史发展的基本因素，但却不是唯一因素。直接用经济发展来划分历史时期，就会忽略多种历史现象交互影响的作用，就会抹杀历史发展的丰富多样性而陷入经济唯物论的错误。

我赞同用阶级斗争作为中国近代史的分期标准。因为：

第一，阶级斗争最本质地反映着经济的发展变化，反映着社会生产方式的发展变化。阶级斗争不是什么主观随意的事情，而是生产力与生产关系矛盾的产物，整个社会生产方式的发展程度决定着阶级斗争的性质，决定着阶级斗争采取的形式，决定着阶级斗争的激化或缓和、高涨或低落。例如，当 19 世纪 50 年代中国还没有资本主义机器工业，因而也还没有近代的资产阶级和无产阶级时，阶级斗争就只能是太平天国式的农民战争。而当 20 世纪初，中国有了资本主义机器工业，单纯农民战争就必然要退出历史舞台，而代之以资产阶级领导的革命运动——辛亥革命。可见，阶级斗争正是和生产方式发展的一定阶段相联系的。

第二，阶级斗争是推进历史的动力。斯大林说："生产力的发展以及生产关系方面的变更，是不依人们意志为转移而自发进行的。但这只是到一定时候为止，只是到已经产生和正在发展的生产力还没有充分成熟的时候为止。而当新生产力已经成熟时，现存的生产关系及其体现者的统治阶级就变成'不可克服的'，即只有经过新阶级自觉活动，只有经过新阶级强力行动，只有经过革命才可扫除的障碍。"① 历史上先进阶级依靠生产关系必须适合于生产力性质这一客观法则而进行的阶级斗争是推动历史前进的力量。

第三，阶级斗争反映了作为历史主人翁的劳动人民的社会地位

---

① 《苏联共产党（布）历史简明教程》，169～170 页。

和生活状况的变化。阶级斗争的发生是基于一个阶级对另一个阶级的奴役和剥削，正像列宁所说："什么是阶级斗争呢？——这是一部分人民反对另一部分人民的斗争，没有权的、被压迫的、劳动的大众反对特权阶级、压迫者和寄生者的斗争。"① 统治阶级对被统治阶级的奴役和剥削加紧，也就是说劳动人民的地位愈趋低下，生活愈趋恶化，这是导致阶级斗争高涨和爆发的一个基本条件。阶级斗争不是别的，它是劳动人民争取劳动权利和生存权利的行动，仔细地考察阶级斗争就能发现每个时期劳动人民的政治和经济地位。

第四，社会上层建筑的各种现象和阶级斗争相关联，发生在政治、法律、思想、艺术各个领域内的斗争，其背后都站着一定的阶级。毛主席说："在阶级社会中，每一个人都在一定的阶级地位中生活，各种思想无不打上阶级的烙印。"②

由此可见，以阶级斗争作为分期标准，最能体现生产方式的发展变化，最能揭露历史前进运动的规律，最能显示人民群众社会地位和生活状况的变化，最能反映经济基础和上层建筑的相互作用。列宁说："马克思主义给了一条领导的线索，使得能够在这个表面的错杂和混乱中发现规律性，这就是阶级斗争理论。"③ 列宁所指出的这条基本线索正是应该作为划分历史时期的标准的。

以上所述阶级斗争，实际上我是把近代民族斗争也算在内的，因为民族斗争实质上也是一种阶级斗争。民族斗争是中国近代史上具有头等重要意义的事情，正像毛主席所说："帝国主义和中华民族的矛盾，乃是各种矛盾中的最主要的矛盾"④。我们不能因为帝国主义是一种外来侵略势力就认为民族斗争跟中国社会内在经济发展无关。帝国主义的侵略，使中国贫困、落后，束缚着中国资本主义的发展。近代民族斗争和阶级斗争一样，都是发生在要求解放被束缚的生产力的基础之上的。可以说，近代史上的每一次民族斗争都是

---

① 德鲁任林：《论俄国资本主义关系史的分期》，见石父：《苏联历史分期问题讨论》，110页。

② 《毛泽东选集》，1版，第1卷，260页。

③ 《列宁论马克思恩格斯及马克思主义》，15页，北京，解放社，1949。

④ 《毛泽东选集》，1版，第2卷，594页。

当时经济发展的产物，又反过来影响着经济发展的进程，例如，义和团运动的产生主要是由于当时大量外国商品倾销所造成的农村急剧破产，反过来，义和团运动又严重打击了帝国主义的瓜分阴谋，使中国避免了完全沦为殖民地的悲惨命运。

而且，近代民族斗争也是反映人民群众力量增长，反映历史前进运动的重大事件。我们且不说三元里平英团、太平天国后期反抗外国干涉、19 世纪 60 年代后的反对外国教会以及义和团运动等人民的反抗斗争，即使像两次鸦片战争、中法战争、中日战争等在封建统治阶级参加和领导下进行的民族战争，也无一不是人民力量的表现。毛主席把鸦片战争、太平天国运动、中法战争、中日战争、戊戌政变、辛亥革命、五四运动、北伐战争、土地革命战争、抗日战争都看作在一定程度上“实行反对帝国主义和封建势力，为了建立一个独立的民主主义的社会而斗争，为了完成第一个革命而斗争”①。

胡绳同志提出的阶级斗争，我也理解为是包括民族斗争的一个广义概念，胡绳同志自己说：“反帝国主义斗争本身也是一种阶级斗争”②。因为从阶级斗争和民族斗争的共同性而言，二者同样都是产生于社会分裂为对抗阶级这样一个前提之下的，民族问题是从属于阶级问题的。

在这样的意义上，胡绳同志使用“阶级斗争”这个广义概念来包括近代民族斗争是完全可以同意的。但是，胡绳同志对这个概念没有做更具体细致的分析，没有指出广义概念的“阶级斗争”中还包含着斗争锋芒对内或对外的区别，而这个重要的区别却会牵涉到社会阶级关系配备的不同和革命阵营战略策略的变化，却会牵涉到上层建筑在各个发展阶段的不同色彩。而这一切，在考虑划分阶段时恰恰是十分重要的事情。孙守任同志用“社会主要矛盾”来代替“阶级斗争”，并且在斗争锋芒趋向问题上对胡绳同志的论文做了重要补充，我认为，假使不愿意停留在一些概念的争论上，假使我们仔细地考察两位同志使用概念时所指的实质，那么我们就既可以同

① 《毛泽东选集》，1 版，第 2 卷，627 页。

② 胡绳：《中国近代历史的分期问题》，载《历史研究》，1954（1）：9 页。

意孙守任同志的意见也可以同意胡绳同志的意见。在我看来，他们两人都主张以阶级斗争和民族斗争的发展来划分近代历史。

二、对于金冲及、孙守任两同志所建议分期标准的商榷

讨论到目前为止，还没有完全反对用阶级斗争作为分期标准的，只有金冲及同志主张将经济与阶级斗争并提，他建议把“社会经济的表征和阶级斗争的表征结合起来考察”。把这个建议作为划分时期所应注意的方面，是没有什么不对的，阶级斗争本来就跟经济基础密切相连，我们若不弄清楚历史发展过程的经济基础，那么就无法理解阶级斗争的开展，也将无从着手进行划分历史时期的任务。问题是怎样才算把社会经济的表征和阶级斗争的表征结合起来，金冲及同志实际上是把二者并列起来而有了划分时期的两个标准——经济（生产方式）的标准和阶级斗争的标准。他在划分五个历史时期时也正是逐个地把两种表征并提的。金冲及同志责备别人只注意阶级斗争的表征，抛弃了社会经济的表征，其实正像金冲及同志自己所说，“阶级斗争的阶段，正是当时社会经济变革最深刻的反映，也是当时整个社会生产力和生产关系的实际发展情况最显明的标志”①。既然这样，那么用阶级斗争作为分期标准就不但没有将经济抛开不管，而且恰恰是最深刻地体现了经济的发展变化。问题是很清楚的，或者是认为阶级斗争能够反映经济的发展变化，因而基本上可以用阶级斗争作为分期标准，或者是认为阶级斗争不能反映经济的发展变化因而需要把经济的表征和阶级斗争的表征并列起来，金冲及同志的建议正是属于后者，金冲及同志在叙述了“解决历史分期的标准，首先必须从生产方式中、社会经济中、生产力与生产关系中去考察。……同时又必须从阶级斗争的表现中去考察”② 这

① 金冲及：《对于中国近代历史分期问题的意见》，载《历史研究》，1955（2）：38页。

② 同上书，37～38页。

一段话以后，还说这种分期原则是苏联历史学家讨论俄国历史分期的一个结论。这是一个误会。只要举出俄国历史分期讨论中主要发言人德鲁任林的一段话就可证明：

> 几乎所有参加讨论的人都认为必须将阶级斗争的表征和生产方式的表征结合起来。……但怎样把阶级斗争和生产方式结合在一起，怎样把这种“经济之发展与变化及阶级斗争之运动联系起来的统一看法”应用到具体的历史材料上面去，参加讨论的历史学家们没有一个人曾经指出。①
>
> 为了避免将阶级斗争和其所自产生的基础分割开的一切非难起见，我们可以这样揽总说明一下关于本问题的争论。资本主义关系史的划分，应该拿那作为生产方式发展之结果和指标及作为历史事变之动力的阶级斗争来做基础。应该拿那在历史生活进程上发生重大影响的革命的阶级斗争之极端重要的表现来作为各个时期彼此间的分界线。在每一个时期范围内，政治形态及思想形态异常复杂的阶级斗争的性质和方向，都应由生产力与生产关系的发展来予以说明。②

因此，应该说，金冲及同志那种生怕别人抛弃经济表征的忧虑不仅不是苏联历史分期讨论的结论，而且恰恰相反，这种忧虑已经在讨论中得到澄清和消除。

金冲及同志为了加深论据而写了如下这段话：“作为党史或革命运动史，那当然应以革命运动的发展作为划分时期的唯一标准。而作为整个社会的历史，阶级斗争和革命运动的发展自然应该作为划分时期的重要标志之一，但就不能不需要同时明确地指出整个社会经济结构发展变化的标志。”③ 其实，即使是整个社会历史也不见得必须直接用经济的变化来作为分期标志，斯大林、基洛夫、日丹诺

---

① 德鲁任林：《论俄国资本主义关系史的分期》，见石父：《苏联历史分期问题讨论》，104页。

② 同上书，115页。

③ 金冲及：《对于中国近代历史分期问题的意见》，载《历史研究》，1955（2）：40页。

夫在《对于近代史教科书纲要的意见》中就以法国资产阶级革命、普法之战和巴黎公社、俄国十月革命之胜利和帝国主义战争之结束等阶级斗争作为标志而把世界近代史分成三个时期，正因为阶级斗争反映着社会经济的发展，所以这种划分并不意味着对社会经济发展的忽略，这是显而易见的道理。

孙守任同志虽然提出了许多有益的建议，但他并没有为自己的基本观点树立起强有力的论据。他说："中国近代的半殖民地半封建社会既是一个特殊过渡性的社会，因而在考察这个社会历史的分期问题时就不能不注意到这个社会的性质上的某些变化，阶级斗争性质上的某些变化，而不能只拿阶级斗争的高潮和低潮作标准来考察。"① 这里，孙守任同志并没有确切地指明，为什么过渡性社会必然具有社会性质的变化和阶级斗争性质的变化。当然有这样的过渡时期，在其中社会性质的确是逐渐在改变，例如中国目前所处的就是这样的过渡时期，社会主义因素将不断增长并获得最后胜利，非社会主义因素将不断受到限制、改造直至消灭。在这样的过渡社会中，社会的发展通过新质要素的逐渐积累和旧质要素的逐渐死亡而发生社会性质上的逐渐变化，而实现这种渐进性飞跃的决定条件是由工人阶级领导着政权。能不能说半殖民地半封建的旧中国也是实现这种渐进性飞跃的过渡社会？当然是不能的。因此，也谈不到社会性质与阶级斗争性质的变化。要使旧中国社会性质发生变化必定要靠资产阶级民主革命的胜利。由此可见，不能把任何过渡社会都混为一谈，每一个过渡社会都有其具体性和特殊性。假使把从1840年鸦片战争到1949年人民革命胜利为止的100多年看成一个过渡社会，那么其前身应是封建社会的末期，鸦片战争后，统治中国的封建制度并没有死亡，而是在外国侵略的条件下发生了变化。一方面，由于资本主义的成长，中国已不是一个完全的封建社会；另一方面，由于外国的侵略，中国成为半独立的国家。在这里，社会的性质是半殖民地半封建性质（虽然在程度上是逐渐加深的），革命性质是资

① 孙守任：《中国近代历史的分期问题的商榷》，载《历史研究》，1954（6）：2页。

产阶级的民主革命（革命对象和动力两个方面也有所变化），但所有量的变化并没有变更质的规定性。《矛盾论》中有一段话值得充分注意：

> 拿从辛亥革命开始的中国资产阶级民主革命过程的情形来看，也有了若干特殊阶段。特别是在资产阶级领导时期的革命和在无产阶级领导时期的革命，区别为两个很大不同的历史阶段。这就是：由于无产阶级的领导，根本地改变了革命的面貌，引出了阶级关系的新调度，农民革命的大发动，反帝国主义和反封建主义的革命彻底性，由民主革命转变到社会主义革命的可能性，等等。所有这些，都是在资产阶级领导革命时期不可能出现的。虽然整个过程中根本矛盾的性质，过程之反帝反封建的民主革命的性质（其反面是半殖民地半封建的性质），并没有变化；但是，在这长时间中……经过了几个发展阶段。在这些阶段中，包含着有些矛盾激化了……有些矛盾部分地或暂时地解决了……有些矛盾重新发生了……等等特殊的情形。①

由此可见，孙守任同志所说中国近代社会性质某些变化的论点还值得再研究。在这里，只是矛盾的激化，只是矛盾部分地或暂时地解决和矛盾的重新发生等等。

孙守任同志的另一个基本论点是：旧中国是半殖民地社会，其矛盾的主要方面是外国侵略势力，外国侵略势力本身性质的变化及其对中国侵略性质的变化，引起了中国社会性质的深刻变化。根据这个片面的观点，孙守任同志把近代史分成自由资本主义时代的半殖民地半封建社会和帝国主义时代的半殖民地半封建社会两大阶段。这个观点的谬误在于片面地理解《矛盾论》中关于矛盾主要方面的论点，而抛弃了同一论文中关于外因内因相互关系的论点。我们不能把外部矛盾和内部矛盾不加区别地等同看待。纵然在旧中国形成半殖民地的过程中，外国侵略势力是处在矛盾的主要方面，但是外国侵略势力性质变化这样的外部条件要对中国社会有所影响仍然必须通过中国社会自己的规律性，亦即必须通过中国社会生产力和生

---

① 《毛泽东选集》，1版，第1卷，289～290页。

产关系的矛盾，通过中国社会的阶级斗争和民族斗争才能表现出来。大家都知道，同样性质的资本主义帝国主义在侵略印度、中国、日本时产生了三种不同的结果（印度变为殖民地、中国变为半殖民地、日本变为资本主义社会）。为什么会有这三种不同的结果？我们只能从印度、中国、日本这三个国家社会内部的发展规律找到解释，而不可能从外来侵略势力本身的发展找到解释。由此可见，直接用外国侵略势力性质的变化解释中国社会性质的变化，不能不说是带有外因论色彩的。

其实，仔细考察一下，列强从资本主义过渡到帝国主义，是否意味着它们本身性质上的变化？这个问题也还值得再考虑。列宁说："帝国主义是作为一般资本主义基本特性底发展与直接继续而成长起来的"①。毛主席说："自由竞争时代的资本主义发展为帝国主义，这时，无产阶级和资产阶级这两个根本矛盾着的阶级的性质和这个社会的资本主义的本质，并没有变化；但是，两阶级的矛盾激化了，独占资本和自由资本之间的矛盾发生了，宗主国和殖民地的矛盾激化了，各资本主义国家间的矛盾即由各国发展不平衡的状态而引起的矛盾特别尖锐地表现出来了，因此形成了资本主义的特殊阶段，形成了帝国主义阶段"②。可见，孙守任同志把从自由竞争时代的资本主义到帝国主义的过渡当作社会性质上的变化，这也是不恰当的。

孙守任同志所说"社会性质与革命性质的某些变化"的论点，受到金冲及同志的支持，而且金冲及同志加深了问题，要从社会经济方面的变化证实这个论点，他认为，1840—1864 年"中国社会的性质基本上还是封建社会"③，1864—1894 年"中国半殖民地半封建社会逐步形成"④，1895—1900 年"中国半殖民地半封建社会正式形成"⑤。其实，毛主席一再指示我们，"自从一八四〇年的鸦片战争

---

① 列宁：《帝国主义是资本主义底最高阶段》，96 页，北京，人民出版社，1953。

② 《毛泽东选集》，1 版，第 1 卷，289 页。

③ 金冲及：《对于中国近代历史分期问题的意见》，载《历史研究》，1955（2）：46 页。

④ 同上书，47 页。

⑤ 同上书，48 页。

以后，中国一步一步地变成了一个半殖民地半封建的社会”[1]，这一点金冲及同志也是承认的。不过既然承认了这一点，还把半殖民地半封建社会逐步形成的上限放在 1864 年，那就不免要成为不可理解的事情。金冲及同志要我们注意经济上的变化是很好的，可是他对 1840—1864 年中国社会经济的变化显然是估计不足的。他说：“当外国商品输入，数量仍属有限，影响的地域主要也限于东南一隅”，因此，“中国社会的性质基本上还是封建社会”[2]。这种单纯用外国商品输入数量来判断社会性质的办法显然是错误的。我认为，不能把 1840—1864 年看作“基本上还是封建社会”，因为，当时中国在经济上正处在自然经济的崩解过程中，在政治上已丧失了作为独立国家所具有的许多权利，即使拿对外贸易来看，战后中外贸易关系质的方面已经发生了根本变化，闭关政策、公行制度已经被破坏，协定税则已经出现，贸易不是在平等的基础上进行的。显而易见，金冲及同志把 1864 年作为半殖民地半封建社会逐渐形成的上限不仅是没有根据的，而且是自相矛盾的。

三、革命形势的三个阶段和划分三个时期的建议

其实，在一个社会发展过程中划分阶段（即划分时期）的标准，毛主席早有明确的指示。毛主席说：“事物发展过程的根本矛盾及为此根本矛盾所规定的过程的本质，非到过程完结之日，是不会消灭的；但是事物发展的长过程中的各个发展的阶段，情形又往往互相区别。这是因为事物发展过程的根本矛盾的性质和过程的本质虽然没有变化，但是根本矛盾在长过程中的各个发展阶段上采取了逐渐激化的形式。并且，被根本矛盾所规定或影响的许多大小矛盾中，有些是激化了，有些是暂时地或局部地解决了，或者缓和了，又有

---

① 《毛泽东选集》，1 版，第 2 卷，589 页。

② 金冲及：《对于中国近代历史分期问题的意见》，载《历史研究》，1955（2）：46 页。

些是发生了，因此，过程就显出阶段性来。”①

以上，毛主席所说划阶段的原则，究竟怎样应用于旧中国这样一个半殖民地半封建的特殊社会？在这里，我和胡绳同志就产生了意见分歧。

我虽然同意胡绳同志所说“基本上用阶级斗争的表现作为分期标准”。然而，由于中国近代社会的特点，阶级斗争的表现带着很多特点，革命的来潮去潮可以说是一般社会中阶级斗争的重要表现，并且在中国近代社会中，阶级斗争这个广义概念包含着锋芒对内或对外的区别，也就是说存在着阶级的和民族的两个根本矛盾。这两个根本矛盾更迭地起着主导作用，有时阶级矛盾占主要地位，有时民族矛盾占主要地位，近代社会中主要矛盾的这种转换关系也应该说是阶级斗争的一个重要表现。此外，从中国资产阶级民主革命的整个过程来看，曾经有三种社会力量担当着革命的领导责任，即19世纪的农民、20世纪初期的资产阶级和五四运动以后的无产阶级。虽然社会性质以及革命之反帝反封建任务并无变化，但革命动力的变化却使阶级斗争的面貌全然改观，所以革命动力的变化也是近代阶级斗争的一个重要表现。

因此，我虽然同意以阶级斗争的表现作为分期标准，但这个原则运用到近代中国社会上，就应该考察阶级斗争表现的各个方面，既要考察其高涨低落，又要考察其主要矛盾在各个发展阶段中的转换，也要考察革命动力方面的变化，而不能有所偏废。胡绳同志的具体分期，只着重考虑了革命的来潮去潮，在三个高潮的前后划分出四个低潮，形成了七个时期，这样划分不但略嫌烦琐，而且没有充分照顾到近代阶级斗争的特点。

要恰当地划分近代史的各个历史时期，必须首先认清近代社会80年间阶级斗争发展的规律。我认为由于阶级矛盾、民族矛盾的尖锐，近代史80年间始终存在着持续的革命形势。即使在革命低潮时期，中国人民也时刻表现着跃然欲起与反动势力做斗争的姿态。胡

① 《毛泽东选集》，1版，第1卷，289页。

绳同志说："中国近代史是充满了阶级斗争的历史。"① 金冲及同志反驳道："胡绳同志的提法给人一个错觉，似乎'充满了阶级斗争'这只是中国近代历史的特征。……但事实上，'充满了阶级斗争'这是一切阶级社会中共同的特征，并不是中国近代历史的具体特征。"② 我把胡绳同志的话理解为是在整个80年间的近代史上存在着持续的革命形势，革命斗争的持续不断，是由以下两个方面的原因造成的：一方面，由于封建经济结构的解体，由于中国逐渐沦为半殖民地半封建社会，在这样剧烈动荡的时代里，革命的各种矛盾错综复杂，而且日益加深，反动统治始终处在不稳定的情势中，不可能把革命势力完全镇压下去；另一方面，中国人民面临的敌人是封建主义和帝国主义相互勾结的强大反动联盟，反动势力对付革命的策略和工具是前所未有的，较之以往，要狡猾得多，厉害得多，革命势力需要长期的积聚和锻炼，不可能轻易地取得胜利。由于这两个方面的原因，所以在1840—1949年的100多年间出现了长期持续的、残酷的革命和战争的局面。这不能不说是中国近现代史的一个重大特征。

假使从阶级斗争的来潮去潮、锋芒趋向以及参加斗争的动力三个方面考虑这80年间中国近代史上的革命形势，那么其很明显地呈现出三个阶段。

革命形势第一个阶段为1840年至19世纪70年代初。这个革命形势的基本特点和封建社会历来的农民战争相仿佛，其主要锋芒是对准本国封建统治者的，参加斗争的是广大农民群众和一部分城市平民，太平天国革命战争是它的最高潮。革命形势第二个阶段为19世纪70年代初至19世纪末。这个革命形势是由外国掠夺中国邻邦和中国本土的危机所引发的，其主要锋芒是对准外国侵略者的，斗争的主力军仍然是农民群众，但这时已能看到微弱的资产阶级改良主义政治运动，义和团运动是它的最高峰。革命形势第三个阶段为20世纪初至五四运动前夕。这个革命形势的斗争锋芒又是直接对准

① 胡绳：《中国近代历史的分期问题》，载《历史研究》，1954（1）：9页。

② 金冲及：《对于中国近代历史分期问题的意见》，载《历史研究》，1955（2）：40页。

封建统治者的，但这时的封建统治者已经彻底变成帝国主义侵略中国的工具，所以这个斗争归根到底又必然是打击帝国主义的，斗争的动力不仅有农民而且有资产阶级革命派参加和领导，辛亥革命是它的最高峰。

上述革命形势的三个阶段，略相当于胡绳同志所说的三个革命高潮，胡绳同志关于近代史上三个革命高潮的论点提供了一个研究近代史的线索，但是仅仅从高潮着眼，还不能概括80年间阶级斗争的全面发展，特别是不能指明三个高潮之间在锋芒趋向和斗争动力方面的差异，不能指明其他低潮时期阶级斗争发展的方向，用革命形势三个阶段的论点，似可较全面地概括80年间阶级斗争发展的规律。

假使革命形势三个阶段的论点可以成立的话，那就应该把它作为划分历史时期的基础。断限的具体年代则要求能够充分反映革命形势这三个阶段相互连续和相互区别的关系。这样，我主张把中国近代史分成三个时期：

（1）从1840年鸦片战争至1873年云南、陕、甘回民起义被镇压，共30多年。这是外国资本主义开始侵入中国和中国农民的国内革命战争时期。

（2）从1873年至1901年义和团运动被镇压、《辛丑条约》订立，将近30年。这是外国侵略势力瓜分中国邻邦与中国本土和中国人民的民族革命战争时期。

（3）从1901年至1919年五四运动前夕，将近20年。这是资产阶级领导反帝反封建革命和从旧民主主义革命过渡到新民主主义革命时期。

四、革命形势第一个阶段概述

为了更深入地探究近代史分期问题，必须对革命形势每个阶段的发展及其与经济基础、上层建筑的关系做一些简略说明。

形成革命形势第一个阶段的经济原因应该追溯到17世纪末和18

世纪（康熙末年经雍正到乾隆初年）。当时正是中国社会经济经过了严重破坏而又走上恢复发展的时候，社会财富在迅速增加，但极大部分的财富却通过地租的形式流入地主阶级的囊中，地主阶级依靠优厚的经济势力和特殊的政治权力掌握了愈来愈多的土地，农民则陷于贫困破产的悲惨境地。这样，在封建社会内贯彻始终的主要经济矛盾——生产过程的个体性质和大封建所有制之间的矛盾——日益明显地暴露出来，周期性地发生的土地兼并又成为主要的社会问题，在阶级关系上则表现为农民和地主阶级日益严重的对抗。差不多在乾隆中叶（18 世纪 70 年代）零散的小规模的抗租、抗粮、抗捐事件开始变成较集中的规模较大的起义，革命形势在酝酿中。

当然，不能把 18 世纪末形成的革命形势看作封建社会历次农民起义的简单重复。由于当时已经处在封建社会末期，商品经济有了很大发展，在工业中出现了相当规模的资本主义性质的手工工场，如江浙的丝织业、江西的陶瓷业、云南和广东的冶铜冶铁业、四川的井盐业、陕西的伐木业、广东和台湾的制糖业等。在农业中，商业性农业有了相当的发展，农村阶级开始分化，农民逐渐接近小商品生产者，农村中的雇工数量在增多。经济发展的这种状况表明，旧的封建主义的生产关系日益不能适合新的生产力的发展，自给自足的封建经济结构进入了缓慢的解体过程。

在封建经济解体过程中社会阶级结构起了很大的变化，在当时不仅是农民和地主阶级的对立，而且在这两个阶级旁边生长起新兴市民的力量。

研究中国封建社会末期市民力量的兴起是一个极有意义的课题。18 世纪（一直到 19 世纪）中国市民力量带有这样的特点，即由于资本主义经济发展尚不充分，而且有很大部分手工工场掌握在官僚地主手中，以及由于清王朝专制淫威的肆虐，城市中等阶层（资产阶级的前身）的力量十分软弱，还不能组成一个与封建地主对立的独立营垒；可是，又由于土地兼并和高利贷的分解作用，已从农村中驱出了数量众多的农民，这些人流入城市或工矿区，集结成为一个有势力的城市平民反对派（包括手工业工人、运输工人、矿工和流浪江湖的各种流氓无产阶级的萌芽）。城市平民基本的生产地位接近于农民（都是小生产者），因此带有浓厚的农民气质。但他们又是一无所有的赤贫者，流动的、不安定的生活使他们对旧社会更少眷恋，他们的见闻一般比农民要广、要高些，在18世纪以后的革命中日益显露出重要的作用。大体上可以把天地会、哥老会这些盛行于长江以南和运河沿岸（当时经济较好的地区）的下层秘密结社看作城市平民的组织。这些组织不同于白莲教等流行于北方的迷信色彩较重的农民的传统组织。

在太平天国革命前的半个多世纪，革命形势已经酝酿成熟。1774年王伦起义以后，各地连续发生了许多起义，其中包括甘肃的回民起义、湖南贵州的苗民起义、四川和湖北的白莲教起义、东南沿海的渔民起义、陕西的伐木工人起义、河南的天理教起义以及长江以南的天地会起义等，其中以白莲教起义声势最大。但是，这些起义没能对地主阶级进行足够的打击，社会矛盾没有缓和下来。

以太平天国为主流的近代第一次农民战争是18世纪末19世纪初革命风暴的继续和更高的发展，这次规模浩大的战争和白莲教起义可以说是出于同样的经济原因。并且由于第一次鸦片战争的影响，清王朝在对外战争中的腐朽无能彻底暴露，促使十分紧张的社会矛盾再度上升到爆发点，正像马克思所说："鸦片不曾发生催眠的作用而倒发生了惊醒的作用"①。

近代史上的革命形势第一个阶段应为1840年至1873年，共30多年。即把太平天国革命的前十年和后十年都包括在内。这时，外国资本主义势力通过两次鸦片战争侵入中国，民族矛盾已成为当时的根本矛盾之一，而且在一定时间和局部地区内超越阶级矛盾而居于主要地位。但整体来说，这一阶段阶级矛盾是社会的主要矛盾，历史主流是农民的反封建革命战争。在这次战争中，太平天国当然是最高潮，但是假使把这次革命战争简单理解为只是太平军的活动，那就未免太狭窄了。在太平天国革命的前后还有天地会起义、小刀

---

① 《马克思恩格斯论中国》，172页。

会起义、金钱会起义、捻军起义、云南回民起义、陕甘回民起义等，这些起义军是太平军的掩护者、支持者、继承者，他们和太平军一起掀起了中国近代史上波澜壮阔的第一次农民革命战争。

太平天国革命与以往农民战争一样，是以农民群众为基本力量的反对封建制度的革命。但由于所处历史时代的不同，因此在阶级关系的配备上至少可以指出以下几个与以往农民战争不同的特征。（1）城市平民被大批卷入农民战争，成为革命的骨干力量。例如金田起义时有紫荆山和龙山的大批矿工参加革命；又如1852年太平军在湘南扩军，队伍从五六千人扩充到五六万人，其中刘代伟率领的矿工占二三万人；又如1852年底在湘北益阳扩军，从七万人增加到十五万人，其中绝大部分是船夫、纤工，到南京后又集合了大批织工。在太平军的领导集团中也涌现了许多城市平民出身的杰出首领，如杨秀清、秦日纲、唐正财等，城市平民参加革命使这次战争在政治纲领、组织形式、斗争形式方面发展到前所未有的高峰。（2）由于商品经济的发展和国内各地经济联系的加强，国内各少数民族在全国政治生活中日益显露出自己的重要作用。太平天国革命期间，先后有湘黔的苗民、云南的回民、陕甘的回民、新疆的维吾尔以及其他各族人民起来反对清王朝的统治，在斗争中汉族和其他少数民族人民的友谊获得进一步发展。（3）由于外国侵略势力已经通过鸦片战争打入中国，因此处在革命形势第一阶段的农民和城市平民已经在自己政权的领导下开始了反对外国干涉军的大规模战争，农民用实际行动证实了自己是反侵略的坚韧不拔的力量。

这次农民战争的性质还是一个聚讼未决的问题。许多同志坚持太平天国革命是单纯的农民战争，不是资产阶级性质的革命，例如最近康右铭在《对束世澂著〈洪秀全〉一书的几点意见》中批评束世澂把太平天国革命看作资产阶级性质的革命。康右铭同志这样写道："读者在本书中所得到的不是农民革命的概念，相反地，却有点像资产阶级民主革命。这显然是不妥当的。"① 康右铭同志写这个批

---

① 康右铭：《对束世澂著〈洪秀全〉一书的几点意见》，载《光明日报》，1956-03-01。

评的出发点显然是把农民革命和资产阶级性质的革命当作相互绝对排斥的两个概念，其实这个出发点未必是正确的。因为在太平天国革命时期，中国虽然还没有形成一支资产阶级队伍，但是判断革命的性质却不应该仅仅从革命队伍的组成因素着眼，而应该从产生革命的社会性质和革命所担负的任务着眼。太平天国革命就其参加的成员来看可以被称为农民革命，但这个处在半殖民地半封建社会条件下的农民战争客观上却是为资本主义发展开辟道路的。在这个意义上，可以把这次战争称作资产阶级性质的革命。

革命运动必然给社会思潮带来深刻的影响。从 19 世纪 40 年代到 70 年代初，中国思想界出现了农民和城市平民反封建思潮的激流，其代表人物是洪秀全，也出现了维护旧制度的巨大逆流，其代表人物是曾国藩。每一个思想家都注视着当前剧烈的阶级斗争而明确表露出自己的政治立场，中国最早受西方文化影响的思想家有的归属于（或者希望归属于）农民队伍，如洪仁玕和前期的王韬、容闳，有的归属于地主阶级队伍，如魏源、冯桂芬①和前期的薛福成。这些思想家或者同情农民革命，希望在农民政权下推行资本主义措施，或者维护地主阶级，希望托庇地主势力推行资本主义措施，但是他们的希望最后都落空了。

这里，我把近代革命形势第一个阶段的下限放在 1873 年，这是和目前近代史分期问题讨论中的断限意见略有不同的。参加讨论的同志一致认为 1864 年天京失陷标志着农民革命统一领导的覆灭，标志着农民战争低潮时期的到来，因此主张断限于此，而把 1864 年后捻军、回民的斗争都当作太平天国革命的余波而放在下一个时期，这种看法是不够全面的。诚然，天京的失陷可以被看作第一次农民革命退潮的到来，但具体分析一下便可以看出这次退潮是逐渐的、缓慢的，直至 19 世纪 70 年代才真正转入低潮。1864 年后的八九年

① 许多近代思想史书籍把魏源、龚自珍列为近代史上第一批思想家。把冯桂芬列为第二批思想家。其实龚自珍死于 1841 年，不仅没有躬逢太平天国革命的风暴，甚至没有看到《南京条约》的签订，应该把他列为近代史前夜的思想家，而冯桂芬的名著《校邠庐抗议》成于 19 世纪 50 年代，他的许多主张都是因企图消解农民革命而提出的，应该把他列为第一批思想家。

间历史的主流仍是以反封建为主的农民革命战争。黄、淮流域以及西南、东南地区的斗争方兴未艾。一切历史事件仍围绕着如火如荼的农民斗争而展开。应该说，当时整个社会的主要矛盾仍然是阶级矛盾，这段时间仍应属于革命形势第一个阶段的范围。我们仔细考察当时这些斗争的产生根源、发展过程及历史作用，就不能不承认这些斗争是构成近代第一次农民革命战争的有机部分。从其规模、影响，以及群众动员程度来看，也绝不能把它们看作太平天国革命的余波而放在无关紧要的地位。我认为，假使单纯从斗争的高涨低落着眼，固然可以得出像胡绳同志建议中 1851 年和 1864 年两个断限（讨论中的其他同志只同意以 1864 年为断限，而不同意以 1851 年为上限，这样他们既把革命逐渐来潮的时期包括在这个阶段中，又把革命逐渐退潮的时期划归下一个阶段，这种划分未免缺乏逻辑上的一贯性），但这样划分未免忽略了社会主要矛盾的转换关系，因而割裂了近代第一次农民革命战争的整体，降低了捻军、回民、苗民等斗争的意义，使这次伟大战争的全貌模糊不清。假使把 1840 年至 1873 年划成一个时期，那么就既考虑到了阶级斗争的高潮形势（包括其逐渐来潮与逐渐退潮的时期），又考虑到了主要矛盾的转换（从整体来看，以阶级矛盾为主），从而保存了整个农民革命战争的完整性。

许多人主张以 1864 年为断限的另一个理由是，这一年是社会经济发生重大变化的一年，他们特别强调 19 世纪 60 年代外国商品大量倾销和资本主义机器工业的出现。我们不主张直接用某些企业的产生和对外贸易的变化来分期，但也不反对考察这方面的变化。其实，主张以这方面的变化作为分期的说法并没有确切根据。外国商品输入是从 1840 年以来就逐渐在增加的，对外贸易老早就在不平等的条件下进行，假使从数量变化来看，对外贸易从出超到入超的转折点也是在 19 世纪 70 年代而不是在 19 世纪 60 年代，一直到 19 世纪 70 年代初，中国在有些年份还是保持出超的，当时仅丝绸、茶叶两项出口的价值就足以抵销外国输入的全部工业品（走私的鸦片除外）。一直到 1877 年中国对外贸易才从出超变成经常入超，而且入超数字年年增加，外国商品倾销的问题才日益严重。此外，又有人举出1861年福州商人购买机器制茶与1863年上海洪盛米号用机器碾米来说明中国资本主义机器工业出现在19世纪60年代（如范文澜同志文中所引）。据我所知，福州茶厂史料的可靠性颇成问题。洪盛米号创设虽较早，但其使用机器则较晚。据现所确知的材料，中国手工工场最先采用机器生产的是1872年广东人陈启元的继昌隆缫丝厂。最早带有资本主义性质的官督商办诸厂矿也到19世纪70年代方才出现，如1872年的轮船招商局、1878年的开平矿务局，至于19世纪60年代虽然已经有了使用机器的江南机器局、福建船政局、天津机器局、金陵机器局等，可是这些官办的军事工业生产的是统治阶级镇压人民的武器军火而不是一般商品。它们的资金和整个国家财政相联系，它们的利润也为国库所吸收，而不是作为追加资本进行扩大再生产，这种企业靠着国库开支维持着，而不是依靠企业内部的资本主义积累来维持并扩大。虽然这些企业应用了机器，并出现了部分无产阶级，但对整个国民经济的发展来说，影响极为微弱。

由上所述，即使从外国商品输入及资本主义机器工业的产生等经济方面着眼，把断限放在19世纪70年代初也是妥当的。

五、革命形势第二个阶段概述

近代史上的革命形势第二个阶段应该从19世纪70年代一直到19世纪末，这个阶段恰恰相当于世界列强从自由竞争的资本主义向帝国主义过渡的时期，列强对殖民地的侵略要求更加迫切。分割中国邻邦和中国领土的斗争日益剧烈。正像列宁所说：“垄断前期的资本主义，即以自由竞争制占统治的资本主义发展极广的时期，是在十九世纪六十年代和七十年代。现在我们知道，正是在这个时期以后，便开始了夺取殖民地的巨大‘高潮’，并异常加强了分割世界领土的斗争。”① 在这个“高潮”面前中国的社会经济和阶级斗争呈现

① 列宁：《帝国主义是资本主义底最高阶段》，85页。

出急剧的、错综复杂的变化。

在经济方面，太平天国革命和其他起义军的悲惨失败，使中国沿着一般正常轨道而发展起资本主义的可能性消失了。中国的经济在外力影响之下走上了歪曲发展的道路。一方面，地主官僚为巩固其统治而开办机器工厂；另一方面，旧有的手工工场陷入瘫痪，只有极少部分的手工工场（缫丝、制茶和另一些农产品加工性质的部门）开始在个别工序上采用机器。中国的资本主义沿着两条道路发展：一条是从封建官营性质蜕变为官商合办、官督商办以至纯粹商办，一些地主官僚沿着这条道路变成资本家；另一条是直接由手工工场主或中小商人投资建厂。第一条道路在近代经济发展中占着很大优势，但是不论哪一条道路都是一条漫长崎岖而走不到尽头的道路。

跟中国资本主义的微弱发展相比较，外国资本主义在华势力不知要大多少，仅仅从 1877 年到 1900 年的 24 年间，中国对外贸易入超达640 000 000多万两，这个数字接近当时清王朝将近 10 年的财政收入总和。此外，外国侵略者又在中国开设工厂。商品和资本大量输入的社会后果就是反侵略斗争的加强。从 19 世纪 70 年代初开始的革命形势第二个阶段正是在这样的经济基础上产生的。

这个阶段中国人民反抗侵略的斗争表现为三种形式：第一种是以各地农民为主力并有部分统治阶级参加的反对外国教会的斗争，这种斗争从 19 世纪 60 年代开始一直到义和团运动为止，贯串在这整个时期；第二种是中法战争、中日战争、义和团运动那样规模巨大并有清政府参加或领导的民族革命战争；第三种是资产阶级改良派和革命派的爱国救亡运动。把这个时期作为一个整体来看，民族矛盾占着主导地位。从 19 世纪 70 年代起，随着资本主义向帝国主义的过渡，中外关系一直呈现剑拔弩张的紧张形势。1874 年日本发动了志在吞并琉球的台湾战争，同时新疆问题也被牵入国际纠纷中，反映到清代朝廷里就有所谓“海防”“塞防”的争论，1875 年发生云南马嘉理案，谈判几经波折而订立了屈辱的《烟台条约》。到 19 世纪 80 年代初，琉球已被吞并，新疆问题方在尾声阶段，而越南和朝鲜问题又告紧张，1885 年中法战争结束，1886 年英国又割据缅甸，接着夺取哲孟雄，侵入西藏。葡萄牙也在这时扩大了在澳门的占领地。19 世纪 90 年代，列强从割据中国邻邦进而割据中国领土，民族斗争走向最高潮，从台湾抗战、康有为领导的公车上书、孙中山领导的起义活动、余栋臣领导的反教会斗争一直到戊戌变法、义和团运动，这次民族战争始告结束。

这个阶段的革命形势具有以下两个与前不同的特征。第一个特征是，由于外国侵略的加深，中国人民斗争的主要锋芒转向外国侵略者。在这种形势下，尚未彻底买办化的一部分中国统治阶级（包括清王朝在内）在一定程度上参加了斗争。当然，斗争的主力仍是农民群众，统治阶级只是在人民的压力下并为了维护自身利益才参加斗争的。并且，当时中国人民进行这种斗争还是缺乏经验、缺乏组织的。因此，许多规模巨大的民族战争还只能在清王朝的领导下进行，这就招致了不可避免的悲惨失败的结局。此外，反教会斗争也表现出很大的自发性、分散性以及浓厚的迷信色彩。所以，尽管这个时期各地人民被风起云涌地卷入了斗争，使倏起倏落的斗争形势持续了数 10 年，但在强大敌人的打击下，很难形成持久的、集中的、全国规模的运动。假使把这一阶段规模最大的义和团运动和前一阶段太平天国革命比较起来，义和团运动不仅时间上短促得多，而且分散的程度也严重得多。

第二个特征是，软弱的资产阶级开始跃登政治舞台，并争取到一部分中等阶层的拥护，这就是指在康有为、谭嗣同等推动下出现的戊戌变法运动，这批心怀救亡夙愿的维新志士既是中国资本主义发展的产儿，又是西方文明培养熏陶出来的学生，他们天真地企求西方资本主义老师来拯救中国，又盼望依靠清王朝里的一个派系——帝党——来实行自上而下的改革。事实嘲弄了他们，改良主义的幼稚幻想在反动势力的打击下变成了梦幻泡影。

中国资本主义经济发展的困难和资产阶级的软弱在思想界留下了很深的疤痕。这表现为近代思想史上唯物主义哲学体系的难产。19 世纪勃兴起来的今文学派进步思潮是以唯心主义作为其体系的，它是对18世纪烦琐唯物主义——汉学——的一个反动。今文学家最大的特点是积极关心现实，以“经世匡时”为抱负，反对汉学家埋头古书堆中不问世事的态度，处在剧烈变革中的现实给予了他们极大的感受，使他们形成了辩证法思想的因素，在政治上表现为提出变法的主张，这种主张适合当时历史发展的要求。可是，他们与封建制度保持着密切的联系，因此不敢也不能对腐朽事物做正面系统的抨击。大家都知道欧洲资产阶级革命前夜的18世纪唯物论是在和神学的尖锐斗争中形成的，而19世纪中国的今文学派却始终和传统的儒学、佛学保持着紧密的血缘关系。不管他们中间个别人物曾经吐露了多少唯物论的片断的词句，从其整个哲学体系来看，仍不能摆脱宗教唯心论的束缚，这一点正是中国资产阶级经济上软弱和政治上动摇的思想根源。

关于革命形势第二个阶段的下限也是值得再商榷的问题。我把下限放在1901年，但参加讨论的文章和目前近代史书籍都以中日甲午战争为断限。我认为，以甲午战争为断限就会产生两个缺点：第一个缺点是，忽略了长期积累起来的反教会斗争与义和团运动之间的联系。19世纪60年代以后，反教会斗争此起彼伏，成为本时期内人民力量的主要表现，义和团运动正是这种斗争的汇集和继续。以往我们常常仅从甲午战争后外国资本的输入和农村的破产中寻找义和团运动产生的根源，常常仅从古代白莲教起义中寻找义和团思想内容和组织形式的根源，这样做是不够全面的。义和团运动产生的根源，其思想信仰和组织形式，主要应从40年来的反教会斗争中寻找，因为义和团运动是40年来自发反侵略斗争发展的最高峰，假如把甲午战争作为断限就不啻腰斩了这次长期积累起来的革命形势。(附带提一下，有些同志很不重视19世纪70年代以后的反教会斗争，可能他们认为1870年天津教案后，教案纠纷逐渐减少。然而，仅仅根据燕京大学所编《教案史料编目》，就可以约略看出19世纪70年代以后的反教会斗争正进入巨大的发展时期，无论从次数、规模、参加群众、组织形式、影响地域等哪个方面来看，都不能得出斗争逐渐减少的结论。目前关于这个问题的研究还没有展开，充分研究19世纪下半叶以及20世纪初的反教会斗争是理解这一段历史的关键。)

第二个缺点是，忽略了中法战争、中日战争和义和团运动三次民族战争之间的共同性。这三次战争都是反对外国侵略者夺取中国邻邦和中国本土的领土，亦即反对外国侵略者分割殖民地的战争，其反面都不同程度地带有帝国主义侵略战争的性质。这和两次鸦片战争都不同，两次鸦片战争中侵略者的主要目的是打开中国的大门。这和20世纪也不同，到了20世纪中国统治者已完全屈服在帝国主义侵略势力面前，除了在一个帝国主义支持下反对另一个帝国主义以外，不可能独立地进行反侵略战争。

许多人主张以中日甲午战争为断限，还持着一种表面上看来似乎很有力的理由。他们认为，这次战争是资本主义侵略到帝国主义侵略的转折点，其实这种论据是不够妥当的。因为列强从资本主义向帝国主义过渡是从19世纪六七十年代开始的，一直到19世纪末20世纪初才完成。这是一个相当长的历史时期。与这个过渡相适应，旧中国从自由资本主义时代的半殖民地半封建社会转变到帝国主义时代的半殖民地半封建社会并不是在几天、几月和几年内完成的。我们既然不可能把世界资本主义到帝国主义的转变规定在几天之内，那么我们也就不能把中国近代史截然划分成两橛。孙守任同志主张以中日甲午战争为界标把近代史划分成两大阶段——自由资本主义时代的半殖民地半封建社会和帝国主义时代的半殖民地半封建社会。这种主张不仅过分重视外来因素而忽略了本国阶级斗争和民族斗争发展的整体，而且给人一种错觉，似乎世界资本主义到帝国主义的过渡不是经历一个长的历史时期而是在很短的时间内完成的。

假使根据民族斗争的发展把19世纪70年代到19世纪末看作近代史上的一个历史时期，这和世界形势完全符合，即相当于世界列强由资本主义到帝国主义的过渡时期。这种符合并不是偶然的，因为这个时期内民族斗争的加强正是列强向帝国主义过渡时期加紧侵略中国的结果。因此，我们说，在这个时期内列强对中国进行的三次大规模的战争——中法战争、中日战争、八国联军侵华战争，都在不同程度上带有帝国主义侵略战争的性质。

最后，附带提一下：由于许多人把断限放在1864年和1894年，这样就产生了1864年至1894年这样一个颇难处理的时期。他们把革命形势第一个阶段的后期和革命形势第二个阶段的前期硬凑在一起，因此就弄不清这一阶段阶级斗争的特征。孙守任、金冲及两位同志都把这个时期的阶级斗争看作和太平天国革命同样的类型，忽略了19世纪70年代以后斗争锋芒的主要趋向是针对外国侵略势力的。胡绳同志把这个时期称作“半殖民地半封建的社会和政治形成的时期”，没有确切地指明这个时期阶级斗争的特征和趋势。范文澜同志则只是陈述了一些历史资料而没有充分阐发这个时期的阶级关系和斗争形势。

假使抛开1864年和1894年的断限，则可以比较容易地把握近代阶级斗争的规律性：从19世纪70年代初，不仅近代第一次农民革命战争转入低潮，而且随着外国侵略的加紧和资本主义机器工业的出现，民族矛盾逐渐尖锐化而发展为各种形式的民族战争；伴随着资本主义的发展和民族战争的开展，资产阶级逐渐抬头，形成资产阶级改良主义的思想运动和政治运动。19世纪70年代以后30年间的历史事变，都可以贯串在这样的线索上来理解。

六、革命形势第三个阶段概述

历史的进一步发展使中国资本主义发展的两条道路日益明显。一方面是各地官僚地主创办了若干企业而使自己成为资本家，另一方面是无数停留在手工工场阶段的中小企业主以及带有资本主义自发倾向的城乡小资产者渴望上升为资本家。这两种社会势力具有不同的经济要求和政治要求，前者有利于保存封建主义，努力使自己和旧势力相安共处，后者有利于彻底摧毁旧势力，努力要把革命进行到底。

假使19世纪末由于经济发展还不够充分，因此两条道路的分歧还被反对瓜分、要求变革的强烈呼声所掩盖着，那么20世纪初经济的进一步发展就把这个分歧尖锐地提出来了。改变旧制度这已经是全国人民的一致要求，连清政府也不得不颁布新政命令以欺骗人民。问题是怎样改变旧制度，通过革命的道路还是通过改良主义的道路，广大的小资产阶级和一部分中等资产阶级、华侨资产阶级拥护前一条道路，而从官僚地主转化过来的大部分资产阶级则拥护后一条道路。

目前许多近代史著作里，对于近代中国资本主义发展的两条道路并未给予适当的重视。许多同志惯常从机器工业的发生、发展来判断中国资本主义所经历的途径。当然这是一个重要方面，但仅仅有这个方面是不能概括中国资本主义发生、发展的全貌的，中国机器工业的发展本来就很不充分，可是在那些数量很少的机器工厂的周围还存在着成千上万的手工工场和小作坊，此外还有处在城市资本主义影响下的农村经济。随着中国资本主义的发展，城市小企业主、小商贩和农村的小私有者构成了为数众多的中小资产阶级。他们自发的具有资本主义倾向，其中少数人也真正爬到了资本家的地位。根据1912年农商统计，全国共有工厂20 749家，其中“原动力使用”（略相当于机器工厂）的363家，“原动力不用”（略相当于手工工场和家庭作坊）的20 386家，假使只按企业的数目计算，则当时机器工厂只占全国工业制造户的1.7%，而手工工场和小作坊占98.3%。[①] 另外，根据严中平等的统计资料，1912年煤铁的机械生产与土法生产为如下比例：机械开采的煤占产量的57%，土法开采的煤占43%；机械开采的铁占产量的30.6%，土法开采的铁占69.4%；机械冶炼的生铁占产量的4.5%，土法冶炼的生铁占95.5%。

以上两个统计表明，在中国机器工业发生、发展的同时，存在着大量的手工工场和小作坊，它们虽然很少能发展成大企业，但是

① 这是40多年前的统计，不但统计项目很简单，而且数字不精确，所以只能表明一个大概趋势，因为原统计只标明工厂数目，故“原动力使用”的工厂只占极小的百分比，若以资本额、产值、产量等计算，机器工厂所占百分比是比较大的。

它们也在为自己的迅速发展而积极地开辟一条革命的道路，只有在这样经济发展的基础上才能对 1905 年革命派和改良主义者的论战做进一步的探究。

在 1905 年的论战中，资产阶级革命派提出了推翻清王朝、建立民主共和国和实行土地国有（或平均地权）的主张，这是争取资本主义得以迅速广泛发展的革命道路；而资产阶级立宪派提出君主立宪、开明专制的主张，他们由于畏惧革命的群众、畏惧帝国主义的干涉、畏惧触犯与自己利益有密切联系的封建制度，因而希望资本主义缓慢地发展而不至危及封建统治。在革命潮流汹涌到来的前夜，这种主张客观上变成清政府的辩护词，立宪派最后也不能不堕入反对革命的泥潭。

历史的发展注定了顽固地反对新事物的清政府必然走向灭亡。当时不仅资产阶级革命派和广大群众的革命情绪日益高涨，而且由于清政府借预备立宪为名，玩弄政治手腕，排挤汉族官僚的地位，这就使得清政府跟立宪派和汉族官僚的矛盾加深了，反动势力的内部分化为革命派组织进攻提供了良好时机。

辛亥革命是资产阶级小资产阶级领导下反对帝国主义和封建主义的革命，毛主席称它是“比较更完全的意义上”的旧式资产阶级民主主义的革命。这和革命形势前两个阶段仅有农民参加的情况迥然不同。革命形势这个阶段的形成大体上是在义和团运动失败和《辛丑条约》订立以后，当时阶级配备的情况是这样的：

其一，在反动势力方面，帝国主义自从受到义和团运动的反抗，已经不敢高言瓜分中国，而且 20 世纪初国际形势日益紧张，德国、美国、日本等后起的帝国主义国家实力增长，重新分割世界的战争迫在眉睫，各国忙于扩军备战，并把视线转移到欧洲，它们在中国就从瓜分中国的策略转移到维持现状、维持清政府统治的策略，除了俄国和日本以外，其他国家都把公开掠夺的凶恶面目暂时隐蔽下来（俄国在日俄战争后也采取退守北满阵地的策略，日本虽然发展很快，但实力不足）。在这种形势下，民族矛盾逐渐缓和下去。另外，清王朝几十年来连续在对外战争中失败，在一连串战争中，中国统治者深切体会到外国的利益是丝毫触犯不得的。19世纪，中国统治者在人民力量的压迫下还能单独地与外国作战，甚至有时还敢同时开罪许多资本主义帝国主义国家，应该说这除了策略上的愚蠢之外还不能不说是需要勇气的。可是进入20世纪，中国反动政权已完全变成外国侵略者的工具，清王朝对外国主子只能唯命是从。这种情况激发起广大人民对清政权的愤慨，使先进分子得出了“只有推翻清政权才能挽救中国”的结论。所以，20世纪初革命锋芒逐渐转向依附于外国的封建统治者。

其二，从革命力量方面看，整个19世纪，历史的主流都是农民战争（当然也包括城市平民）。自从义和团运动惨遭失败后，农民的革命力量受到很大损失，在一个短时期内来不及恢复，当辛亥革命时，虽然也有各地抗粮、抗捐的斗争，农民群众仍然是革命的主力军，但是究竟没有形成一次大规模的农民战争的配合。毛主席在《湖南农民运动考察报告》中说：“国民革命需要一个大的农村变动，辛亥革命没有这个变动，所以失败了。”① 为什么没有这个变动？这虽然要责备资产阶级革命家对农民力量的轻视，但这也是由1900年义和团运动中农民革命力量损耗太多所造成的。

有些同志把同盟会成立认作资产阶级领导革命的开始，这个主张我不能赞同。我认为，问题也可以颠倒过来看，即同盟会的成立当然对推进革命有极大意义，但同时也可以被看作1901年以来革命形势发展的一个结果。在同盟会成立以前，鼓吹革命的书报刊物已经大量发行，资产阶级小资产阶级知识分子已经深刻体会到不推翻腐朽的清王朝的统治就不能救中国；在这时兴中会、华兴会、光复会等革命小组织已经先后形成，同盟会的成立正反映着当时革命发展的要求，要求把许多具备革命思想的小团体和个人统一在一个组织、一个纲领下。

又有人主张把1912年袁世凯篡夺革命成果作为一个断限，这个主张我也不能赞同。因为1912年固然标志着旧式资产阶级民主革命

---

① 《毛泽东选集》，1版，第1卷，16页。

的破产，但是在这以后的六七年内，革命家仍在旧民主主义的革命道路上摸索前进。如“赣宁之役”“反袁之役”“护法之役”，这些都是资产阶级革命派在实力和威信日益低落的情况下所领导或参加的斗争，跟辛亥革命并没有本质的差别，因此这个阶段基本上仍属于革命形势第三个阶段的范围。

还有人主张以 1914 年为断限，这种主张是完全站不住脚的，因为在 1914 年除了从世界范围看爆发了第一次世界大战之外，国内的阶级斗争并未发生任何足以考虑历史断限的大事件，当时袁世凯的反革命专制权力正在进一步集中，但尚未崩解。也许主张断限于此的同志是为了重视第一次世界大战对中国经济方面和阶级斗争方面的影响。依我看来，这次世界大战的影响固然不容忽视，但这种影响的集中表现可以说体现在五四运动爆发时。五四运动的发生正是第一次世界大战中帝国主义无暇东顾，因而中国资本主义有所增长，工人阶级迅速壮大，以及俄国十月社会主义革命后马克思主义在中国传播等的结果。假使把第一次世界大战直接作为断限，那就是不通过内部根据来解释外部条件的影响，这种论点是带有本末倒置的外因论倾向的。

以上是我对近代史分期问题的初步意见，提出来向大家请教。

中国近现代史的研究如何深入*

新中国成立以来，中国近现代史的研究蓬勃发展，取得了很大的成绩。在旧中国，多数历史学家致力于秦汉以前的古史研究，成就卓著。可是，由于种种原因，忽略或回避了对晚近历史的研究，致使近现代史呈现一片荒芜，可读的著作、论文寥寥可数。现在这种情况已完全改观，中国近现代史得到了普遍重视。经过38年的努力，特别是近8年来的努力，中国近现代史学术园地中百花争妍，成果丰硕，人才济济。国内以及海外，有很多专家对许多历史问题收集了资料，进行了分析，写出了有分量的文章和专著。无论宏观框架的构筑、微观情节的充填，都做了大量有意义的工作。在教学和科学研究中，中国近现代史和中国古代史、世界史呈现鼎足而峙之势。

任何一项工作，在经过迅速发展并取得显著成绩之后，人们总要回顾所得的成绩，总结过去的经验，展望今后的前途。新中国成立以来中国近现代史研究的突飞猛进带来了一种错觉，仿佛研究工作快到尽头了。作为一门已有深厚基础的学科还会怎样发展？我们的研究工作该怎样深入？该怎样突破？

当然，科学的本性就是不断地发展，它不会停留在某个地方。因此，人们的研究会日益深化、前进。尽管客观历史早已形成，已是一个过去完成式，但人这一主体的条件、立足点和认识能力却在不断改变或提高；难以数计的历史资料也在被不断地搜集、整理、披露、考订，因此，人类对过去历史的认识就不会穷尽、不会终结。研究者所处时代的差异，其理论观点、认识方法、价值观念、研究

---

* 原载《人民日报》，1987年7月17日。

手段的差异以及掌握资料之多少、精粗、真伪的差异，使他们对同一段历史会得出很不相同甚至截然相反的结论。研究工作日新月异，不断提高，前人的研究成果，后人不断地加以丰富、完善，或者修正、推翻。人类的认识将从表层走向深层，从现象走向本质，从未知走向已知，从简单联系走向复杂的系统和结构。

尤其是近现代历史十分错综复杂，事态的矛盾、后果需要经过较长的时间才能暴露。因此，人们随着历史的前进需要经常回顾和反思刚刚走过的路程，每一次回顾和反思都必能得到新的认识与教益。譬如一座高大的山峰，当你走出一定距离再回头看的时候，它像一幅高悬在天空中的巨大画卷，雄壮而巍峨的形象格外地清晰、鲜明。

正因为如此，中国近现代史的研究不会到头。可以期望，在以下四个方面，近现代史的研究将会取得新的进展。

第一，马克思主义的理论将是指导近现代史研究工作继续发展的指南针。马克思主义不是狭隘的、封闭式的教条，它能够充分地吸收当代科学的新成果，不断地丰富和发展自己。当代，迅速发展中的自然科学和思维科学正在叩响社会科学的大门，越来越多的人，特别是中青年史学工作者试探着把系统论、控制论、信息论以及数量分析法等应用于历史研究。在历史唯物主义的指导下，人们研究社会历史和人类自身的方法更加缜密、更加多样化，在科学发展综合化的趋势下，运用自然科学总结出的新方法，将有助于历史研究工作转到多层次、多角度的广阔轨道上去。当然，运用这些方法，应该经过抽象的概括和科学的验证，应该舍弃只适用于某些学科的具体形式，使方法具有广泛的适用性，而不是简单地、生硬地搬用。重要的是要引进、学习、探索、掌握各种新的研究方法，并且不要忘记：每一种新方法都有合理的应用界限，不可以任意夸大、滥用。

第二，近几年来，中国近现代史的研究领域有较大幅度的拓展，逐渐突破了近代史上八件大事、现代史上路线斗争的单一格局。人们的思想更加解放，视野更加宽广，高屋建瓴，目光四射，新的研究课题层出不穷。当前，适应我国现代化建设的需要，许多新兴学科蓬勃发展。历史学是传统的基础学科，和各门学科都有密切的关系，而各新兴学科的进展也需要有新的探索。古老的历史学科应该开辟那些过去少人问津，而现在又为现代化建设所需要的边缘空白地带，以焕发青春、服务现实。如近现代城市史、区域经济史、边疆开发史，近现代社会史、文化史、人口史、宗教史、灾荒史、生态环境演变史，还有从前被视为禁区的一些问题，统治阶级内部派系和斗争，反面人物的是非功过以及有关衣食住行、婚丧节庆等社会底层的风俗民情等，都可以被提上研究日程。这样，我们对近现代历史的认识将会更加全面、更加丰富、更加合乎实际。

第三，要把中国近现代史放在世界史的广阔背景下加以研究。全世界的近现代史是各国人民争取独立、民主、繁荣并走向社会主义的漫长过程。历史的发展既有普遍性，又有特殊性。各个国家、各个民族在前进中经历了极不相同的路程。像 1789 年法国资产阶级革命和 1917 年俄国十月社会主义革命对世界与中国产生了巨大的影响。从一定意义上可以说，中国近现代历史是在这两次伟大革命的旗帜下走过来的。但是，基于国内外的不同条件，中国在民主革命中既没有也不可能走上资本主义道路，建立资产阶级专政；在社会主义革命和建设中，也不能仿照苏联的模式。中国的革命和建设，只能以马列主义为指导，结合本国的国情，吸收先进国家的经验，在实践中开辟自己的前进道路。从经济、政治、外交、军事、法治、民族思想文化等多方面比较各国情况的相似性和差异性，考察世界发展的一般趋势和中国革命的具体经历，将能给人以启示和教益，将能帮助我们从宏观角度观察中国的过去和未来，帮助我们探索适合中国国情的社会主义现代化建设道路。

第四，中国近现代史的资料浩如烟海、数量庞大、种类繁多。有档案、官书、文集、方志、笔记、日记、碑版、谱牒、信札、契据、报刊等；有汉文的、少数民族文字的以及各种外国文字的；有公开刊印、广泛流传的文件书籍，也有许多尘封蠹蚀、罕为人知的稿本、抄本、公私档案。这些史料中有对各种历史事件详尽真实的记录，但也有种种歧异、舛误。进一步发掘珍藏的史料，对具体问题进行细致的考证、勘误、辨伪是十分重要的。马克思主义不赞成用史料学代替历史科学，但历史研究必须以史料的搜集、整理、排比、考证为基础。史料的突破常常会导致研究的突破，修正或改变人们对重大历史问题的看法。每一个历史研究工作者都必须勤奋、艰苦地做史料工作，只有在大量准确、可靠的史料基础上，才能有科学的历史研究。

我相信，近现代史的研究并无止境，不会停滞下来，今后，在以上几个方面进行努力，都将取得成绩和进展。

尽管中国近现代史方面已发表了很多论文、出版了很多著作，同一个题目被不同的学者一遍又一遍地研究过了，但我们仍然可以通过几种途径，在近现代史研究方面开拓新局面。对史料的发掘、整理、考证是途径之一。史料工作本来就是历史研究的基础工程，没有丰富而经过甄选的史料，就不可能建筑起宏伟的科学殿堂。特别是中国近现代史的资料丰富浩瀚、真伪杂糅、种类繁多，史料的搜集、辑录、考证、翻译、刊布工作亟待进行，在这方面大有用武之地。我相信，史学工作者只要肯下功夫，努力耕耘，长期坚持，必能有所收获，必能把近现代史的研究推向前进。

要重视学习中国近代史*

中国近代史应该从1840年旧民主主义革命开始的鸦片战争算起，到1949年新民主主义革命胜利、中华人民共和国成立为止，共110年，包括整个民主革命的全过程。这是中国在帝国主义的侵略下，从封建社会沦为半殖民地半封建社会的历史，又是中国人民奋起反对帝国主义、封建主义的侵略和压迫，经过长期艰苦的斗争，变半殖民地半封建的旧中国为社会主义新中国的历史。这110年，中国社会发生了极其迅速而剧烈的变化，中国人民经历了难以叙述的苦难。在外国的侵略下，原有自给自足的封建经济结构逐渐瓦解，商品经济得到了发展，出现了资本主义的工商业，但是，封建经济的基础仍然保持着，仍然很强大。帝国主义勾结、支持封建地主阶级、大资产阶级，牢牢控制着中国的经济、政治和文化，残酷地压迫和剥削中国人民，竭力阻挠中国的进步。中国的资本主义经济虽然产生了，但“先天不足，后天失调”，在重重的压抑下，得不到正常的、健康的发展，因此，中国不可能像欧美国家那样，建立资本主义社会。在帝国主义、官僚、军阀、豪绅的统治下，中国经济凋敝，政治混乱，内战不息，灾荒频仍，豺狼当道，暗无天日。劳动人民衣不蔽体，食不果腹，过着牛马不如的生活，中华民族处在存亡绝续的艰难危急之中。中国人民不甘心任人宰割，他们前仆后继，奋不顾身，和侵略者、压迫者进行殊死的战斗，中国近代史上的阶级斗争空前激烈而复杂。帝国主义、地主阶级和大资产阶级组成了顽固强大的反动营垒，它们在中国社会生活的各个领域占据着支配地位，疯狂地反对人民，一次又一次规模极为壮阔的革命运动都在

---

* 原载《前线》，1981年第3期。

强大敌人的血腥镇压下失败了，无数的革命烈士为此抱终天之恨。中国的民主革命时间很长，道路很曲折，牺牲很重大。中国的农民阶级一直是活跃在近代历史舞台上的革命主力军，先是独立地承担反帝反封建的任务，发动了太平天国革命和义和团运动，以后又在中国无产阶级的领导下，成为无产阶级最重要、最亲密的同盟军。中国的资产阶级和无产阶级诞生于帝国主义入侵中国之后，中国的资产阶级分成两个部分：大资产阶级依附于帝国主义，站在反革命方面；而民族资产阶级虽然也和帝国主义、封建主义存在着千丝万缕的联系，但又受它们的压迫，和它们有深刻的矛盾。在中国无产阶级自觉地登上历史舞台之前，民族资产阶级曾经是中国革命的领导者，它组织和发动了辛亥革命那样全国规模的革命，推翻了清王朝。但是，由于民族资产阶级的软弱性、妥协性，未能领导革命取得彻底胜利，革命的果实被帝国主义扶植的大军阀、大官僚所篡取。后来，民族资产阶级参加了中国无产阶级领导的新民主主义革命，它和城市小资产阶级都属于人民的范畴，都是革命统一战线中的成员。至于中国的无产阶级，它身受三重压迫，革命最坚决；它和先进的生产方式相联系，有远大的目光，有很强的组织性、纪律性；它较早接受了马克思列宁主义作为指导思想。由于主客观的和国内外的种种条件，民主革命的领导重任必然地落到了中国无产阶级的肩上。无产阶级的革命领导权是通过中国共产党实现的。中国共产党是中国无产阶级的先进的、有组织的部队，以毛泽东为主要代表的中国共产党人把马列主义的普遍原理和中国革命的具体实践相结合，形成了适合中国情况的科学的指导思想，这就是毛泽东思想。自从 1921 年中国共产党诞生以后，中国革命就进入了新阶段，打开了新局面。在中国共产党的领导下，组成了浩浩荡荡的革命大军，经历了北伐战争、土地革命战争、抗日战争和解放战争的漫长历程，中国人民冲破了千难万阻，战胜了穷凶极恶的阶级敌人，终于取得了新民主主义革命的伟大胜利，建立了社会主义新中国。一部中国近代史，就是中国的无产阶级、农民阶级、民族资产阶级和小资产阶级为了解除帝国主义、封建主义的压迫，使中国摆脱贫困落后状态，争取民主、独立，并进而建设繁荣、富强的社会主义国家的英勇奋斗史。

中国近代史的内容多么的丰富、生动、曲折！这 110 年间，充满着可歌可泣的英勇斗争的事迹，留下了许多成功或失败的宝贵经验教训。它离开我们的时间很近，是我们祖、父、兄辈出生入死，进行斗争的舞台，跟现实和未来的关系极为密切，今天和今后出现的问题与矛盾，都要到中国近代史上寻找自己的来历和根源。中国近代史是我们认识中国国情、提高思想觉悟、学习优秀传统、发扬革命精神的不可缺少的教材，是我们汲取智慧和力量的取之不竭的源泉。毛泽东说要认真学习历史，“今天的中国是历史的中国的一个发展”①，“不但要懂得中国的今天，还要懂得中国的昨天和前天”②，“特别重要的是中国共产党的历史和鸦片战争以来的中国近百年史”③。

今天，全国人民在十一届六中全会精神的指引下，正意气风发地走在实现“四化”的新长征的道路上。学习是一项特别重要的任务，学政治、学科学、学技术、学文化。只有提高思想水平，精通各种本领，才能为实现“四化”多做贡献。中国近代史是极其重要的学习项目。这是因为：

第一，学习中国近代史，可以更加坚定我们走社会主义道路的信念。

中国近代的历史证明，千千万万的革命先烈和志士仁人，为拯救国家和民族的危亡，从事斗争，进行探索，曾经设计了种种救国的方案，但是很多方案被实践所抛弃，证明是行不通的。只有社会主义才能救中国，这是历史的结论。

当初，以洪秀全为首的太平天国农民英雄们，奋起反对清王朝的封建统治，建立了革命政权，颁布了《天朝田亩制度》，提出“有田同耕，有饭同食，有衣同穿，有钱同使，无处不均匀，无人不饱

---

① 《毛泽东选集》，1 版，第 2 卷，499 页。
② 《毛泽东选集》，1 版，第 3 卷，759 页。
③ 同上书，756 页。

暖”的社会理想，反映了亿万贫苦农民一心向往的愿望。但是，这种按照小农经济狭隘范围而设计的社会蓝图，排斥大工业和商业，违反经济发展的要求，不能促进生产力的发展，不可能真正地付诸实施。太平天国革命的失败说明，按照小农经济改造整个中国社会的设想是根本行不通的。

19 世纪末，以康有为为代表的资产阶级维新派发动了戊戌变法运动和思想启蒙运动，开学堂、办报纸、兴实业，介绍西方的资产阶级学说和制度，企图把中国推上资产阶级君主立宪的轨道。康有为描绘了一个没有压迫、没有苦难、人人平等的大同世界的乌托邦。可是，反动派不允许对腐败的局面进行任何改革，无情的屠刀对准了维新的志士们，一切变法措施和思想乌托邦都落空了。正像毛泽东所说：“康有为写了《大同书》，他没有也不可能找到一条到达大同的路。”①

20 世纪初，中国人民觉悟到，要救亡图存，就必须用武力打倒帝国主义的走狗清朝政府。伟大的革命先行者孙中山先生提出了“驱除鞑虏，恢复中华，建立民国，平均地权”的旧三民主义，中国第一次有了明确的资产阶级革命纲领。资产阶级革命派领导和动员了千百万群众，奋起战斗，推翻了清朝政府，结束了长达 2 000 多年的封建帝制，这是不可磨灭的伟大功勋。但是，旧三民主义的纲领仍然行不通，辛亥革命以后，大地主、大军阀篡权横行，议会民主被践踏，民主约法被废弃，各派军阀争权夺利，连年混战。人民群众毫无权利，更加陷于水深火热之中。

旧民主主义革命的 80 年深刻地教育了中国人民，农民的和资产阶级的方案相继失败，都不能拯救中国。此后的中国革命分成了两步走：第一步，由中国共产党领导人民大众，推翻帝国主义、封建主义的统治，取得新民主主义革命的胜利；第二步，当新民主主义革命在全国取得胜利后，必然会不停顿地转变为社会主义革命，废除生产资料私有制，消灭阶级剥削的基础。这两步紧密地相互衔接，

---

① 《毛泽东选集》，1 版，第 4 卷，1360 页，北京，人民出版社，1952。

不容横插资本主义阶段。中国的近代历史证明，社会主义是民主主义革命发展的必然趋势。只有社会主义才能救中国，才是复兴中华民族、实现四个现代化的康庄大道。正像叶剑英在国庆三十周年讲话中所说：社会主义制度不是无缘无故地在中国出现的，它是中国历史发展的必然结果，是中国亿万人民在长期奋斗中做出的决定性选择。

第二，学习中国近代史，可以进一步认识中国共产党的伟大、光荣、正确，认识马列主义、毛泽东思想的伟大指导作用。

中国革命的敌人是十分强大而狡猾的，帝国主义、封建地主阶级、大资产阶级有丰富的统治经验，拥有经济、政治、军事、文化的全面优势，战胜这样强大的敌人是极为困难的任务。"敌强我弱"是中国近代革命运动的基本特征。在中国共产党诞生之前，许多革命先烈抛头颅、洒热血，进行了极为艰苦的斗争，但是这些斗争都失败了。斗争失败的重要原因是没有坚强的革命领导，缺乏科学的指导思想，因此不可能扭转敌强我弱的客观形势。只有作为中国无产阶级先锋队的中国共产党，才能领导人民大众，克服重重险阻，推翻帝国主义、封建主义和官僚资本主义三座大山。历史证明：中国共产党是中国人民的领导核心。它坚韧不拔，朝气蓬勃，全心全意为人民服务，并且敢于斗争，善于斗争；它能够动员和团结亿万人民群众，在困难复杂的环境中，将中国革命引向一系列的胜利；它在失败时不气馁、不退缩，在胜利时不居功、不骄傲，永远向着社会主义、共产主义的远大目标奋勇前进。中国共产党无愧于伟大、光荣、正确的称誉。有了这样的领导核心，中国人民才有今天的解放，也才有未来的光辉前程。

中国共产党是以马列主义、毛泽东思想武装起来的政党。中国人民通过俄国的十月革命找到了马克思主义的科学理论。"十月革命一声炮响，给我们送来了马克思列宁主义。十月革命帮助了全世界的也帮助了中国的先进分子，用无产阶级的宇宙观作为观察国家命运的工具，重新考虑自己的问题。"① 但是，如何运用马列主义原理

---

① 《毛泽东选集》，1版，第4卷，1360页。

于中国这个半殖民地半封建的大国，指导中国的革命，仍然是巨大而未解决的课题。党在历史上曾经一再重犯教条主义或经验主义的错误，使革命遭到重大的损失。毛泽东的伟大贡献就在于克服了种种错误思想，端正了方向，挽救了革命，在党和人民的集体奋斗中，把马列主义的普遍原理同中国革命的具体实践成功地结合起来，总结与创造了一整套符合中国情况的革命理论和战略策略，引导革命取得了伟大胜利。

毛泽东思想是党和人民的集体智慧的结晶，是全民族最可宝贵的精神财富。尽管毛泽东晚年犯有严重错误，使党和国家遭到很大的损失，但毛泽东思想是使中国摆脱半殖民地半封建地位的强大的精神武器，并且是今后指导我们实现“四化”、建设现代化的社会主义强国的唯一指针。离开了毛泽东思想，我们便会迷失方向，失去主心骨，造成政治上、思想上的混乱，建设社会主义、共产主义的宏伟目标就不可能达到。

第三，学习中国近代史，可以使我们更好地继承与发扬爱国主义和革命英雄主义精神。

在100多年反对帝国主义和封建主义的伟大斗争中，千千万万革命志士在爱国主义和革命英雄主义精神的鼓舞下，为拯救国家危亡、复兴中华民族血洒大地，英勇献身。他们以百折不挠的勇气、大无畏的精神在中国近代历史上谱写了无数气壮山河的战歌，哺育和激励着后继的革命者。中国人民确有充沛的爱国热情和英勇的斗争传统，不管敌人的力量多么强大、手段多么凶残，斗争的环境多么不利，中华民族的优秀儿女们都从不畏怯退缩，从不奴颜婢膝，从不心灰意冷，不屈不挠、再接再厉地战斗着。他们的胸中燃烧着真理的火焰，不畏漫长黑夜的严寒，执着地、勇猛地前进，坚信革命必能胜利，国家必能强盛，民族必能复兴。这种爱国主义和革命英雄主义的传统，从旧民主主义革命时期到新民主主义革命时期和社会主义革命时期，一脉相承而日益高昂。在中国共产党的斗争史上得到了最为集中、最为光辉的发扬。老一辈的革命家都是中国历史上最杰出的爱国主义者和最豪迈的革命英雄主义者。无产阶级革命家方志敏在狱中写下了辉煌的遗篇《可爱的中国》；许多共产党员写下了“砍头不要紧，只要主义真”“革命何须怕断头”等壮丽感人的诗篇。他们有强烈的爱，爱祖国、爱人民、爱自由；他们有坚贞的信念，相信真理必将战胜邪恶，共产主义一定会实现。人是要有一点精神的，一个国家、一个民族更需要有这种精神。一部中国近代史充满着爱国主义和革命英雄主义精神，每当帝国主义国家加紧对中国的侵略和压迫，在中国人民中就会激起波澜壮阔的爱国和革命的热潮，可歌可泣的斗争事迹，不畏强暴、勇敢献身的英雄人物，何止千千万万。正是爱国主义和革命英雄主义精神的高度发扬，使我们伟大民族经历了长期的历史变迁而仍保持着蓬勃生机，使任何帝国主义都不可能灭亡中国，也使我们实现四个现代化的宏伟事业有了强大的推动力。

总之，学习中国近代史是大有教益的。近代史上的许多次轰轰烈烈的斗争虽然已成为历史的陈迹，但历史是既不能割断又不应遗忘的。过去的斗争是后来人民革命胜利的伟大基石。我们要善于向历史学习，向过去的斗争学习，吸取历史的经验教训，继承革命的优秀传统，认识中国的过去和今天，用历史的规律性知识武装自己。这样，我们就能更好地为社会主义服务，建设光辉灿烂的未来。

进一步重视太平天国史的研究*

太平天国史，可以说是中国历史学研究最发达的分支之一。几十年来，研究工作十分繁荣，人才辈出，成果累累。新中国成立以前，就有一些专家学者在太平天国史研究领域辛勤工作，收集资料，撰写了一批论文和著作。新中国成立以后，史学工作者以马克思列宁主义、毛泽东思想为武器，研究、分析太平天国革命的历史，使研究工作在数量和质量上都发生了根本性的飞跃，作品大大增多，队伍迅速扩大，研究水平有了显著提高。像罗尔纲先生等学者勤奋钻研，严肃认真，历久不懈。从史料的搜集、考证，史事的分析、叙述，到对这次农民战争全局的规律性探讨等，都有了重大突破。据 1979 年的粗略统计，30 年来公开发表的太平天国史论文将近 2 000篇，平均每年 60 多篇，这是很大的数量，在历史学的各个分支中恐怕是首屈一指的。近两年来，文章、著作和资料集更多了，如牟安世的《太平天国》增订版，茅家琦、方之光、童光华的《太平天国兴亡史》，董蔡时的《太平天国在苏州》，王庆成的《石达开》，苏双碧的《太平天国人物论集》，以及即将出版的罗尔纲的《李秀成自述原稿注》、戎笙等的《太平天国历史的叙述和分析》，等等。1980 年发表的论文有 173 篇，1981 年估计约达 100 篇。还有，全国性的学术会议相继举行，从 1979 年南京会议以后，接着 1980 年苏州会议，1981 年广州—桂平—桂林会议和四川石棉会议，共开 4 次盛会，中外学者济济一堂，切磋琢磨，大大推动了太平天国史的研究。

太平天国的研究确实取得了很大的成绩，但当然也不能说研究工作已经到头了，已经尽善尽美了。知识无止境，研究和探索无止

---

* 原载《步入近代的历程》，沈阳，辽宁大学出版社，1992。

境，太平天国史中还有许多问题存在着重大的意见分歧，还有许多史事真相并没有弄清楚，我们的著作太少而不是太多，还有许多工作应该做。譬如说，我们需要深入进行多方面的专题研究，同时也应该在这样的基础上考虑编写一部大型的、综合的《太平天国史》。中国人民有英勇斗争的传统，农民革命战争，史不绝书，而太平天国战争规模最大、时间最久、地区最广、影响最深远。我们为什么不能写出大型的具有科学性、独创性的《太平天国史》？太平天国政权与其他封建王朝相比，时间固然很短，但在农民战争史上却是无与伦比的。中国历史上有些王朝的年代也很短，如南齐只有 23 年、陈只有 31 年，而《南齐书》《陈书》均被列于“二十四史”之内。太平天国的时间有 14 年，如果把捻军计算在内，则达 18 年，太平天国的专史完全应在中国历代史书中占有一席之地。我们由于有马克思主义的指导，写出的史书应该远远超过旧史，自不待言。

几十年来，由于许多专家学者的努力，太平天国史的研究有了显著的成绩，给进一步开展专题研究和编写大型《太平天国史》准备了条件。当然，要完成这些工作，需要创造条件，保证质量，有领导、有计划地进行。今天，全国上下齐心协力，大搞“四化”，历史学界如能在这些方面取得踏实的进展，将是对繁荣社会主义学术文化的一个贡献。

为了深入研究太平天国史，需要填补或加强不少空白的、薄弱的环节。譬如，清朝的制度、政策、机构和人物就是需要加强研究的方面。长期以来，我们对太平天国革命农民这一主体方面研究得较多，这当然是应该的，今后还应该进一步深入。但对于地主阶级和清政府，研究得较少。清政府和太平天国是斗争中彼此对立的两个方面，不详细地研究“彼”方，就不能清楚地了解“此”方。在太平天国革命期间，清朝的制度、政策和机构发生了很大的变化，很值得研究。本来，乾隆以后，清朝统治已经千疮百孔，弊窦丛生。两次鸦片战争和太平天国革命对清政府是极大的冲击，在生死存亡的关头，清政府为了对付内外压力，为了能够继续生存下去，不得不在许多方面做了改变。在政治方面，加强各地督抚的权力，重用汉人，随之而削弱了中央的权力，使地方势力逐渐抬头；在经济和财政方面，关税和厘金的收入大大增加，旧的财政税收制度紊乱，漕运、盐法、货币政策发生了很大变化；在军事方面，八旗、绿营更加衰朽，湘淮军不断兴起，新式枪炮开始被使用，由此在军火生产方面开始使用机器，还有其他种种变化。这些是在太平天国革命的冲击下，清朝在制度、政策、国家机构方面自觉或不自觉地采取的变革措施，对于理解太平天国以至理解中国近代历史都是重要的方面。

还有，太平天国革命期间的许多反面人物，如咸丰、慈禧、曾国藩、胡林翼、左宗棠、李鸿章、僧格林沁，都是权位显赫的人物，有的在近代历史上影响很大。但现在还没有写出他们的详细传记。他们中有些人的奏稿、函牍和其他作品，卷帙浩繁，是研究太平天国革命的重要史料，也还没有被充分利用。新中国成立以来，这些人的全集从未重印，现在一些边远地区和新建单位已难以找到这些资料，可以考虑整理重印，以供研究之用。

太平天国的史料，还有许多当时外国人的记载，需要翻译或介绍。如《北华捷报》的选译出版，呼吁已久，至今尚未完成。近一二十年，许多国家出版了外交文书，其中都是驻外领事、传教士、商人向本国外交机关写的报告，篇幅很大，其中有不少太平天国时期各方面的情报资料，值得重视。

总之，太平天国史的研究还有很多工作要做。希望全国的太平天国史研究工作者继续努力，群策群力，从各个方面深入钻研，加强理论的探讨和资料的发掘，为进一步提高太平天国史的研究水平共同努力。

开展边疆史地研究，为现代化建设服务*

我国是多民族的统一国家，有很长的边疆线和海疆线。自然环境、社会环境很复杂，多种多样。各个地区的政治、经济、文化发展很不平衡。同时，还有不少历史遗留问题没有完全解决，影响边疆地区的安定。当前我们处于社会主义初级阶段，边疆问题对“四化”建设非常重要。我国的现代化，一个很重要的条件是边疆的安定和边疆的建设，如果这个问题不解决，那么“四化”的实现就是很困难的，甚至是不可能的。边疆经济上不去，始终是很沉重的包袱。

边疆是相对于中原地区、沿海地区而言的，一般都处于国防的最前线，或与外国接界或悬于海里。边疆地区和内地、沿海相比，有明显的特点：（1）自然条件，如边疆的地理环境、气候、物产等都有较大的特殊性，与内地的情况不同。一般说来，边疆地区多山缺水，地形条件比较复杂，有大片的沙漠，交通不便，气候上或高寒或炎热，这是其劣势；其优势就是矿产、动力资源丰富，动物、植物较多。（2）居民条件与内地不一样，少数民族多。我国的少数民族绝大部分居住在边疆地区，在很多地方与汉人混合居住，所以民族关系是边疆研究中的一个非常重要的问题。（3）边疆地区的政治环境与内地的政治环境不同。在历史上，内地很早就实行了郡县制，设立了行省；边疆地区的情况就不同了，到清末有五个地区改为行省，即台湾、新疆、东北三省，而以往是将军制、土司制等，自治程度较高，直到现在我们仍实行民族区域自治。（4）经济上的差异。一般说来，边疆地区相对落后于内地和沿海，产业结构是畜

* 原载《中国边疆史地研究》，1988 年第 4 期。

牧业，经济的发展较晚。清代边疆地区的变化是较为关键性的。清代奠定了中国的版图，巩固了多民族统一国家在政治上的统一、经济上的发展。我们现在所说的边疆地区在清初都很荒凉，到清末情况就不同了，像台湾、东北三省的经济发展都赶上甚至超过了内地。(5) 文化上的差异。边疆居住的少数民族有自己的语言文字、风俗习惯、文学艺术和宗教信仰，处于儒家文化圈之外，当然也受儒家文化的影响。边疆地区的特点，可以提出很多，边疆史地能够成为一门独立的学问，是由边疆的特点决定的。作为中国领土一部分的边疆地区有特殊的自然环境、特殊的社会条件、特殊的运行机制，这些都与中原地区和沿海地区不同。所以，我们既要将边疆视为中国领土不可分割的一部分，也要充分理解边疆的特殊性，这样才能真正地认识边疆、了解边疆，进一步制定边疆发展的战略和方针，不能完全把内地的一套运用到边疆。

边疆史地研究在中国是有传统的，200 年前的清代中叶就有一些学者专门研究边疆，较早的如徐松、祁韵士、张穆等。到新中国成立前，边疆史地学已成为一门相当发展的学科。但新中国成立后，我感到边疆研究反而不行了。当然，边疆地区有民族史的研究，也有历史地理的研究，但边疆史地学研究似乎没有得到很大的发展。可能边疆问题的政治性比较强、比较尖锐，很不容易发展起来。我们现在常常议论“史学危机”“历史无用”，但是我想边疆史地研究的现实意义非常明显，绝不是无用，而是非常有用。今天边疆地区面貌的形成有一个历史过程，经过了边疆各族人民的长期斗争、劳动，也积累了建设边疆的许多经验和教训，这些是我们进一步开发边疆、建设边疆的宝贵财富。人类总是要不断回顾、总结走过的道路，开辟今后要走的道路。我想今天边疆现代化建设也应该在总结长期历史经验的基础上，制定长远的发展规划。边疆史地研究工作者首先要研究理论问题、宏观问题、边疆的共性问题。其他疆土较大的国家都非常重视边疆历史地理的研究，美国有边疆历史学派，苏联向西伯利亚推进的研究比较多。边疆与人口的关系、边疆与各门学科的关系、边疆的自然环境等，小到一个地名、一条河流或一个条约，应该研究的内容很多，好像一块待开发的处女地。当然前人已经有好多研究成果，但我们要在这个基础上真正把边疆史地这门学科建设起来，还需要付出很大的努力。边疆史地学科需要研究的问题很多，我想可以列举以下几点来说明。

第一，边疆的形成，边界线的变迁。既然要研究边疆，那么边疆是怎样形成的？它的边界在哪里？我们的国界应是怎样的？边疆的形成有历史过程，是历史形成的。历史上的边界线是有变化的，或通过战争、或通过谈判、或既通过战争又通过谈判来缔结条约，制定边界线或改变边界线。边界的变迁以及它的定位、定向等问题十分复杂，其重要性不用多说，因为大家都知道。今天还存在历史遗留问题。新中国成立近 40 年来，边界的争执导致了多次战争，对我们现实生活的影响很大。对边界的研究，是我们制定公正、合理的外交政策的一个不可缺少的前提；不清楚边界史，就根本谈不上制定公正、合理的外交政策。

第二，边疆与内地、沿海的关系是涉及我们国家和民族的一大问题。历史上有几种情况。第一种，边疆与内地的矛盾比较尖锐，斗争很激烈，甚至发生军事冲突或战争，大量人力、财力都耗费在战争上，这在中国历史上屡见不鲜，边疆和中原地区都受到创伤，造成生产力的破坏。第二种，边疆与内地没有战争，但边疆地区形成割据或独立的局面，与中原地区不相往来，相互的交流很少，经济、文化的发展相对比较缓慢，甚至停滞。第三种，是统一的局面，中央政权较为有效地管辖边疆，矛盾较为缓和，团结有所增强，交流较活跃，这对边疆和中原地区的经济、文化发展都有好处。汉、唐、元、清都出现了这种情况。从研究边疆史地来讲，国家的统一，秩序的安定，民族的团结，各民族之间的经济、文化交流和共同建设边疆，对发展中原地区的经济、文化都是非常重要的。离开了安定，离开了统一，就谈不到边疆的建设，也谈不到中原地区的建设。

第三，边疆的政策。边疆地区的自然条件、社会条件、人文条件都有许多特点，一国之内，千差万别，情况很不相同。只有研究边疆各个地区的特点，才能制定适合边疆建设的规划和政策。因地制宜是历代治边最普遍、最重要的经验，历代都根据边疆各地区的特点治理、开发、建设边疆，发挥边疆各地区各自的优势，扬长避短。边疆与内地、沿海情况不同，边疆各地之间的情况也不同，东北与内蒙古不同，内蒙古与西藏不同，边疆历史研究说明了这种千差万别。边疆各地区是通过各自不同的道路发展起来的，有的从屯田开始，有的从矿业开始，有的从移民开始（移民情况也不同，有的是有组织的，有的是自发的）。我想，今后边疆建设可能被列入全国的总规划，但也应该考虑到边疆的特殊性、个性。

第四，治理、开发边疆的许多方面都有许多宝贵的经验和教训，如治沙、治水、移民、宗教政策、行政设施、保护生态环境等。边疆地区的政治、经济、文化措施既有失败的教训，也有成功的经验，都值得研究总结。中国古代有丝绸之路，研究的人很多，很吸引人，还拍成了电影等等，引起了全世界的注视。但是，大多数着眼于历史的、文物的角度，能不能从经济的、现实的角度进行研究？古代丝绸之路发展的条件、商品、商队的组成、路线的形成、贸易的条件等都要研究。在今天开放的条件下，可不可以考虑一条现代的丝绸之路，从陆路打通中亚、进入欧洲？这样研究丝绸之路，既有历史价值，又有现实意义。我相信，边疆史研究一定能有效地为我国的社会主义现代化建设服务。

中国民族边疆史研究*

一、历史上的民族关系

在中国古代文献典籍中，《尚书》里有“民”字，《左传》里有“族”字，近代学者将二字合一组成复音词，以翻译英文 nation 一词。

1913 年，斯大林在《马克思主义与民族问题》中指出：“民族是历史上形成的一个有共同语言，有共同地域，有共同经济生活以及有表现于共同文化上的共同心理状态的稳定的人们共同体。”斯大林对民族所下的这个定义对我国民族学理论影响甚大。此外，斯大林还对这条定义做过两条重要补充：“只有一切特征通统具备时，才算是一个民族。”“封建制度消灭和资本主义发展的过程，同时也就是人们形成民族的过程。”对斯大林的这个定义和补充，我国学者长期以来存在意见分歧，多次进行讨论。有的学者坚持说这条定义迄今无懈可击，问题出在人们理解有误；有的学者认为应该对这条定义进行补充和修正，因为斯大林虽然提出了“特殊的心理素质”这一概念，但其解释只是“表现在民族文化特点方面的精神面貌不同”，没有涉及“民族意识”这一概念。近二三十年来，一些研究者对民族意识十分重视。我们认为，民族意识是人们对自己归属于某个民族共同体的认识，对形成和维持民族这一共同体至关重要。斯大林的四个特征缺一便不成其为民族之说，显得过于机械绝对。例如，

---

* 原载《中外历史八人谈》，北京，中共中央党校出版社，1998。与成崇德教授合著。

我国的回族一开始就没有一个单独的共同地域和共同经济，裕固族有尧呼尔语和恩格尔语两种民族语言而不具有共同语言。有人常把“种族”误为“民族”，实际上这是两个不同的概念。“民族”是人们在历史上形成的共同体，“民族学”属于社会科学的范畴，而“种族”是纯粹生理或血统的问题，“人种学”以人类体质特征为研究对象，属于生物学的范畴。

我国是一个多民族国家，除汉族外，现已确认的有55个少数民族。占人口91.8%的汉族大多居住在中原和沿海，而占人口8.2%的少数民族大多居住在边疆地区。这种被一些学者概括为汉族“人口众多”少数民族“地大物博”的分布格局是长期以来历史演变的结果。关于“我国自古以来就是一个统一多民族国家”的提法，我国学术界在20世纪50年代曾展开过讨论。我们认为，应当反对以下两种偏颇倾向：其一，一些史学家仅仅着眼于我国某一历史时期有些民族自行割据或单独立国的史实，大加渲染这些民族向来不是多民族中国的成员，从而根本否定我国各民族曾经几度结合成为多民族国家的历史；其二，一些史学家从其善良的主观愿望出发，无视某一时期有些民族自行割据或单独立国的史实，抽掉了我国形成一个“统一多民族国家”的漫长曲折的历史过程。上述两种倾向都不是实事求是的科学态度。我国作为一个多民族国家，既非自古以来就长期保持大一统的局面，亦非始终处于分裂割据的状态，而是逐渐结合、统一到一起的。

关于中华民族的起源，过去长期存在着本土说和外来说、多元论和一元论的争论。自17世纪起，欧洲开始有人认为中国人种与文化来自埃及。这是欧洲人主张中华文明“西来说”的滥觞。20世纪二三十年代，曾对中国新石器时代考古学做出重要贡献的瑞典学者安特生亦断言我国的仰韶文化系从西方传播过来，首先开化于中国的新疆，然后才东移发达于中原地区。此为中华文明、中华民族的“新西来说”，曾流行一时。新中国成立后，经过广大考古工作者的辛勤劳动，大量资料推翻了形形色色的外来说。结果表明：中华大地是人类起源的地区之一，是蒙古人种的故乡；中华民族起源于中国大地，并非来自今日中国域外的任何一方。在遥远的古代，中国大地上生活着不同的人群，最早的如云南元谋猿人（距今 170 万年左右）、陕西蓝田猿人（距今 115 万～65 万年）、北京猿人（距今 70 万～23 万年）以及山西丁村猿人、广东马坝猿人，等等。中国传统史学的观点认为，中华民族与文化起源于黄河中下游，然后向四周扩散。但新中国成立后的考古资料使中华民族起源一元说得到了修正。从我国新石器时代文化的分布和特征来看，我们中华民族的文化摇篮不是一处而是多处，是多元起源、多区域不平衡发展。黄河中下游的古文化则是其中最先进的一支。源头如此众多，在尔后数千年中，中华民族生生不息，中华文明累世不竭，便不能不说是其来有故了。

恩格斯在论证人类的发展问题时说："从部落发展成了民族和国家"。这是马克思主义关于民族形成的一般规律。从氏族、部落发展成民族，是原生民族形成的一种方式。此外，民族形成还有民族演化这种类型。也就是说，通过民族分裂、民族融合等过程形成新的民族。按照恩格斯的观点，民族形成的时间最早应该在原始社会末期。它早于国家和阶级的形成。马克思和恩格斯多次使用"野蛮民族""蒙昧民族""游牧民族"等概念，这些概念即指那些尚处于原始社会后期的人们共同体。

进入文明时代，大约距今 5 000～3 000 年，相当于炎帝、黄帝至夏、商、周三代，黄河中下游出现了一个文明程度较高的华夏族，所以称"华夏"，是因夏朝而得名。其周围则有许多不同族类的人群，即所谓"东夷、南蛮、西戎、北狄"，他们和华夏族长期交往、斗争、融合。华夏族在吸收周围的不同族群中得以发展壮大，故华夏族已非单一血统的民族。古籍中说："舜东夷之人也，文王西夷之人也。"民族融合不断在进行。至春秋战国，已成为较稳定的民族共同体，但政治上尚无巩固的统一，经秦汉 400 年的发展，华夏族成为统一的民族，中国也逐渐发展为统一的多民族国家。"华夏"的称呼也因汉朝国力强大、声名远播而改称"汉"。华夏族改称汉族，不是这一共同体的质的变化，更不是新民族的形成，仅仅是名称的改变。当然，名从实变。这一名称的改变也显示其发展进入了一个新阶段。华夏族吸收了众多的民族成分，扩大和发展了族体，形成了比原来更大、更强盛的族体。

到20世纪初，也就是清末辛亥革命运动以前，出现了“中华民族”这个名称。中华民族是中国各民族的总称，包括历史上和现在的各民族在内。“中华民族”这个名称体现了中国各民族整体上的民族认同。有人认为，中华民族并不构成一个民族，因为各族的语言文字、宗教信仰、风俗习惯各不相同。另有人则认为，中华民族已构成一个民族，虽其族源、语言、宗教、习俗不同，但长期处在一个统一的国家中，经济联系密切，政治上、文化上相互认同。汉族和各少数民族既有不同的特性，又有相同的共性。中华民族是更高层次上的民族构成，但不排斥各民族的差异性。费孝通先生称之为“中华民族的多元一体格局”。台湾有一位边疆民族学专家林恩显，在和大陆学者进行交流时，建议大陆学术界在进行民族关系研究时吸收台湾学术界族群研究的理论。台湾学术界习惯上认为，中华民族可以称为“民族”，其中包括的数十个兄弟民族称“族群”。所谓“族群”，是指同一民族中具有不同地区性或其他特殊从业、生活方式等特点的人们群体，所以这种“族群”不一定是目前大陆所确认的56个民族。我们对台湾学术界的理论应该予以关注，做进一步的研究探讨。回顾大陆学术界近50年来研究民族关系的历史，我们认为新中国成立后，20世纪五六十年代主要围绕民族识别这个中心，以研究民族关系的“民族差异”为主，70年代末以来主要以中华民族整体性为研究重点，这样民族关系中的“求同研究”便十分突出。费孝通先生把现存的民族关系概括为“中华民族的多元一体格局”这一理论，引起国内外学术界的瞩目，把大陆学术界关于民族关系的研究大大推进了一步。中华民族作为一个自觉的民族实体，是近百年来中国各族人民反抗外国侵略的血与火的斗争淬砺而成，但作为一个自在的民族实体则是几千年的历史过程中的客观存在。中华民族是“多元”和“一体”的辩证统一，“一”存在于“多”中，“多”使“一”绚丽而丰富，“一”使“多”团结而巩固。

费孝通先生提出的“中华民族的多元一体格局”理论，是在确认各民族平等和共同繁荣的原则上对现实民族关系的判断，为研究我国历史上民族关系提供了一个清晰的轮廓。循此线索而继续探究，便涉及这种“多元”结构中有无主体民族、各民族之间是否平等的问题。这是民族关系的又一层面。我们认为，应该承认汉族是中国历史上的主体民族。因为汉族在全国各民族中，在中国几千年的历史长河中，都是人数最多的民族，分布地域最为广阔，对我国统一多民族国家的形成和发展影响力最大。如果否认汉族作为主体民族的历史地位，则中国历史就仿佛成为由许多民族组成的一床百衲被，中华民族是不会成为“一体”的。同时，在新中国成立之前，民族平等是根本不可能存在的，即使在某些条件下有民族均势、民族对等和民族协作，这些也不是民族平等。只有在社会主义条件下，民族平等才真正出现并成为处理民族关系的准则。我们只有用民族平等的观点研究不平等的民族关系史，才能认识历史上真实的民族关系和今天社会主义制度下的民族平等。

尽管在全国各民族中汉族的历史影响最大，但必须指出，中国的历史是我国境内各民族共同创造的。各族人民理蓁辟莽，手足胼胝，开拓疆野，创造文明，奠定了中华人民共和国960万平方公里的广袤国土，泽被后世，功炳千秋。其中，各少数民族和汉族都有重大贡献。据历史记载，汉族最先开发了黄河流域的陕、甘及中原地区，东夷族最先开发了沿海地区，苗族、瑶族最先开发了长江、珠江和闽江流域，藏族最先开发了青海、西藏，彝族和西南各族最先开发了西南地区，东胡最先开发了东北地区，匈奴、鲜卑、柔然、突厥、回纥、蒙古各族先后开发了东北和北部地区，回族和西北各族最先开发了西北地区，黎族最先开发了海南岛，高山族最先开发了台湾。过去，学术界在阐述民族关系时往往具有汉族文化中心论的倾向，强调汉族文化先进于边疆少数民族文化。这样在汉族正史作家的笔下，总是以我为主，我即文明，其余皆蛮荒。汉族成了先进的代名词，边疆少数民族成了落后的标志。这种偏向应予以纠正。随着民族问题研究的深入，文化发展的多极化和多元化逐渐为世人认同，从生产力发展水平来看，各民族的历史发展是不均衡的。新中国成立前，有些民族还处于农奴制阶段，有些民族还处于奴隶制阶段，甚至有些还处于原始公社阶段，但汉族在明清时期就已达到封建农业文明成熟的阶段。不过我们应该看到，各民族的文化都是与其生存环境相适应的，有相对独立性，是其生存环境和历史传统的产物。有些文明幼稚阶段所创造的文化成果为文明成熟阶段所难以模仿和不可企及，各地区、各民族的文化各有优点和特色，难以区分优劣高下。例如，汉族和藏族，从文字上看，藏文是拼音文字，汉文是象形文字，按汉字要走拼音化之路的观点，藏文应该算先进者。若按单位土地面积的农产量来说，汉族发达地区比藏族山南地区产量几乎多10倍，应该是先进的，但从另一角度看，藏族能够在青藏高原上正常地进行农业生产，而汉族的任何先进农业技术却办不到这一点。汉族对自己的文献总是引以为自豪，但不要忘记藏文佛经浩瀚程度比汉文佛典还略胜一筹。汉族拥有《史记》《红楼梦》等许多流传百世的伟大作品。同样，藏族的《格萨尔王》也是光辉灿烂，堪称中华民族的文化瑰宝。

“儒家文化圈”是目前学术界流行的术语。有些人把中原汉族文化与边疆少数民族文化仅仅看成“儒家文化圈”向边缘地区扩散的过程。实际上，中原汉族文化和边疆少数民族文化应当是一种文化互动的关系、一种双向沟通的关系。各民族文化异彩同灿，交光互影。边疆少数民族文化绝不是儒家文化的被动受体。在秦汉以前，中原地区的农作物种类并不是很多，古书中记载的五谷指稻、黍、稷、麦、豆，这是古人最主要的食粮。西汉时张骞通西域，带回的植物品种有芝麻、胡豆（蚕豆）、胡瓜（黄瓜）、胡萝卜、苜蓿、葡萄、石榴。我国北方的重要粮食作物高粱，大概是西南少数民族首先种植，宋以后开始普遍种植于全国。在秦汉，不但用稻、黍做饭，即使麦也用来做饭。据考证，“九经”中没有“面”字和“糕”字。光武帝在遭受危困时，冯异向其进麦饭，是历史上有名的故事。用麦磨面的方法，是秦汉以后由西域少数民族传入中原的。少数民族对汉族服饰文化也有巨大贡献。赵武灵王胡服骑射的典故众所周知，旗袍至今为汉族女性所青睐。原来汉族衣着的原料主要是丝、麻和毛制品。汉朝时，新疆已使用棉布。元、明两朝期间棉花种植与织棉技术就已从天山南北普遍传入中原。起初，中原人称之为“种骨羊”，殆因棉花的纤维近似羊毛而误认为是种在田里的羊长出毛的缘故。元朝耶律楚材在诗中风趣地写到“无衣垅种羊”。著名的黄道婆的织棉技术乃师承黎族人民。在唐以前，汉族人都是席地而坐，西域的“胡床”传入中原，汉族便普遍地坐椅凭桌，几千年来的起居文化习俗为之丕变。遥想当年唐朝的长安，仕女们梳起少数民族的高髻发式，穿起少数民族的服装，婀娜多姿，顾盼生辉。由少数民族地区传来的胡旋舞、柘枝舞，美妙动人，令人目不暇接。还有绚丽的灯彩，丰富的“百戏”，或者直接由“胡”人献艺，或者在“胡”人倡导下风靡一时。史载，唐代10部乐中，就有《西凉》《龟兹》《安国》《疏勒》《康国》《高昌》6部属于“胡乐”。

在古代，由于自然条件的限制，交通不发达，生产力水平低下，各民族之间的交往受到较大束缚。加之统治阶级设置的障碍，各族劳动人民之间不可能没有民族偏见，因此，民族冲突和隔阂是十分严重的。但我们还应注意到民族关系的另一面，即通过长期的经济、文化交流，许多民族逐渐地、自然地相互融合。民族融合是历史发展的必然，是进步的现象。

征诸史籍，我国历史上出现过三次大规模的民族融合：第一次在春秋战国时期，第二次在两晋南北朝到唐代，第三次从五代十国到明朝初期。春秋战国时期，列国年年攻伐无虚日，汉族的活动范围仅限于黄河中下游，在北方有北狄、猃狁，在甘肃、陕西有氐族、羌族，在四川有巴族和蜀族，在湖南、湖北、安徽有楚族，在江苏、浙江有吴族、越族。这时期的民族融合，南方各族以楚国为中心，东方各族以齐国为中心，北方各族以晋国和燕国为中心，西方各族以秦国为中心，相互融合。秦汉时期民族关系的主流是中原汉族王朝与匈奴的关系。从两晋南北朝时期的所谓“五胡乱华”开始，许多强悍的北方民族大量向南迁移，进入黄河流域地区与当地汉族人民形成杂居状态。匈奴、鲜卑、羯、氐、羌等少数民族的统治者还在中原地区建立了前赵、后赵、前燕、前秦、后秦、北魏、北齐、北周等 10 多个国家，前后统治了 300 年。正如马克思在《不列颠在印度统治的未来结果》中指出的，野蛮的征服者总是被那些他们所征服的民族的较高文明所征服，这是一条永恒的历史规律。中原地区好似一座融化民族的大熔炉，使那些来似排山倒海的游牧民族无影无踪地融合于中国古代农耕文化之中。从两晋南北朝以后，就再也没有见到匈奴、鲜卑、羯、屠各、卢水胡等族的活动了，他们已主要同化于汉族和其他一些民族之中。唐朝皇室姓李，自称陇西李氏，并以自己是李耳的后裔相标榜，但一个和尚却对唐太宗直言不讳地说：你姓的那个李，不是陇西李而是拓跋达阇的那个李，达阇就是汉语的李字。隋唐时期，边疆少数民族主要有突厥、回纥、吐蕃、靺鞨和契丹等。历史学家认为，古汉族经过西晋末年的“永嘉之乱”、唐代中期的“安史之乱”以及北宋后期的“靖康之乱”，分布重心南移。建立在黄土高原旱地农业基础之上的古汉族文化由于中原震荡，如蜩如螗，在南移后吸取古越族江东文化的余荫，创建了植根在滨水稻作农业之上的现代汉文化，古汉族随之演化为现代的汉民族。到元朝初年，契丹人、女真人和西夏人都已丧失自己的民族特点，被汉人同化，所以元朝把“辽”“金”“西夏”的人民统称为“汉人”，而把南宋的人民称为“南人”。元朝败亡以后，蒙古、色目（指西北地区少数民族）之人多改为汉姓，与华人无异。中国历史上的民族组合，到了元朝，可以说基本上稳定下来，其后虽有满族的入关，但变动并不太大。汉族人口至今有 12 亿，并非单纯的人口自然增长，而是吸收了少数民族。毛泽东在《论十大关系》中指出：汉族人口多，也是长期内许多民族混血形成的。过去人们对汉族融合于其他民族的事实注意不够，因而容易产生汉族较杂而其他民族成分较纯的片面性印象。但事实上，少数民族中的汉人成分未必低于汉人中的少数民族成分。目前拉萨郊区以种菜为生的藏族农民中很多是清代驻藏绿营兵的遗胤。

民族关系与民族生存环境息息相关。中国的北部和西北有广阔的草原，居住着游牧民族，以畜牧为生，逐水草而居，勇敢尚武。

中国的中部和南部，沃野千里，河渠纵横，居住着人口众多的汉族，定居务农。北方游牧民族几次南下的时间恰好都是中国历史上气温偏低的时期，这绝非偶然的巧合，实由游牧经济的脆弱性所致。他们因受寒冷气候的侵袭，为谋求生存而南下，另外，北方民族经常迁徙，易于联合，又擅长骑射，有长距离运动和作战的能力，故而常和农耕定居的汉族发生激烈的战争，举兵南伐，入主中原，如北朝、辽、金、元、清等。而汉族强大时也出塞耀武，设官治边，如汉、唐、明等。北方游牧民族和农耕汉族的对峙、冲突，贯串整个中国历史。中国南方的少数民族往往局促于山地，交通困难，不利于联系与迁移，所以北方民族曾一次又一次地南下和入主中原，南方民族却很少有类似的活动。汉族农耕文化扩展的界线受雨量线的限制，长期以来，汉族人口迁移都是自北向南，至清代出现转捩，人口迁移呈向四周辐射状态。汉族移民进入少数民族聚居区后就难免存在对有限的自然资源和生存空间占有的矛盾。例如清代苗民起义时提出“逐汉民，复客田”的口号。目前人们通常用“大杂居、小聚居”这一命题来概括民族分布特征。从民族学角度看，民族的族际分布有毗邻、杂居、包裹等类型。民族关系本身受生存环境的制约，各民族只能在既存的自然和社会环境之下发展与创造新的民族关系。

中国历史上曾发生过许多次民族战争。但各民族又密切联系，相互依存，逐渐融合。秦汉以后，全国统一，许多民族长期处在一个统一国家中，共同生活，接受中央政府的管辖。在几千年的历史长河中经历无数次冲刷、磨洗、锤炼，民族之间的差异、对立、界限逐渐淡褪。雄健绝代、武功盖世的一些民族衰落了，甚至消失了；累世游牧、衣裘枕毡的一些民族学习了农耕技术，在草原上开辟阡陌田畴，进行播种耕耘。到了清代，满族建立了全国政权。因为满族是少数民族，比较理解少数民族的处境、心态、要求，执行比较适当的民族政策，因此得到了分布很广的其他少数民族的认同；又因为满族统治者尊儒崇学，纂辑古籍，弘扬传统文化，因此也得到了汉族知识界的拥护。这样，在清乾隆时，亦即英国侵略者用坚船利炮打开中国大门之前不到100年，清朝在全国范围内实现了前所未有的、稳固的统一，确立了多民族统一的中国的版图。

各民族都产生过本族的杰出人物和英雄，在讨论民族英雄时发生了意见分歧：岳飞、文天祥、史可法，或者阿骨打（女真族）、成吉思汗（蒙古族）、努尔哈赤（满族），都是中华民族的民族英雄。因为，无论女真族、蒙古族还是满族都是中华民族的成员。国内民族矛盾是中国内部的事情，不是国际冲突，和近代外国侵略中国不可等同而语。但国内民族之间的战争也有是非问题，何者是正义的、进步的自卫战争，何者是非正义的压迫战争，应做具体分析，不可一概而论。国内民族之间发生战争，这并不排斥斗争双方的民族都有推动历史进步的功绩。中国许多民族都产生过中华民族的民族英雄。戏曲中往往有丑化少数民族的地方，这是传统习惯问题，应予改进，应尊重兄弟民族，避免伤害其民族的感情。

二、统一与分裂

大一统是中国历史的鲜明特点。中世纪欧洲分为许多小的封建城邦，中国则很早就统一，而且越来越走向大一统、大融合的趋势。自周代的诸侯千百，变为战国七雄，到秦始皇统一全国后，中国统一时间之长久，是世界各国无法比拟的。

秦并六国，行中央集权制，置三十六郡，后又发展为四十郡，在我国建立了统一的多民族的国家。这时候，在我国领域内，与秦并存的还有东北部地区的东胡、北部地区的匈奴、西北部地区的乌孙和西域诸城国，以及西部地区的氐羌、西南氐羌汉藏语系与南亚语系的众部落。汉朝在秦统一的基础上，进行了更大规模的统一。北战匈奴，南平众越，通西域，郡县西南夷，设置东北诸郡，除台湾和西藏部分地区外，几乎完成了大部分地区的统一。东汉末年，三国鼎立，数十年后，西晋结束了三国的分立。不久，北方游牧民族南下，中原动荡，出现了南北朝对峙，长达300年，继之而隋唐统一，封建社会趋于鼎盛。隋唐时期出现了较大范围的统一，但是与隋唐并存的还有我国吐蕃等族建立的政权。唐以后，仍有局部的分裂，如五代十国，辽和西夏分治，宋金对立。这种局面又经过 300 年，元朝兴起，以凌厉的武功达到更大范围的统一。元末群雄割据，中原扰攘。明朝建立，我国又分为两大部分，以汉族为主建立的明朝统治区和以蒙古族为主建立的统治区。但是，统一是大势所趋，人心所向。清继明兴，复归于一，清代再次达到统一的鼎盛阶段，确立了近代中国的版图。从秦始皇统一以后的 2 200 年间，中国统一的时间约占 70％，分裂的时间约占 30％。

怎样估算中国历史上统一与分裂的时间？有的学者认为中国历史上分裂的时间很长，甚至认为从秦以来 2 000 多年间都是分裂的，只有清乾隆中叶平定准噶尔、统一西北至鸦片战争之间不到 100 年的时间是统一的。鸦片战争后，香港被割，又告分裂。这样估算过于绝对化。所谓“统一”，不是全国范围内的铁板一块，完全一致，毫无分治分立现象。如果做那样绝对化的估算，那么，乾隆以后的 100 年间，澳门仍为葡萄牙所占，仍有局部的分裂，但这无碍于当时中国的统一。

那么，又应当怎样看待中国历史上反复出现的统一与分裂现象？我国的统一，不是指某一部分地区、某一民族的统一，而是指我国整个领域和居住在这一领域的所有民族的统一。这样的统一，不是自古以来就有的，也不是统一后没有分裂的。既然是多民族国家的建立和形成，那么各个民族之间就既有矛盾和斗争，又有互相联系和日益接近的过程，既分别存在和建立过不同的国家政权，又日益趋向于政治的统一和建立统一的国家。各民族之间长期存在着斗争和冲突，在历史上表现为内乱、分裂、民族战争和改朝换代。纵观鸦片战争前中国数千年文明史，国家总是在统一、分裂而又复归于统一的轨道上运行着。实际上，每一次的统一都不是简单的历史重复，每一次的分裂也不能简单斥之为历史的倒退，而是社会由低级向高级、由落后向进步的一种螺旋式发展。每一次新的统一，都有一些新的民族融合于统一多民族的国家之中，都有新的土地得到开发和利用，生产力提高，社会进步，民族发展，国家领土不断拓展，最终凝聚为以汉族为主体的统一多民族国家。以中国最后一个封建王朝清朝为例。清初，清朝统治者所面临的局面并不是全国的大一统，而是明末所出现的中国边疆地区的多元化格局。也就是说，清朝虽然建立了对全国的统治，但是并未达到对全国的统一。在边疆地区出现的分裂与割据对大一统局面来说是局部的和暂时的，是完成全国统一必然要经历的过程。清朝统治者并未将割据一隅的边疆民族政权简单地斥为分裂或分裂政权，而是在不同的阶段、对不同的民族、按不同的地区所确立的不同关系采用了不同的称呼，实施不同的政策。这是因为，清朝继承明朝的统治，明朝未能达到元朝那样的疆域范围，清朝也只能采取稳妥的办法来完成它的大一统目标，这就体现出清朝政府在实现统一过程中的阶段性。对于已经明确纳入清朝统治范围的或者已经明确由清朝直接管辖的地区和民族，不管是汉族政权还是边疆民族政权，如果背叛清朝，再以独立政权形式与清朝对抗，清朝就坚决斥之为“分裂”“谋叛”，坚决平定。

清初的边疆民族政权又是如何看待国家统一和它们所处的割据一隅的地位的？首先，对于清朝入关，持最积极拥护态度的是各个边疆民族政权。清初各个边疆民族政权对清朝入关的支持，既表明了它们对清中央政权的承认，同时也确认了自己的从属地位，这不但使清朝政府赢得了统一中原的时间，同时也为其最后统一全国奠定了基础。

综上所述，从清初至18世纪统一多民族国家最后形成的100年间，中国广阔的土地上既有中央政权，也有边疆民族政权，多种政权和多种制度并存，相互之间既有吸收和融合，又有排斥和对抗，除了准噶尔与清朝对抗时间较长外，其他基本都处于和平交往的状态，这种长时间的多种政权并存的局面为各民族和各民族政权的经济、文化发展创造了有利时机，也为统一多民族国家的形成和版图奠定的稳定性提供了时间保证。

正确看待清朝对中原地区的统一行动及各民族的反抗，有助于理解清朝对边疆的统一和正确分辨边疆民族的反抗或叛乱。在谈到清朝入关及对中原地区的战争时，人们既肯定清朝对中原的统一，也颂扬中原汉民族对满洲贵族统治者进行反抗的精神。在这里，既称“征服中原”也称“统一中原”；既肯定了清朝统一中原的历史作用，也揭露批判了它实行民族压迫、剿杀反清义士的暴行。中国是一个领土广袤、民族众多、历史悠久的国家，边疆地区和中原相距遥远，中国的大多数少数民族都生活在边疆，历史上边疆民族政权与中原政权既有统一也有对峙。这些特点决定了历史上任何一个中央政权对中国实行统一过程的长期性和统一形式的多样化。清朝也不例外，它不可能在短期内完成统一任务。实现对中原的统一并不等于完成了对全国的统一，因此在肯定清朝对边疆的统一功绩时，不能否定边疆各民族对清朝民族压迫的反抗。同样，在全国大一统完成之后，边疆各民族反抗清朝的民族压迫是合理的，但是利用反抗清朝民族政策失误的机会进行民族分裂却又是极其错误的。

由此看来，统一和征服在某些方面有相同的意义，但又有不同的方面。在清代，对边疆既有和平的统一方式，也有残酷的征服战争。这些战争也应该被称为统一战争，不管是统一战争还是征服战争，都既是进步的也是很严酷的，正如列宁在《社会主义与战争》中所指出的，历史上常常有这样的战争，它们虽然像一切战争一样不可避免地带来种种惨祸、暴行、灾难和痛苦，但是它们仍然是进步的战争，也就是说，它们促进了人类的发展。

统一有多种多样的形式和内容，有政治的、经济的、文化的、宗教的、军事的和民族的……有全局的和局部的，有全国性的和地区性的。实现全国的大统一需要很多必要的条件，如地理的、政治的、文化的、经济的、民族的，这些条件是长期历史形成的。实现大统一需要时间保证和有利时机，当条件成熟时，需要有把握时机、利用条件、驾驭全局的才能。大统一并不排斥局部地区的小统一，大统一所创造的和平环境为局部地区的发展和统一提供了条件，而局部地区的小统一又可以成为全局大统一的重要步骤。但是，如果不善于把握时机，就可能失去历史上出现的一瞬即逝的完成大统一的大好时机。

中国统一历史格局的形成有以下原因：

第一，经济原因。各民族和各地区经济联系密切，在很早时期，全国范围内已有较大的商品流通，唐宋以后，中原和其他各地区经济、文化的互补性更加突出，南方的稻米、棉花、丝茶和北方的畜产品、麦豆互通有无。作为中华民族主体的汉族是农耕民族，急需治理长江、黄河、淮河、运河那样巨大的水利灌溉和交通工程，也迫切需要一个强有力的中央政府。

第二，民族原因。民族因素极大地影响着当代世界许多国家的各种社会关系和政治关系，影响着经济的发展和社会的进步。同样，民族因素也极大地影响着历史上许多国家的形成和疆域的范围。中国统一历史格局的形成与中国历史上古代民族的多次迁移及民族间的频繁往来和长期融合密切相关。

在中国历史上出现的诸多民族或部族有的延续下来，有的却消失了。许多原先分散孤立存在的民族，经过不断的接触、混杂和融合，不断出现的分裂和消亡，逐渐形成一个我中有你、你中有我的多元统一体。

在中国历史上出现的民族与国家统一问题上，有两点对国家统一与版图奠定起着决定性作用：

1. 从中国历史的发展过程来看，中国经历了从统一到分裂再到统一的两个历史大循环。第一个大循环是从秦汉的统一到魏晋南北朝的分裂，再到隋唐的统一；第二个大循环是从隋唐的统一到五代宋辽金西夏的分裂，再到元明清的统一。在这两个大循环中，中国广阔的疆域经历了三次民族大混杂、大融合，中原地区的汉族深入“夷狄”居住的边疆，而“蛮荒异域”的边疆民族也流入中原地区与汉族融为一体。元明清三朝是由中国三个不同的民族建立的王朝，蒙古族和满族两个边疆民族先后完成了统一中国的大业，由此国家对边疆地区实行有效的管辖，大批汉族和中原其他民族流向边疆，部分边疆民族内迁，这都极大地加强了边疆民族与汉族融合的深度和广度，为国家的统一和中国疆域的拓展奠定了基础。

2. 中国统一多民族国家的形成，广阔版图的奠定，中国各民族都做出了重要的贡献。大多数少数民族生息、劳动、活跃在中原王朝的四周，他们最早开发、拓展边疆地区，或者率先统一了中国边疆的部分地区，为实现全中国的统一奠定基础，或者进而担当统一全中国的组织者和领导者。元朝和清朝的建立及其对统一的中华民族国家的贡献说明，中华民族多元一体格局的形成，不是由汉族一个民族单独缔造的，而是各个民族包括那些已经消失的民族共同缔造的。中国古代文明持久、稳定的统一，既表现在中原文明不断地扩展，不断地联合和统一诸多边疆各民族的趋势，也表现在边疆各民族不断增强的凝聚力。

第三，文化原因。中国文化具有很强的包容性、认同性。各民族长期共同生活，彼此吸收对方的文化成果，文化融合为政治认同提供了基础，各民族之间发展起持久而巨大的亲和力、凝聚力。

从文化史来看，中国古代文明在文化史上的发展连续性，在整个世界史上尤其显得突出。文化史上的连续性应该包括两个方面：一是语言文字发展的连续性，一是学术本身发展的连续性。如果从这两个方面来衡量古代的各个文明，那么看来只有中国在文化史上的连续性最具有完整意义。中国古代的语言文字在发展过程中从未发生断裂现象。从甲骨文到金文，从金文到篆书，从篆书到隶书，从隶书到楷书，从繁体楷书到简体楷书，全部发展过程基本上是清楚的、完整的，无断裂现象。如果知道了这样连续发展的过程及其规律，那就掌握了认识金文、甲骨文的钥匙。在中国古代历史上，发生南北分裂，但是学术传统从未中断。如南北朝时期，北方最混乱的十六国的史学不仅未中断，而且相当繁荣。

第四，地理原因。地理环境对任何一个国家或民族的疆域形成和国家统一都会有很大的影响。从世界范围来看，中国处于欧亚大陆的东端，西面有喜马拉雅山和帕米尔高原的屏障，不像某些古代文明那样处在民族迁移的交通要道上，因而有一个民族活动相对稳定的环境。东部是漫长的海岸线，太平洋一望无际，波涌际天，无垠的水域，长久以来被中国古人视为“万川归之，不知何时止而不盈；尾闾泄之，不知何时已而不虚”（《庄子·秋水》）。

难以横渡的“大瀛海”成为中国人与外界隔绝的障碍。在北方，“幕北地平，少草木，多大沙”。戈壁沙漠，亚寒带原始森林严密地闭锁了人的北行之路。西北古人称其地“上无飞鸟，下无走兽，遍望极目，欲求度处，则莫知所拟，唯以死人枯骨为标帜耳”（法显：《佛国记》）。天山、阿尔泰山、昆仑山、葱岭等雪峰横亘，“山路艰危，壁立千仞”，尽管有通往西方的丝绸之路，但交通险阻，古人视为畏途。西南是“世界屋脊”喜马拉雅山、唐古拉山、冈底斯山、可可西里山等山脉造成的地理障碍，更甚于其他地区。

从中国内部来看，各地区之间有地理上的间隔和区别。尤其周边地区与中原地区相比，在气候条件、土壤条件和地理环境等方面有很大的不同，形成了地理条件局部的独立性，造就了若干个并存的经济、政治中心。但是，从整体来看，中国地理条件具有统一性。各地区之间地理上的间隔和区别并不能阻断相互间的交通，而就整体来说，由于天然特点从北、西、南三个方向向中原辐辏而自成一个自然区。中国地理条件整体的统一性和政治形势有密切的联系，它是维系国家统一的一面。

地理条件的独特性，对中国多民族国家的形成和统一影响很大。在中国这个自然区域中，各个社会集团的活动主要受到整体的影响和约束。周边地区各民族建立政权，已经具备了一定的地理条件和经济条件，但是由于东、南濒海，北有沙漠，西和西南有高山，地理条件的阻隔，向内发展比向外发展要容易得多，因而产生了一种自然的内向性，这种自然的内向性是形成国家统一和疆域完整的条件之一。

第五，鸦片战争以来，帝国主义的侵略激起了中国各族人民的反抗，振奋了爱国主义精神。鸦片战争以前，中国多元一体的民族格局已有几千年的发展过程，其内在的联系不断得到发展，一体性不断得到加强。但是，尚未经受过来自外部力量的冲击和考验。鸦片战争以来，帝国主义的侵略威胁到中国各民族的共同利益，各民族在反帝救亡的斗争中结成了不可分割的中华民族整体。

三、民族和边疆政策——以清朝为例

政策是国家在一定历史时期为实现某一特定的目标、任务而制定的行动准则。在不同的历史时期，由于边疆民族的格局不同、族际关系性质不同、政策制定者的利益集团不同以及认识水平不同，会形成不同性质、不同种类、不同特征的民族政策。从历史上看，历代统治者根据自身的利益和当时的形势，制定相应的民族和边疆政策，民族和边疆政策的成败得失又直接影响着彼朝彼代的兴衰存亡，关系甚巨。例如，王莽执政后，一意孤行，改易边郡职能，强行与中原划一，将原先西汉所封的一些西南边疆少数民族首领的“王”的名号尽行改易为“侯”。公元11年（始建国三年），王莽一面下令把匈奴单于改为“降奴服于”，一面又大发北方各郡国及乌桓、鲜卑十二部兵，分十路进攻匈奴，引起匈奴的强烈反抗。结果损兵折将，数年之间，府库空虚，野有暴骨，民怨沸腾。王莽之所以身败名裂、帝祚短促，与其错误的民族和边疆政策有密切的关系。中国封建社会的民族和边疆政策，自秦汉时期初具规模后，经隋、唐、元、清诸强大统一王朝的充实、完善，形成了完整的体系，这在世界各国历史中是颇具特色的。诚然，封建统治者的政策必然带有阶级压迫和民族歧视的性质，但他们往往也在不同程度上努力稳定边疆，团结各民族，以维系自己的统治于不坠。尤其是清朝，吸收前代的经验，制定了较为成功的民族和边疆政策，促进了国家的统一。周恩来在《关于我国民族政策的几个问题》中说：“清朝以前，不管是明、宋、唐、汉各朝，都没有清朝那样统一。”究其原因，即在于清朝民族和边疆政策集历代封建王朝之大成而臻于极致，比较符合当时的民族实际和历史发展趋势。

中国古代传统边疆观有两大核心理论：一是服事观，一是华夷观。最早提出服事观的是《尚书》。《尚书·禹贡》中详细描述了五服（甸服、侯服、绥服、要服、荒服）与国家政治中心各不相同的关系。在中国古代，有关边疆地区人的问题，其核心就是所谓四夷问题。封建王朝统治者在讨论边政问题时往往以服事观为自己主张的理论基础。在他们看来，要荒之地（即边疆地区）不同于中原，要治而又相对不治，而这也正是服事观的基本主张。此外，服事观以全国服从一个政治中心为基础，与中央集权相吻合。实现大一统是封建统治者治边的终极目的，但历史实践使统治者认识到，在一个国土辽阔、民族众多的大国，中央政府对各地的集权统治只能在不同的强度层次上实现，必须因时、因地、因人而治。在中国古代传统治边思想体系中，最能体现因时、因地、因人而治原则的莫过于“羁縻”思想，而最早使羁縻思想成为较成熟的治边思想的正是服事观。清朝前期帝王多勤于政务，深谙历史，能够以史为镜鉴，孜孜求治，追求国家的统一，又将“因俗而治”这一边疆统治的传统思想奉为圭臬。清朝的民族和边疆政策的基本方针是“修其教不易其俗，齐其政不易其宜”，即保持各少数民族的社会习俗和宗教信仰，并根据各少数民族的不同情况进行统治和管理。

因为中国古代的边疆地区大都是少数民族（所谓四夷）聚居的地区，所以中国古代传统治边观理所当然集矢于如何处理好中央政府与周边少数民族的关系问题。中国传统治边策略有三种模式：其一为多事四夷型，即以武力征服为主要的先行手段，继而在边疆地区建立较为稳定的统治。人们自古就对多事四夷褒贬不一，争执不休。在历史上，多事四夷既有劳师糜财而陷入危机不能自拔者，也有开疆拓土而以国富民阜者。其二为守在四夷型，即“观德不耀兵”，尽管不完全放弃武力解决的手段，但主张以适当的经济、文化等方面的措施为先行手段，强调德政的功效，使四夷成为中央王朝的边疆保卫者。其三为以夷制夷型。在清朝，作为少数民族的满族是统治民族，为了使自己建立的中央政权具有合法性，故而反对“严华夷之辨”。另外，与当时国际政治大格局变化相联系，中外关系问题日益凸显于边疆地区，因而传统的夷夏之防观已经出现了本质的变异。由于在一定程度上突破了华夷之辨的藩篱，加之清朝统治者对边疆地区少数民族在思想感情上比较接近，清朝的民族和边疆政策比以往各朝各代都成功。其基本策略是恩威并施、宽柔相济。乾隆帝说："天朝之于外藩，恭顺则爱育之，鸱张则剿灭之。"从顺治、康熙到雍正，清朝的民族和边疆政策偏之于恩。乾隆朝中叶以后，因国力强大，对边疆地区的统治业已巩固，便从前一时期偏之于恩转向了偏之以威。乾隆帝以"十全武功"而自矜，这不仅说明他一生中军事活动的频繁，而且反映其统治边疆地区基本策略的偏转。传统儒家思想中"刑政相参"，"宽以济猛、猛以济宽"的政治主张被清朝统治者运用起来得心应手。康熙皇帝说："昔秦兴土石之功，修筑长城，我朝施恩于喀尔喀，使之防备朔方，较长城更为巩固。"清朝皇帝这种以人心为长城的治边政策正是儒家"守在四夷"思想的政治实践，为学者们所普遍赞誉。

清政府的民族和边疆政策主要包括以下内容：

第一，加强中央的权力，维护中央的权威而又采取灵活的措施。有学者指出，"因俗以治"含有"民族区域自治"的积极成分。我们从历史发展脉络来考察，中国民族区域自治的渊源可以追溯到秦朝。秦朝在少数民族地区设置不同于中原郡县的地方行政管理机构——道。汉代"属国制"的推行使秦时还处于萌芽状态的羁縻政策得到了初步的发展。此后，南朝的左郡左县、唐宋的羁縻府州制，都是羁縻政策发展的重要环节。元代土官制度，上承唐宋羁縻府州制，下开土司制度的先河，改变了过去对少数民族"附则受而不逆，叛则弃而不追"的状态，成为中国少数民族地区从"化外"向内属发展的一个重要过渡时期。由于元朝推行了土官制度，所以此后西南边陲再没有出现诸如南诏、大理国般的地方政权，始终统一于中央政权的版图之内。明清时期的土司制度是土官制度的最高阶段和最后阶段，是由土官走向流官的桥梁。较诸明朝，清朝政府对土司的控制进一步加强。尤其雍正乾隆年间的"改土归流"更是如暴风骤雨般席卷西南地区，割据势力大受摧折。这可以说是少数民族地区从"内属"向"内地化"发展的转折。清朝中央政府特设理藩院以管理少数民族事务，其地位与六部平行。从纵向来看，清代理藩院组织严密，职掌分明，为以往中国历代的中央治边机构所无法比拟；从横向来看，清朝六部遇事掣肘颇多，无与地方督抚直接联系的权力，而理藩院则在行政上具有相当的独立地位，且对驻边的将军、大臣具有直接指导的权力，因此处理边疆要政，有迅赴机宜之功。清政府在各少数民族地区根据不同情况设置不同的机构，给以程度不同的自治权。东北、新疆北部实行军府制，设立将军，派兵屯驻。内外蒙古和青海设立盟旗制，由蒙古王公贵族担任盟长、旗长。新疆南部保留维吾尔族的伯克制，另设大臣进行监督。西藏保持驻藏大臣的权利。西南地区大规模废除土司制度，改设郡县。晚清光绪年间，边疆增设五个行省：新疆、台湾、辽宁、吉林、黑龙江。

第二，笼络和利用少数民族上层人物进行统治。少数民族上层人物具有传统的政治势力和巨大的经济力量，熟悉本民族的历史特点和社会情况，在本民族、本地区具有较强的政治号召力，他们的向背往往影响到边疆地区的安定与否。基于此，中国历代封建王朝中央政权都极其重视对少数民族上层人物的笼络工作。清朝亦不例外。和亲政策作为笼络少数民族上层人物的一种有效方式，长期以来为封建中央王朝统治者所沿用。对于和亲，古人推崇者誉之为“斯盖御宇长策，经邦茂范”，贬斥者则诘责“谁贡和亲策，千秋污简编”。我国史学老前辈翦伯赞先生曾指出，和亲政策在古代封建社会时期是维持民族友好关系的一种最好的办法，和亲政策比战争总要好得多。对于历代和亲的特点，史学界的研究取得了长足的进展。有的学者在具体分析汉唐两代的和亲历史后指出，汉代的和亲对象只有北边的匈奴和西北的乌孙，比较单纯，而唐朝则与吐蕃、突厥、回纥、奚、契丹、南诏等都和亲过，汉代的和亲总是遣宗室女或宫女出嫁，而唐代有几个却是皇帝的亲女儿、亲妹妹。清朝满族统治者入主中原，以少临多，必须和另一个少数民族——蒙古族结成紧密联盟。所以，清前期民族事务的重点是蒙古族。满蒙联姻是清朝奉行不替的基本国策，其目的在于以联姻促进联盟，用“姻好”巩固“盟好”，使蒙古王公成为为清朝直接服务的力量。与前代不同，汉唐是两国之间的和亲，而清朝则是君臣间的联姻；汉唐时是与少数民族统治者之间时战时和的单向和亲，是一种带有不稳定性的间歇性行为，而清朝则是满蒙上层持续不断的相互通婚，并渐趋制度化，如建立额驸制度、回京省亲制度等。尽管对边疆民族上层人物实行笼络、给以优厚俸禄、封以崇高爵位都是清朝政府对民族和边疆政策的继承，但清朝统治者绝非袭其故旧而照搬照抄，其民族和边疆政策具有明显的推陈出新的特征。由于清朝重视民族立法，清代民族和边疆政策往往通过法律的形式予以确定。为了加强与少数民族上层人物的联系，清廷规定了“年班”和“围班”制度。凡少数民族上层人物，已出痘症、不怕染病者，定期轮番到北京觐见皇帝，叫作“年班”。易染天花，则轮番到木兰围场，随同皇帝行围打猎，在避暑山庄觐见皇帝，称为“围班”（因围场和承德气候较北京凉爽，不易感染天花）。

第三，利用喇嘛教作为精神统治工具。任何统治者为了维持统治都必须进行社会控制。社会控制手段有两种：一是行政管理、法律等刚性社会控制手段，一是道德、宗教、习俗等弹性社会控制手段。道德、宗教、习俗等社会控制手段主要通过渗透人的心理而发生作用，其所发挥的社会控制作用是间接的、稳定的、长期的。藏传佛教，俗称喇嘛教，不仅为藏族所信仰，而且为蒙古族所遵奉。早在清军入关之前，清王朝就开始实行利用藏传佛教统治蒙藏民族的政策。顺治十年（1653），清政府册封达赖喇嘛五世为“西天大善自在佛所领天下释教普通瓦赤喇怛喇达赖喇嘛”，从此确立了历代达赖喇嘛都必须经过清朝中央政府册封的制度。乾隆皇帝在《御制喇嘛说》中指出：“兴黄教，即所以安众蒙古，所系非小，故不可不保护之，而非若元朝之曲庇谄敬番僧也。”由于清朝统治者对喇嘛教领袖的不断赐封，结果在蒙藏地区黄教界形成了达赖、班禅、哲布尊丹巴、章嘉四大活佛系统，分掌前藏、后藏、外蒙古、内蒙古的宗教事务。清廷在各地大兴土木，修建喇嘛庙，如北京的西黄寺、雍和宫，承德的普陀宗乘之庙、须弥福寿之庙、安远庙、普宁寺、普乐寺等，多伦的汇宗寺、善因寺，外蒙古的庆宁寺，里塘的惠远寺，五台山的咸通寺，耗资巨万，像设庄严，美轮美奂。在元代，元朝政府在利用藏传佛教的过程中有骄纵喇嘛僧徒的流弊。清朝前期统治者对此深以为戒。乾隆帝说："朕于黄教素来爱护，但必于奉教守法之喇嘛等方加以恩遇。若为教中败类，罪在不赦者，即当明正典刑，断不稍为袒护。设如元季之供养喇嘛，一意崇奉，漫无区别，致有詈骂者割舌、殴打者截手之事，令喇嘛等无所忌惮，尚复成何政体。"总体上说，清政府没有像元朝那样使利用藏传佛教趋于"佞佛"的歧途。为了维护蒙藏地区的稳定与安宁，清政府参酌吏、兵二部选官时抽签决定的办法，创立金瓶掣签转世制度，加强对藏传佛教的管理。利用宗教稳定边疆亦产生了不可忽视的消极影响。少数民族中僧侣势力严重膨胀，不事生产和生育的喇嘛人数过多，社会人口结构呈现消费的非生产人口所占比例过大的畸形状态，抑制了边疆地区人口再生产的增长速度，减少了利用于扩大再生产和发展经济所必需的社会积累。这是中国历代封建统治者"神道设教"政策不可避免的负面影响。

第四，移民开发边疆。"移民实边"政策在中国历代封建王朝多有实行；从人口学角度看，其实质是一种政府性移民。学术界认为，"移民实边"说源于汉朝晁错，但晁错的这一主张也是在分析总结秦朝移民实边政策的得失基础上提出的。史载，始皇三十三年（公元前214），随着岭南百越地区的平定和河套地区的收复，秦政府在南方把5万罪徒谪戍到五岭以南戍边，"使与百粤杂处"，在北方的河套地区，"为筑城郭，徙民充之"。清代以前，中国的人口已达1亿多，但历朝书面记录则在6 000万左右。到了清代，人口急剧膨胀。乾隆三十五年（1770）人口发展到2亿，到乾隆五十五年（1790）突破3亿，咸丰元年（1851）全国人口统计数为4.318 9亿，乃清代人口增长的最高点。由于人口再生产与生活资料再生产不协调，人地矛盾日益突出，中原向边疆移民的浪潮势不可遏。清初，八旗劲旅及其眷属结毂连骑，从龙入关，造成东北地区人口锐减、土地荒芜。顺治十年（1653）曾颁布《辽东招民开垦条例》，鼓励移民开垦，实行14年后下令废止。出于使满族贵族能够垄断东北地区山泽之利、保持关外淳朴的满族风俗以及"初意原以留有余地"以待旗人子孙等目的，清政府对东北地区实行封禁政策。在清代，“走西口”“闯关东”的移民不绝于途，已经在当代中国农民的内心深处留下不可磨灭的烙印而表现为一种历史文化景观。据考证，所谓“西口”有两处，一是指陕西省府谷县古城乡关帝庙的城门洞口，一是指山西右玉县的杀虎口。乾隆帝在二十五年（1760）五月的一个上谕中说：“古北口外一带，往代皆号岩疆，不敢尺寸逾越。我朝四十八部子弟臣仆，视同一家，沿边内地民人前往种植，成家室而长子孙，其利甚薄，设从而禁之，是厉民矣。今乌鲁木齐、辟展各处，知屯政方兴，客民已源源前往贸易，茆檐土锉，各成聚落，将来阡陌日增，树艺日广，则甘肃等处无业贫民前赴营生耕作，污莱辟而就食多，于国家牧民本图大有裨益。”事实上，清政府对陕西、山西等地“走西口”开垦蒙地的移民在鸦片战争之前采取的是一定时期内有限度开放的权宜之策，基本上与东北地区一样实行封禁政策。只是在新疆地区，自从平定准噶尔以后清政府采纳熟谙西北边务的黄廷桂、兆惠、范时绶等人“屯田、移民、实边”之策，大规模开展屯田实边，分兵屯（绿营兵）、旗屯（八旗兵）、回屯（维吾尔族）、遣屯（发遣的罪犯）、民屯（中原移民），促进了新疆地区的经济开发。在清代，有两个“新疆”出现于官书文件之中，一是指现在天山南北地区的“新疆”，一是指改土归流后开辟的“苗疆”。除部分“苗疆”外，清政府封禁不甚严厉，甚至在一定时期采取优惠政策，鼓励中原汉人前往开垦。台湾孤悬海外，清政府在康熙年间收复台湾后视之为易生乱萌的“匪类”聚居之区，防范重重，屡申禁渡政策。鸦片战争以后，外敌蜂拥而至，虎视鹰瞵，边疆地区危如累卵，龚自珍、魏源、康有为等都纷纷呼吁“移民实边”势在必行，吴大澂、贻谷、赵尔巽等封疆大吏在东北三省、蒙古、新疆和西南川边藏区将“移民实边”政策付诸实践。

学术界对清代民族和边疆政策的评价存在一些分歧。一种倾向对其评价过高，似乎认为清代政策尽善尽美，毫无瑕疵；另一种意见又失之苛责。有些史学家指出，清政府故意优崇喇嘛，高其衔称，厚其待遇，华其庙宇，佛门广开，佛海迷茫，使蒙古男子皆以披剃为职志，自愿为僧，实乃居心叵测，欲使蒙古亡族灭种；有些史学家还说，清政府禁止汉人入蒙开垦，屡申禁令，峻其刑罚，表面上是保护蒙人之牧地，实质上是欲其愚弱、欲其鄙陋。我们认为，这种过分贬低清代民族和边疆政策的观点不足取。其实，清政府对蒙古的确是比较关心的。清代有所谓“南不封王，北不断亲”的国策。清军入关后，八旗兵因长期丰衣厚禄而不堪倚重，如果果真照上述史学家说的那样，清政府愚禁蒙古甚至灭绝蒙古，那么清政府又怎能使蒙古披坚执锐而供自己驱使呢？平心而论，清政府的民族和边疆政策在鸦片战争以前的失误在于片面追求社会稳定而牺牲社会发展。稳定与发展是辩证统一的两个方面。在中国传统文化中，社会目标价值观念体系包含多种尺度，但最重要的则是“天下太平，长治久安”。孔子就曾经直接表达了“安”与“和”作为社会目标超乎其他一切的至上性。道家、法家等尽管关于治道的学说互有歧异，但在希望天下太平这一点上却基本上所见略同。因此，稳定和谐的社会便成为中国封建地主阶级政治家们所追求的目的，封建君主的贤愚功过均以社会的治乱为准绳来加以评判。清王朝作为一个封建王朝，自然也把国家的安宁和平作为自己惨淡经营的目的。对清政府来说，第一要务是保持边疆地区的安宁宁谧，而开发、建设边疆地区则是次要的事情，因而对后者往往重视不够。清朝统治者认为，社会人口流动越少，社会越安宁，中原人民流向边疆地区难保不引发矛盾和动荡。移民社会在向土著化过渡的过程中不可避免会发生暂时的混乱和不宁。清朝统治者为了避免汉族人口流向边疆地区后与当地少数民族发生矛盾，往往采取封禁政策，不过，有清一代，中原人民向边疆的迁徙还是很多的，这在相当程度上促进了边疆的开发。

四、边界问题

我国现有国土 960 万平方公里，领海 300 万平方公里，陆路边界总长 22 000 公里，与朝鲜、俄罗斯、蒙古、哈萨克斯坦、吉尔吉斯斯坦、塔吉克斯坦、阿富汗、巴基斯坦、印度、尼泊尔、锡金、不丹、缅甸、老挝、越南共 15 个国家接壤。海岸线总长 18 000 公里。我国在近代历史上丧失了许多领土，发生过许多边界纠纷，以下述其梗概。

（一）中朝边界及“间岛问题”

中朝两国国土毗邻，山水相连。历史上两国国界多次变迁，但自明代起，中朝两国以鸭绿江、图们江为固定国界，迄今未变。清康熙年间，中朝两国政府又一次共同确认鸭绿江、图们江为界河，并立审视碑，以明确两国边界。

1860—1870 年，朝鲜北部地区连年发生灾害。大批朝鲜流民越界到中国境内垦荒居住，并由此引起朝鲜与我国的界务交涉。1885 年、1887 年中朝两次勘界，寻求解决边界争议的办法。中朝两国界务交涉迁延数年，几经曲折，于 1904 年签订《中韩边界善后章程》。《中韩边界善后章程》的签订具有重要意义，但也有很大的不足，主要是图们江源头究竟为哪条水问题悬而未决。

20 世纪初，日本利用朝鲜农民越垦，以及中朝界务交涉中悬而未决的问题，制造了所谓“间岛问题”。日本指海兰河以南、图们江以北宽约二三百里、长约五六百里的广袤之地为“间岛”。否认图们江为中朝两国东段边界之天然界江，否认今延边海兰河、布尔哈通河流域乃至桦甸夹皮沟等广大地区为中国固有领土。日本“间岛”谬说提出后遭到中国政府和人民的强烈反对，中日两国关于“间岛问题”的交涉始自 1907 年，终于 1909 年。中日签订《东三省交涉五案条款》和《图们江中韩界务条款》。清政府用《东三省交涉五案条款》中丧失的巨大权益，换得日本在“间岛”中承认图们江北本是中国固有领土。《图们江中韩界务条款》规定中日共同认定图们江为中朝两国界河，其江源地方设定界碑（审视碑）起至石乙水为界，日本不得不放弃图们江非中朝界河、图们江北非中国领土的荒谬主张。中朝两国长达数十年的界务交涉最终结束。

（二）中俄东段边界

中俄之间有漫长的陆路边界。清代的中俄北部边界可以划分为二段：黑龙江以北外兴安岭至海一段为东段，今蒙古国的蒙俄边界和唐努乌梁海（今俄国图瓦共和国）的北部边界为中段。

清代早期，中国疆域与俄国国土相距甚远，从来不存在边界问题。16世纪晚期至17世纪，沙皇俄国急剧向东扩张，哥萨克势力达到外兴安岭和黑龙江流域一带。清政府通过两次雅克萨战争，驱逐入侵者，收复失地，遏止了沙俄入侵的步伐。取得了重大的战略胜利后，与俄国在尼布楚举行谈判，1689年正式签订《尼布楚条约》。《尼布楚条约》以格尔必齐河、外兴安岭和额尔古纳河为两国的分界线。清政府在领土方面做了很大的让步，将尼布楚周围及其以西原属中国的领土让给了俄国，以换取俄军撤出雅克萨。所以，《尼布楚条约》中又规定了俄国在雅克萨和额尔古纳河两岸的据点全部拆毁、迁移。中俄东段边界全部按河流、山脉等自然界线来划分，在当时条件下按自然界线来划分边界是简便而唯一可行的方案，使得两国的边界线能够迅速而明确无误地肯定下来。《尼布楚条约》规定：外兴安岭与乌第河之间的地区，暂行存放，留待以后议定。《尼布楚条约》是中国和外国签订的第一个边界条约。清政府谈判代表对谈判的成功和条约的缔结做出了极大的努力与巨大的让步，同样俄方代表也做出了一定程度的让步。可以说，中俄尼布楚谈判，对中俄双方来说都是自主、平等的谈判，《尼布楚条约》对中俄双方来说都是平等的条约。

但是此后，俄国趁两次鸦片战争之机，举兵再次入侵黑龙江流域，在中国领土上筑城移民，设官驻兵，撕毁《尼布楚条约》，胁迫清政府相继签订《瑷珲条约》（1858）与《北京条约》（1860），侵占了黑龙江以北、乌苏里江以东约100万平方公里的中国领土。

（三）中俄中段边界

雍正五年（1727）中俄签订《布连斯奇条约》，划定中俄中段边界。《条约》规定：由沙毕纳伊岭起至额尔古纳河止，在迤北一带者归俄国，在迤南一带者归中国，俄国占领了贝加尔湖一带，划定中俄中段边界。此后，双方又拟成全面性条约草案，于次年6月在恰克图签字互换生效，此全面性条约称《恰克图条约》。《布连斯奇条约》也是清政府在领土问题上做出重大让步之后，与俄国签订的。雍正四年（1726）初，清政府已经根据中俄边界的历史与现实确定了划界的基本设想和原则，即要在这次划界谈判中收回安加拉河以南和贝加尔湖以东一些被俄国侵占的土地。但是，实际谈判的结果是，清政府从原来的立场上做了大幅度的后退。而俄国方面则十分满意，以其狡猾的谈判手段和武力威胁相结合，迫使清政府让步，达到其土地扩张的目的。

中俄两国政府于雍正五年（1727）九月互派官员勘分恰克图向东至额尔古纳河的国界，设立鄂博 63 处，此约称《阿巴哈依图界约》。

与此同时，中俄两国政府互派官员划定恰克图西至沙毕纳伊岭的国界，此段共设鄂博 24 处，这一划界又称《色楞额界约》。

中俄《布连斯奇条约》的签订，使中国方面在领土上受到一些损失，丢失了古尔必达巴哈外侧额尔沟河源地区，以及沙宾达巴哈以北、汉腾格尔以南、阿巴坎河以东等地。但是，在当时的情况下，中俄双方通过正式划界，遏止了沙皇俄国势力在中国蒙古地区的进一步扩张，以划界的法律条约保证了中国对神圣领土唐努乌梁海的主权和有效管辖，就此而言，《布连斯奇条约》的签订是十分及时的。

抗日战争胜利后，外蒙古正式独立，原中俄中段边界成为俄国与蒙古国的边界。《布连斯奇条约》没有划分沙宾达巴哈以东唐努乌梁海东部和北部与俄国的边界。1911 年俄国在策动外蒙古“自治”的同时，以武力非法强占中国唐努乌梁海 17 万平方公里的领土。

（四）中俄西段、西北段边界

今为中俄、中哈、中吉、中塔的边界。18 世纪前半期，西北疆域的大部分由我国准噶尔蒙古部管辖，准噶尔部不仅控制着天山南北两路，而且控制着哈萨克、布鲁特及帕米尔地区。至 18 世纪中叶，准噶尔的西北疆域界线大致是从库兹涅茨克、比斯克、恰雷什斯克到乌斯季-卡缅诺哥尔斯克，向南沿阿亚古斯河到巴尔喀什湖，然后自巴尔喀什湖之西，穿楚河中游到塔拉斯。塔拉斯以南，大致是自塔拉斯向东，沿塔拉斯山脉，然后向东南，沿费尔干纳山脉，到其东南端与阿赖山脉相接处。

18 世纪中叶，清政府统一新疆后，对西北地区进行地理调查和地图测绘，并将绘制的地图编入《西域图志》和《大清一统舆图》，昭示中外，明确清朝的西北疆域和边界所至。清朝西北边陲塔尔巴哈台、伊犁和喀什噶尔 3 个地区分别与俄国、哈萨克、浩罕和巴达克山连界。塔尔巴哈台北面的铿格尔图喇以南为中国领土；铿格尔图喇往西，中俄以哈尔满阿林为界；塔尔巴哈台的西北部以爱古斯河与哈萨克为界；伊犁地区分为东西两路，伊犁西路以巴尔喀什湖接左哈萨克界；伊犁西路西至塔拉斯河接右哈萨克界；西北至楚河接右哈萨克界；伊犁西路南面与喀什噶尔所属的布鲁特族地区相接；东西布鲁特所属部落西与安集延、浩罕相接；清朝所属的帕米尔地区西与巴达克山属部连界，交界处在伊西洱库尔湖以西。由此可见，19 世纪中叶以前，清政府已经明确了对斋桑湖南北、巴尔喀什湖、特穆尔图淖尔和楚河、塔拉斯河流域以及帕米尔等边境地区的边界线和管辖范围。但是俄国在鸦片战争以后，趁火打劫，胁迫清政府签订《北京条约》(1860)、《勘分西北界约记》(1864)，侵占了巴尔喀什湖以东的中国领土约 44 万平方公里，连同这些土地上游牧生息的中国乌梁海、哈萨克、布鲁特部落全部划归俄国。按照《勘分西北界约记》第六款的规定，从 1869 年（同治八年）6 月开始，中俄双方立界代表对塔尔巴哈台、哈巴尔苏东北的边界进行了勘查，树立了界碑鄂博，签订了《科布多界约》(1869)、《乌里雅苏台界约》(1869)、《塔尔巴哈台界约》(1870)。

1881 年，中俄签订《伊犁条约》，经双方会同勘界后，又签订了《伊犁界约》《喀什噶尔界约》《科塔界约》《塔尔巴哈台西南界约》《续勘喀什噶尔界约》。通过中俄《伊犁条约》及其子约，俄国侵占中国伊犁以西约 7 万平方公里土地。

俄国违背中俄签订的《续勘喀什噶尔界约》的规定，无视中国主权，与英国在帕米尔划分势力范围，制造帕米尔问题，使帕米尔划界成为一个历史遗留问题。

（五）中国与西南各邻国划界

清朝乾隆末年，廓尔喀（尼泊尔）入侵西藏，清政府出兵自卫反击侵略者。廓尔喀战败请和，清朝着手划界事宜。1793 年，中国尼泊尔边界划界大致完成，所定鄂博在今日中尼边界有 12 处，其他属中锡边界的有 4 处，作木朗及洛敏汤有 6 处。此次定界是中尼首次定界，在此以前均为西藏地方政府与尼泊尔双方订立，而这次是清朝中央政府派官员与西藏地方政府官员同赴边地定界。

乾隆末年中尼定界成为中尼边界史上的重要里程碑。1961 年中尼勘界即以此定界为基础，两国尊重已有的传统习惯边界线，提出“全部中尼边界以现有的传统习惯线为基础，通过友好协商科学地画出和正式标定”的原则，圆满地解决了中尼边界问题。

锡金在清代官书中，被称为哲孟雄，或作者木雄。当地原来居住的土著民族主要是莱卡人，后来由中国西藏迁来大批康巴人及尼泊尔人。中国和硕特蒙古部固始汗入藏以后，原在后藏信奉红教和白教的部分僧众逃到哲孟雄，他们劝说当地居民信奉红教，学习藏语。当地人推彭错南嘉为第一任哲孟雄部长。从此哲孟雄才逐渐由散居的村落形成一个政治集体。约 1 700 年前后，西藏地方政府帮助哲孟雄赶走了入侵的不丹人，哲孟雄感激西藏地方政府的援助，每年派人朝拜清朝驻藏大臣和达赖喇嘛，进贡礼品，成为西藏地方的藩属。1788 年廓尔喀人侵入锡金，锡金的藏曲大河以西被占领，锡金当时已名存实亡。1792 年清政府派兵反击廓尔喀，廓尔喀投降。清朝为锡金夺回了部分领土，开始勘定中锡边界。当时中锡边界按照传统习惯线划界，设立鄂博，双方都比较满意，一直相安无事。

不丹在清代官书中称为布鲁克巴。17 世纪中叶，西藏的主巴噶举派教主因内部纷争逃入不丹，借鉴西藏的政教制度建立了不丹国。雍正初年，不丹内部纷争，不丹首领主动要求西藏安抚，从此不丹成为清朝的藩属国。不丹与中国西藏的边界线是双方共同承认的传统习惯线。

（六）中印边界

中国和印度领土相连接，边界线长约 2 000 公里。虽未经两国政府正式划定，但千年以来存在着一条传统习惯边界，一直是两国和平友好的边界。按照地区的不同，一般将中印边界分为三段，即西段、中段、东段。中印边界西段指中国新疆和西藏与克什米尔拉达克接壤的边界，在这段边界印度除了对中国阿里地区几处有领土要求外，主要是企图占领面积约3.3万平方公里的中国阿克赛钦地区。中印中段边界是指中国西藏与印度旁遮普、喜马偕尔和北方邦接壤的边界。中印边界东段是指中国西藏与印度阿莎姆邦接壤的边界。20世纪初，英国阴谋策划西藏独立，诱胁北洋政府在印度西姆拉举行英国、中国、西藏当局三方面的会谈，提出西藏独立与划分内外藏等侵略要求。北洋政府谈判代表予以拒绝。英国又背着北洋政府谈判代表，炮制了划分中国西藏与英属印度之间边界的麦克马洪线（英方谈判代表为麦克马洪），侵占我国西藏领土约9万平方公里。中国历届政府拒绝承认《西姆拉条约》与麦克马洪线。

（七）南海诸岛

南海诸岛包括西沙、南沙群岛。我国人民最早发现南海诸岛。自公元前2世纪起，中国古代航海家航行南海，开辟了经过南海到东南亚各国的航线，并命名此处为“万里长沙”“千里石塘”。在宋代，已把南沙群岛及其附近海面定在中国界限之内。据有关专家研究，“万里长沙”“千里石塘”位于中国海洋的最南端，出了此界限，则为外国海域的交洋之处的竺屿。宋元时期，中国的近邻国家，如越南、马来西亚、菲律宾等由于受航海技术的制约，对南沙群岛尚无所知。到了明代，中国的史地著作在宋元记载的基础上增加了更丰富、更详细的记述，而且开始绘制标有南沙群岛在内的海域地图。清政府则将南沙群岛明确置于广东省琼州府万州辖下。

清代刻印的政区地图，清晰地将南沙群岛绘制其上，如：雍正二年（1724）刻制行用的《清直省分图》之《天下总舆图》、乾隆二十年（1755）以前印行的《皇清各直省分图》之《天下总舆图》、乾隆三十二年（1767）印行的黄正孙《大清万年一统天下全图》、乾隆三十二年（1767）以后印行的朱锡龄《大清万年一统全图》、嘉庆五年（1800）印行的晓峰《清绘府州县厅总图》、嘉庆十五年（1810）印行的《大清万年一统地理全图》、嘉庆二十二年（1817）印行的陶晋《大清一统天下全图》等，都将包括西沙和南沙群岛在内的石塘海绘入清朝版图之内。

清政府一直对南海诸岛行使主权，清前期南海诸岛的海域已经列入水师的巡视范围。康熙四十九至五十一年（1710—1712），广东水师副将吴升曾经率领水师巡视西沙群岛。

(八) 钓鱼列岛

钓鱼列岛在我国福建省正东，台湾东北海域，共由 8 个不同大小的礁石组成，包括钓鱼台岛（4.5 平方公里）、黄尾屿（1.1 平方公里）、赤尾屿（0.15 平方公里）、南小岛（0.5 平方公里）、北小岛（0.3 平方公里），以及大北小岛、大南小岛和飞濑岛（三岛总面积约 0.02 平方公里），总面积约 6.57 平方公里，涉及 170 000 平方公里的东海大陆架的划分。钓鱼列岛位于中国大陆架上，是中国大陆的自然延伸部分，愈靠近中国大陆，深度愈浅。钓鱼列岛与琉球间有海沟相隔。从海底地形看，钓鱼列岛位于中国大陆架；而琉球则是从千岛群岛、日本群岛向菲律宾群岛延伸中的岛屿。钓鱼列岛与琉球群岛之间横亘着深深的“琉球海沟”，琉球与钓鱼列岛在地质上互不相干。

我国人民最早发现此列岛，并定了名称。我国明初抄本《顺风相送》一书中即有钓鱼列岛的记载与名称。可见中国人民早在 15 世纪初以前即已命名钓鱼岛。此处为中国赴琉球的必经之路，明清两代出使琉球的中国官员的记载中，均把钓鱼列岛列入中国领土，称钓鱼列岛以东之海沟，即进入琉球界，其界线十分明确。明代抗倭斗争中已将钓鱼列岛划入海防区域。日本古代书籍中从未提到钓鱼列岛，1785 年日本人所著《三国通览图说》中始见钓鱼列岛之名，书中不仅使用了中国的名称，且明确地记述该岛属于中国。英国军舰 1845 年曾测量过钓鱼列岛，测量后把钓鱼岛东面的大小岩礁统称为“尖礁群”。日本在 19 世纪后期侵占琉球（改名冲绳）后，产生了侵占钓鱼列岛之野心，并用汉字改写为“尖阁群岛”（当时所指的只是钓鱼岛东边的岩礁群）。日本“尖阁列岛”名称出现，晚于中国定名后约 500 年。明清两朝我国使臣出使琉球的使录和日本的有关文献中表明钓鱼列岛等属于中国，不属于琉球。

甲午战争以后，日本割占中国的台湾全岛及其所有附属岛屿、澎湖列岛。1943年，中、美、英三国首脑发表的《开罗宣言》明确指出："日本窃据自中国的所有领土，包括满洲、福摩萨（台湾）和澎湖列岛都必须归还中国。"1945年的《波茨坦公告》又宣布："《开罗宣言》的条款必须贯彻。"由此可见，钓鱼列岛至少自明初开始就被列入了中国版图。日本通过侵略战争和不平等条约强占该岛50年（1895—1945）。第二次世界大战结束后，主权应当归还中国。

加强边疆开发史的研究*

近几年来，我国社会主义现代化和改革开放的进程非常迅速，它向社会科学工作者提出了许多新要求、新课题。社会科学的发展应该和现实密切地结合，探索现代化进程中碰到的一系列复杂问题。社会科学必须适应时代的需要，迎接挑战，在观念上、方法上有所突破，有所创新，也必须在研究领域、研究课题上有所转变，有所开拓。正是在这样的背景下，一些同志建议加强边疆开发史的研究。我认为，这是一项很重要、很及时的倡议。在“四化”建设蓬勃发展的形势下，历史科学应该迈开坚定的步伐，开拓新的研究领域，从我国边疆开发的历史中总结经验，探索规律，为今天边疆的现代化建设提供借鉴。这是历史科学工作者的一项光荣职责。

我国是一个统一的多民族国家，有悠久的历史，有勤劳勇敢的人民，曾经创造了光辉灿烂的古代文明。同时，我国又是版图辽阔、民族众多、自然环境和社会状况多样复杂、经济文化发展很不平衡的国家。沿江沿海和中原地区，人口密集，自然条件优越，经济、文化发展水平较高；边疆和偏远地区，多高山或沙漠，人口稀少，经济、文化发展相对迟缓。在历史上，中原或边疆地区都经历了各自的发展过程。自然环境、气候条件、资源蕴藏、交通运输以及社会制度、宗教信仰、传统习俗等多种因素影响着各类地区开发和发展的程度。各类地区的经济、政治、文化有很大差异，发展很不平衡。历史的长河滚滚向前，随着边疆地区经济和文化日益发展，各类地区之间的差异和不平衡性逐渐减少，边疆和中央地区的凝聚力日益增强，国家的统一也日趋巩固。当然，地区的差异和不平衡不

---

* 原载《新疆社会科学》，1986年第5期。

可能完全消失，直到今天，边疆地区的发展水平仍落后于沿海和中原地区，边疆地区所蕴藏的生产潜力和资源优势还远远没有充分发挥。因此，建设边疆地区是当务之急，如果边疆地区的经济、文化得不到较大的发展，它和中原地区的差距不能缩小，就会极大地影响和阻碍我国“四化”大业的完成。

为了促进和推动今天边疆的建设，研究它过去的开发历史是很有意义的。鉴古可以知今，研究过去，可以使我们更加深刻地了解边疆地区的现实，可以有助于我们制定未来边疆开发的规划。我们可以从历史研究中取得有益的经验教训，而历史科学将在回答实践的问题中迈开前进的步伐。

过去，我国对边疆史的研究也是有成绩的。但是，相对而言，对军事史、政治史研究较多，对经济和文化发展史研究较少。现在应该改变这种局面，重新部署力量，选择课题，希望有更多的历史学家、经济学家、民族学家、社会学家以及自然科学家投入边疆开发史的研究，以适应和配合正在蓬勃兴起的边疆建设的热潮。

边疆是一个历史概念，它随着国家和民族的成长而逐渐形成与固定下来。今天，我国的边疆地区大体上包括东北（辽宁、吉林、黑龙江）、北部（内蒙古）、西北（新疆）、西南（云南、广西、西藏）以及东南海疆（台湾、海南岛）。这些地区，十分辽阔广大，占我国面积的一大半，自然条件严酷，地形复杂、民族众多、资源丰富，各个边疆地区既有共性，又有很不相同的个性。边疆开发史的研究包含着非常丰富的内容。每个地区的经济形式和发展水平是很不相同的，有农业经济，有游牧经济，有渔猎经济，每种经济形式有自身的发展以及向更高形式前进的过程。这些发展变化受一定的自然环境的制约，研究这些发展变化以及各种经济形式和自然环境的相互关系，将为人类进步的历史进程提供生动丰富的例证。

地区的开发程度，要看其物质文明和精神文明总的发展水平。因此，这一课题涉及的方面是十分广泛的，既要研究该地区的生产手段，生活资料的生产、流通、分配、消费，又要考察边疆人民的日常生活和文化教育状况。在边疆地区，农业和牧业的布局、土地的利用程度、水利设施、生产技术、生活习俗、宗教观念、文化艺术，都应该保持在研究者的视野之中。

边疆开发史不同于地区政治史，但又和该地区的政治秩序、行政设施、政策法令有着密切的关系。安定的秩序、正确而适当的政策和设施，将会大大促进开发进程。而边疆开发的程度又和国家安定统一的程度成正比。边疆的经济、文化越是发达，各族人民之间的交流联系越是频繁，全国就会出现较长期的稳定和统一。因此，研究边疆开发史，可以更好地了解我们统一国家形成、巩固的基础和过程。这对于增强民族团结、巩固统一定安、发扬爱国主义精神具有重大的意义。

地区的开发，从来都和人口的数量和素质有密切的关系。历史上，边疆和中原地区人口流动频繁，既有边疆的少数民族进入中原，建立统治王朝，也有中原汉族向边疆流动迁徙，耕垦贸易，谋求生计。人口的流向、繁殖、增减，各民族之间的交往、融合，也是边疆开发研究中的重要课题。

一个和外部世界隔绝的封闭地区，发展的速度是不可能迅速的，因此，交通和商业常常是影响边疆开发程度的重大因素。尽管边疆的地形复杂、路途遥远、交通困难，但为了生存和发展，边疆各族人民在开辟通路、组织互市、发展贸易方面进行了极大的努力。驿路、商队、商业点、贸易渠道也是边疆开发史研究中不容忽视的问题。

在边疆开发史研究中还应当特别重视清代和近代。这段历史离我们的时间最近，和现实的关系最为密切。边疆的今天从昨天发展而来，今天的许多经济问题、政治问题、社会问题，追根溯源，都要返回到清代和近代。因此，只有研究清代和近代边疆开发的情况，才能更深刻地认识边疆的现状。

清代是我国统一得到加强、版图最后稳定的时期。随着中原地区人口的急剧膨胀而向周边地区流动扩散，北方人民大批迁移到东北、内蒙古和西北，所谓“闯关东”“走西口”成了中原贫民谋生的重要出路。南方人民则大批移往云南、贵州、广西、台湾，这就给边疆的经济和文化发展带来了巨大的推动力。各族人民在边疆和偏远地区开辟榛莽，筚路蓝缕之功应该记录下来，宝贵的经验教训值得认真总结、汲取。鸦片战争以后，一方面，帝国主义侵入中国，对边疆地区鲸吞蚕食，出现了险恶的瓜分形势；另一方面，新的生产力、新的技术、新的思想传播发展，在边疆地区出现了新的经济因素、新的文化事业、新的社会力量，边疆的开发达到了前所未有的规模和速度。边疆地区各族人民紧密团结、共御外侮，在艰难的环境中努力发展本地的经济和文化，取得了卓越的成绩。研究清代和近代的边疆开发史，认识到过去里程的艰难、缔造的辛苦，缅怀前人，放眼未来，将会增强与坚定我们建设边疆、实现四个现代化的信心和决心。

我相信，边疆开发史这一研究课题将会吸引全国各方面的专家来参加，让我们全力以赴，携手前进，开辟出一个多学科交叉渗透的新局面，创造出对现实富有意义的研究成果。

近代会党史研究的新课题*

会党问题是中国近代史上的一个重大问题，也是历史研究工作中的一个薄弱环节。新中国成立以来，这方面的研究文章发表了不少，但往往是探讨某个时期（如太平天国与辛亥革命时期）、某些地区（如两广、两湖、四川）、某些问题（如会党的源流、会党起义、会党与资产阶级革命派的关系），还没有人对会党史进行全面、深入的研究，也没有出版过内容比较系统、论述比较全面的会党史著作。因此，会党史上的许多空白点长期无人问津。蔡少卿对会党发展的全过程进行了比较深入的研究，写出了《中国近代会党史研究》一书，对许多重大问题做了分析阐述。这样，不仅填补了许多空白点，而且将中国会党演变的过程勾画出一个比较完整清晰的脉络和轮廓。该书十五篇论文的内容编排即构成一个发展系统：第一篇是综论性的文章，介绍近代秘密结社的主要系统，论证了它们在组织、信仰、成员和地区分布等方面的不同，对会党产生的社会起源、会党的性质和作用做了分析论述；第二篇阐述天地会的起源，其创始人和创会时间、地点，对传统的说法进行辩驳；第三篇详细研究了天地会首次发动的大规模起义，即台湾的林爽文起义；第四篇分析了天地会在清嘉庆、道光年间的发展特点和传播情况；第五至第七篇阐述太平天国革命时期的会党活动，对太平天国革命各阶段与南方会党、教门的关系做了具体的考察和论证，并对太平天国史上长期有争论的天地会首领洪大全的身份提出了自己的看法；第八至第十篇论述哥老会的源流及其反抗斗争，对哥老会与啯噜、江湖会、天地会的关系做了细致的分析，指出 19 世纪 60 年代以后，哥老会势力在长

---

* 原载《戴逸自选集》，北京，中国人民大学出版社，2007。

江流域兴起，是会党史上的一个重要变化，又论述了哥老会与长江流域教案的关系；第十一、十二篇主要论述辛亥革命时期会党与资产阶级各派势力的关系，具体介绍了资产阶级革命党人联络会党的活动及其经验教训，肯定了会党在辛亥革命中的历史作用；第十三篇介绍民国初年的会党；第十四篇系统阐述新民主主义革命时期会党与工农运动的关系，以及中国共产党在各个时期对会党的政策方针；第十五篇研究南洋华侨中的秘密会党。这十五篇论文，分则一题一事可以单独成篇，合则前后相关，首尾贯串，构成比较完整的系统。其中有不少是研究的空白点或薄弱环节，既无前人的成果，材料也难于发掘。蔡少卿经过长期努力，攻克了难关，将中国会党史的线索清楚地整理出来，写成这部著作。无疑，这是一项很有意义的开创性工作。

会党由于长期流传，处于秘密状态，外人不深知其内情，又缺乏自身的第一手资料，因此很多问题暧昧不明，众说纷纭，真假难分。这部著作，在深入研究的基础上，对一系列重要问题提出了自己的见解，如关于天地会的起源、哥老会的源流、会党的性质和社会功能、会党史的分期、林爽文起义在会党史上的地位和影响、会党和教门之间的融合渗透、洪大全其人、太平天国与斋教的关系、哥老会与长江教案的关系、自立军起义与会党的关系、辛亥革命后资产阶级革命派对会党态度的改变、中国共产党对会党的政策和工作，等等。有不少问题，发人所未发，言人所未言，引起了国内外学术界的重视。当然，这些重要问题的论述未必已经全面、已经完善，但毕竟提供了讨论和进一步研究的基础。

蔡少卿撰写这部著作，付出了大量劳动。早在 20 世纪 60 年代初，他就深入中央档案馆的明清部（即现在的中国第一历史档案馆），阅读了农民运动类秘密结社项的大量档案。在这部著作中，他还利用了第二历史档案馆和台湾出版的档案资料。据我所知，蔡少卿是最早利用我国的档案对秘密会党进行长期系统研究的一位学者。此外，他收集与阅读了文集、笔记、地方志、报刊、回忆录、外文资料，进行了社会调查。如他曾把嘉庆、道光时广东、广西、福建三省 81 个会党案件做了仔细的统计，概括出 19 世纪前期会党传播和发展的特点；又如他在研究中国共产党对帮会做工作时，不但引用了李立三、邓子恢、何长工、冯仲云、陈奇涵等革命前辈的回忆，并亲自拜访过李立三，在安源煤矿的老工人中进行社会调查。正是掌握了丰富的第一手材料，才能摆脱会党本身流传的一些神话传说的影响，把研究工作建立在科学的基础上。

可以看出，蔡少卿的研究，努力运用了马克思列宁主义的观点和方法，将会党问题和中国的经济政治状况、人口增长、社会结构等联系起来考察，把会党这一主题放在半殖民地半封建中国的大的历史背景之中。这样，就可以使人们更清楚地理解秘密会社的产生、发展、影响、作用。蔡少卿进行分析论证时，比较注意将宏观研究与微观考察的方法结合起来，如他在考察哥老会的源流时，一方面从中国社会变化的宏观角度提出教门与会党走向融合的论断，另一方面又从微观角度具体分析教与会的相互渗透和影响，这样就更具说服力。此外，蔡少卿十分关心国外同行专家以及台湾学者在会党研究方面的成果，从中汲取营养和借鉴。

当然，该书也存在一些不足之处，如对会党的研究比较集中于天地会、哥老会组织，而对小刀会、青帮等其他支派没有专题论述，另外，对专题论述比较深入，但对会党发展史的全面叙述就显得单薄。

加强社会史的研究*

近年来，社会史的研究蔚然成风，取得了丰硕成果，为历史研究开拓了广阔前景。

社会史以探索群体生活为目的，研究社会构成、社会变迁、社会运行、人们的物质生活与精神生活、衣食住行、家庭婚姻、风俗习惯等。它是历史科学的一个分支，又与社会学、民俗学、民族学、人口学、宗教、艺术等交叉渗透，具有边缘学科的性质。

中国的历史学非常发达，有两三千年连续不断的历史记录，史家辈出，册籍浩瀚。以往的历史研究着重于人物、事件、制度的活动与演变。历史无非是在一定制度下，人们进行活动而发生的一系列事件。因此，研究人物的活动、制度的得失、事件的因果，是历史研究的主要任务，人物、事件、制度的总和就构成了全部历史。这是古老的理解，也是很朴素、很实在的理解。过去的历史著作，无论是纪传体、纪事本末体、通考体、编年体，都围绕着人物、事件、制度构筑框架。因为这些是最明显、最引人注目的，一提历史就自然而然会想到人物、事件和制度。

晚近，出现了另一种历史研究的途径，即从政治、经济、军事、民族、外交、文化思想等不同的方面切入历史与解剖历史，人物、事件、制度均可以分类，分别归属于以上不同方面，陈述各个不同方面的历史发展，理清其脉络，揭示其规律，更从分析的研究走向综合的研究，这就是历史研究。毛泽东曾经说：“对于近百年的中国史，应聚集人材，分工合作地去做，克服无组织的状态。应先作经济史、政治史、军事

---

* 原载《语冰集》，南宁，广西人民出版社，1999。

史、文化史几个部门的分析的研究，然后才有可能作综合的研究。”①

社会史研究则与上述两种研究途径不同，它从另一个角度切入历史，进行研究。人是社会的动物，在一定的社会中诞生、成长，受其教育、受其熏陶。人创造了社会，而社会环境、社会风气又决定和影响人的行动、思想、心理。因此，研究社会本身，研究其构成、变迁、运行，研究各种社会问题，就是研究历史本身。这是近十多年来受到社会学复兴的影响而勃兴起来的历史研究的第三条途径，即社会史研究。

这三种研究历史的不同途径，应该说都行之有效，可以并存不悖，相互补充。研究的对象都是人类历史，但每种途径的研究视角、方法、范围各不相同，对历史内容认识的侧重点也各有不同。

从社会史视角研究历史，我们过去不认识的或忽略了的历史内容就可能会凸显出来，成为注视的重点，如人口问题。这是历史发展和社会生活中的一个基本问题，极大地制约着历史的发展。我国历史上有关人口增减、流动、构成的资料十分丰富，但一直未受到重视，亦未成为研究的重点。近 20 年以来，人口压力越来越大，人口问题受到普遍关心。这就促使研究者从社会史角度研究历史上的人口问题，历史研究中开辟了人口史研究的分支，使我们对于中国几千年来人口增长、迁徙和活动的规律有了更明晰、更深刻的认识。此外，如家庭史、禁毒史、灾荒史、秘密结社史，近几年来均有可喜的进展，这些都属于社会史研究的范围。

社会史所要研究的是普遍性的社会现象，而不是研究社会上的个别人物和个别事件。当然，人物和事件是十分重要的，如果抹去了人物和事件，历史将不成其为历史。即使是社会史研究，也不能不通过个别人物和个别事件来认知社会的普遍性现象。但人物和事件在历史长河中存在的时间是短暂的，几十年或几年即行消逝，昨天还是轰轰烈烈，今天已是烟消云散。它们在历史上留下的痕迹，相对而言较少些、较浅些。中国历史上曾有几百个皇帝，当年在位

---

① 《毛泽东选集》，1 版，第 1 卷，760 页。

时都声威显赫，不可一世。但从今天来看，他们各自的影响是很小的，但体现在几百个皇帝身上的封建专制权力却影响深远。社会史不是研究个别的皇帝，而是研究体现在皇帝身上的社会权力的形成与运作。

社会史研究的问题更具普遍性、抽象性，对历史的影响更长远、更深刻。它是历史长河中强劲的潜流，不是浮在表面稍纵即逝的泡沫。它深入多数人的生活，关系到多数人的利害。我们说，历史有借鉴作用，但历史人物和事件不会重复发生，历史上不可能产生完全相同的人物或完全相同的事件，因此，历史的借鉴作用都是间接的，只能从揭示历史规律、吸取经验教训入手。而对社会问题的研究，其借鉴作用更为直接。过去有灾荒，今天还有灾荒；过去有吸毒禁毒，今天还有吸毒禁毒。当然，过去和今天的社会问题，处在不同的背景下，其性质、尖锐程度和对策是很不相同的，但它不像个别人物和个别事件那样具有迥然不同的外貌与特质。因此，研究社会史，对我们说来，具有更直接、更重要的借鉴作用。

社会史的研究更贴近下层人民的生活，历史上重大的政治、军事、外交、文化活动，无论怎样轰轰烈烈、有声有色，都主要是精英人物的活动。一次改变，由少数王公贵族策划进行；一次战争，由几位将军决策指挥；一部著作、一首诗、一幅画，由个别作家、诗人、画家创作完成。大多数群众与之无直接关系，最多是部分群众在事件中扮演过被动的角色。但社会生活、社会组织以及衣食住行、风俗习惯却牵涉全体老百姓。社会史是真正研究底层人民自己的事情。

总之，把社会作为整体或各个剖面进行研究，是历史学研究的新途径、新方法。社会史这一晚近开辟的历史学分支学科已经取得了重大成就，希望进一步加强这方面的研究，以丰富和加深我们对历史的认识。

应该建立“避暑山庄学”*

河北省历史学会和承德市文物局今天在这里举行“避暑山庄学术讨论会”，我作为一名清史研究工作者，能够参加这样一次盛会，感到非常高兴。今天到会的有全国各地的许多专家，有建筑学家、园林艺术家，还有宗教、文物和历史学方面的专家，真是群贤毕至，济济一堂。我祝贺这次会议的召开，并预祝会议取得圆满成功。

承德市是著名的历史文化名城，又是著名的风景区，这里山明水秀，林木幽深，景色醉人。避暑山庄和外八庙建筑宏伟，气象万千，吸引了中国及世界上千千万万的游人。承德的许多名胜古迹和历史上的许多事件、许多人物相联系，是生动的历史见证。当我们走到楠木殿、万树园，就会联想到康熙、乾隆的盛世，联想到他们接见少数民族和外国使者时那种隆重的场面。走到“烟波致爽”，就会联想到嘉庆、咸丰之死，联想到那拉氏策划的宫廷政变。我们走到外八庙、小布达拉宫、班禅行宫，就会联想到当时达赖、班禅与清朝的密切联系。走到文津阁，就会联想到《四库全书》与清朝的思想文化政策。避暑山庄的每一处名胜，都会引起我们生动丰富的历史联想。这里的每一处古迹，都记载着中华民族古老而悠久的历史与文化传统。承德既是游览的风景区，又是我们进行生动的、历史的爱国主义教育的实物教材。不仅如此，承德避暑山庄还具有建筑、艺术、宗教、文物等多方面的价值，值得我们大力地从各方面加深对它的研究。我们不仅应该把避暑山庄作为旅游的、娱乐的场所提供给人民，而且要把它作为艺术、历史的珍品，作为爱国主义

---

* 原载《高校社科动态》，1999 年第 6 期。是作者 1982 年在避暑山庄学术讨论会上的发言。

的教材提供给人民。避暑山庄具有多方面的研究价值。它属于建筑学科研究的对象，但又不仅仅属于建筑学科；它属于园林艺术，但又不仅仅是一般的园林；它属于宗教、民族学、历史学，但又不仅仅属于这些学科。我认为，避暑山庄学是与许多学科相关联的一种综合性学科，是一种边缘科学。近年来，科学研究中的各门学科之间呈现出相互渗透、相互关联、相互影响的趋势，并由此产生出新的学科，形成边缘科学。避暑山庄的研究也有类似的趋势。我国已经有了敦煌学，敦煌学就是一门综合性学科，涉及考古、历史、民族、语言、宗教、艺术等许多方面。我们是不是应该建立避暑山庄学或承德学、离宫学？我想这门学科的建立是十分必要的，这是客观的需要。前年在北京建立了圆明园学会，召开学术讨论会，出版专门的刊物，写了许多文章，进一步加深了对圆明园的研究，并准备逐步恢复圆明园。避暑山庄与圆明园比较起来条件要好得多。圆明园只剩下一片废墟，园林本身已经不复存在。这是我国民族文化的重大损失，现在只能从文献上进行研究。而避暑山庄幸而完整地保存了下来，为我们提供了很有利的研究条件。（1）山庄保持完整，留下了幽美的园景、宏伟的建筑群以及许多文物、资料。（2）山庄地点适中，距离北京很近，便于各方面的协作。同时旅游事业也可以推动我们的研究工作。（3）最重要的条件是从中央到地方各级领导的重视。国务院发了文件，做出明确的指示，要保护和修复这座举世罕有的皇家园囿。省委、地委、市委各级领导和国家文物局关心、支持避暑山庄的恢复和建设。承德文物局的干部和专家组成了一支专门的队伍。我接触了一些同志，他们确实是山庄的专家，对山庄的一草一木非常熟悉，如数家珍，我们拥有这样一批专家，就具备了有利的研究条件。当然，我们的研究工作一定会遇到许多困难，要付出艰巨的劳动，投入相当的人力和物力。但我相信，在不远的将来，我们一定能够建立这门新的学科。

国际上很重视避暑山庄的研究，国外也保存着不少珍贵的资料。例如，我在日本就看到很多研究承德避暑山庄的书籍。其中有一本，名《热河》，共4巨册，全部是大幅照片，约400帧，是50多年前日本人拍摄的，他们在半个多世纪以前已这样重视对山庄的研究，耗资巨大，不惜工本。摄影和编纂者是工学博士关野贞、工学士竹岛卓一，1934年印行。照相的技术在当时是第一流的，可以清晰地分辨其细部。由于拍摄者是建筑学专家，不是一般地拍摄风光照片，而是将避暑山庄和外八庙的建筑精华尽收眼底，有全景，有侧景，有远景，有细部，特别对于具有特殊风格的著名建筑更从各个角度、各种距离进行拍摄。如普宁寺的照片就有70多张，其中的大乘阁和阁内大佛共有照片22张，从大佛的头部、腰部、足部以及正面、侧面拍摄，生动、完整地再现了大佛的形象。著名的普陀宗乘（小布达拉宫）有照片60多张，须弥福寿（班禅行宫）有照片50多张。有些建筑，今天已荡然无存，但50多年前还相当完整，这部书里保存着照片，这是很难得的珍贵资料。看了这些照片，可以清楚地知道被毁建筑当年是什么样子的。如清音阁是规模宏大的三层大戏楼，清帝常常在此款待外国使节、少数民族的上层王公，看戏游乐，后被毁于火。从这部书的照片中，可以看到清音阁宏伟而又精致的结构。又如避暑山庄内原有碧峰寺、珠源寺，现已倾圮毁坏，外八庙的罗汉堂也已被毁。但这部书内有碧峰寺照片12张、法源寺照片22张、罗汉堂照片15张，还有宗镜阁（铜殿，在抗日战争中被日军拆毁）照片8张，因为这些建筑都不存在了，这些照片就更为可贵。它们是研究避暑山庄的好资料。这些照片都有文字说明，是单独出版的，可惜我在日本停留的时间较短，未能找到这部文字说明。

我对建筑学是门外汉，可对避暑山庄很感兴趣。因为我是研究清史的，避暑山庄学和清史研究关系很大。康熙建立避暑山庄有一定的政治目的。康熙二十一年（1682）以前，清朝统治者的注意力集中在南方，与南明以及吴三桂等做斗争。康熙二十年（1681）平定“三藩之乱”。康熙二十二年（1683）收复台湾。这一时期康熙主要致力于南方的统一事业，南方的问题基本解决了。而北方的矛盾开始尖锐起来了。俄国从黑龙江流域入侵，占领了尼布楚、雅克萨。沙俄的侵略势力逐渐向南伸张，直至黑龙江的下游。西北的准噶尔蒙古占领了天山南北，控制了西藏、青海、宁夏等广大地区，攻打喀尔喀蒙古，势力一直深入到现在的内蒙古地区，形成割据势力。以上两种势力相互勾结，严重威胁着清朝的统治，破坏了国家的完整与统一。清朝面临着国家分裂的危险。康熙二十年，清政府平定“三藩之乱”以后，南方趋于稳定，康熙的注意力转向北方。就在这一年，他建立了木兰围场。当时建立木兰围场绝不仅仅是供游猎娱乐的，而是在这里“整军经武”，训练和检阅军队。就在这一年，康熙东巡，一直到达松花江下游，到了抗俄的前线。这一年他还派郎谈赴雅克萨巡视，而后又亲自西巡到达宁夏，可见当时康熙已把注意力转向了北方。而承德就成为当时北方政治活动和军事活动的枢纽。清朝统治者在承德木兰围场狩猎治军，在行宫接见少数民族上层统治者，争取蒙古王公贵族，孤立准噶尔势力。我记得康熙二十五年（1686）雅克萨战争的捷报首先是送到承德的，黑龙江到北京的驿道必经热河，当时还没有建立避暑山庄，但康熙已常在承德处理军国大事。后来承德成为一系列重要政治活动的中心，接待外国使节，朝鲜、缅甸、暹罗以及安南国王阮光平，英国使节马戛尔尼都在这里谒见乾隆。清帝还在这里接待少数民族王公，如土尔扈特回归祖国，小布达拉宫建有碑文纪念。还有接待三策凌、班禅额尔德尼，也在这个地方。图理琛出使俄国，也是从这里奉命启程的。可见避暑山庄的建立不仅仅是供避暑、狩猎与娱乐的，避暑山庄的建立和发展与清朝历史息息相关，可以说避暑山庄是清朝抵抗沙俄侵略、平定民族叛乱、实现国家统一的历史见证。康熙、乾隆、嘉庆三朝皇帝经常在这里处理国家政务，也可以说这里是清政府的第二个政治中心。所以，山庄学与清史的关系是密不可分的。二者是姐妹学科，互相关联，互相影响，山庄学的研究必将大大推动清史的研究。

如何发展这门学科，在座的许多专家学者一定会有许多很好的建议，我提不出什么很好的意见。按照一般的科学发展规律来设想，恐怕要做到以下几点。（1）广泛地收集资料。山庄保存了许多实物资料，如建筑、园林、碑刻等，这些实物具有很高的文物价值，要很好地保护。还有许多文献资料，要投入更大的力量广泛搜集、整理。清宫档案中有许多涉及山庄的资料，承德文物局的同志在北京已经搞了很长时间。对于这些资料，应当进一步搜集、分类、整理、复制甚至编辑出版。清宫档案现存1 000多万件，如果单靠档案馆整理出版，则遥遥无期。中医研究院就从档案中整理出光绪、慈禧的医案，受到医学界和史学界的重视。我们也可以出版有关避暑山庄的专集资料，或者专门刊物。有关建筑、宗教、民族史、木兰围场、艺术，乃至外国的一些资料都可以收集进去。这里应该成为避暑山庄的研究中心，首先是资料研究中心。避暑山庄要集中国内外所有的有关山庄的历史资料，成为最丰富、最完整的一个资料库。（2）要培养一定数量的专业研究人员，要有一批勤奋努力，刻苦耐劳，有理想、有干劲、有水平的专门人才。一个研究单位研究水平的高低决定于研究人员的质量。当然，这不是随便调进几个干部，在短期内可以见成效的，而是要经过选拔、培养、发现人才，特别是要培养中青年专门人才。我们要有长远的战略眼光，把这件事情抓紧、抓好，不能因其他任务的紧迫而冲击人才的培养。（3）设立专门的研究机构。开始可以是规模较小的研究单位，成立研究室，逐步扩大发展。这种研究单位的任务是研究而不是打杂，要有稳定性，要有经费，有编制，有书籍资料，有一定的研究条件。有了这样的研究机构，才能更好地开展各种研究工作，才能积累资料，培养人才，多出成果。为了进一步便于全国的协作，是不是可以考虑成立避暑山庄研究会，动员和组织山庄以外的力量共同努力，相互协作，开展长期、深入、广泛的研究工作，使这门山庄学或离宫学成为有特色的、高水平的、内容丰富多彩的新兴学科。

对于避暑山庄的研究，我是外行，因为研究清史，我对避暑山庄很有兴趣，很有感情，希望避暑山庄的研究工作深入开展，取得成效。以上意见，是否妥当，请同志们批评指正。

开展满学研究的意义*

满学研究是一项重要的、很有意义的任务。满族人数将近 1 000 万，是中华民族大家庭中的一个重要成员。在晚近三四百年，它建立了清朝，统治全中国。满族涌现出了大批杰出的政治家、军事家、思想家、文学家，创造了光辉灿烂的满族文化。满族历史是中国历史的一个重要分支，满族文化是中华民族文化的一个组成部分。

由于满族建立了清朝，统治中国达 3 个世纪之久，故满族的历史、文化、风尚在全国影响甚大。甚至可以说，近三四百年的中国史在很多方面是和满族历史发展重合的，满族历史上的大事和重要人物，即是中国历史上的大事和重要人物。努尔哈赤、康熙、乾隆以至慈禧太后，在这些重要历史人物的统治下，中国历史走过了漫长的路程。要了解今天的中国，就必须了解过去的中国，了解清朝统治下中国的社会状况。中国为什么形成今天这个样子，为什么有 960 万平方公里的广阔版图？为什么有近 12 亿之多的人口？为什么近代中国经历被侵略的苦难遭遇？为什么现在要继续努力拼搏，追赶世界上的发达国家？等等。要回答这些问题，就要追溯清代史、满族史，这是了解过去、认识今天、开拓未来的关键。

另外，满族作为少数民族，有自己的语言文字，自己的风俗习惯，自己的文学、艺术、宗教。满族文化内容丰富，风格独特，形式多样，它的一个明显优点是具有开放性和包容性，它最善于吸收其他民族的优秀文化成果。新生的满族文化在大量吸收汉族文化中迅速地丰富和发展，它和汉族文化汇合、交融在一起，相互包含，变得你中有我、我中有你，满族文化吸收了大量的汉文化因素，而

* 原载《满学研究》，第 2 辑，北京，民族出版社，1994。

汉文化又渗入了大量的满族文化因素。例如，伟大的文学作品《红楼梦》，作者曹雪芹是内务府包衣，正白旗，小说的许多方面取材于满族封建贵族的生活，反映满族的风俗、礼仪和情趣，但却是用汉文写成，反映了18世纪中国社会的风貌，其历史意义和艺术价值超越了满汉民族的界限，成为中华民族共有的文化瑰宝。又如，我们喜爱的著名作家老舍的作品，他的《骆驼祥子》《四世同堂》《茶馆》《正红旗下》，很多是反映满族下层群众生活的，但也用汉文写成。读起来京味很浓，反映北京的生活气息。什么是“京味”？可以研究，它似乎和华北的一般地区不同，能不能说“京味”保留了较多满族的生活情趣和文化痕迹？过去几百年内，北京是满族人最多、最集中的地区，清代前期，北京的内城只有旗人才能居住。他们的生活习尚和文化情趣不能不强烈地影响着北京，而作为全国首都的北京又将满族的文化因素辐射到全国。因此，研究满族文化固然可以从现存的满文书籍、档案以及满族生活中寻找，也还应当从中华民族的大文化中寻找，因为满族文化的特色、风格已被吸收到中华民族的文化之中，成为中华民族文化中不可分割的一部分。研究工作者当然可以追踪、辨认在中华民族大文化中哪些是满族文化的痕迹、影响。

近年来，满学成为学术界关心的热点，北京、东北、台湾的学者和专家从历史、语言、文学、艺术、宗教、民俗多方面进行研究，出现了一批有价值的研究成果。日本、美国、欧洲的学者也做了许多工作。这次北京满学学术讨论会的召开，将给满学研究强有力的推动，使其取得重大的进展。

研究炎黄文化　建设现代文明*

我国正沿着建设有中国特色的社会主义道路前进，目标是创建一个繁荣、强大、富裕、文明的社会主义新中国。围绕着经济建设这个中心，在解放和发展生产力的同时，提高人们的科学文化水平和思想道德素质，建设现代文明是刻不容缓的迫切任务。研究炎黄文化，继承和弘扬民族的优秀传统，其根本目的就是发展现代文化，建设高度的社会主义精神文明。社会主义精神文明的建设是关系到经济建设迟速成败，关系到社会主义兴衰存亡的大事。当今世界正面临一场新的科技革命。世界经济的发展与竞争日益明显地表现为科技文化的发展以及人的智慧、能力、创造、发明的竞争。科学文化在建设经济、提高综合国力方面起着非常重要的作用。科学技术、文化教育不发达，人们的思想文化素质不提高，中国就不能立足于世界强国之林。总之，建设现代文明将是实现经济发展与社会进步、巩固社会主义制度的关键，是建设有中国特色的社会主义的重大战略任务。

那么，如何建设现代文明？现代文明不是从天上掉下来的，也不是从头脑中凭空想出来的。它是在继承我国优秀文化遗产并汲取全人类共同创造的文明的基础上，根据现代的生活实践而产生的。这是一项继承、吸收、转换、改造、创新的巨大工程。文化发展具有历史的连续性，又具有世界的普遍性。我们既不能数典忘祖，割断历史，抛弃中华民族丰厚的历史文化遗产，也不能闭关锁国，自我孤立，脱离全人类文明发展的康庄大道。我们必须古为今用，洋为中用，推陈出新，继承、吸取、借鉴古今中外一切健康有益的文化。我国历史悠久、幅员广阔，古人创造了光辉灿烂、丰富多样的

* 原载《繁露集》，北京，中国社会科学出版社，1997。

文化成果，这是国家的瑰宝、民族的财富，是我们的优势所在。比起世界上的其他国家，我们有着更加富厚的古代文化宝藏。

我们所说的“炎黄文化”，通常是指中国各民族祖先共同创造的历史文化成果的总和。炎帝神农氏、黄帝轩辕氏是否实有其人？这是历来有争议的，迄今流传的有关炎黄二帝的事迹多是神话传说，其材料零散、含糊，难于求得实证，不能完全作为信史看待，但是远古人类创造的神话传说并非全属毫无意义的虚构。它是对当时生活和斗争的原始形式的记录与反映，古代先民常常把他们难以理解、难以驾驭的自然力量和社会力量拟神化，形成神话传说中的神或人。这些神或人开辟混沌，移山补天，创造文明，教化人类，制作器物，造福民众。这些看似荒诞的神话传说，其实包裹着古代生活真实的某些颗粒，蕴含着解答远古人类之谜的某种密码，我们能够正确地破译这些密码时，就可以更加清楚地认识人类的童年时期。炎帝和黄帝，很可能是生活在远古时期的两个强大部族的首领，他们是中国早期文明的创始者。炎帝神农氏教民稼穑，播种五谷，创制农具，“日中为市”，设立原始集市，并遍尝百草，始作医药，在他身上反映了农耕文明与商业、医药的开端。黄帝轩辕氏及其大臣们，发明舟车弓箭，建造宫室，制作衣裳、陶器、乐器，并创造文字。黄帝时代，人类的衣食住行以及文字、艺术、武器、用具均有极大的进步，反映了中国远古文明繁荣发展的盛况。因此，炎帝和黄帝都代表着中国文明史上极为重要的年代，都是中国悠久文化早期的源头。当然，今天我们所说的“炎黄文化”，不仅包括远古先民的原始文化，而且包括其后裔，即生息在中国土地上的各民族所创造的文化的总和，既包括汉族的文化成果，也包括各少数民族的文化成果。我们所尊崇的炎黄二帝，超越了血缘认同之上的文化认同，其意是指中华文明的创始人。中华文明，内容丰富浩瀚，成就辉煌璀璨，历史悠久长远，涵盖的地区、领域宽阔广袤，其种类繁多、风格互异、交流演变、精彩纷呈。炎黄文化是人类智慧的结晶，是民族团结的纽带，是中国人民安身立命、行事做人的精神支柱，它哺育了世世代代的中华民族，养成了人民勤劳朴实、自强不息、英勇奋斗、聪明睿智的品质和才能。直到今天，炎黄文化仍是建设社会主义现代文明取之不竭的宝藏，研究、弘扬炎黄文化，关系到我国文化建设的成败，关系到民族精神和爱国主义的振奋，关系到海内外炎黄子孙团结的增强。

炎黄文化既然是历史上创造的文化财富，当然有其阶级的历史的局限，其中既有精华，又有糟粕，不能完全跟上时代的步伐，不能完全符合现实的需要。我们的态度是用马克思列宁主义的立场、观点、方法批判地继承历史文化遗产，去粗取精，去伪存真，既反对把数千年文明遗产视若粪土而弃置不顾的民族文化虚无主义，也反对不加分析、全盘继承的文化复古主义。所以，研究炎黄文化是一个选择、吸取、扬弃、改造和创新的过程。特别是炎黄文化内容丰富，领域广阔，所以这将是一个长时期的刻苦钻研和反复探索的过程。炎黄文化的内容、核心、建构是什么？它如何产生、形成、发展、壮大？它在不同的时间、空间里如何改变存在的形态而具有不同的特色？它在和异质文化的撞击中如何表现出排拒、吸取和竞存的性能？相对于西方文化和其他文化，它的优势和弱点在哪里？它怎样适应现代生活，而我们又怎样进行选择，从传统的炎黄文化中进行移植、吸取、改造，使之在建设现代文明中发挥积极作用？这些问题值得长期研究、冷静思索。我们将在炎黄文化的宝库中寻觅珍品，汲取养料，立足今天的生活，做创造性的努力。我们建设的现代文明，既要继承优秀的传统，具有民族的特色，又必须源于今天的实践，具有社会主义的时代精神。

当前，生产力的解放、经济的发展，将使现代文明以巨大的规模和雄伟的气势迈步前进，将使我们的祖先在长期历史中创造和积累的炎黄文化的精神财富闪耀出灿烂的光芒。它必将为建设有中国特色的社会主义现代文明提供建构的基地，奉献珍贵的素材，发挥巨大的作用。

开展中国文化史研究　重视中外文化的交流*

开展中国文化史研究是当前十分重要的课题。毛泽东 40 多年前就指示我们应聚集人才，分工合作地研究近百年的经济史、政治史、军事史、文化史，这一任务至今没有完成。特别是文化史的研究，新中国成立以来，比较落后，成果较少，我们还没有一部综合性的文化史著作。甚至“文化”这一概念的含义是什么？文化史包括哪些领域？众说纷纭，莫衷一是，我们也没有认真地讨论过。新中国成立前有一套“中国文化史丛书”，有四五十种之多，其中有些书质量不算很高，但毕竟聊胜于无，今天我们还拿不出这样一套丛书。现在确实应该投入更多的力量，开展文化史研究，填补这一空白薄弱环节。希望在社会科学的“七五”计划内，能列入中国近代文化史的项目。

文化是人类生活的一个重要领域。人类的活动，粗略地分，无非是政治、经济、军事和文化四大领域。我们是历史唯物主义者，经济是基础，决定社会的面目，当然也承认文化的重要性。文化在经济和政治的基础上产生，又反作用于经济和政治，促进或延缓经济和政治的发展。文化是人类精神活动的成果，它是一个国家、一个民族聪明才智的集中表现。它最有个性，最丰富多彩，最能反映民族性格、民族气派。文化最鲜明地体现国家和民族的特点，希腊文化不同于罗马文化，俄罗斯文化不同于英国、美国的文化，中国文化不同于印度、阿拉伯的文化。我们说，各国的经济也有特点，要建设有中国特色的社会主义经济体系，这是就其总体来说的，但

---

* 是作者 1983 年 7 月 20 日在北京历史学会举行的“中国近代文化史座谈会”上的发言。

具体地说，一个工厂、一条铁路、一座矿山，各个国家都是一样的，中国的铁路和美国、俄国的铁路没有什么区别。可是文化就不同了，从总体到局部都充满着民族的特色，一幅中国画、一首中国诗、一曲中国乐谱，与外国的诗画、乐谱是完全不同的。可以说，不了解一个国家、一个民族的文化，就根本不了解这个国家、这个民族。

所以，研究文化史是十分重要的。今天，我们要实现“四化”，建设两个文明，更需要大力研究我国的文化史，因为要建设高度的社会主义精神文明，离不开我国的传统文化。文化建设要有个基地，空中楼阁是不行的。开展文化史研究，仔细解剖、分析我国的传统文化，取其精华，弃其糟粕，这与建设社会主义精神文明息息相关，是历史科学应用于“四化”建设，为社会主义服务的一个紧迫课题。

在文化史研究中，中外文化的交流很值得注意，这个问题具有理论的意义和现实的意义。所谓“文化交流”，是指不同文化之间的吸收、融合，也包括相互的排斥、斗争，这是文化史上屡见不鲜的现象。一个国家、一个民族的文化发展，从来都不是只靠自我繁殖、单线延续，而总是要吸收、融合外来的文化。从中国文化的形成来说，一方面是国内汉族和其他少数民族的文化交流融合；另一方面是国际间的文化交流，中国文化影响了其他国家的文化，同时也吸收、借鉴了外国的文化。

历史上，中国大规模地吸收外国文化共有三次。一是东汉以后，佛教传入，中国文化和印度文化结合，这个历史过程延续几百年，结果产生了中国化的佛学——禅宗，也产生了受佛教影响的儒学——理学。研究中国中古文化史，必须把印度文化的影响估计在内。二是明清之际，耶稣会传教士利玛窦、汤若望、南怀仁等来华，在100多年间，几百个传教士带来了西方的宗教，也带来了自然科学和哲学社会科学。这是又一次大规模的文化输入，怎样估价它的作用和意义，还是有待研究的课题。三是鸦片战争以后，随着帝国主义的入侵，传来了西方文化，所谓“西学东渐”，引起了中学和西学之争、旧学和新学之争。封建主义的文化和资产阶级的文化发生冲突。随之，又产生了新民主主义的文化，这是在马列主义指导下的人民大众的文化，其实马列主义也是从外国传入的一种理论、思想，不过它和中国革命实践相结合，逐步地中国化了。这第三次的文化交流，从性质上、规模上、后果上说，是前两次所望尘莫及、不能比拟的。从某种意义上说，西方的文化输入今天还在继续，还没有结束。今后，中外文化的交流将更加频繁、更加扩大，全世界的各种文化处在相互吸收、相互斗争、相互融合的过程中。

从中国文化史的发展来看，中国文化并不是孤立的、封闭的体系，并不是自我繁殖或近亲交配，而是在外来文化长期、巨大的冲击下成长起来的。如果仔细解剖中华民族的文化，其中外来的因素恐怕是很多的，当然这些东西已在中国的土地上生根。今天，我们要建设社会主义精神文明，当然要独立自主，要有中国的特色，但也一定要吸收外国的先进文化。引进不只是机器、设备、资金、技术。文化也有个引进的问题，即吸取和借鉴外国文化，自然科学要引进，就是哲学社会科学也要引进。马克思主义不是一个褊狭的学派，它能够吸收、利用全人类的优秀文化成果，不断地丰富自己，随着生活的前进而不断前进。

中国历史上三次吸收外来的文化，其中有丰富的经验教训，有许多规律性的东西，值得探讨、研究、总结，这对于我们建设社会主义精神文明是有启发意义的。我祝愿中国文化史的研究，在马克思主义思想的指导下，在大家的创造性努力下，迅速地繁荣昌盛，取得丰硕成果。

研究北京文化史的重要意义*

最近，上海在讨论文化发展战略中提出了许多新鲜的、发人深思的问题，这一讨论对于社会主义精神文明建设很有借鉴意义。

从研究地区性文化来看，有两点可以注意。第一，中国作为大国，疆域辽阔、民族众多，中国文化富有地方特色，主要是指边疆地区少数民族的文化。由于经济发展、语言文字、地理环境、风俗习惯、宗教信仰、心理状态的不同，边疆地区文化和中原文化很不相同，如蒙古、西藏、新疆各有自己的文化，都是中华民族文化的一部分。忽略了地区文化，就忽略了中国文化的丰富多样性。

第二，以中原的汉文化来说，由于我国长期以来是统一国家，是封建的中央集权，政治统一带来了文化的一律，“书同文、车同轨”，汉族地区文化的差异已逐渐淡薄。如果说戏剧、建筑、膳食等方面由于语言、气候、物产的不同还保留着较浓厚的地方色彩，那么文字方面的地区差异就已微小。在古代，文化的地区性是很显著的，如荆楚文化、吴越文化、巴蜀文化、幽燕文化。到近代，文化的地方色彩日益淡褪，这是历史发展的总趋势。地区文化的共性已大大掩盖了个性，它们的个性已不复能构成旗帜鲜明的地区文化流派。

北京文化，在一定意义上说，集中代表了中国文化，既体现其精华，也体现其糟粕。因为它是千年古都，既是政治中心，也是文化中心。它是全国各民族、各地区文化的交流荟萃之处，最能代表丰富多彩的中华民族文化的整体。全国各族的伟大学者、作家、诗人、艺术家和科技专家，曾经生活、工作或往来于首都。近千年来，

* 原载《北京社会科学》，1986 年第 3 期。

契丹族、女真族、蒙古族、汉族、满族在此建都，都留下了文化遗存。当然，北京文化仍以汉文化为主体，但融合了较多的满族文化。曹雪芹的《红楼梦》、老舍的作品，反映了许多旗人的风俗习惯。在北京，还能看到蒙古的、西藏的、伊斯兰的文化痕迹。

北京地区在文化史上的作用是巨大的，起着融合交流、吸收发散、开辟风气、倡导先行的作用。在中外文化交流方面，北京处在领先地位。例如明清之际，耶稣会传教士群聚北京，带来西方文化，这股浪潮持续了 100 多年。在近代史上，北京仍然起着重大作用。公车上书、戊戌维新、五四运动、第一个马克思学说研究会都在北京发生。一种新思想、一种新文化，如果不进入首都，就难以造成全国性的影响。

十年来清代经济史研究的新收获*

有清一代，离今天的时间最近，对现代社会的影响最大。辛亥革命以后，人们对清代的政治、军事、外交、文化早就在进行研究。但是，关于清代社会经济发展、经济规律的研究长期被忽视，只是到中华人民共和国成立之后，此项研究才被提上重要日程。其原因是：新中国的学术界，以马克思主义理论为指导，注重人类的经济生活，认为人们物质生活的生产方式决定社会政治生活、精神生活的一般过程，从而改变了以统治阶级的政治活动作为主要活动，忽略下层民众社会生活及社会经济活动的传统的修史治史方法。在这一科学历史观的指引下，20 世纪 50 年代出现了有历史学界、经济学界参加的关于中国封建社会资本主义萌芽问题的大讨论，就明清社会农业、手工业、商品经济等进行广泛研讨，并对有关理论问题展开争鸣。这场持续数年的大讨论对清代经济史研究产生了巨大影响。与此同时，许多学者在晚清经济史这块处女地上进行艰辛不懈的开垦。中国近代统计资料、近代工业史、近代农业史、近代手工业史以及对外贸易、铁路、海关等资料汇编的出版，使得从事这方面研究的人们至今仍受益匪浅。不过，清代经济史研究最令人瞩目的发展，乃是最近十年的事情。

任何学术研究的存在和发展，都与当时的政治环境有着紧密的关系。经过“文化大革命”的十年动荡之后，党的十一届三中全会的召开，给长期沉寂的学术界带来了盎然生机。解放思想、改革开放的方针大大推动了各门科学，包括清代经济史研究的发展。

第一，这表现为研究工作本身的加强。从数量上看，最近十年

---

* 原载《中国经济史研究》，1990 年第 1 期。

国内发表的清代经济史方面的论文和著作都远远超过了新中国成立30年之总和，研究的领域也更加宽广，涉及土地制度、农业、手工业、租佃关系、赋税制度、漕运、仓储、关税、盐政、灾荒等，以及晚清的工业、矿冶、航运、铁路、金融、对外贸易。史料的搜集与使用，已不仅仅限于官书典籍、史志笔记。清代中央、地方以至个人的档案越来越受到重视，而买卖契约、宗谱族谱、书信日记以及大量少数民族文字和外文资料弥补了某些方面材料的匮乏。最令人可喜的是，近十年内，大批经过专门训练、品学兼优、有志于史学工作的青年研究人员脱颖而出，加入科研工作队伍，成为科研中的重要力量，为清代经济史研究的进一步开拓奠定了坚实的基础。

第二，这表现为研究工作的不断深入。研究者的视野更加广阔，思想更加解放，更多地涉足空白薄弱的环节和重要的理论问题，有的已取得重大进展，有的正进行热烈争论。如：关于人口问题的研究，学者们看到，以往只重视人类经济活动中物质的生产，很少进行人类自身再生产对整个社会经济发展所起作用的研究，而人口急剧增长是清代历史的重要特征，因此便形成了一个持续不衰的清代人口研究热潮。探讨清代人口自身发展的状况与规律、清政府人口政策以及人口变化的社会影响，新见解、新成果纷纷见诸报刊。又如：研究晚清洋务运动，成为中国近代史研究中的一个热点，对洋务运动的评价涉及对中国近代历史发展线索的理解，学术界发表了许多文章，持不同意见的同志进行了热烈的讨论。研究的深入也表现在对晚清举办的许多厂矿以及郑观应、盛宣怀、张謇等企业家进行了很具体细微的研究，写出了许多专著。

第三，近十年清代经济史研究走出了封闭的峡谷，进入了对外联系、交流的广阔天地。国际学术交流大门的打开，使得西方及中国香港、台湾地区有关清代经济史的著作、论文被大量地翻译引进，一些经济史的理论和方法也被陆续介绍进来。在坚持马克思主义指导的前提下，这些理论、方法和研究成果都有一定的借鉴与参考价值。与此同时，各种内容、各种形式的国际性学术讨论会相继召开，中外学者聚集一堂，各抒已见。大量有组织地派遣访问学者、留学生等活动，进一步密切了同国外及香港、台湾地区的学术联系。

第四，注重现实性是清代经济史研究中的另一个重要特点。在祖国社会主义现代化建设的高潮中，学术研究工作者热切地希望自己的研究步伐能跟上现实社会的主旋律。他们力图从中华民族昨天的经济生活中，找寻其自身特点以及影响今天社会发展的因素。所以，不少研究选题和现实密切相关。为改进现代企业的管理水平，有些研究者深入探讨了晚清厂矿内部的生产关系、管理体制及其弊端；为配合各地的经济建设，近年来清代区域经济的研究迅速兴起，长江三角洲和珠江三角洲是研究重点；国务院关于开发海南岛、成立海南省的决定，引起了历史学界、经济学界对清代海南地区历史和经济发展的强烈兴趣与研究热情；当加快祖国边远地区建设、缩小它们与内地之间的差距成为现实生活中的紧迫问题时，清代边疆地区经济开发史就成为备受人们关注的重要研究课题。随着大陆与台湾关系的缓和，以及中英归还香港协议、中葡归还澳门协议的签订，关于台湾、香港、澳门地区经济发展史的文章日渐增多。在清代经济史领域，体现了学术研究为现实服务的方针。

十年来，党中央正确的路线、方针，保证了学术的繁荣。在大家的努力下，清代经济史研究取得了新的收获。相信不久的将来，必定会有更加丰硕的成果。

中国档案与历史研究*

中国是个历史悠久的国家，它的档案事业和它的历史一样，非常悠久。中国最早的档案是距今3 000多年的甲骨文档案。在发明纸张以前，中国远古的文字都刻写在甲骨、金石、丝竹等各种载体之上。甲骨文是用刀子、玉石刻在龟甲牛骨上的远古文字。19世纪末，在中国的河南安阳出土了大批甲骨文，这里是殷商的古都城。当时，殷王从事生产、战争、祭祀、狩猎等活动，都要进行占卜，询问吉凶，祈求神灵、祖先的保佑，占卜的文辞刻在龟甲牛骨上，存贮备查，形成巨大的甲骨文档案库。年深日久，埋藏在地下。迄今已发现的甲骨多达15万片，这一发现是学术史上的重大事件，使得对中国古代历史、古代文明的研究发生了划时代的转折。

稍后，大约距今3 000年的周代，人们常常把文字刻铸在钟鼎等青铜器皿上，文字较长，有的多达四五百字，记事更详，包括册封、赏赐、记功、战争、诉讼、立法等，铸器勒铭，以做信证和纪念。

中国古代还有把文字镌刻或书写在竹简、木牍、缣帛、石头上的。近代发现了湖北曾侯乙墓竹简和云梦睡虎地秦代法律简、山东银雀山兵法简、湖南马王堆竹简和帛书、居延汉简以及长期传留的石鼓文、秦皇刻石，等等。近年发掘的一些遗址墓葬中往往埋藏着使用各种载体的古代档案，具有极为重大的历史和文物价值。

东汉以后，中国发明了造纸术，纸成为人类最方便、最常用的书写载体，人们活动中形成的文字记录急剧增加。但由于纸质脆薄，容易损毁，早期的纸张，因水火、虫蚀、霉烂多数已荡然无存。中

---

* 原载《当代名家学术思想文库·戴逸卷》，北京，万卷出版公司，2011。

国近代发现的最早、最重要的古代纸写文书是在甘肃敦煌与新疆吐鲁番出土的经卷和各种写本，距今已有1 000多年，其中有的是保存备考，属于档案性质的户籍、契据、账册、公文，其数量甚丰，价值极高。这批文书的发现使世界学术界大为轰动。

以上所述，深埋在地下千年或数千年之久，铭刻或书写在甲骨、青铜、竹木、绢帛之上的古代档案，近百年陆续出土，它们是中国和世界的文化瑰宝、稀世之珍，是了解古代中国人的历史活动、了解亚洲和中国的悠久文明的极为珍贵的第一手资料。研究这些古代遗存的学问分别形成了甲骨学、金石学、简牍学、敦煌学等学科，中国和全世界数以千计的杰出学者曾对之做了精深研究和重大贡献。

中国古代书写在纸张上、立卷存贮并流传至今的档案以明清两代为最多，尤其是清代（17—20世纪初）的档案最为丰富，也比较完整。中国第一历史档案馆所存的明清档案共计1 000多万件，分成74个全宗，其历史之悠久、数量之丰富，在世界上实属罕见。其中，清朝的内阁、军机处、宫中、内务府全宗都是中枢机构累年积存的重要文件。清朝灭亡以后，北洋政府和国民党政府的档案则保存于南京中国第二历史档案馆和其他地方档案馆。这些古老而浩瀚的档案中详尽记录着600年来中国政治、经济、军事、民族、边疆、社会、外交、文化、教育以及人口、环境、天文、气象、地理、水利、物产、灾荒、地震、医药卫生、民风习俗等情况。它们既是历史研究不可缺少的第一手资料，也是了解中国国情、追溯各种现实问题的来龙去脉以制定国家方针政策的重要依据。

中国历代的思想家、历史家十分重视档案的价值，把档案视为研究学术与编纂历史的最基本、最重要的材料。许多伟大学者在档案馆中进行长期研究，写出了不朽的著作。中国古代思想家老子为东周的柱下史，即是管理图书档案的官员，他撰写了著名的《道德经》。伟大的思想家、教育家孔子曾向老子问学，他编纂“六经”，很大部分是古代档案文献的选录和汇编。汉代杰出的历史学家司马迁，继承父亲的职业，为太史公，管理政府的图书档案，故而见多识广，能博采史料，创作了中国第一部纪传体通史《史记》。另一位历史学家班固为兰台令，兰台也是贮藏图书档册、进行学术研究的机构，班固写成了第一部断代史《汉书》。自唐代（7 世纪）以后，政府设立专门的编写历史的机构“史馆”，史馆中存贮大批档案，唐朝政府曾颁布《诸司应送史馆事例》法令，规定几十种政府档案，应移送史馆保存管理，以备修史之用。历代根据档案编纂的史书和汇编极为繁富，如历朝实录、唐六典、时政记、元典章、通典、通考、通志、会要、一统志、方略、地方志、则例，等等。在古代档案已大量损毁的情况下，这些篇幅浩大的典籍具有极为重要的价值，都是我国文化宝库中的珍品。

我国近代的许多历史学家十分重视对档案的利用。中国科学院原院长郭沫若长期研究古代甲骨文、金文档案，撰写了《中国古代社会研究》《卜辞通纂》《两周金文辞大系考释》，在中国古代史研究中取得了卓越成就。杰出的史学家陈垣参加过明清档案的整理，对档案工作特别关心。晚年，他对中国档案工作的进步十分满意和高兴。他说：“多年以来，我对故宫这批珍贵而零乱的档案一直很关心……前些年已经成立了国家档案馆，档案已为人民所掌握，开始为人民服务了。比起以前存贮在皇史宬、内阁大库已不可同日而语了。我几十年惦念不忘的事完全可以放心无虑了。”这一席话充分表现了一位历史学家对档案的重视和关心。另一位历史学家邓拓辛勤收集、整理几百年前北京西郊民间煤窑的一批档案，精心研究，撰写了著名论文《从万历到乾隆》，对历史上民间采矿业的组织、经营与发展水平做了深入研究，成为档案工作与历史研究相结合的典范。

档案文书对于历史研究具有极为重大的价值，这是由于档案本身具有丰富性、现实性、直接性等特点，所以它被认为是研究历史最重要的第一手资料，离开了档案，就不可能进行严肃的、深入的历史研究。所以，古今中外的学者都十分重视利用档案。

当前，中国的档案事业正在蓬勃发展，中央和地方的各级、各类档案馆陆续建立，一边妥善保存、管理现代的各种档案，一边收集分散和流失在各地的历史档案，建立新的库房，使用恒温、通风、防虫、防火设备。在档案资料的利用方面，近十年来，仅第一历史档案馆整理出版的档案史料就近 40 种，1.6 亿字。档案工作者为历史研究和其他应用做出了重大贡献。历史学界和全社会都衷心感谢他们的辛勤劳动，感谢他们对国家文化财富的保存、开发和利用。

明清历史档案的价值和特点*

第一历史档案馆所藏明清档案是国家的珍贵财富，反映了几百年来中国历史的发展进程，是进行历史研究不可取代的原始资料。它记录了明清社会方方面面的情况，对于了解国情，追溯今天现实社会问题的来龙去脉，以制定国家政策，是十分重要的依据，所以具有不可估量的学术价值和现实价值。它还有许多珍贵记录，包括气象、水灾、地震、医学等许多方面。

大家知道，19 世纪末 20 世纪初，也就是 100 年前，中国有三项重大发现轰动了全世界。一是河南安阳殷墟发现甲骨文，当地农民把甲骨当作药材叫作龙骨。19 世纪末被学者发现，骨头上刻有三四千年前的文字。二是 1900 年甘肃敦煌发现了藏经洞，当时这里的道士不认识它的价值，把珍贵的经卷当作废纸点火，后来被认定是北朝唐宋西夏的文化宝库。三是故宫所藏明清档案，清朝灭亡以前是大内秘藏，没有皇帝谕旨任何人不能去看，清朝灭亡后才能公之于世。这三项重大发现，大大丰富和拓宽了历史科学的研究。甲骨文关于殷商上古史研究，敦煌学有关北朝唐宋中古史研究，明清档案关乎近三四百年的近代史研究，这三项发现分别产生了甲骨学、敦煌学、档案学三门新学科，出现了像王国维、郭沫若、沈兼士、陈垣、陈寅恪、常书鸿、徐中舒、唐长孺这样的大师和杰出学者，在世界学术领域大放光彩。

明清档案以前深藏大内，自民国初年以来流散到社会上，它的命运和中国的命运一样，经历了坎坷的历程，清末内阁大库年久失修，部分档案被放到文华殿和国子监。1921 年北洋军阀政府竟因经

---

* 原载《历史档案》，1996 年第 1 期。原题目为《中国史学会会长戴逸的讲话》。

费短缺，将一部分档案分装 8 000 麻袋共 15 万斤，以 4 000 元价格卖给造纸厂作为造纸原料，后来虽抢救下来，但 8 000 麻袋事件充分表明了旧中国政府的无知、贪婪和愚蠢，对国家历史文物的破坏。到 1925 年建立故宫博物院，成立文献部，才有机构负责处理、保管明清档案。

新中国成立后，1951 年在故宫文献部基础上建立专门性的档案馆，就是现在的第一历史档案馆，以后又脱离故宫单独建制。一史馆做了大量工作，把分散、流失在各地的档案集中收集，并进行妥善保管，建造了库房，使用现代化恒温、通风、防虫、防火设备，使档案脱离了尘封土积、不断霉烂损坏的状况，又进行分类编目、整理出版，特别是近 10 年来，一史馆工作有重大飞跃，在管理体制和方法上进行重大改革，更有利于档案的保管和利用，还积极采用现代技术，制作缩微胶片，运用计算机，建立档案内容信息的目录数据库，为档案信息的自动检索创造条件，在资料出版方面成绩尤其突出，10 年来一史馆出版档案史料 36 种，1.6 亿字，超过了建馆以来前 60 年出版字数总和的 3 倍，的确是攀登上一个很高很高的台阶。我想历史学家和全社会都应感谢档案工作者的辛勤劳动，感谢他们对国家文化资源的保存、开发和利用，为历史研究和其他应用做了重要的基础工作。

明清档案价值如此之高，我想它有以下三个特点：

第一，丰富性。它的数量很大，共 1 000 多万件，70 多个全宗，涵盖 500 多年的历史，的确是汗牛充栋、浩如烟海，蕴藏着巨大的信息量，而且是最重要的信息。因为清朝中央机构包括军机处、内阁的档案基本上都被保存下来，因此 500 多年来的历史大事都被包含其中，政治、经济、军事、外交、民族、文化等各方面的情况都保存有详细记录，我们现实生活中的许多社会问题都可以在档案中查找到根源，都可以查找到这些问题在 500 多年中是什么状况，它的丰富性、它的信息量大是明清档案的一个特点。

第二，系统性。这 1 000 多万件档案分别由 70 多个机构产生，是处理公务中的文件，不是片断零碎的记载，是对历史事件自始至终、原原本本的记录，不是个别的记载，而是历史事件全过程的反映。譬如中日甲午战争形成的档案，只要看甲午战争资料中外交和军事档案，对于这次战争发生、发展、失败的全过程就可以了如指掌，对于这次战争的原因，每次作战指挥部署、双方胜负、外交折冲、主和主战的争论以及马关谈判签订和约都十分清楚，它保持了时间上的连续性和内容上的系统性，不是一堆杂乱无章的个别记录。

第三，直接性。档案是第一手资料，是在历史事件进行过程中形成的文件，是当事人的亲身经历和直接记录，不是事后的回忆，也不是听来的传闻，写档案时是在写处理事情的文件，不是在写历史。这种直接性，一定程度上保证了档案本身的可靠性和权威性，避免了记忆模糊所造成的传闻错误或主观臆想。当然档案中也有记载错误，例如，战争中夸大自己战果或消息来源不正确，这种错误也反映当事人的局限性。例如，1792 年（乾隆五十七年）英国派马戛尔尼使团出使中国，目的是要和清政府谈判取得通商利益，但清政府以为这个使团是来庆祝乾隆皇帝八十大寿的，十分优待，档案中全是英使来补祝万寿的记载。所说祝寿当然是错了，但这个错误本身就反映了清政府不了解外情，后由于礼节问题双方僵持，谈判失败，清政府态度立即改变，以前优待英使团，以后极冷淡，英使团几乎被驱逐出北京。这种错误本身说明了当时清朝统治者的认识和以后态度的转变构成历史的一部分，不同于普通的纯粹的谬误。

由于历史档案本身的三个特点，所以它被历史学家们认为是研究清史和近代史最重要的第一手材料，离开了档案就不可能做严肃的、深入的研究。所以，第一历史档案馆是我国巨大的历史文化宝库，有着几乎取之不尽的文化资料和历史材料。

历史的轨迹　文化的瑰珍*

中国第一历史档案馆收藏着我国明清两代1 000多万件的文书档案，这是极其珍贵的历史文化遗产。它具体地记录着中国人民在明清两代500多年间所进行的生产斗争和阶级斗争，详细地反映了当时政治、经济、军事、外交、文化等各个领域的重要活动，留下了明清两代历史发展的轨迹，是研究我国历史的第一手资料。其内容之珍贵、数量之宏富，为全世界学术界所瞩目。“大内档案”与“殷墟甲骨”、“敦煌经卷”被称为19世纪末20世纪初中国学术文化方面的三项重大发现。在这些发现的基础上，发展了专门的学科，大大充实和丰富了我国历史文化的宝库。

明清档案内，还包含过去几百年内农业、工业、商业、科技方面的大量信息，给今天建设水利工程、勘察资源物产、研究天文气象、预报地震洪水等提供了历史依据，对社会主义现代化建设具有重大价值。

明清档案，这一历史文化珍品，和中华民族的命运一样，经历了坎坷曲折的路程。在清朝封建统治下，这批文书档案深藏在皇家内库，尘封灰积，不被人所窥知。清朝被推翻后，由于库房坍塌，很多档案被弃置露天，任凭风吹雨淋，甚至发生了8 000麻袋档案被当作废纸，出售给造纸厂的事件。珍贵的历史资料，几乎遭到毁灭。1925年，故宫博物院的文献部成立，我国才有了保管和整理档案的专门机构。新中国成立前的20多年间，从事档案工作的老专家、老前辈为抢救和保存祖国的这份历史遗产竭尽全力，他们整理、发表了部分档案，并在我国开创了历史档案学这一新的学科。但是，当

* 原载《步入近代的历程》，沈阳，辽宁大学出版社，1992。

时社会动荡、经费短缺、人员很少、库房破旧，各方面的条件很差，档案工作困难重重，前途黯淡。新中国成立以后，政府十分重视历史档案的整理和利用，投入了大量的人力、物力，历史档案工作取得了很大的成绩。在中国第一历史档案馆全体同志的努力下，集中了分散的档案，修复了破损的藏品，建造了新的库房，更新了设备，改善了保管条件，并进行了大规模的编目整理，改进了借阅制度，提供阅览方便，建立了编辑和研究机构，培养人才，发行刊物，大量出版档案资料，对学术研究和“四化”建设起了重要的作用，这些成绩的取得是很值得祝贺的。研究明清和近代中国的历史，研究几百年来中华民族所走过的路程和中国社会的变迁，都离不开档案的使用。可以说，历史和其他方面研究的成果中都凝聚着历史档案工作者的辛勤劳动，我们历史学界向从事档案工作的专家们、同志们表示深切的敬意和衷心的感谢。

历史档案的保管和利用是有关继承与发扬历史文化遗产，建设社会主义物质文明、精神文明的大问题。虽然过去的档案工作已取得了很大成绩，但由于档案浩如烟海，摆在我们面前的任务还十分艰巨。从历史研究的角度设想，我提出几点建议和希望，以供今后工作参考。

首先，调查、摸清分散在全国各地和国外的历史档案，有些要进行抢救，妥善保存。如果有条件，可否考虑在历史档案比较集中的地方建立第三、第四历史档案馆（如东北、四川、西藏）。

其次，尽快复制全部馆藏，以后借阅时只使用复制件，将原件妥善保存，以免频繁出借，损毁原档。

最后，在保管、修复、编目、索引等方面采用新技术、引进新设备。在借阅方面，改革制度、改善条件，进一步为读者提供便利。在发表档案方面，加快速度，争取出版多卷本的档案汇编。

提一些建议和希望是比较容易的，要付之实现就会有很多困难，要进行艰苦的努力。我们历史学界有责任尽力支持和协助档案学界的工作。希望档案学家、历史学家和其他方面的专家携起手来，更亲密地合作，为发掘、利用历史档案的宝库而共同努力。

谈清代书籍和史料的整理*

历史研究要从事实材料出发，必须掌握丰富的第一手资料，用马列主义的立场、观点、方法进行分析研究，去粗取精，去伪存真，由此及彼，由表及里。事实材料对于科学来说，犹如空气对于鸟类一样，没有空气，鸟类就不能起飞，没有事实材料，科学大厦就不能建立起来。

我国的书籍、档案或其他历史资料，数量极多，浩如烟海。古人说，一部“二十四史”不知从何说起。这是形容史籍内容之丰富、资料之繁多。一部“二十四史”不过3 000多卷，已令古今学者有难以遍览之叹。而有清一代的书籍史料，不知要超过“二十四史”多少倍，而且缺乏整理，庋藏分散，使用很不方便。一个清史研究工作者，犹如在无边无际的史料的汪洋大海中漂航，竭毕生之力，勤勉从事，也只能窥见海洋的一个角落。

清史资料的第一个特点就是“多”。自从满族入关，建立全国统治，至辛亥革命、清朝覆亡为止，共268年，加上入关以前，时间共达近300年。这时，中国已处于封建社会后期，经济、文化的发展水平较高，学派林立，文士辈出，印刷技术发达，著书印书的数量很多，而且清代离今天还不太久远，保存下来的书籍文物，难以数计。由于缺乏调查、整理，我们对清代资料的种类、数量和保存情况还没有全面的了解，说不清楚存留下来的书籍、档案以及其他文献实物资料究竟有多少。

一谈清史资料，首先就会想到档案，这是研究清史最重要的第一手资料，数量浩大，仅中国第一历史档案馆所存就有1 000多万件

---

* 原载《光明日报》，1982年2月15日。

（册）。该馆出版《清代档案史料丛编》，发表档案，每年 4 期，两年出 8 期，共发表档案 1 100 件左右。按照这个速度，如要把馆藏的全部档案发表出来，需 18 000 年之久。自然，清代档案并没有全部发表的必要，这里只是说明档案数量之多和我们的整理、发表工作必须大大加快。除了档案之外，还有许多大部头史书，如一部《清实录》，达 4 000 多卷，仅这一部书就超过全部“二十四史”；还有历次所修的一统志、会典则例、各种方略、清朝三通，以及数不尽的丛书、类书，卷帙浩繁，动辄以数百卷计。此外，清代的文集、地方志、日记、笔记、谱牒、契据、戏曲、小说，以及注经释经、农学医药、佛道方外的作品都大大超过以前各朝各代。例如中国素有编写地方志的传统，现存的地方志大多是清代编写的。明以前的方志，今存 1 000 多种，而清代的地方志今存 6 000 多种。其他各类书籍、史料的情况大体相似。

清史资料的第二个特点是“乱”。书籍、史料的数量很多，却没有得到很好的整理，类别不清，数量不明，缺少提要和索引等工具书，使用不便。清代以前的古书，经过历代学者的整理、研究，其数量、类别、版本、收藏、流传等情况还比较清楚。乾隆时编《四库全书》，即是对古籍的一次大清理（这次清理，由于政治上的原因，销毁了许多古籍，因之，也是对古籍的一次大破坏）。《四库全书》收书 3 460 多种，加上《四库全书存目丛书》著录图书 6 793 种，共达 10 000 多种，写成了多达 200 卷的《四库全书总目提要》，对各类书籍进行辨析、考证。《四库全书》以后的书，数量更多，类别更繁杂，但却从没有做过全面的调查、整理。《清史稿·艺文志》著录的清代书籍近 10 000 种，而孙殿起的《贩书偶记》和《贩书偶记续编》，是他在做书商的一生中将所见《四库全书》未收的书籍记录下来，共收书 16 000 种，实际的数量当然远不止于此。孙殿起仅简单地著录了书名、作者、卷数、版本，没有提要或解题。

清代的书籍、资料，按照四部法分类，各类收书的范围不明确，情况较混乱。如拿一个人的奏议来说，究竟到哪一类目中查找呢？同样一篇奏议可以归属到不同的部类下，没有确定的收录标准。如果奏议单独编成一书，则归入史部的诏令奏议类，如果和其他诗文编在一起，则归入集部的别集类，如果和许多人的文章编在一起，则归入集部的总集内，如被收入通典、通考或方略，则归入史部的政书或纪事本末类。又如清代文集应包括哪些，除了诗文之外，应否把奏议、电稿、书牍、词曲包括在内，也没有一致的意见。清代的文集究竟有多少，也是众说纷纭。王重民的《清代文集篇目分类索引》仅收400多种，张舜徽的《清人文集别录》收书670种，其自序称："所得寓目者，才一千一百余家。"陈乃乾的《清代碑传文通检》说："南北各大图书馆所藏的清人文集，当在三千种以上。"也有人估计清代文集，不下六七千种。清人文集有许多还是稿本、抄本，从未印行流传，不为世人所知，所以实际数目很难估计。江苏常熟县立图书馆并不是很大的图书馆，却藏有几百种清人的文集、日记和笔记，很多是稿本、抄本或印数很少的家刻本。其他大图书馆，此类不为人知的稿本、抄本当更为丰富。

清代跨3个世纪之久，文化繁荣，作者林立，书籍和其他资料汗牛充栋，既未经系统的调查整理，没有详细完整的目录、提要，又缺乏各种索引工具，使用困难，检索不便，正如一团乱麻，亟待分门别类，加以整理。

清史资料的第三个特点就是"散"。书籍和资料不集中，分散收藏在各地区、各单位以及私人手中。以清代档案而论，本来是集中保管在清朝宫廷内的，但民国以后，历经变迁，流散在外。新中国成立以来，经大力收集，仍有不少分散在各地。除中国第一历史档案馆所藏1 000多万件（册）档案以外，台北"故宫博物院"亦藏有40万件（册）档案，近年来大量出版，引起了国际学者的重视。台湾"中央研究院"所藏清代档案更多。1978年，在台北召开了有7个国家170人参加的清史档案会议。辽宁省档案馆亦藏有清代各类档案20万件（册），北京图书馆则藏有《总理各国事务衙门清档》，是八国联军侵华期间从总署散失出来的。至于地方档案，分散保存在各地的有很多：四川巴县档案，数达10余万件；山东的曲阜孔府档案，最近已编选出版；河北获鹿档案，数量也很大，损毁已达

90%；还有上海的海关档案、工部局档案；盛宣怀档案；各地厂矿的档案。这些均须整理。听说拉萨档案馆所藏西藏地方档案，历时元、明、清与民国，很多是用古藏文书写的，数达300万件，整理工作极为艰巨繁重，这是研究西藏历史和文化的珍贵遗产。如果组织人力及时到各地调查求访，必有新的收获。有的地区将历史档案分散到县或公社保管，这是很不适当的。实际上，许多基层单位并没有保管档案的设备和条件，甚至胡乱堆放，无人负责，使档案霉烂毁坏，造成国家珍贵文物不可弥补的损失。

至于书籍和其他资料，分散于各地，也很容易损失。听说安徽丁汝昌的老家，保存着他的很多文件，经过十年浩劫已荡然无存。18年前，我在山西五台东冶镇的大路上看到一块石碑，上面记载着咸同年间东冶镇许多小煤窑的生产情况、煤斤运销和价格、挖煤工人的工资等，字迹尚清晰，是研究当地手工业的好资料，但已被铺在丁字路口，当成平滑的垫路石，每天车压人踩，不消多少日子，碑文必将泯没无存。现在，北京和苏州已有同志将当地有价值的碑文汇编出版，这是很有意义的抢救工作。但全国各地还有无数残碑断碣被埋没于古刹旧院、夕烟荒草之中，希望能得有心有力之人，广觅遍访，拓片或录存下来，如王昶的《金石萃编》、孙星衍的《寰宇访碑》之例，将这些即将湮灭的资料尽可能地抢救下来。还有，清代的许多善本、稿本、手迹和珍贵文物散藏于各地的图书馆、博物馆、档案馆、文管所和高等学校，应当整理出版或复制，以供研究、鉴赏。

清代书籍和史料多、乱、散，需要大力进行整理，使这部分传统的文化遗产能在建设社会主义精神文明中发挥更大的作用。整理工作有以下几项：

第一，全面地摸底调查，编制全国联合目录。应组织力量，有步骤、有计划地在全国进行摸底调查，将全部（包括清代的）古籍、档案及其他资料的数量、名称、贮藏弄清楚，分门别类，著录存底。如有可能，每个类目、每本书籍、每一史料做成提要或说明，汇编成全国联合目录。现在《全国地方志联合目录》《全国善本书目录》

已经或即将完成。在此基础上，编制全国古籍目录、档案目录、史料目录，当非不可能之事。有了完整的目录，对清代（或全部）的书籍、档案目录、史料的全面情况，才能够了如指掌，加以掌握，也才能采取措施，保存整理，使现存的书籍、档案、史料不至于再大批地损失散亡。

第二，标点、校勘、注释、今译和编制提要、索引等工具书。清代书籍、史料，多用古文书写，但又比较浅近易懂，不同于远古文字之深涩简奥。标点一般只需断句，这是符合当时的文法规律的，不一定完全采用新式标点。清代书籍大多未经校勘。各种文本差异很大，讹误甚多，有的还是故意删改的。如已印行的实录、官书，私人集子，其中所收谕旨和奏议，与档案有很多不同，如加以对校，可以补正很多重要史事。清代史籍亦需做注释，特别是考古释经的著作以及许多人名、地名、史事、典故、方言、风俗，不加诠释，难以明了。但注释应力求简明准确，避免烦琐引证。还有一些艰深而重要的文章，需译成白话文，使更多的人能读得懂古籍。

由于清代的书籍、史料浩繁，如没有提要、索引等工具书，学者不能得其门径，为了查找一个史实、一条材料，往往遍翻群籍，如大海捞针。我国编制提要、索引的工作很落后，不被重视，缺少各种古籍的索引工具，大大影响了研究工作的速度和质量，应当组织专门力量从事此项工作，为了保证提要、索引的质量，要聘请和鼓励有成就的专家参加并主持此项工作。

第三，加快古籍和史料的印刷、出版。新中国成立以来，我国古籍、史料的整理、出版，取得了一定的成绩。但出书的数量太少，速度太慢。30 年来，出版古籍 2 000 多种，平均每年不到 100 种，其中有不少还是重复出书。例如评法批儒时出版的各种法家著作选就有 50 多种（不计入法家的专集），内容千篇一律。有很多重要的大部头书籍却未能印出。为了加快出书速度，除了排印以外，可以采用影印的办法。清代的书籍，卷帙浩繁，如《清实录》、官书、方志、文集，可照原书影印，省去许多工作步骤，加快出书。抗日战争前，商务印书馆曾影印《四部丛刊》；“文化大革命”以前，中华书局影印了《太平御览》《册府元龟》，上海古籍书店影印了天一阁所藏的明代地方志。影印费时短，出书快，且能保持原书的本来面目。此种办法，可以仿行。

有的书籍、史料可以照原书整理、标点，排印或影印。但有的书籍、史料不适于原件影印，必须进行选择和编辑加工。譬如，档案资料本来都是散件，而且数量很多，需要进行选择，分门别类，或按照年月顺序，编排在一起。又如，清代的笔记、野史十分丰富，其中精华和糟粕混在一起，如果毫无选择地全部印出，篇幅太大。许多宣传迷信妖异、因果报应或无聊琐闻，应予剔除。可以仿照徐珂的《清稗类钞》之例，分列类目，摘选汇编，是很有用处的（徐珂书的选录有的遗漏，有的太滥，且不注明作者、出处，应加改进）。

第四，在国外访求古籍、史料。有很多书籍、史料已流散到国外，欧、美、日本均藏有我国的大批书籍、文物及档案契券。清末，黎庶昌、杨守敬曾在日本访购到一些珍贵书籍，后来，向达、肖一山、王重民等也都陆续带回一些书籍资料。近 30 年，我国和欧、美、日本的学术交流长期中断，现在恢复不久，今后国际学术交流的任务之一应是了解各国库藏中国古籍和文物的情况，尽可能将其摄影、复制，回归祖国。此项工作必能获得国际学者、友人的赞助与支持。

总之，整理清代或全部古籍、史料，是继承和发扬祖国优秀文化遗产，建设高度的社会主义精神文明的大事。中央领导十分重视此项工作，不久以前，做出了重要的指示和建议。我相信，在党中央、国务院的领导下，全体专家和工作人员群策群力，鼓起干劲，一定能大大促进古籍、史料的整理工作，让祖国的古老文明在社会主义建设中放出光辉的异彩。

谈清代的典籍文献*

我国素称诗书礼仪之邦，存世的典籍与文献汗牛充栋，不可胜数。尤其是清代，建国 268 年，时间长久，文化发达，文人学士比肩相望，官局书坊刻书很多，公私档案、契据文书留传极为丰富。而且，清朝覆亡只有 90 年，离今天并不太远，保存下来的书籍、史料极多，其确切数量至今尚无全面的调查统计，我们还说不清楚清代的典籍、史料总数究竟有多少。

古人说，一部“二十四史”不知从何说起。这是形容典籍数量之多。“二十四史”纵贯中国历史数千年，记录详尽，卷帙浩繁，但如果与清代史籍相比，还是小巫见大巫。“二十四史”共有 3 000 多卷，而记载清代历史的一部《清实录》就有 4 000 多卷。《清实录》还不是最原始的资料，中国第一历史档案馆所藏的清代档案，其中有清朝中枢机关军机处、内阁、内务府、宗人府以及吏、户、礼、兵、刑、工六部衙门的档案，共有 70 多个全宗，约 1 000 万件。还有 40 万件档案保存在台北的“故宫博物院”。此外，分散庋藏在各地的大量档案，如总理各国事务衙门档案、四川巴县档案、内蒙古档案、山东曲阜孔府档案、河北获鹿档案、上海工部局档案、各地海关档案、苏州商会档案、西藏行政和宗教事务档案，也约 1 000 万件。私人的稿本、信函、日记、文书档案亦数量甚多，难以叙述。

清代的出版事业很发达，官私编印的各种书籍多如牛毛。清政府先后编印过一统志、会典则例、通考、通志，各种方略，数量巨大。私家印行的全集、诗文集、著述、笔记更难尽数。一些重要历史人物和著名学者、诗人出版的作品，动辄以数十卷、数百卷计。

---

* 原载《涓水集》，北京，北京出版社，2009。

即以清代诗文集而言，印行本、家刻本、抄本、稿本，种类繁多。新中国成立以前，王重民先生作《清代文集篇目分类索引》，收清人别集仅400多种。后来张舜徽先生作《清人文集别录》，收书670种，其自序称："所得寓目者，才一千一百余家。"而陈乃乾的《清代碑传文通检》一书中说："前后十年所看到的清人文集和我旧有的合并起来，有一千一百五十三种。"又说："据我约略估计，南北各大图书馆所藏的清人文集，当在三千种以上。"张、陈二先生大概只计算"文集"而没有把"诗集"包括在内。他们的估计大大低于清人诗文集的实际数目。2000年安徽教育出版社出版了李灵年、杨忠主编的《清人别集总目》，著录作者2万人、诗文集4万种，载明各种版本、卷数、出版地点和年月、藏书地点、作者简介，并附作者传记资料索引，洋洋洒洒，共550万字，堪称大观。这样，使我们大体上得知清人诗文集存世的数量、版本和所藏地点。需要阅读此类典籍的人可以按图索骥，一索即得，免得大海捞针，事倍功半。

还有人民日报图书馆的柯愈春先生，穷毕生之力，独自搜求清人诗文集，所得数目与李灵年、杨忠先生所得相近。而柯书除著录书名、卷数、版本、作者小传外，尚有内容提要，更可窥见数量浩瀚的清人诗文集的内容概要。该书近日亦将问世。

除了档案与诗文集之外，清代的地方志也十分丰富，有省志、州县志、山志、水志以及风土志、游记，等等。今日所见地方志，明代以前的1 000多种，而清代的方志有六七千种。清代定例，州县每隔几十年就要重修该地的地方志，很多州县再三修纂志书，形成风气，故存世的有各个年代所修不同的地方志。此外，清代注经释经、撰史补史的著作不一而足，笔记、小说、日记、野史、农学医药、琴棋书画、金石谱录、佛道方外之书，门类繁多，卷帙宏富。前些年有人计划编一部《全清文》，我对之表示怀疑，因为清人书籍之多，至今不知确数，如果要将每部书中的文章集中编纂，何啻恒河沙数，这是一项困难、繁重而难以完成的工作。

清代的典籍、史料除数量众多之外，又分散收藏于海内外图书馆、博物馆以及私人藏书家手中。以清代档案言，原保存于清宫廷中的大量档案，历经劫难，流散在外，辗转搬迁。新中国成立以来，长期大力收集，已集中到中国第一历史档案馆，但尚有小部分存于台湾的“故宫博物院”与“中央研究院”。至于其他的档案与书籍，分散失落极为严重，如太平天国刊印的书籍，经过清政府销毁查禁，国内所存为数很少。而当时不少外国人在华购买了许多书籍，带出中国，分散保存在世界各地的图书馆中。20 世纪中期，先后由向达、肖一山、王重民、王庆成诸位先生遍访各国图书馆，将国内已失传未见的太平天国书籍访求回国，我们始能一睹这些太平天国的文献。由于很多档案、典籍分散保存，地方和私人有的不重视它们的价值，有的缺乏保管的条件与经费，而这些珍贵的纸质文献脆薄易裂，经过虫蚀、火焚、水淋、霉变，都可能毁于一旦，故而应该特别重视，调查与了解其数量、种类、价值、藏所，投入力量，进行维护，将其珍品早日整理出版。

清代以前的典籍经过历代学者的整理研究，其数量、类别、版本、收藏、流传与价值，比较清楚。尤其是乾隆时编《四库全书》，对古籍做了一次大规模的清理。这次清理由于政治上的原因，销毁了许多“悖逆”“违碍”书籍，造成文化上的劫难，但同时也对《四库全书》所收 3 460 多种书籍和《四库全书存目丛书》所著录 6 793 种书籍做了精当的提要介绍，编成 200 卷《四库全书总目提要》。《四库全书》之后出版的书籍数量更多，类别更繁，但却还没有做过全面的调查研究。孙殿起的《贩书偶记》《贩书偶记续编》是他在做书商的一生中，记录所见《四库全书》未收的书籍而成的（其中包括清代以前的书籍），共收书10 000多种。《清史稿·艺文志》著录清代典籍 9 600 多种，后武作成撰《清史稿·艺文志补编》增补了近 11 000 种，共计 20 000 多种，这还远远不能包括清代的全部典籍。本文前述李灵年、杨忠主编的《清人别集总目》，收书已达 40 000 种。别集一类已如此之多，再加上经部、史部、子部和总集类，数量当然更加可观。如果能组织力量，调查研究清代现存的典籍，做一次严格认真的筛选，选出若干较有价值和影响的书籍，著录其书名、卷数、作者、版本、藏地，并撰写提要，介绍各书的内容，进行辨析、考证和评价，勒成《清代典籍目录提要》，对有清一代浩如烟海的典籍进行一次大规模的、有意义的整理，这将是继《四库全书总目提要》之后造福于后代学者的巨大文化工程。

清代书籍有一个特点，即出现了一大批前所未有的内容新颖的书籍。由于西方资本主义国家先后来到中国，它们侵略中国，给中国人民带来了巨大灾难，又带来了西方的新文化、新思想，中西文化开始了日益频繁的交流。明清之际有大批耶稣会传教士来华传教，带来了自然科学、宗教和艺术知识。据说当时传入中国的各类书籍达数千种，但那时西方的文化思想对中国社会的影响并不很大。《四库全书》采择的西方书籍仅寥寥数种，包括欧几里得的《几何原本》、利玛窦的《乾坤体仪》、阳玛诺的《天问略》、熊三拔的《泰西水法》《表度说》《简平仪说》。以后，尤其到晚清，随着帝国主义侵略中国日益深入，中华民族逐渐觉醒，中国的洋务运动、戊戌维新、辛亥革命相继兴起，中国人逐渐了解到西方文化的先进性，懂得要抵御外侮、拯救国家、力图富强，非学习西方先进的文化不可。故19世纪后期至20世纪，翻译西方的书籍越来越多。上海江南制造局、墨海书馆、广州广方言馆都翻译了大量西方书籍。先是翻译自然科学方面的书，译者有傅兰雅、伟烈亚力、艾约瑟、李善兰、徐寿、华蘅芳等，以后又翻译法律、军事、西方历史书籍，至严复翻译《天演论》《原富》《法的精神》《名学》等社会科学名著，而林纾则翻译了大量的西方小说。翻译西书，蔚为风气，中国人得以在西方的知识宝库中吸取营养。中国的知识结构突破了传统的知识框架，发生了革命性的变革。书籍的内容和形式都有了重大的变化，出现了许多前所未有的新类目、新内容。

中国传统典籍的分类，一般按经、史、子、集，分成四大部，各部之下有若干分支类目。过去《四库全书》把传教士带来的自然科学书籍放在子部“天文算法类”“农学类”，这显然不能容纳西方的大量声光化电、天文地质、生理卫生以及动植物类的自然科学书籍。又如传统分类法并没有政治类、经济类、社会学类，因此，像亚当·斯密的《原富》、甄克斯的《社会通诠》不知应该归入何类。

又清代著名的小说、戏曲很多，如《聊斋志异》《儒林外史》《红楼梦》《桃花扇》《长生殿》等，再加上晚清移译的大量西方小说，而《四库全书》不收小说、戏曲（《四库全书》列“小说家类”，所收书《西京杂记》《世说新语》《癸辛杂识》《辍耕录》，“涉里巷闲谈，词章细故者，则均隶此门”，与今天的小说不同），这些又该如何分类。还有晚清政治风潮迭起，戊戌维新、辛亥革命，宣传维新与革命的书籍很多，如陈天华的《猛回头》、邹容的《革命军》等，这些又怎样分类。总之，由于晚清中西文化的交流、融合，中国人接受了多方面的新书籍、新知识，传统的书籍分类框架已不能适应现实的要求，故而在全面整理清代典籍时应该修改传统的四部分类法。

清代档案与典籍，数量庞大，是我国珍贵的文化遗产。近年来虽然整理、出版了不少书籍，但仅是其中的小部分。进行全面的调查摸底，陆续整理，有选择地刊布、出版，这是一项巨大而艰难的任务。希望学术界齐心协力，制定规划，组织力量，投入资金，启动此项有意义的文化工程，使清代的档案与典籍，更多地整理、出版，以供学人们阅读、利用。

古籍整理的几点建议*

中央决定加强古籍的整理、出版，这是十分英明的决定。我国历史悠久，古籍丰富，古代文化极其光辉灿烂。今天，为了提高全民族的文化水平，建设社会主义精神文明，当然要吸取和继承我国的文化历史遗产。古籍的整理并不是无足轻重、可有可无的工作，而是社会主义伟大建设事业的一个组成部分。

一、要大大加快整理和出版的速度

新中国成立以来，我们出版了一些古籍，但数量太少，据《古籍目录》所载，1949—1976 年出版古籍共约 2 500 种，平均每年 100 种，这与我们所拥有的丰富浩瀚的古籍数量很不相称。据说，台湾出版古籍数量多，速度快，仅编印清史研究的各种丛书即达 800 多种，其中如近代史料丛刊有 200 种，明清未刻稿汇编有 122 种，装潢精致，洋洋大观。

我们已出版的古籍中有一些质量较高，如标点本“二十四史”、《资治通鉴》、《中国近代史资料丛刊》等，但为数很少。大量的是中医书，500 多种，占 20%以上；诗词和戏曲小说，约 900 种，占 35%；而哲学、历史、地理、政治、法律、经济方面的著作，只占 35%；其中还有很多是普及性的选本。有一段时期，只能出法家著作与《红楼梦》，这类书籍印数很多，其他书籍成为禁区。被认为是

---

* 原载《文献》，1981 年第 10 期。原题目为《关于古籍整理的笔谈（一）：古籍整理的五点建议》。

古代反面人物的著作，如宋明理学等唯心主义思想家以及近代的曾国藩、左宗棠、李鸿章、张之洞的集子，尤其很少整理出版。

我们古籍整理、出版进行得很慢、很少，有各种原因。其中原因之一是没有利用影印手段，而多是标点、校勘、加注、作序，耗费力量多，所花时间长。当然这种较细微的整理是应该做的，而且今后也要加强，但同时必须大力影印古籍。50 年前，商务印书馆影印“四部丛刊”“百衲本二十四史”，既快且好，嘉惠学术界匪浅，似可仿照办理。台湾出书之所以多，就是充分利用了影印手段。我们有些大部头书，不必加以标点、注释，如《明实录》《清实录》，现在国内极为难得。一部 4 000 多卷的《清实录》，售价高达数万元，如果影印，在不太长的时间内就能出书。

我们过去似乎有些框框的束缚，不敢大胆放手出版古籍，一是害怕封建毒素的散布，二是害怕古书中的一些说法影响当前的外交工作、民族团结，所以出书慎之又慎。一般出古书都要加序作跋，说明和批判其中的封建糟粕，甚至删改古书的内容。当然，慎重从事，一定的把关是必要的，但掌握过严，拖延了出书的时间，增加了出书的困难，至于删改内容，那是完全要不得的。希望古籍整理、出版也要解放思想，相信群众，使古籍出得更快，品种更多。

二、对古籍进行全面调查

中国的古籍究竟有多少？哪些可算善本书？有多少抄本、稿本？收藏在什么地方？正是言人人殊。至今我们对古籍并无全面的了解，除了前人官私目录所著录外，我们自己没有一本全国的古籍目录，好像一座丰富的宝藏，主人却没有一份账单。今后，我们应组织力量，进行一次普查，先从若干著名的大图书馆做起，以至一般的图书馆、博物馆和私人库藏。著录书名、作者、卷数、版本、收藏地点、书目解题，这是古籍整理的一项基本建设，也是以后长期搞古籍研究的工作依据。

还应注意的是，图书资料收藏单位对珍本、善本的借阅办法应加以改进，克服目前借阅和复制图书困难的局面，要积极配合古籍整理工作，密切同学术界、出版界的联系，提供线索，沟通情况，以有利于工作的开展。

国外有不少国内已见不到的珍本书，自从清末黎庶昌、杨守敬从日本带回一些古籍之后，不断有学者在国外摄制胶卷携回祖国。新中国成立后，此项工作中断，建议有计划地派人去国外调查和复制古籍，如日本的东洋文库，英国的伦敦博物院，美国的国会图书馆、哈佛燕京学社等，庋藏极多。例如美国家谱学会所藏我国家谱有 4 500 种，藏量之丰，在全世界首屈一指，国内近几十年来家谱多遭焚毁，应复制携回；又该学会所藏中国地方志有 5 000 种，可与北京图书馆相比，其中必有不少在国内已失传的本子。

三、应重视清代典籍的整理和出版

过去的古籍整理，很重视汉简唐碑、宋元刻本，这些当然都是国之瑰宝。但清代 268 年遗留下的典籍，汗牛充栋，不计其数，时间离我们很近，古籍中的内容与现实密切有关，而且过去不受注意，许多书籍无人整理，尘封蠹蚀，日就澌灭，值得我们大力注意。

清代以前和清初的古籍，《四库全书》的正目和存目，共列 10 000多种，而《四库全书》以后的书，据孙殿起的《贩书偶记》和《贩书偶记续编》所列，就有 16 000 种，可见其数量之大。如以文集论，现在的历代文集约8 000种，清代文集占 5 000 种；如以地方志论，现存历代方志 8 500 种，清以后的方志占 6 000 多种；其他经籍、史籍、丛书、类书、笔记野史，清代均占极大的数量（这里姑且不论数达 900 多万件的大内档案）。但清代的典籍整理得最差，出版的比较少。清以前的古籍，在编纂《四库全书》时，予以总结性的整理，虽其观点、方法有很大的缺点，但总算做过整理，许多人花了力气，对书籍的源流、状况、分类、版本、内容，都做过一些考证分析，而清代典籍十分杂乱，无人研究，至今弄不清全部典籍的情况和收藏，还有大量的稿本、抄本分散各地，如不迅速复制，恐将消灭无存。

清代典籍中尤应注意少数民族的典籍，如《满文老档》，10 年前日本已翻译出版，台湾也已印出一部分，而我国大陆呼吁多年，进展仍不快，今翻译注释已完成，但全部印出尚须几年之后。听说布达拉宫、西藏寺院有大批藏文史籍和经文，国外已有许多国家设有西藏研究中心，随达赖出走的一些喇嘛学者携带不少资料，在国外陆续翻译出版，“藏学”已成国际学术界的热门。我们也应投入力量，研究西藏的历史、宗教，整理藏文典籍，赶紧补上空白。

四、培养人才、设置机构

整理古籍，工程浩大，而且是长期的任务，应设置专门机构，负责全面规划，组织人力及印刷出版事宜。古籍整理最大的困难是缺乏专门人才，此项工作需要专门的知识，要有一批年富力强、刻苦努力、甘心长期坐冷板凳、钻线装书的专家。现在老一辈的专家凋落殆尽，后继乏人。培养人才是各条战线都存在的问题，而古籍整理方面尤其迫切，没有人，调查、搜集、保管、复制以及标点、校勘、注释、编选等工作就无从进行，而培养人才不是一年半载就能奏效的，即使立即抓这项工作，也要在五年、十年之后才能见效，补充较多的新鲜血液。

五、经费

整理和出版古籍，要有一笔经费，这样才能和一般出版物分开，加快速度。现在的出版社，以经济办法管理企业，过多地考虑利润、奖金，不大愿意出版较难排印而又要亏损的古籍。有些单位的同志，整理了各种资料和古籍，但找不到出版的地方，稿件长期积压，故而不是出版社预先约定，大家都不敢动手，怕劳而无功。这样就大大影响了古籍整理的积极性和速度。建议国家设置古籍整理出版基金，其用途为：一是开支印刷出版费用，承担其亏损；二是建立古籍资料中心，进行调查复制，以利工作开展；三是给专家们以适当的报酬，听说由于出版社稿酬太微薄，有的同志整理古籍，自备纸张，自行复制或请人抄写，出版后的酬劳尚不足以偿付其垫支的经费。为了促进古籍的整理出版，设置此项基金是十分必要的。

加强联系与合作 共同繁荣史学事业与档案事业*

在第十三届国际档案大会即将闭幕之际，我能以中国史学工作者代表的身份，在此向来自各国档案界的代表们发表演讲，深感欣慰和荣幸。这不仅是大会组委会和国际档案理事会给我个人的极大荣誉，而且是中国档案界和国际档案界给中国史学会与史学工作者的极大荣誉。我代表中国史学会和史学工作者，向你们表示衷心的感谢，并对大会的圆满成功表示热烈的祝贺！

在过去五天中，与会代表围绕大会主题，进行了一系列富有建设性成果的学术讨论。本届国际档案盛会，其规模之巨大宏伟，气氛之浓厚热烈，内容之丰富多彩，形式之多样新颖，见解之精彩创新，不仅为在座的各国档案界代表所首肯和称道，而且给我本人和我的同行们留下了深刻的印象。你们所表现出的保护世界记忆、维护历史真貌、服务现实工作和学术研究的崇高使命感与强烈责任感，不能不令我们史学研究人员和一切有良知的人们肃然起敬！

本届大会，对档案学一系列具有重大理论和实践意义的问题进行了研讨，并对各国档案工作中若干具有普遍性的问题取得了共识，这必将推动各国档案工作和档案学研究的进一步发展。我认为，本届大会不仅是前十二届国际档案大会的具有内在联系的、合乎逻辑的延伸和继续，而且由于是在世纪交替时期召开的20世纪最后一届国际档案大会，所以肩负着回顾过去、展望未来的历史使命，因此，具有承前启后、继往开来的重大现实意义和深远历史意义。

作为与中国档案界有着密切交往的史学工作者，我愿意站在大

---

* 是作者1996年9月在第十三届国际档案大会闭幕式上的演讲稿。

会组委会和国际档案理事会为我提供的庄严讲坛上，阐述我们史学工作者对档案和档案工作的认识，表达我们史学界继续获得档案界的合作与支持、共同推进历史研究和档案工作不断发展的诚挚愿望。

对历史研究和史学家来说，档案与其他史料相比，具有三个显著特点：

一是直接性。档案是当事人亲身经历的直接记录，而非事后的回忆或听来的传闻；是在事情处理过程中自然形成的，而不是人为加工编造的。因此，它避免了记忆的模糊、传闻的错误或主观的臆想，具有可靠性和权威性，是原原本本的历史记录，是史学研究的第一手资料，是帮助史学工作者再现历史的最好工具。

二是丰富性。每个档案馆的档案都积屋盈橱、汗牛充栋，全中国、全世界的档案数量更是浩如烟海，不计其数。其内容之丰富、信息量之巨大，是其他资料无法比拟的。因此，它是史学工作者取之不尽、用之不竭的原料和知识源泉，是研究历史的最丰富的食粮。

三是系统性。每个全宗的档案，都较完整地反映了每个机构或人物在一定时期内发生、发展的演变过程，事件的源流本末、过程细节，在档案中都有着忠实的记载。档案能全面、系统地反映历史的全貌，能使史学工作者深入探究历史事件的全部过程和各个具体细节，帮助史学家找出历史发展的轨迹和规律。

正因为如此，档案历来受到史学界的高度重视和史学家们的高度评价。不但我们的前辈们以及我们这一代史学家撰写历史著作时大量利用过档案，而且我们在指导我们的学生和后辈们研究历史时，也要求他们一定要想方设法利用档案。我的所有研究生，几乎都到有关档案馆利用过档案。无论是中国过去的史学家，还是中国当代的史学家，都把档案看作史学研究中最重要的史料，看作历史学科得以生存和发展的根本条件。可以说，离开了档案，就不可能进行严肃的、深入的历史研究。

由于档案对史学的作用如此重要，所以档案工作与史学工作、档案工作者与史学工作者有着天然的密切联系。对此，我仅想以中国为例加以说明。

在中国历史的早期，档案工作与编史工作是集于一人的。文书的记录、形成、保管、使用，以至于史书的编撰，都由被称为“史”的一类人担任。根据汉字的造字原理，“史”的含义就是指手持簿书档案的人。即使随着社会分工的细致，档案工作和史学工作各自有了专门的职责，但是二者之间仍然有着紧密的联系。这种联系，从以下几个方面表现出来：

第一，许多著名的史学家都曾管理过档案。例如：中国史学之父司马迁，承袭世职为西汉太史令，负责管理国家的图书档案，因而博采史料，创作了中国第一部通史《史记》；公元1世纪开中国纪传体断代史先河的东汉大史学家班固，曾长期在皇家档案图书机构兰台任职；公元12世纪首创中国典章制度通史的南宋史学家郑樵，也曾在中央档案机构管理过档案。可见，档案工作这一园地，是孕育杰出史学家的沃土。

第二，许多著名的史学著作，都是直接运用档案编撰而成的。中国是世界上史学成果最为丰富的国家之一。历史上，每个朝代建立后，都为前一王朝修撰一部史书；每位帝王都有起居注、实录等专门史书，记载其日常起居言行和政务活动；每一级地方政府，每一个大姓望族，过几十年都要新修一次方志、家谱。历史上的数万部史志谱牒，很少不是根据档案编撰而成的。当代一些著名史著的撰写，也是大量利用了档案，充分吸收了档案的营养的。可以说，是档案熔铸成了史学著作的辉煌宝鼎，史学的大厦正是建筑在档案的基石之上的。

第三，档案史料的发现、开放和公布，深刻地改变着史学的研究。20世纪前半期，中国发现了殷墟甲骨、居延汉简、敦煌遗书和内阁大库档案。它们被发现后，都曾轰动了中国乃至世界的史学界、学术界，不但在世界范围内掀起了研究热，把中国殷商史、两汉史、南北朝隋唐史、明清史的研究引向了深入，而且还分别形成了甲骨学、简牍学、敦煌学等史学新学科。中华人民共和国成立后，档案史料大量公布，历史档案对外开放，中外史学界大量利用中国档案，从而引起史学界的许多重要变化：一些史学家的研究视野被拓宽，一些新的研究领域被开辟，一些历史研究的传统结论被修改，一些流行的研究方法和研究风气被改变。这说明档案对史学的影响是巨大而又深刻的，史学变革和史学发展的动力之一就来自档案。

第四，档案工作者也积极参与史学研究。新中国成立以来，档案工作者经常与史学工作者合作编纂、出版档案史料，共同举办各种史学研讨会，联合进行各种史学专题研究。不少优秀的档案工作者同时也成为出色的史学研究者，一些著名的档案馆正成为我国史学研究中的一支生力军。例如：中央档案馆、中国第一历史档案馆、中国第二历史档案馆的一些研究人员已经在中共党史和中华人民共和国史研究、明清史研究、中华民国史研究中取得了大量的优秀成果，成为这些史学领域中不可缺少的一个方面军。这表明档案工作者是史学工作者的重要盟友，是史学研究的得力参与者。

正由于档案工作与史学工作有着如此密切的联系，所以，我愿意代表中国史学工作者，向各国档案工作者表达以下几点殷切希望：

第一，希望档案工作者在进行档案价值鉴定工作、决定档案存毁时，更多地考虑档案的史学价值。档案除具有行政查考的现行价值外，还具有编史育人的史学价值，而且时间越长，档案的史学价值就越大，对史学研究就越珍贵。档案工作者在对档案价值进行鉴定，特别是决定档案是否留存时，不仅应考虑档案是否具有行政查考的现行价值，同时还应考虑档案是否具有学术研究的历史价值；不仅应从行政学的角度和纯经济的意义上考虑如何决定档案的存毁，同时还应从历史学的角度和社会的意义上考虑如何决定档案的存毁。事实证明，档案工作者越是具备历史的眼光，就越能正确地把握档案的历史价值和社会价值，就越能为历史留下真正值得永久保存的档案。

第二，呼吁全社会并希望档案工作者更好地爱护、保管各国的档案遗产。档案是珍贵的文化财富，但又极易受到各种自然因素和人为因素的破坏，而且一旦遭到破坏，又是不可再生和难以弥补的。因此，不少历史档案遗产，有的已经灭绝，有的正在濒临灭绝。全社会和每一个公民应把保护档案资源作为自己的神圣责任。国际档案理事会为保护和抢救档案遗产，一直进行着不懈的努力。近年来，在联合国教科文组织的倡议和支持下，国际档案理事会正在国际档案界组织实施“世界记忆项目”。实施这一项目，对于抢救濒临危机的档案遗产，保证档案文献更久远地流传和被更广泛地利用，将是非常有益的。我们史学工作者除了呼吁各国政府要更加重视对“世界记忆”的保护外，也希望各国档案工作者更加密切关注和积极参与“世界记忆”抢救活动，进一步妥善保存本国的档案遗产，维护档案的完整与安全，为人类文明进步事业做出更大的贡献。

第三，希望各国档案界进一步开放档案，为历史研究提供更大的方便。档案开放对于活跃思想、繁荣学术、发展文明、促进进步有着巨大作用。中国历史上，春秋时代由社会变革引起的官府档案大量流向社会，曾造成学术的繁荣，形成诸子竞存、百家争鸣的大好局面；世界历史上，由法国为先导、其他国家相继实行的档案向社会开放，为近现代人类学术文化的繁荣做出了不可磨灭的贡献。档案开放的最大受益者之一是史学界，因此，史学界对档案开放盼望最殷、要求最切。当前，各国档案开放的进展还不平衡，档案开放的程度也与史学界的要求存在一定的差距。因此，我们也希望档案界不断关注史学研究的新进展、新要求，进一步打开档案馆的方便之门，为各国史学工作者进行历史研究提供更多的方便和条件，促进史学研究更加繁荣。

第四，希望进一步加强档案界与史学界的密切合作。各国档案界与史学界的共同合作由来日久，并愈益成功。这种合作，不仅促进了史学界的繁荣与发展，而且为全社会的繁荣与发展做出了贡献。我们希望这一优良传统继续发扬光大，希望档案界与史学界在新的起点、新的高度、新的领域，以新的形式，开展更加广泛、更加密切、更有成效的合作，促进档案事业与史学事业的共同繁荣、共同进步。

长期以来，史学工作者一直享受着档案工作者用辛勤劳动所带来的各种泽惠，也一直感受到档案工作者默默无闻、无私奉献精神的伟大和动人。史学的繁荣与进步，离不开档案工作者的奉献与支持；史学的辉煌成就中，有着档案工作者的一份功绩。为此，我利用这一机会，代表中国史学工作者向全体档案工作者致以深深的谢意，并由衷地祝愿中国和世界各国档案事业蓬勃发展、繁荣昌盛！

研究历史的重要资料*

——日记

“日记”是个人把经历、见闻和思想按日记录下来的一种资料，在历史学、文学或书法方面有重要的价值。

中国最早的日记有唐代李翱的《来南录》。

宋代，很多官吏和知识分子写有日记，如欧阳修的《于役志》、路振的《乘轺录》、周必大的《亲征录》、陆游的《入蜀记》、范成大的《吴船录》等，但宋人的日记很多已散失。

元明两代，写日记的人更多，如郭畀、张瑄、杨一清、潘允端、祁彪佳、张煌言、谈迁等。

清代的日记，篇幅和种类很多，已知的有800多种，还有很多藏在全国各地的稿本和抄本。

日记的内容都是综合性的，但由于作者的经历、职业、爱好有所不同，所记的内容也有所侧重，大体上有以下几类：

第一，政治的。如晚清的《翁同龢日记》、赵烈文的《能静居日记》、居正的《梅川日记》。

第二，经济的。如《张謇日记》《汪锡麒日记》《沈宝禾日记》。

第三，文化艺术的。如《王渔洋日记》、钱大昕的《竹汀日记》、李慈铭的《越缦堂日记》、王闿运的《湘绮楼日记》、叶昌炽的《缘督庐日记》。

第四，军事活动的。彭旭的《江西守城日记》、谭嘘云的《守虞日记》、唐景崧的《请缨日记》、聂士成的《东征日记》。

第五，旅行日记。高士奇的《扈从东巡日记》、钱良择的《出塞

---

* 原载《语冰集》，南宁，广西人民出版社，1999。

纪略》、洪亮吉的《伊犁日记》、张维屏的《桂游日记》。

第六，外交日记。张喜的《抚夷日记》、曾纪泽的《出使英法日记》、薛福成的《出使英、法、意、比日记》、李凤苞的《使德日记》、张荫桓的《三洲日记》。

作为研究历史和人物的资料而言，日记记载的范围广泛，内容丰富，生动具体，比较真实可靠，可以补充和纠正其他材料的遗误。但也有不少日记，因为作者见闻有限，或因为政治上的隐讳，史料价值不高，甚至有的日记歪曲了事实，如袁世凯的《戊戌日记》。

目前正在调查、整理各地所藏日记的稿本、抄本或稀见刊本（如《吴大澂日记》《徐兆玮日记》，篇幅很多均未刊印；《郭嵩焘日记》刚刚出版，十六家汇刻正在编辑），由于日记的种类甚多，篇幅很大，浩如烟海，加以原稿残缺不全，字迹潦草，不易辨认，故整理、出版的困难很大。希望今后能加快速度，使这些具有历史和艺术价值的珍藏及早公之于世。

漫谈“口述历史”*

历史是人类对过去经历的回忆和反思。上古先民也会有这种回忆和反思，他们在狩猎耕作之余，也会思念与议论祖辈、父辈或自己这代人所经历的欢乐和艰辛。不过这种早期的历史认知都是片断的、限于本族群小范围内的，而且历时愈久，印象愈是模糊、淡褪以至完全遗忘。在人类发明文字以前，一切信息都只能靠口耳相传（稍后以结绳记事为辅助）。从这个意义上说，最早的历史知识应该都是“口述历史”。在上古时代，这类“口述历史”一定十分丰富并广泛流传，成为先民们的宝贵知识，也是指导他们生活和行动的指南。

上古先民用口头语言把过去的人和事讲述出来，后来的人又把所闻所知讲授给下一代。用口传述，用耳听取，用脑记忆，口耳相传有许多人参与，有许多年代传承，时间一久，传述的内容不可避免地会变形，记忆难免有差错，口述难免不准确，代代复述者添加自己的想象，夸张甚至虚构。通常，上古先民会把自己幻觉中的神灵世界与现实生活混为一谈，人的故事变成了神的故事。越到后来，传说离原来的事实越远，以至变得面目全非。历史传说往往被涂上神灵的圣光，成了荒诞不经、难以置信的神话。盘古开天地、女娲补天、后羿射日、共工怒触不周之山，这些看似匪夷所思的古代神话，可能包含先民活动的真实信息，但我们难以解读它们的真实含义。

文字的发明和应用是人类发展史上的伟大里程碑，是文明史的开端。文字把人类的事实经验从口头变成文字。文字历史一旦形成，

---

* 原载《口述历史》，第 2 辑，北京，中国社会科学出版社，2004。

就可以长期保存下去，不再走样，后人一般不可能对文字历史随心所欲地加工和篡改，也较少可能发生相反含义的解读，于是得以使事实经验按照原始的样式确定下来。只有事实经验得以确定和流传，才有可能诞生历史科学。

历史科学的生命力在于真实性。真实性的依据是确定的事实。上古先民的“口述历史”，由于在流传过程中事实内容时有改变，普遍地扭曲、神化，失去了真实性，故不是历史，而是史前的神话传说。故司马迁说“百家言黄帝，其文不雅驯，荐绅先生难言之”。《史记》一书较少采择史前神话传说。

文字历史已经产生了几千年之久，它能比较真实地记录和保存人类的事实经验，这样才产生了包括历史学在内的许多门类的知识。它对认识自然、社会、人类自身以及推动社会进步起着巨大的作用。

社会在不断进步，人类的认知能力和手段也在不断发展。现代社会产生了录音和录像技术，使得记录、保存、传播历史知识也取得重大进步，现代的“口述历史”应运而生。过去，人们将耳闻目睹的历史笔录下来，成为书面历史，但是笔录者只能录其梗概。从前历史学家奉“文省事增”为概写历史的准则，但文字过于简略，就不可能把历史过程的细节详细地记录下来，就会有简化、省略、遗漏及错误的地方。而录音则能保存耳闻目睹者原始的叙述，每字每句毫无差错，连语气口音都不会走样，而录像更能保存口述者生活和行动的某些片断形象，使后人与原始口述者几乎零距离。“口述历史”正是在这种条件下得以蓬勃发展，得到全世界历史学界的认同的。

“口述历史”至少有以下几个优点：

其一，可以扩大提供历史信息的范围。人民群众是历史的参与者和创造者，他们或多或少地了解历史的某些片段，但文化水平低下，不能直接把自己知道的历史信息写出来。如果没有“口述历史”，许多文化水平不高的普通老百姓就难以提供他们所见所闻的重要历史情节。这些历史情节只能湮没不彰。“口述历史”可以如实记录他们的谈话，保存原始的记录，使广大群众直接或间接参与历史的撰述，极大地扩充历史信息的来源。

其二，可以改变以往只重视政治史、军事史、外交史、宫廷史以及帝王将相、英雄豪杰的历史，可以收集到底层社会和普通人民活动的史料。每一个社区、每一个群体都有各自的经历，每一个普通人都有自己的喜怒哀乐和坎坷经历，小单位和小人物的历史可以反映大的时代特征，使历史学的领域更加拓宽，向着文化史、社会史、风俗史、心理史的领域伸展开去。

其三，可以留下更真实、更具体、更生动的历史场景。“口述历史”的内容大都是口述者亲身经历、耳闻目睹的事迹，具有真实性、权威性和鲜活性，不会道听途说，辗转相传。读千百种胡适的传记，还不如读一部《胡适口述历史》，因为亲身经历者所述说的环境、所讲出的细节、所体验的感情、所刻画的心理往往是别人不易领会到的，比从许多间接材料搜集拼凑的传说更加真实、具体、生动。

其四，现代“口述历史”和上古先民时代的“口述历史”不一样，它是应用录音或录像设备，把原始材料完整保存下来，再整理成稿，整理工作有严格的要求和规范，不允许夸大或删改，更不允许虚构、伪造，也不会发生误读或讹传。整理好文稿以后可以和录音、录像的记录一一进行核对，可以查实求证，因此它更可信。

“口述历史”是历史科学园地中新近绽放的鲜花，它还年轻、稚嫩，有待护持、改进、发展。但它具有强劲的生命力，必将在记录和传承人类历史知识、推动文明进步方面做出更重大的贡献。

一谈《续修四库全书》*

见到《续修四库全书》之《缘起》《编例》，不胜欣慰。上海古籍出版社力肩重任，识见极高。所拟编例步骤，规模宏远，体大思精，诚当代之伟业、旷世之盛举。又得顾老廷龙主持，鄙人闻讯鼓舞，乐观其成，谨略述浅见，录呈尊览，并转致顾老，献曝微忱，聊做参考。

第一，收书宜稍广，书籍越至晚近数量越多，《四库全书》编纂后之100多年，书籍之多远超往昔。《续修四库全书》拟收书5 000种，乾隆前为1/3，乾隆后为2/3。数量似稍少，恐沧海遗珠，缺漏太多，难以达到《缘起》中所说“重要典籍大致齐备”之目的。但如果收书太多，又恐人力物力成本太高，难以承受，宜如何全面规划，收罗稍广，以达巨典之要求，而又量力而行，实事求是。

第二，分类宜变通，《四库全书》以经、史、子、集部勒全书，其下缕分子目类属。然至清代，特别是鸦片战争以后，社会剧变，思想进步，著作内容多逸出古代之分类范围，《续编四库全书》虽可仍分四部，然其下类属似可稍做变通，以求名实相符。……今编纂伊始，似宜对全书做通盘考虑，衡古酌今，在《四库》分类的基础上，略做变通，开列出分类的设想，以利于下一步的工作。

第三，经部宜压缩，经部为我国传统经典之研究，典籍浩瀚，乾嘉时代经学研究如日中天，作者甚多，沿至晚近经学虽有相当之价值，但其权威性已下降。鄙意经部书不超过15%。各部类收书宜有一大体规划，酌定比例限额，庶不至多寡失衡、头足倒置。

第四，方志宜酌收。按《缘起》中说：“如方志、宗谱……等虽有

---

* 原载《繁露集》，北京，中国社会科学出版社，1997。

一定的资料价值，但因并不反映学术发展，也就舍而不录。……这些方面，我们在一定程度上是吸取了《四库全书》纂修中某些好的经验的。”此意见不妥。方志为我国具有特色之典籍，记载各地之地理、山川、物产、风俗史事、人物艺文，极有价值，不能说与学术无关。《四库全书》入选的都会郡县志多达48部（尚不计总志在内），并未“舍而不录”，不能说是《四库全书》编纂中的好经验。宗谱对学术研究亦有价值，此项取舍标准，恳请重新考虑。

第五，提要宜早作。《缘起》中说书目确定后，聘请专家作提要，我认为写作提要宜早进行。《续修四库全书》，选录书目是极为关键、极为重要的一步，因收书仅5 000种，删汰甚多，选目不慎，必影响全书之质量。故选书者必须有渊博之学识，广泛阅读，反复衡量，细心评定，何所取舍，有些可留可删之书难以决定，可先写提要（将来可保留存目提要）邀专家讨论解决。

二谈《续修四库全书》*

《续修四库全书》是宏伟的文化工程，规划宏大，工作艰难，意义深远。这部书编好了，和原来的《四库全书》结合，可称古代典籍的渊海，对弘扬中华文化具有重大意义。我十分赞同和支持这一工程，以下提几点意见作为参考。

中国古籍汗牛充栋，其确实数目尚无定论，一种说法谓有100 000种之多，《四库全书》仅收正目书 3 500 种，只占全部书籍的35%。这些书籍分藏于全国及海外各地，收集困难，其中珍本、孤本尤难觅致。从前编《四库全书》，清廷挟其政治权威在全国采进，除在坊间以重金购买，私家献书者亦甚多，献书在 500 种以上者即有鲍（士恭）、马（裕）、汪（启淑）、范（懋柱）四家，现在以民间之力收集图书，既不能出以行政命令，又无巨大财力支援，将来罗致图书必有困难。即使国家之图书馆现已有看书交费之制度，但如果要照相影印出版，恐阻力极大，难以实行，此事不可不预先计及。

编纂中一大问题，为如何分类。古籍分类各家不同，今既为《续修四库全书》，则仍以沿用《四库全书》之分类为宜，但其下之子目类别又不能不加以变通，原因如下：（1）既为《续修四库全书》，则所收近代书籍必甚多，近代帝国主义侵入中国，东西方文化撞击交流，西方科学知识输入中国，中国之知识结构大大改变，所出书籍很多突破传统范围，已非旧的书籍分类框架所能容纳。如江南制造局和各地译书机构所译自然科学声光、化电、动植、医药书籍，数量极多，应甄选编入。但《四库全书》目录中

* 原载《繁露集》，北京，中国社会科学出版社，1997。

仅有天文术数类，不能容纳此众多而重要之自然科学译书。（2）《四库》例不收戏曲、小说，故无此目录，《续修四库全书》对元曲、传奇、《红楼梦》、《水浒传》持何态度？若欲酌收，必当新立子目。（3）《四库》目录有不合理处，亦可改进。如《四库》史部有金石目录类，将金石与目录合二而一，其实二者之内容判然有别，尤其在清代中叶以后各地钟鼎、碑刻出土极多，金石之学大盛，金石、目录同列不伦不类、庞杂无序，应予单列。又如晚清日记极多，价值亦高，而《四库》旧目中无日记一类，亦应增列。《四库》旧目可议者甚多，当深入研究，以便改进，提高《续修四库全书》之质量。

茫茫书海数量繁多，何者选入？何者割爱？应明立标准，严定去取，入选书应以学术内容为主要标准，另外可考虑该书之代表性、版本，等等。鄙意唐以前《四库》未录书已为罕见，宜多采录，包括近日考古发掘所得竹简、帛书可全部录入。竭泽而渔，求其全璧。唐以后书，存世已多，只能择善而从，清代书则不得不大加删汰。但此书既为《四库》之续，乾隆以后书亦当有相当数量，孙殿起之《贩书偶记》和《贩书偶记续编》著录乾隆以后书 16 000 多种，实际恐不止此数。鄙意此类书选入之比例，应不少于全部篇幅之 60%。

有清一代，政府编纂史志，私人刊刻文稿，卷帙浩繁，字数众多，有望洋兴叹之感。选录，则《续修四库全书》篇幅有限，难以容纳；摒弃，则重要典籍未录，于心不安。如《清实录》共 4 000 多卷，其篇幅超过“二十四史”，以《续修四库全书》之篇幅衡量实难全部录入，然此书之重要性极为明显，不需殚述。又如曾（国藩）、左（宗棠）、李（鸿章）、张（之洞）全集各达 100 多卷或数百卷，如何去取，深感两难。

关于收录书籍截止的时间，我同意截至辛亥革命、清王朝覆灭。这样有些重要书籍就不能收入，如《清史稿》《新元史》等。有些问题可进一步考虑，如作者逝世于民国，但其人在晚清已有重要影响者可以收录，如袁世凯、张謇、康有为、梁启超以及逝世于辛亥革命前之革命党人邹容、陈天华、秋瑾等之著作。

有些书籍是少数民族文字之汉文译本，译本在辛亥革命之后而原书成于辛亥革命之前，应收入。如《满文老档》成书于17世纪努尔哈赤皇太极时代，近年来方才译成汉文出版。

也有些书籍，原文成书甚早，但漫漶讹漏，不可卒读，至晚近整理后，始能阅读利用，收录时可用晚近之善本，如杨英之的《先王实录》记载郑成功事迹，为第一手重要史料，此书成于清初，但只在民间流传，旧版错乱太多，难以卒读，似需采用近人陈碧笙之校注本。梁廷枏的《夷氛纪闻》记鸦片战争始末，亦需用邵循正之整理本。

三谈《续修四库全书》*

近见《续修四库全书》史部初选书目。编选的专家们在大量书籍中甄别遴选，用功极大，态度审慎。我看了史部的正史、编年、纪事本末、别史、杂史、诏令奏议、史评等类，尚未得见史部初选书目之全豹，今就所知，略抒管见。

第一，书目中收《史记》三家注，用宋黄善夫家塾刻本，此为重复收录。因《史记》三家注，早已收入《四库全书》，但《四库》所用为内府刊本，宋黄善夫本自较内府刊本为佳，但《续修四库全书》不能因有更佳之版本遂重复收书，这样将收不胜收，无所底止。如“二十四史”，《四库全书》均采用内府刊本，因为这是钦定的本子，今通行之“百衲本二十四史”即较内府刊本为佳，难道将百衲本全部重收以替代《四库全书》中的内府刊本？应该严立体例，不因有善本而重复收书（亦可有例外，如近年出土的《老子》）。

第二，李清的《南北史合注》卷帙虽多，可以收录，李清的多部著作，当年已被四库馆臣收录，因抽查时发现他把顺治帝与明之崇祯帝相提并论，乾隆怒其大不敬，指责李清“系明季职官，当明社沦亡，不能捐躯殉节。在本朝食毛践土，已阅多年，乃敢忘逞臆说，任意比拟”，将其著作一律撤出《四库全书》。这是《四库全书》已缮成后第一起抽出销毁的著作。据江藩称：此书与顾祖禹的《读史方舆纪要》、梅文鼎的《历算全书》并称三大奇书。

第三，钱大昕之《元史·氏族表》《元史·艺文志》未收录，似可考虑补入，钱有志于新修《元史》，已动手属草，据说有人后来见到过他的《元史》草稿，唯迄今无下落。《氏族表》《艺文志》是他

---

* 原载《繁露集》，北京，中国社会科学出版社，1997。

先完成的作品，号称精审。

第四，编年类选入清林春溥所作《古史纪年》《古史考年异同表》，所考为黄帝至共和纪年，其年代渺茫难知，即考古发达之今天尚难寻其端绪。林春溥所言颇多凿空附会，难以征信，两书可以不收录。

第五，初选书目选入陈鹤的《明记》与夏燮的《明通鉴》，两书篇幅均甚大，占用字数太多，似可择取其一。陈、夏两家之书均记述有明一代之史事，内容相同，体例相似。我倾向于收录夏书，因陈鹤书较简略，体例芜杂，且陈鹤生前未及完成全书，系其孙陈克家所续成。

第六，所收《东华录》有蒋良骐、王先谦、潘颐福、朱寿朋多种传本，全收则篇幅太大，内容重复。学界一般盛赞蒋《录》而贬抑王《录》，蒋《录》篡改处较少是其优点，但篇幅简略，大事失载甚多，且止于清中叶。王先谦的《东华录》虽有缺点，但篇幅巨大，内容丰富，可下接朱寿朋的《光绪朝东华录》，窥见有清一代史事之全貌。

第七，黄寿鸿的《清史纪事本末》芜杂疏略，非史部佳作，且此书成于民国时，按《续修四库全书》收书截止辛亥革命之例，亦不应录入。

第八，施琅的《靖海记》，此书为施琅收复台湾前后之奏稿，应入诏令奏议类而不应入纪事本末类。为施琅子施世纶所编，书名《靖海记》，光绪重刊时改名《靖海纪事》，内容有所增补，现有王铎校注本。

第九，《筹办夷务始末》，此书只有道光、咸丰、同治三朝，光绪以后如何补续？

第十，别史类所收《季汉书》，系根据《三国志》改编，并无新材料，唯改蜀为正统，后人补史改史之作多此种作品，水平不高，唯表露无聊之正统思想。其下所收《删补晋书》《晋记》《晋略》，因嫌《晋书》芜杂而改写，亦不足观。

第十一，纪事本末类所收《皇朝武功纪盛》，作者赵翼，虽为史学名家，然此书记述战争，记胜不记败，记功不记过，颂扬过当失实者多，如喀喇乌苏之败、和通泊之败、木果木之败皆讳而不详。

第十二，杂史类，注《国语》者多达6种，鄙意自韦昭注《国语》以后，其他注家只在个别问题上拾遗补阙，汪远孙是较有成就的一个，但陈奂为汪书作序称其《国语考异》“草创初成、修饰未备”。

第十三，《靖炎两朝闻见录》，作者署名陈东［按：陈东为太学生，死于建炎元年（1127)］，他何以能见建炎时事，不能无疑。

第十四，太平天国刻印之书，全未著录。《天情道理书》《天父下凡诏书》《天命诏旨书》价值较高，可纳入诏令奏议类。其他如《天朝田亩制度》《资政新篇》《李秀成供状》亦不可失载。

第十五，清代杂史类书极多，且富有价值，大多未录。如《啸亭杂录》《阅世篇》《履园丛话》《庸盦笔记》《热河密札》《夷氛纪闻》《中法兵事本末》均未载，而如汪堃的《盾鼻随闻录》系作伪之书，应删除。

四谈《续修四库全书》*

这次讨论《续修四库全书》发下了史部后七大类的初选书目，这样一来史部十四类的书已可窥其全豹，共计初选的史部书约 1 100 种。

感谢参加初选的同志投入了大量的劳动，认真推敲，精心选录。史部书很多，犹如沙里淘金，工作是不容易的，初选书目我认为是较好的，初选者很有眼力，可称远见卓识。

史部书的体例和分类有所改革、有所创新，对此我特别赞赏。《四库》的史部原有史钞、载记两类，现在把它们删并，这是必要的。史钞、载记在《四库》以后没有多少书，没有什么好书，删并为好，而金石与目录原来放在一起，现在把其分成两类，也是必要的。乾隆以后各地出土的钟鼎、碑刻很多，著录丰富。而清代目录之学大盛，私家藏书甚多，这两类图书理应独立成类。而且，金石与目录合成一类似属不伦不类，《隋书·经籍志》以金石附入小学类，《宋史·艺文志》又把它和目录合在一起，四库馆臣沿袭了《宋·志》的体例，但也感到不太合适，因此他们实际上把金石分别附入三类，只列名称的入目录，有款式形制的入谱录（子部），考订字义声韵的入小学（经部）。这样，金石实际被一分为三，割裂矛盾。我们把它单列一类是很正确的，解决了当年四库馆臣碰到的难题。

还有类以下的子目也做了变动，传记、地理、政书、金石四类变动尤多，我也很赞成。要根据书籍的内容和体裁来确定其部类子目，近代的书籍和古代的书籍有很大不同，不得不突破原来的框架。

---

* 原载《繁露集》，北京，中国社会科学出版社，1997。

例如传记类增设日记、年谱两个子目，因为近代这两类书籍大增。日记这种体裁，古代的书籍较少，有的如范成大的《吴船录》、陆游的《入蜀记》其实都是日记，《四库全书》都将之归入传记类的杂录中，究属不妥，单独列出子目亦属必要。

再有地理类，最早的《续修四库全书》之《凡例》和《缘起》中说明不收方志。我当时是很不同意的，曾经提过意见，方志为明清书籍的一大特色，数量之多、成绩之大，众所公认，我曾再三呼吁应适当收录方志。这次选目中收录了不少方志，地理类收书 215 种，其中很多是方志，地理类的子目去掉宫殿目，把河渠、山水二目合并，边防目改成防务目，均是合理的。边防类书籍中实际包括了海防类书籍。以前闹过笑话，战备时将严如煜的《三省边防备览》打上包，说是有关边界问题，要保密，不得阅览。其实，三省是指湖北、陕西、四川，都是中国的腹地，哪里是什么“边界”，是“边防”两个字弄出了误会。

编纂《续修四库全书》，一个大问题是发凡起例、分门别类以部勒群书，既名《续修四库全书》，就应当尽可能保存《四库全书》原来的框架和风格，不宜大事更张，但对部类子目的修订却是不可缺少的。

对部类子目的修订，我还想到三点，供参考。

第一，是史部的诏令奏议类，将此二者合在一起是四库馆臣的创举，以前书目将诏令放在史部而将奏议放在集部。四库馆臣将二者合并到史部，实有可议之处。如果将奏议放在史部，将来集部怎么办？我们知道近代曾国藩、李鸿章、左宗棠的全集都包括奏稿、公牍、书信、诗文在内，如果集部收入他们的全集，奏稿就会重复收录。如果不收全集，当然也说不过去，如果集部删去奏稿，又会发生割裂全书的弊病。编纂集部书，势必左右为难，我主张将奏议放入集部，无论全集中的奏稿还是单独成书的奏稿，一概归入集部。

第二，传记类子目经改革后分列总传、别传、年谱、日记等，但是年谱与传记有别，日记更不是传记，似乎名实不符，可否将传记类改称人物类?

第三，到了近代，中国的书籍不仅数量激增，而且品种门类大大增加，有的和传统书籍完全不同。例如康有为的《日本变政考》《大彼得变政记》介绍外国历史，是否应选录?这类书籍今天研究世界史的人不会参考，但却曾在中国历史上留下了重要影响。光绪皇帝在戊戌变法中看了这类书，天天催下面进呈后续部分，对光绪的思想起了很大作用，似应选录。但该分在哪一类?应斟酌。还有世界史部分，有林琴南译的《拿破仑》传，这是中国人了解西方历史的开始。夏曾佑还写了一本《中国古代史》，把进化论介绍到中国来，运用于中国历史研究中。这些在东西方文化接触时期的代表作，均付阙如，似应补足。

传记类中第一部黄汝亨的《廉吏传》实际上是续宋代费枢的同名书，曾列《四库存目》，四库馆臣讥其杜撰和肤浅。这部书和《续高士传》如果被录入《续修四库全书》，那么排列顺序应该靠后，因为所载已是宋以后或晋以后的人物。

传记类中孙奇逢的《理学宗传》、江藩的《汉学师承记》《宋学渊源记》均未收入，应考虑收入，而钱谦益的《国初群雄事略》似应入别史类。

别传和年谱共收书 55 种，近代人仅有 7 种（曾国藩 2 种及左宗棠、郭嵩焘、林则徐、龚自珍、岑毓英各 1 种），比例太少，应增列，建议考虑《康南海自编年谱》（康有为）、《汪穰卿年谱》（汪康年）、《徐愚斋自叙年谱》（徐润）、《成山老人自撰年谱》（唐炯）等。

日记类仅列翁同龢的《军机日记》2 卷而不录《翁同龢日记》全文，不免买椟还珠，《翁同龢日记》虽长，但价值极高。选录此书可以增加《续修四库全书》的价值。

传记类应考虑选录少数民族的书籍。如《和卓传》原为维吾尔文，写成于乾隆平定大小和卓不久以后，今有英、俄、汉译，此传之价值相当于蒙古族的《元朝秘史》，还有达赖、班禅，历世都有当时写定的藏文传记，但不知有无汉译本。

方志类选录较恰当，如章学诚、戴震、孙星衍、洪亮吉、李兆洛、陆陇其、姚鼐、段玉裁所修的著名志书，均选录在内，加上《四库全书》未录的宋明志书，颇称大观，建议增加《上海县志》，是同治时应宝时修，实由俞曲园主纂，由此志可得知上海开埠初期的一些变化。又建议增加《琼州府志》，因为海南今天是一个省，应有所反映，《乾隆杭州府志》标名邵齐然纂，实为邵晋涵纂，应予改正。

梁廷枏的《粤海关志》、徐松的《西域水道记》、陈琮的《永定河志》三书，见于地理类，但与政书类中重复。

所收杨守敬、熊会贞的《水经注疏》固为精品，但成书已在民国年间，《续修四库全书》例不收辛亥革命以后的书，可以考虑。《四库全书》收了赵一清的书，《续修四库全书》可否收录戴震和全祖望的书?

地理类杂志中可收录印光任的《澳门记略》，此书只入《四库存目》，今日谈澳门历史的人都要参考此书，又七十一的《西域闻见录》（谈新疆风土人情)、王韬的《瀛壖杂记》（谈上海）亦可考虑选录。

防务类中可考虑收录《顺风相送》一书，这是明抄本，藏于英国牛津大学，最早记录了钓鱼岛，另外陈侃的《使琉球录》、胡宗宪的《筹海图说》均有关于钓鱼岛的记载。

政书类收录多传统的水师、河工、钱漕。近代工商业和近代军事已兴起，当有所反映。如北洋海军、江南制造局、福州船政局、小站练兵，辛亥革命前均有专书，应该选录一部分。

时令类选书 24 种，太多，《四库全书》当年只选录 2 种，还有家谱、族谱，《续修四库全书》一概摒弃不录。家谱、族谱具有相当的研究价值，是研究社会史、人口史、宗法和家庭问题的重要书籍。今美国犹他州有收藏家谱的图书馆，藏量为世界之最。海外华人华侨也非常重视寻根问祖，家谱、族谱之研究亦有加强全世界华人凝聚力的作用，似应在传记类中辟一宗谱子目，少量收入家谱、族谱，填补此项空白，其中亦应录入满族、蒙古族的家谱。

《四洲志》是林则徐派人翻译澳门新闻纸而编成的，是他在鸦片战争中了解外国的重要资料，也是后来魏源编纂《海国图志》的重要根据，反映了我国近代最早学习西方的产物，很有历史意义，篇幅不大，可以录入。其原本要向福州《林则徐全集》编纂委员会探寻（在福州海峡文艺出版社内）。

五谈《续修四库全书》*

这次看到《续修四库全书》子部中 7 类拟收书的目录初稿，包括天文算法、术数、艺术、谱录、杂家、类书、小说家。

子部书选录的难度最大，较经、史、集部更难。因为从乾隆到清末一二百年间，中国社会大动荡、大变化。尤其在鸦片战争以后，中国的门户被打开，西方思想文化、科学技术像潮水一样涌进中国，中西文化发生冲突、交流、融合。中国的文化结构发生重大的、根本性的变化，传统的学术文化衰微，西学、新学产生，自然科学、社会科学兴起。因此，书籍的内容、性质、分类方面发生了重大变化。《续修四库全书》重点收录乾隆以后至辛亥革命的书籍，就要反映这一时代的特点，即西学、新学的勃兴。在四部书类中，经、史、集部偏重于传统学术，变化相对较小，而子部书最能反映知识结构之变化，应扩充、容纳反映新知识的书籍，所以子部书的选录最难，要有较大的变动。

此外，子部书籍内容庞杂，体例纷繁，包括天文、数学、历法、科技，也包括诸子百家，从道、墨、法、兵、医、农、琴、棋、书、画以及笔记、小说，甚至看风水、算命的书籍，无所不包。《四库全书》的经、史、集三部书较为单纯，凡三部中包括不了的都被放到了子部，故子部书内容杂乱、体例多样。当年四库馆臣编子部书已颇为难，在分类方面煞费苦心。今天看来，某些类目应该做些调整。

子部书分类的大问题是如何反映乾隆朝以后的西学东渐、知识内容的增新与知识结构的变化。主要增加了两类书籍。

一是自然科学类。中国过去自然科学不发达，没有形成独立的

---

* 原载《语冰集》，南宁，广西人民出版社，1999。

学科。乾隆时编《四库全书》，戴东原从《永乐大典》中辑出已遗失的古算书《周髀算经》《九章算术》《海岛算经》等，加上利玛窦、徐光启所译欧几里得《几何原本》，列入天文算法类。鸦片战争以后，中国向西方学习，首先学习造船、造枪炮以及建工厂、开矿山、造铁路等，迫切需要自然科学知识。当时，上海的墨海书馆、江南制造局，北京的同文馆，广州的广方言馆从事这方面的译书工作。著名中国学者李善兰、徐寿、华蘅芳均以译书闻名，外国人则有傅兰雅、艾约瑟、伟烈亚力等人。著名的书有李善兰译《几何原本》后九卷（前六卷为利玛窦译，已载于《四库全书》），傅兰雅、徐建寅译《声学》，傅兰雅、徐寿译《化学鉴原》，艾约瑟、李善兰译《重学》，华蘅芳译《地学》，艾约瑟译《动植物启蒙》等。梁启超作《西学书目表》称："曾文正开府江南，创制造局，首以译西书为第一义，数年之间，成者百种。而同时同文馆及西士之设教会于中国者，相继译录，至今二十余年，可读之书，略三百种。"（《西学书目表序例》）此外尚有自著之自然科学书，如郑复光之《镜镜诊痴》。

这么丰富的自然科学书籍，是晚清社会所特有的，反映了时代的潮流。为了包容这些书籍，原有的《四库全书》分类框架就不行了，《四库全书》分类中仅有天文算法一类，现在有了物理、化学、动物、植物，即所谓声、光、化、电、动、植的整个自然科学。故我建议增设格致一类，以适应时代变化所带来的知识增新。

二是社会科学类。也是从西方翻译介绍来的，反映知识结构的重大变化。如严复翻译的赫胥黎之《天演论》、亚当·斯密之《原富》、孟德斯鸠之《法意》、穆勒之《名学》、甄克斯之《社会通诠》等书，对中国近代知识界影响巨大，是《续修四库全书》不能不收录的。但放在哪一类中呢？原有的类目都不适宜。

还有中国人自著的经世致用之学、改良革命之书，也是前所未有的。如郑观应的《盛世危言》、马建忠的《适可斋记言记行》、何启的《新政真诠》以及梁启超的《变法通议》《新民说》、邹容的《革命军》、陈天华的《猛回头》《醒世钟》，均为影响极大、振聋发聩之作。此类著作数量很多，如雨后春笋，应该收在哪一类，儒家类？兵家类？法家类？杂家类？哪一类也不合适。传统知识中原来没有的新内容、新书籍出现了，必定会突破原来书籍分类的旧框架，故而我主张增设社会政教类，以包容这些新书籍。

目录学将书籍归纳分类，提纲挈领，纲举目张。子部书原分14类，内容最庞杂，分类最紊乱。例如儒家一大类，中国古代知识分子学习孔孟圣贤之书，都自称“儒士”，他们所著之书几乎都可以被归为儒家类。如何界定儒家类和非儒家类，没有什么明确的界限。又如杂家类的杂学把墨子、尹文子、公孙龙、鬼谷子、吕不韦、淮南子放在一起，实包罗了诸子百家。杂家类本来就很杂，其下还分杂学、杂考、杂说、杂品、杂编、杂纂，一部书究竟应归属杂家类的哪一个子目，实在难以裁定。又如艺术类和小说家类也非今天所理解的含义，《四库全书》中的艺术类实包括琴、棋、书、画，小说家类则为稗官野史和讲故事、说笑话，与今天的艺术、小说大相径庭。

下面谈具体书籍的选录。

艺术类中李开先的《中麓画品》可不录入，因为此书议论很怪僻，如论画将大画家倪云林置于二等，沈周、唐寅置于四等，而一些并不知名的画家反而高居一等。

艺术类应录入周亮工的《读画录》。周亮工是明末清初人，原为明臣，后归附清朝，乾隆时被列为“贰臣”。《读画录》本已被收进《四库全书》，后发现其中有两句诗“人皆汉魏上，花亦义熙余”，被指责为讥讪清兵入关事，因此周亮工的著作一律被撤出《四库全书》。

可增录凌廷堪的《燕乐考源》，此为考据音乐史的名著。

杂家类所收庄逵吉的《淮南子》校本，可不收入。因《淮南子》最佳校本当推王念孙之校本，《续修四库全书》已收入王念孙所著《读书杂志》。庄逵吉自称得道藏本，顾广圻批评他并未见到道藏本，只是不学无术，自作聪明。

全祖望的《经史问答》可不收录。因《续修四库全书》集部之清别集必当收录全祖望之《鲒埼亭集》，会有重复。

小说类可补入唐孙棨的《北里志》，此为写娼妓的书。《四库全书》已收《教坊记》，而不收此书。此书虽写娼妓生活，但为黄巢起义后回忆长安之作，可以窥知当年长安的繁华。

清吴长元的《燕兰小谱》亦可列入，其中记载了魏长生、王湘云等名伶。

六谈《续修四库全书》*

《续修四库全书》集部清别集选目已阅。存世之清代诗文集有10 000多种，现在挑选309种，百中选一二种，权衡去取煞费苦心，实属不易。但309种清人别集一次印行，卷数达6 000卷，规模之大前所未有，实为有裨于历史文化事业之盛举！

清集浩如烟海，鄙人寓目者不足百中之一，故难详举选目之得失。仅就两个问题稍抒愚见，聊供参考。

第一，清人别集中很多将奏疏与诗文归入一集，但《续修四库全书》体例将奏疏单独归入史部，而将诗文归入集部，如此处理，一部书就要一分为二，被分别置于史部、集部之中。如选目中《李文忠公朋僚函稿》24卷本为《李文忠公全集》之一部分，今因《奏稿》部分已归史部，故只能单取《函稿》入集部，将一书割裂为二，但现在史部已出版，苦无补救之良策（附带说明：选目单取《朋僚函稿》，尚有《译署函稿》《海军函稿》，为办洋务建海军时之通信，重要性不在《朋僚函稿》之下）。此外，所收曾国藩之诗集书札、张之洞之古文骈文、曾纪泽之文均有此问题。

第二，别集部应多选晚清人物，因距现实较贴近，重要性也增加，但选目中道光以前收266部而咸、同、光三代仅收43部，比例失调，鄙意宜增多近代文集，而稍删道光以前文集。

我的初步想法是，康熙时三徐（徐乾学、徐秉义、徐元文）的别集可删，徐乾学的《憺园集》中议礼及一统志体例等文虽尚有可观，但大体冗滥，多装饰门面语。又周亮工的《赖古堂文集》所收

* 原载《语冰集》，南宁，广西人民出版社，1999。

皆其已焚毁之余，诗序、寿序为多，非其精华。王顼龄的《世恩堂集》多歌功颂德之词，已录其弟王鸿绪的《横云山人集》，故亦可删。邵长蘅的《青门簏稿》《旅稿》《剩稿》，论者讥其成就不大，学问逊于姜宸英。沈德潜选其诗抄已可，文抄（雍正、乾隆时）可删，因沈德潜之成就在诗不在文，沈德潜自言其文乃三场对策之文，摭拾陈言，根底不深。又朱仕琇的《梅崖文集》，论者讥其高自位置，而文辞欠通。

此外可删者尚多，如雍乾将汪绂的《双池文集》、牛运震的《空山堂文集》、盛百二的《柚堂文存》、顾光旭的《响泉集》、李鼎元的《师竹斋集》、杨芳灿的《芙蓉山馆诗抄》、曾燠的《赏雨茅屋诗集》，嘉道时期吴鼒的《吴学士诗集》、彭兆荪的《小谈觞馆诗集》、陆继辂的《崇百药斋文集》、陈沆的《简学斋诗存》、杨彝珍的《移芝室诗抄》，均可删，其理由不赘述。

我认为似需增补的：

《朱舜水集》（朱舜水去日本弘扬儒学）

《杨园先生集》（张履祥重践履、亲农事，书中有农学知识、经济史资料）

《通志堂集》（纳兰性德，著名词人）

《楝亭诗抄》（曹寅，曹雪芹之父）

《聊斋文集》（蒲松龄，虽只有 2 卷，但其中说山东灾荒为逼真之实录）

《行素轩文存》（华蘅芳，其中多自然科学）

《春在堂集》（俞樾，为经学大师）

《秋蟪吟馆诗集》（金和，著名诗人，多反侵略诗）

《师伏堂集》（皮锡瑞，今文学家，有独到见解）

《艺风堂集》（缪荃荪，晚清著名学者，《集》中多掌故考据，其骈文可上比洪亮吉）

《四魂集》（易顺鼎，著名诗人，有甲午时诗词）

《诗集》（樊增祥）

此外，陈三立、沈曾植、陈衍之同光体诗宜应收入。

又选目中既收章太炎之文集，则亦可考虑收康有为、梁启超、严复、张謇、蔡元培、汤寿潜、刘师培、王国维早年之文集。

清代女子有文才者亦多，如柳如是的《湖上草》、曹贞秀（王念孙之妻）的《写韵轩诗稿》、顾太清的《天游阁集》、王照圆（郝懿行之妻）的《闺中文存》等。

因近日冗事繁杂，未得深考，所言恐多误漏，仅供参考。

谈《李鸿章全集》的编纂*

这次《李鸿章全集》的重新编纂，是在顾廷龙老先生的倡议下开展的。安徽教育出版社和安徽社科院的同志，经过大半年的精心设计，精心组织，联络了北京、上海等好几个省市的同志参加这项工作，尤其是安徽教育出版社能够筹集巨资出这部书，表明安徽的同志有魄力、有远见。当然，首先是顾老的倡议非常好。我本人也乐于从命，愿意在顾老的领导下，团结编委会的全体同志，做好《全集》的编纂工作。

这次重新编纂《李鸿章全集》，我想可以概括为三句话：一是规模宏大，二是任务艰巨，三是意义深远。

第一，规模宏大。自李鸿章去世后，李氏文稿刊出了不少，其中以吴汝纶所编《李文忠公全书》篇幅最大，约有 700 万字，但从目前李氏文稿的收集、保存情况看，吴汝纶所编的只占全部文稿的 1/3 左右，还有大量的材料，包括奏折、附片、咨札、批牍、问答节略、信函等未被收入。如果出齐了，估计将达到 2 200 万字的规模。

2 200 万字的规模，是个什么概念？中国历史古籍可以说汗牛充栋、浩如烟海，但像李鸿章个人在身后留下那么多文字资料的，实属罕见。“二十四史”，总数约 4 000 万字，但这是由历朝历代专门的修史班子完成的，是集体工程。至于个人作品，南宋陆游号称多产诗人，他的《剑南诗稿》留下近 10 000 首诗，有一二百万字；还有一个乾隆皇帝，他的御制诗有 40 000 多首，也不过五六百万字，和李鸿章相比，差的就远了。李鸿章的作品，不光是数量上冠绝古人，

---

* 原载《安徽史学》，1993 年第 3 期。原题目为《在〈李鸿章全集〉编委会首次会议上的讲话》。

从其内容来讲，涉及中国近代社会政治、经济、军事、外交、文化、教育等方方面面，留下的资料信息量非常之大，是一座十分丰富的历史文化遗产宝库，值得很好地挖掘、整理、开发。

第二，任务艰巨。刚才顾老讲了，希望通过全体编委的努力，把这部新出版的《李鸿章全集》编成一个最新、最全、最完善的本子。要达到这个标准是很不容易的，需要做一系列认真扎实的工作，从资料的搜集、识读、辨伪、分类、编排、标点、注释、考证、编制索引，直到出版、发行，一切都要通盘规划，精心设计，精心组织，分工合作，相互配合，各道工序之间要紧密衔接。这样一个规模浩大的系统工程不是出版部门一家的事，需要图书资料收藏、科研和出版三个部门之间精诚团结、通力协作才能最终完成。现在，经过安徽同志的组织联络，编委会已经包括了这三个方面的同志，这是一个很不错的开端。

李鸿章去世已经 90 多年，收集资料的难度很大。我从 20 世纪 50 年代起从事近代史研究，所读的第一部大书就是吴汝纶的《李文忠公全书》，感到里面甲午以后的材料很少，许多涉及外交方面的材料也很模糊。我们新编《全集》，应加强这方面资料的收集。上海图书馆的底本有缺佚，可以到一档馆核对军机档，将李鸿章的奏折补齐，这需要在座的徐艺圃馆长提供方便。另外，李氏函稿也很重要。李氏在他的私人信件中所谈到的事实，表达的心态、感情是官样文章中所没有的。目前北京、上海、安徽等地，虽集中收录了不少，但估计还有不少散落在民间，直至海外，在今后几年的编纂过程中，应尽可能注意这方面的信息，力争收得更全一些。

还有一个难题是李鸿章的一生经历，从他道光二十七年（1847）中进士，到签订《辛丑条约》后去世，时间跨度大，活动涉及面广。在他的文集中，大至军国大计、国防战略、外交谈判，小至细末毫微的人际关系、诗酒应酬、家务琐事，内容十分庞杂。因此，要把这部书编好、校好，参加的同志一定要有丰富的近代史知识，要从研究者的角度从事整理和编辑。

同时，由于许多整理者协同参加，因此一定要有一个科学化、规范化的体例要求。高质量产生于严要求，太草率了不行。几位执行编委拟出了《编纂工作手册》征求意见稿，希望各位编委能认真审阅、讨论，提出修改意见，以利于编纂工作的全面展开。

第三，意义深远。重新编纂出版《李鸿章全集》的重要性是不言而喻的。李鸿章这个人物，不但留下的文字作品多，而且他的活动是近代史上其他人物不可替代的。李鸿章的老师曾国藩，留下的文字也不少，但他的活动到1872年就停止了，中国近代史后半期的重大事件与他无关。另一个重要人物慈禧，尽管长期掌握政权，但她没有直接的作品传世。其他一些中国近代史上的重要人物如林则徐、康有为、孙中山等，他们的活动和作品都只分别涉及近代史上的某个阶段。只有李鸿章的活动和留下的文字，几乎涵盖了整个中国近代史的内容。因此，梁启超把他所写的《李鸿章传》，别称为《中国近四十年来大事记》，的确是十分贴切的。

李鸿章生活的时代，是中国从封建社会向半殖民地半封建社会转变和过渡的时代，古今中外的各种矛盾错综交织，当时社会上各个阶层、各种身份的中国人，提出各种说法和方案，试图从各个方面探索强国富民的道路。当然，这些人由于各自的背景、立场、方法不一致，取得的效果也不一样。应该承认，李鸿章也算是探索者之一，他所从事的洋务运动也是一种尝试和探索。

如果用现实的眼光审视那段历史，就会看到近代中国同样有着一个面临挑战、抓住机遇的问题。在西方列强的挑战面前，日本搞了明治维新，国力迅速提高，虽然最后它走上了军国主义的侵略道路，这是不足取的，应引以为戒。而我们中国在那个时期，先有李鸿章等兴办的洋务运动，后有康有为领导的维新变法，但都没有成功，一次次丧失了历史赋予我们的机遇。为什么会出现这种情况？总结历史的经验教训，恐怕有几条很值得注意：一是国际上要有一个和平的环境，二是国内要有一个安定团结的局面，三是要看决策者改革开放的决心、才能及所实行的措施。晚清社会，国际局势动荡不安，国内政局派系林立，矛盾重重，李鸿章要搞改革，缺乏前面两个基本条件，加上他本身是封建知识分子出身，他的思想框框束缚了他，使他不可能有太大的成就。

今天，我们又碰到了迎接现代化的机遇问题，如何抓住机遇，奋起直追，这就需要认真地总结历史的经验教训、成败得失。我们在编《李鸿章全集》的时候，通过爬梳、整理资料，也会得出有益的启示，深化我们对这个问题的认识。

当然，对李鸿章的评价，史学界一直存在分歧，有人说他是刽子手、卖国贼，也有人称他为中国近代化的先驱，功过毁誉不一。我们编纂《李鸿章全集》，主要是整理文化遗产、挖掘历史资料，不是对李鸿章的功过做结论。但是编纂他的全集，把资料出齐了，历史学家们阅读了全部资料，自然会对李鸿章做出公正的评价。这项整理和编纂资料的工作非常重要，一门研究学科的突破和发展，在很大程度上依赖新资料的发现和公布。新中国成立不久，中国史学会曾先后整理、出版了许多本《中国近代史资料丛刊》，极大地推动了近代史研究的发展，并培养出一大批近代史研究人才。所以，在目前形势下，《李鸿章全集》的整理、出版，是中国近代史研究领域中一项十分关键和必要的工作。我希望，通过我们全体同志的团结协作、辛勤努力，在20世纪末能有一部收罗全面、体例完备、质量上乘的大型学术文集问世。

再谈《李鸿章全集》的编纂*

《李鸿章全集》开始编纂一年多来，总的进展情况是顺利的，绝大多数的资料已征集到手，并分发给各位编者开始编校。其中奏稿进程快一点，接近完成1/3，函稿和电稿两部分也分别取得了一定进展。通过一年多的工作实践，较为集中地反映出这项工程工作量大、难度大的特点。在资料缺口方面，还有一些困难需要通过继续努力来克服；在实际编校工作中，还有许多超出《编纂工作手册》范围的疑难问题需要解决。我们这次会议，就是各地的编者，带着在操作中遇到的各种问题，前来认真讨论、会商解决。我作为主编之一，参加具体工作较少。因此，我对光临这次会议的全体编者表示崇高的敬意，对他们前一段时间付出的辛勤劳动表示衷心的感谢。

《李鸿章全集》的编纂，是一项规模宏大的跨世纪文化工程，它的总字数是2 200万左右，从数量上讲，是历史上个人文集之冠。从李鸿章本人的地位来讲，他是19世纪下半期中国历史舞台上一个非常重要的角色，是主角之一。李鸿章地位的重要性，主要表现在他的活动时间长、活动领域广、所做事情多。

说他活动时间长，是指和同时代的其他重要人物，如曾国藩、胡林翼、左宗棠、张之洞、袁世凯以及洪秀全、康有为、孙中山等相比而言。从他1862年率淮军进入上海并担任江苏巡抚起，直到1901年签订《辛丑条约》后去世，在中国政治舞台上整整活动了40年，比上述任何人的活动时间都长。

说他活动领域广和所做事情多，是指李鸿章长期担任直隶总督兼北洋大臣这一要职，是当时清政府高层参与决策、执行决策的重

---

* 原载《繁露集》，北京，中国社会科学出版社，1997。

要人物。在当时外国人的眼中，李鸿章就代表着清政府，甚至只见李鸿章而不见清朝皇帝，要和清政府打交道，首先就必须和李鸿章打交道。在军事上，李鸿章是淮军和北洋水师的创始人，开了中国军队近代化的先河。经他直接指挥和参与的军事行动，有镇压太平天国和捻军起义、中法战争、甲午战争。中法战争，他虽然没有亲临指挥，但是他麾下的淮军参加了战斗。到了甲午战争，更是以北洋一隅之力，对抗日本全国之师。在外交上，从19世纪70年代起，李鸿章代表清政府经办了许许多多的中外交涉，天津教案、琉球事件、中日建交、马嘉理案、《中法新约》、《马关条约》、《中俄密约》、《辛丑条约》……绝大部分的对外条约都是经他参与、由他出面签订的。在经济建设上，李鸿章又是洋务运动最积极的推动者，那个时期的近代企业，李鸿章创办最多，成效也最大。如早期的四大军工企业，李鸿章一人办了三个：江南制造局、金陵机器局、天津机器局，另外一个福州船政局是左宗棠和沈葆桢合办的。后来，他还办了轮船招商局、开平矿务局、天津电报总局、漠河金矿、上海织布局等，中国近代早期的铁路也是在李鸿章的建议和主持下修建的。

从李鸿章的这些活动来看，整个19世纪下半期，中国正面临一个大动荡、大分化的时代，内忧外患，新旧交替，李鸿章处在各种矛盾和旋涡的中心，其重要性是不言而喻的。

李鸿章虽然做了那么多的事，但却被人形容为：权倾一时，谤满天下。这八个字既很概括，同时也不难理解。因为李鸿章当时掌握了相当一部分实际权力，而中国又是一个弱国，弱国无外交，在外交上受制于外人；在经济和国防建设上要做那么多事，财力又不允许；当然李鸿章本人也有许多难以克服的缺点，他毕竟是封建清王朝的一位大臣，所以总的来讲，他当时处在一种非常为难的地位。尽管他去世已经90多年，但盖棺尚未论定。史学界对他的评价，一直众说纷纭，争论多，分歧大。我认为，不管评价如何，他所做的那么多事摆在那里，他地位的重要性也十分明显地摆在那里。不了解李鸿章，就不能深入了解19世纪下半叶的中国，也不能深入了解和研究中国近代史。

李鸿章的集子，以前也编过多种，最有名的是吴汝纶所编的《李文忠公全书》，现在看来缺漏太多。我年轻时从事中国近代史研究，读的第一部大书就是这部《李文忠公全书》，当时就感到很奇怪，里面许多内容怎么会没有了，接不上趟，尤其甲午以后缺失很多。幸运的是，这些被删除的未刊稿，大部分都被保留在上海图书馆。本书的主编顾廷龙老先生是一个有心人，我们今天得以重新编纂《李鸿章全集》，要感谢顾老在20世纪50年代初就独具慧眼，将这批珍贵的资料保护、抢救下来，使我们今天的编纂工作有了一个重要的资料来源和依据。

历史科学的本质特点是依靠材料，从大量原始材料出发开展研究，而不能搞无米之炊。因此，材料对于研究者，就像水对于鱼，空气对于鸟，非常重要。新材料的发掘和发现，往往会给一门学科的建设带来突破性的进展，回顾我们中国近代史这门学科的建立和发展，情况也是这样。

中华人民共和国成立前，我们史学界的一批老前辈，如郭沫若、翦伯赞、侯外庐、尚钺、吴晗、吕振羽，大多数是搞古代史的，其热点集中在先秦，只有范文澜写了一本《中国近代史》，还只能算是半部。中华人民共和国成立后，我们党注意了自民主主义革命以来的近百年史，逐步加强了中国近代史的研究机构和学术队伍的建设，终于形成了目前和中国古代史研究并驾齐驱的局面。

刚开始的时候，中国近代史没有多少资料可看，只有左舜生、蒋延黻各编过一部资料，还有杨松、邓力群也编过一部（后由荣孟源增补），资料少，著作也少，因而起步艰难。当时北京的情况还稍好一些，可以到北京图书馆看线装书，在其他地方则困难更大。在这种情况下，中国史学会组织编写了《中国近代史资料丛刊》，一共有十几种，第一部就是《太平天国》，1952年由神州国光社出版。当时编委会的成员都是史学界的一些著名专家权威，有范文澜、徐特立、陈垣、郑振铎、向达、胡绳、吕振羽、华岗、邵循正、白寿彝等先生，编委会的阵容很强大，还有其他许多史学家参加。这一套十几部的大书，直到前几年才编完，为我国近代史学科的建立奠定了厚实的基础。在这个基础上，我们开展了自鸦片战争到五四运动的研究，写出了数百部著作和数以万计的学术论文。前几年一位美国朋友对我说，你们出的这套《中国近代史资料丛刊》，为我们美国培养了上百名研究中国近代史的博士生。可见，这套资料对国外的影响也很大。资料建设对历史领域中一门新学科的兴起来说，确实是非常重要的因素。

那么，我们今天常常使用的这套《中国近代史资料丛刊》有多少字？全部加起来也就是3 000万字左右，比我们现在所编的《李鸿章全集》稍多一点。因此，我们编《李鸿章全集》这样的大书，将大大地造福于今后的学术界。《全集》编成出书，大概要接近20世纪末了，它真正发挥影响、产生学术价值，要到21世纪，所以我说它是一项跨世纪的文化工程。

《李鸿章全集》的编纂，也是一项有实际意义、有现实价值的工程。李鸿章所办的那些事，离我们今天很近，比如，中国近代工业是如何产生的，它的起步情况如何？李鸿章文稿中保存了大量有关这方面的材料，整理出来，能为我们今天的经济建设提供借鉴和反思，如果现在不编，将来就可能散失，那就太可惜了。所以，我们今天所做的这项工作，从某种意义上说，也是对历史文化遗产的抢救。

历史学科的建设需要依靠资料，历史学科的突破同样离不开资料。前些年我们曾经很热烈地探讨过近代史研究如何突破的问题，大体说来，不外乎两个方面：一是新观点也即理论框架的建立，二是新资料的发掘。与中国古代史相比，近代史在后一方面具有明显的优势。古代史，尤其先秦、秦汉史，除非出现新的重大考古发现，在资料文献上可以说是“竭泽而渔”了；而近代史则不同，新资料层出不穷，涉及领域广，潜力很大。我刚从常熟开完“翁同龢与甲午战争”讨论会，我们这里在编《李鸿章全集》，他们那里也在计划编《翁氏文献集刊》。翁同龢还有一个门生张謇，状元及第，是近代著名的实业家和政治家。这次张謇的孙子张绪武先生（全国工商联副主席）也来开会，对我说，南通方面也想整理张謇的资料，数量也很多。另外，张之洞的资料多集中于北京近代史所，盛宣怀的档案多集中在上海图书馆，周馥、周学熙的资料多集中在天津。据安徽淮系集团研究中心的同志介绍，淮系集团将领、幕僚人数很多，也还有大量未刊的资料正在收集、整理，数量也很庞大。这些都是十分丰富的宝藏，将来逐步发掘、整理出来，必然给整个中国近代史的研究带来一个新的面貌。从目前来看，我们编《李鸿章全集》是迄今规模最大的一部私人文集，这个工作做好了，会对我们中国近代史学科的建设和突破带来难以估量的重大影响。因此，我要感谢安徽的出版界，有魄力、有眼光出版这样一部巨著。同时，也希望参加编纂工作的各部门、各单位的同志，通力合作，把这项工作做好。

这次编纂工作会议，主要解决同志们在工作进程中遇到的实际问题。我们编委会和几位执行编委，在去年开始编纂时虽然搞了一个《编纂工作手册》，给大家作为参照，但一年下来，有许多问题超过了我们当初制订条例和体例的范围，对这样一部大书的编纂来讲，也是很正常的。大家都是在第一线工作的同志，实践出真知，应该比我更有发言权，所以希望在后面两天的讨论里，把问题充分摆出来，各抒己见，以达成新的共识。在这里，我先谈一些个人的粗浅看法，供大家讨论。

我们编纂《李鸿章全集》的原则应该是“述而不作”，从整理文化遗产和抢救历史资料入手，尽可能恢复李氏文稿的本来面目，而不涉及对这个人物的具体评价。评价问题，等将来《全集》编印出来了，再让历史学界展开研究、讨论。将李鸿章一生的活动更加全面、更加翔实地呈现在历史学家眼前，必定会有利于对李鸿章的历史地位做出正确的、恰当的评价。

与此原则相关联的，也是我们作者反映比较多的，是注释方面的问题。大体说来，注释有繁注、有简注，中国关于注释的学问可以说源远流长。从前，中国人搞学问，往往通过注释经史的形式，因此产生了许多大部头书籍，如《十三经注疏》之类，还衍生了音韵、训诂、校勘、目录、版本、辑佚等学科。汉人注经，旁征博引，原文几个字，注释可以长达几万字。我们编《李鸿章全集》不可能这样搞。只能搞简注，但简到什么程度，要由大家共同讨论。从史学研究者参与整理的情况看，有注比没有注好；但也有同志提出，由于年代久远，加上资料本身的情况复杂，有可能我们能注出来的，别人大多知道，别人不知道的，我们也未必能注出来。我在常熟开会时，也有人举了《翁同龢日记》的例子，翁同龢晚年遭放逐回乡，与家乡的一些人士交往，大多是名不见经传的小人物，根本无法一一考订出注。我们编《李鸿章全集》，可能遇到大量此类情况。怎么办？还有一种意见认为，可以以校注为主，这也是值得认真考虑的。总之，需要大家讨论解决。

搞校注，是一方面，还有一种可能的办法是出校勘记，即对照不同版本的异同进行互校，加以比较说明，这样可能会使我们这个本子在恢复原貌方面显得更严谨一些。但对《李鸿章全集》这样一部巨著来说，校勘记要出到什么规模，多少字数，也是比较麻烦的事，目前要搞出详细的校勘记，看来不现实。也许将来史学界或出版界有人做这个工作。

从目前的版本源流和李氏文稿收集的范围来看，《李鸿章全集》的编纂大致可以遵循三个方面：一是按文稿时序进行编排，二是按文稿体裁分类（如奏、电、函、诗文、咨札）进行编排，三是按文稿版本进行编排。这也是需要大家认真讨论的。前两类大致可以统筹考虑，就是在按各部类进行编排的同时，注意其时序性。接下来，如何照顾文稿不同的版本出处，尽量使读者在我们新编的《李鸿章全集》中看到各种版本的原来风貌，同时也为我们的史学研究提供可信的依据，确实是很值得我们注意和思考的问题。我希望，通过全体同志的集思广益，能够把这些问题处理好。我个人的态度是，听取和遵从大多数同志的意见，在取得基本一致的前提下，我们还要讲究效率，抓紧工作，提高质量，在工作中发现问题，在工作中解决问题，有条不紊，循序渐进，争取在预定时间内尽可能圆满地完成《李鸿章全集》的编纂任务。

世纪之交中国历史学的回顾与展望*

20 世纪即将过去，留下了鲜明的轨迹。21 世纪即将到来，正准备迈开雄健的步伐。回顾 20 世纪的中国历史学，它经历了崎岖曲折的路程，也取得了伟大丰硕的成绩。这 100 年内产生了许多杰出的历史学家，前半个世纪有章太炎、梁启超、王国维、陈垣、陈寅恪、胡适、顾颉刚、钱穆，以及李大钊、郭沫若、范文澜、翦伯赞、吕振羽、侯外庐等人，这在中国历史上是罕见的。杰出的历史学家，100 年出不了几位。司马迁死后 140 多年产生了班固，班固死后 50 多年产生了荀悦，又过了近 30 年产生了陈寿。至于裴松之、袁宏、常璩、范晔、沈约更晚于陈寿一二百年。11 世纪产生了欧阳修、司马光和他的助手刘恕、刘攽、范祖禹。12 世纪产生了郑樵、李焘。18 世纪，历史学极盛，产生了全祖望、王鸣盛、赵翼、钱大昕、章学诚、崔述。20 世纪的历史学家更是群星灿烂，代表作更多，成就更突出。最重要的是：在 20 世纪前期，历史观、方法论产生了重大的飞跃，传统史学完成了向近代史学的跨进，著述体例有了根本的变化。20 世纪后期，中国历史学建立了完整的学科体系，包括史学理论和史学史、考古学、中国古代史、中国近现代史、世界史、历史文献学，等等。历史学科的各个部门中都涌现出许多专家，无论通史、断代史、地区国别史、各种专史，都产生了一大批有价值的专著。

20 世纪中国历史学的特点和成就可以被概括为以下六点：

第一，进化史观是 20 世纪中国历史学的显著标志。自从 19 世

---

* 原载《历史研究》，1998 年第 6 期。是作者以中国史学会会长身份在中国史学界第六次代表大会上的主题发言。

纪末严复翻译了《天演论》，社会进化学说风靡全中国，中国近代学术思想均奉之为圭臬。在此以前的中国传统史学，自觉或不自觉地认为，社会历史越古越好，上古三代是中国历史上的黄金时代。尧、舜、禹、汤、文、武、周公、孔子传中国的道统。越到后代，大道衰微，历史越易退化。20世纪初，梁启超发表《新史学》，认为史学是“叙述人群进化之现象而求得其公理公例者也”。这一历史观的转变，从今文学派和康有为已经开始，他们的历史观已有进化史观的因素。梁启超受到西方历史学的影响，受到时代的刺激，更加鲜明地提出历史是前进的运动。同时的章太炎则认为，历史要“发明社会政治进化衰微之原理”。梁启超和章太炎在许多观点上存在分歧，但都认同“人群和社会的进化”。后来，顾颉刚说：“过去人认为历史是退步的，愈古的愈好，愈到后世愈不行。到了新史观输入以后，人们才知道历史是进化的。后世的文明远过于古代。这整个改变了国人对历史的观念。”（《当代中国史学》）随着当时政治上的大变革。梁启超提出“史学革命”的主张。他说：“史界革命不起，则吾国遂不可救。悠悠万事，唯此为大。”（《新史学》）在此以后的历史学家，包括王国维、陈垣、陈寅恪、胡适、傅斯年等以及更后的马克思主义史学家，无不信从近代进化史观，以此作为研究历史的出发点。

进化史观不但认为历史是进步的，同时还强调历史的因果关系，有“公例”可寻，优秀的历史学家必须具备哲学的素养。因此，20世纪早期的历史学家们除搜集、考证史料之外，又孜孜不倦地探寻历史上的各种因果关系。

近代进化史观在中国的传播几乎和资产阶级革命同时发生，它促进了思想解放，使人们摆脱了迷古崇古的思想束缚。五四运动发动了对封建传统文化的猛烈批判，这是伟大的进步。这种批判也以进化史观作为思想武器之一。顾颉刚提出“层累地造成的古史观”即是基于历史进化的思想，这样就产生了疑古辨伪思潮：不仅认为远古时代不是美好、进步的，儒家宣扬的远古黄金时代纯属子虚乌有，而且怀疑书本记载，否定古史传说。这种疑古的观念和态度有其片面性，但是我们要看到它的历史功绩，即曾在廓清古史迷雾方面有贡献。古代传说中的东西不可全信、深信，但也不可完全丢弃。古代传说中包含着历史真实的颗粒。顾颉刚等认为，通过辨伪祛疑，才能还历史以真实面貌。其功绩不可泯灭。

第二，唯物史观的运用是20世纪中国历史学的伟大进步。历史学仅仅具有进化史观，承认社会历史进步还不够，它还不能解释许多复杂的历史现象。自从马克思的唯物史观传入中国，中国的历史学就发生了本质的变化，成为真正的科学。唯物史观相对于进化论来说，是更高层次的理论，它承认进化史观，包含了进化史观的合理内核，并超越了进化史观。马克思主义本身就是受达尔文学说的影响而产生的，而进化史观也可以进一步发展到唯物史观，二者是相通的。我们不能把二者理解为相互对立的。那么，唯物史观给史学增加了什么新内容？一是唯物史观在承认历史是进步的、具有因果关系的同时，明确提出客观世界是被规律制约的，历史发展具有不以人的意志为转移的规律性。当然，在承认这一点的时候，我们要牢牢记住，社会历史和自然界不一样。社会有人参与，主观可以影响历史进程。历史规律不像自然规律那样单纯，而是掺进了人的活动，通过偶然实现必然，所以对社会历史的研究更加复杂。但历史是客观的，不是主观的；而且，历史具有客观性规律，不是主观性规律，历史并不仅仅存在于人们的心中，这一点不仅与唯心史观不同，而且与进化史观不同。后来出现的弊端是把社会历史和自然界一样看待，过分强调客观而无视人的作用，陷入了机械唯物论。20世纪史学产生这样的流弊，原因就是对唯物史观的误解。二是承认历史是前进的，历史前进的决定性因素是生产力、生产方式的发展，是经济原因。历史发展是许多因素交互作用的结果，经济是最重要的但却不是唯一的环节，如果单纯强调经济的决定作用，那么就会陷入简单的经济决定论。要重视历史发展中多种因素复杂的相互作用，重视政治的、经济的、文化的、军事的、地理的种种因素。因此，唯物史观一方面区别于唯心史观那种把英雄人物或思想、政治和上层建筑视为决定历史发展的观点，另一方面也区别于机械唯物论不承认其他因素起作用的观点。我们承认经济因素在历史发展中起最重要的作用，这是唯物史观给我们认识上增加的新内容。三是唯物史观把阶级斗争看作阶级社会前进的动力。马克思主义反复强调，阶级存在于一个统一体内，各阶级之间既有矛盾对立性，又有相互统一性，我们既要看到阶级社会中阶级斗争的存在及作用，又不能把社会看成仅仅是阶级之间的斗争。把阶级斗争绝对化，“以阶级斗争为纲”，这是对马克思主义的曲解。在 20 世纪，唯物史观对中国史学发展所起的作用是巨大的。无论是马克思主义者还是非马克思主义者，都不能不承认马克思主义唯物史观对 20 世纪中国学术的指导作用，这是事实。同时也要承认，唯物史观与传统史学及进化史观虽然不同，但并非绝对对立，而是吸收了过去史学的精华，认同进化史观而更加科学化。过去往往把它们对立起来，抹杀了进化史观和唯物史观之间的联系，这应该引以为训。

第三，20 世纪史学除了进化史观、唯物史观以外，再一个特点就是理性的觉醒、理性精神的发扬。所谓理性精神，就是承认人具有正确认知客观历史的能力，这是相对于蒙昧主义和宗教思想认为世界是不可知的，是由超自然力量主宰的观点而言的，也是相对于依靠主观感悟认知而言的。理性精神是用人的心智分析、论证、解释历史，依靠理性的推导、逻辑的证明，归纳演绎出结论，而不是按照超自然的力量，也不是按照人的直观感悟理解历史。一旦离开理性，就无法正确认识问题。清代乾嘉学派颇有一点近代的理性精神。乾嘉史学以实事求是为治学宗旨，重视证据，无征不信，不受权威影响，有独立的研究精神，即使对《尚书》《太极图》这样的权威性古书也不迷信和盲从。这种理性精神，是传统史学留给我们的一份珍贵遗产。20 世纪的中国历史学吸取了西方历史学和乾嘉学派的理性精神。中国古代的认知方式偏重于直观的感悟，从整体上把握认知对象，有点接近佛教禅宗的顿悟，宋明理学也接近这种认知方式。乾嘉学派开辟了认知的新路径，即从具体方面分析、归纳、演绎，达到理性认识。我不是要赞扬清代乾嘉考据学而贬低宋明理学，这是两个不同的时代产生的两种不同的学术，各有其思维特色和认知理路。清代考据学更加重视证据，运用归纳和逻辑推断，更加接近于近代的科学认知。其实，司马光撰写《资治通鉴考异》，已有这种理性认知精神，到近代吸取了西方的实证哲学，理性主义更发扬光大。20世纪的中国历史学是在理性精神的启示下成长和发展的。理性主义在人类文明史上有重大贡献，它引导人们摆脱愚昧迷信，从而进入思想解放和科学革命的崭新里程。

20世纪20年代的科学与玄学之争，反映了这两种认知方法的不同理路：是理性分析还是直观感悟，是科学认知还是人文关怀。20世纪早期的历史学家高扬理性主义精神，梁启超撰写《中国历史研究法》，王国维提出“二重证据法”，胡适揭橥“大胆假设，小心求证”，一方面继承了乾嘉学派的学术理路，另一方面又接受了西方近代的科学方法，为20世纪早期中国近代的实证史学奠定了方法论基础。

第四，20世纪的中国历史学高扬爱国主义精神。进入20世纪，帝国主义对中国的侵略更加凶狠，北洋军阀和国民党政权的统治更加残暴，内忧外患，民不聊生。中国先进的知识分子目睹时局艰危、民生疾苦，慷慨以拯救天下为己任。除了在政治、军事、实业、教育等领域努力有所建树外，在学术领域中也矢志钻研，苦心探索，为的是探寻救国的道路、立国的精神。中国的近代历史学在这风雨如磐的艰难岁月中诞生和成长，具有反对帝国主义和封建主义，企盼祖国独立、民族振兴的本性。因此，20世纪的中国历史学家绝大多数是爱国主义者。梁启超早年参加了戊戌维新运动。章太炎是辛亥革命中的战士，陈垣在日伪统治下的北平著《通鉴胡注表微》，表彰民族大义和道德意识，顾颉刚创办杂志《禹贡》，研究和歌颂祖国的大好河山，都表达了爱国主义的心声。至于郭沫若、翦伯赞等在抗日战争时期，以笔墨为刀枪，描述宋史、南明史，歌颂了屈原、文天祥、史可法、夏完淳等不屈的民族英雄，鼓舞了全民族英勇抗战的精神。20世纪的中国历史学，中国近代史的研究发展很快，其原因之一是中国近代史是一部反帝反封建斗争的历史，一部振兴国家、高扬爱国主义的历史，其中充满着激昂壮烈的斗争史实、坚贞不屈的英雄形象与丰富宝贵的经验教训，可以鼓舞和教育中华儿女为争取美好的明天而忘我工作、勇敢拼搏，因此得到历史学家的特别关注。

第五，20世纪的中国历史学，在各个分支学科中进行开辟和创造，有重大建树，建立了历史学全面、系统的学科体系。中国传统的历史学成绩很大，是极为丰富的宝贵遗产，但也存在很大缺陷。一是封闭性，古代中国毕竟是处在东亚一隅的、自给自足的封建农业社会，它和世界虽有联系，但联系非常之少。在当时中国人的观念中，中国是天朝上国，其他国家和民族都是文明程度低下的“蛮夷之邦”。在封闭环境中形成封闭的历史观，只知有中国史，不知有世界史，闭目塞聪，坐井观天，不能正确地认识自己和其他国家在世界上的地位。二是在传统的中国史中，英雄史观、个人史观占主导地位，传统史书大多记载帝王将相的活动，对经济发展、社会结构、文化活动、大众生活记载很少。三是传统史书线条简单、内容狭窄，主要是政治史和军事史，缕述王朝之兴衰更迭，较少涉及社会多线的立体层面。故梁启超批评传统史学说：“前者史家不过记述人间一二有权力者兴亡隆替之事。虽名为史，实不过一人一家之谱牒。近世史家必探察人间全体之运动进步，即国民全部之经历及其相互之关系。”（《中国史叙论》）20世纪的中国历史学克服了传统史学的封闭狭隘观念，大大扩展了研究范围，把对世界各国的历史研究提上重要日程，形成世界史、中国古代史、中国近现代史的研究鼎足三分的局面，又重视历史上的经济发展、文化思想、社会结构与社会变动，以及下层民众的生活、思想、信仰、习俗以及众多少数民族的发展，使得历史学的涵盖面更加广阔，内容更加丰富全面。除了中国政治史、军事史以外，还包括了世界史、经济史、社会史、文化史、外交史、民族史、大众生活史等各方面，形成了包括各类通史、断代史、地区国别史、专门史以及史学理论、史学史、历史文献学等分支在内的完整的历史学体系。

第六，在20世纪，新史料大批发现，其质量之高、数量之多，远远超过以前任何朝代的发现。19世纪20世纪之交发现了殷墟甲骨、敦煌文书。此后，明清档案为世人所知，战国秦汉的竹简木牍相继出土。新中国成立以后，各地考古发掘大规模展开，古代墓葬、器物、竹简、帛书、殉葬物、工艺品大批出土，大大促进了历史研究，改变了单靠传世文献探知古代历史的局面。还有，流落在海外的古籍与史料传回国内，西方人士有关中国的记录、报道，国内少数民族文字资料，如满文、蒙古文、藏文、维吾尔文以及西夏文、契丹文、女真文史料的发现、运用，近代档案、文集、方志、笔记、报刊的整理和出版，给历史研究提供了丰富珍贵的资料，使从前沉埋未知或争论不决的历史问题有可能得到解决。史料的发现、搜集、整理、考证是历史研究的基础工作。许多学者都很重视史料。傅斯年曾经说过，史料即是史学。这话未必全面，但强调史料的重要自有合理性。历史研究必须从大量的、确凿的史料出发，缺乏史料就不可能建立历史学的辉煌殿堂。20 世纪的许多历史学家，长年累月，孜孜不倦，毕生从事史料的整理和考证，做了很重要的工作，他们的劳动理应受到尊重。

史料的发现、整理、考证关系到历史学的盛衰和历史学分支学科的建立。20 世纪历史学之所以兴旺发达，取得巨大成绩，除了历史观、方法论的原因外，大量新史料的发现也是一个重要原因。安阳殷墟的发掘大大推进了殷商史的研究，并使甲骨学得以诞生。大批战国、秦汉、三国竹简的出土，推进了上古史的研究，使简牍学得以诞生。敦煌藏经、文书、壁画的发现推进了中国中古史的研究，使敦煌学得以诞生。故宫明清档案的公开于众，推进了明清史、近代史的研究，使中国历史档案学得以诞生。20 世纪内，古代史料的大批发现是历史上从未有过的。汉代曾经在山东孔府的墙壁中发现了古代典籍，西晋时在汲郡的战国魏墓中发现过《竹书纪年》，此外各地零散地出土了一批钟鼎石刻，但其重要性不能与 20 世纪的发现同日而语。20 世纪，在史料的发现、整理方面是得天独厚的丰收的世纪。

20 世纪前半期的历史学家，处于社会剧变和转型时代。鸦片战争以后，中国遭受帝国主义的侵略，民族前途陷入危机。先进人士为寻找国家致弱之因、探求富强之道，必然要回顾历史，用新的观点和方法审视、研究中国的过去，其目的是寻求现实的出路、创造美好的未来。就像郭沫若所说："对于未来社会的待望逼迫着我们不能不生出清算过往社会的要求。古人说'前事不忘，后事之师'。认清楚过往的来程也正好决定我们未来的去向。"① 当时中国社会的剧变和西方文化的输入，使他们的思想产生了飞跃，再也不能满足于传统的史学观念与方法，必须走新的道路，用新的观点与方法重新诠释全部的中国历史，中国近代历史学遂呱呱坠地。

中国 20 世纪的历史学分成两个部分，一部分是实证史学派，一部分是马克思主义史学派。

近代第一位起而呼唤新史学诞生的是梁启超。他批评了传统史学的弊端和不足，提倡近代的史学观念和方法，写了历史研究方法和学术文化史方面的著作。他是中国近代历史学诞生的助产婆。王国维、陈寅恪、陈垣、胡适、顾颉刚、钱穆等继承了乾嘉派的余绪，又吸收了西方实证主义、实验主义的观念与方法，对上古史、中古史、蒙古史、宗教史、中外交通史、哲学史、小说史、学术思想史、历史文献学、历史地理学等做了多方面的开创性研究，为实证史学奠定了历史地位，对中国历史学界影响甚大。

20 世纪是中国传统的历史学向近代历史学转变、迈进的时期。如何对待传统一直是 20 世纪学术界包括历史学界的重大课题，既要破除传统，背离传统，超越传统，又要归依传统，认同传统，继承传统，20 世纪中国历史学就在这二者之间徘徊摆动。中国传统的封建思想禁锢人们的头脑已久，人们渴望从封建思想中获得解放，创造新生活。因此，人们在不同程度上都会叛离传统，向西方学习新观念、新方法，向传统挑战。五四是最激烈地反对旧传统时期，吴虞、钱玄同等主张打倒孔家店。李大钊说："孔子者数千年前之残骸枯骨也，历代帝王专制之护符也。"② 鲁迅借狂人之口说，中国历史"满本都写着两个字，是'吃人'"③。梁启超说："若二十四史，真

---

① 郭沫若：《中国古代社会研究》，"自序"1，上海，上海书店出版社，1989。

② 李大钊：《孔子与宪法》，见《李大钊选集》，77 页，北京，人民出版社，1959。

③ 鲁迅：《狂人日记》，见《鲁迅全集》，第 1 卷，425 页，北京，人民文学出版社，1981。

可谓地球上空前绝后之一大相斫书也。”（《新史学》）由于当时尊孔复古势力很大，儒家思想尚是阻碍中国进步的主要障碍，20 世纪早期的历史学家对之做猛烈的抨击，自有必要性与合理性。但思想文化方面不可能长期摒弃历史遗产，此后不久，清华研究院和中央研究院历史语言研究所成立，表现出回归传统的倾向，一批学者致力于融合中西学术，继承和发扬中国的传统文化。王国维说：“中西二学，盛则俱盛，衰则俱衰……未有西学不兴而中学能兴者，亦未有中学不兴而西学能兴者。”（《国学丛刊・序》）陈寅恪说：“其真能于思想上自成系统，有所创获者，必须一方面吸收输入外来之学说，一方面不忘本来民族之地位。”其实，五四运动中反传统的战士们都受过充分的传统文化的教育和熏陶，既熟读经史，又精通西学，可称学贯中西、通晓古今。他们一方面认为传统文化从总体上说不适应近代要求，必须进行批判；另一方面又认识到传统中蕴含着珍贵的宝藏，需要发掘、继承、利用。如鲁迅开创了中国小说史的研究和辑佚；胡适提倡整理国故，做了思想史、文化史方面的许多考证；郭沫若研究了古代社会和先秦诸子；等等。

20 世纪除了实证史学以外，还有一部分历史学家传播和运用马克思主义。20 世纪 20 年代，李大钊出版《史学要论》，系统地介绍马克思的唯物史观、剩余价值论和阶级斗争学说。1930 年，郭沫若出版了《中国古代社会研究》，用马克思主义结合大量考古和文献史料，第一次揭示了中国古代社会的发展规律，为历史研究开辟了新天地。此后，范文澜的《中国通史简编》与《中国近代史》二书，对整个中国历史做了全面的阐明，教育了当时千百万革命者和后代的历史学家。还有翦伯赞的《历史哲学教程》，系统地阐述了唯物史观的理论和方法。他们的研究成果为 20 世纪中国马克思主义历史学的发展奠定了基础。

20 世纪前半期的实证史学和马克思主义史学，在历史观、方法论上有根本的不同，因此，二者对历史学的功能、历史研究的重点以及许多具体历史问题，有不同的看法。但二者之间也有许多重要的相通之点，如进化史观、理性主义、爱国主义、求实精神等。马克思主义史学吸收了实证史学的优点并加以发展。过去，用资产阶级历史学和无产阶级历史学区别这两个学派，用阶级属性标识某个学派和某种学说，这未必十分确切。阶级属性是由经济和政治地位决定的，知识领域里的阶级划分要复杂得多。很多知识带有普遍真理的性质，为各个阶级所认同。自然科学即属此类，它没有阶级性，不存在资产阶级的物理学和无产阶级的物理学。社会科学虽有所不同，但其中也包含与自然科学相类似的真理性知识。历史所提供的许多经验和智慧，任何阶级都可以借鉴，并不是对某个阶级才适用，对别的阶级就不适用。历史经验、历史智慧中的很大部分可以超越时空，超越阶级，成为全人类的共同财富。王国维、陈寅恪的研究成果，今天我们仍承认其价值。马克思主义学派与其他学派之间有一个相互学习和继承的问题。郭沫若的研究成果是在王国维、罗振玉的研究基础上，经过自身的努力而取得的。范文澜是黄侃的弟子，而黄侃又是章太炎的学生。梁启超、王国维、陈寅恪、胡适等除学习了西方的治学思想与方法，又和中国过去的乾嘉学派、公羊学派有密切关系。研究 20 世纪的中国历史学不能割断学术上的传承和联系，简单地把历史学家们置于相互对立的营垒之中。

中华人民共和国成立以后，马克思主义成为新中国各项工作的指导思想，历史学界热烈学习和运用马克思主义。在此以前的大学讲坛上，马克思主义者占很少数，而且是不合法的。新中国成立以后，马克思主义才占领了史学阵地。马克思主义把人类历史看作有规律的客观过程，不以主观意志为转移。它坚持以社会存在解释社会意识，坚持经济基础对上层建筑的决定作用，坚持人民群众在历史上的作用，把历史研究提高到科学的水平。新一代的历史学家们在马克思主义指导下努力在历史学的各个领域，建立了各个分支学科，形成了一支浩浩荡荡的史学队伍。历史学界在“百家争鸣”方针的指导下，讨论了中国古代史分期问题、中国近代史分期问题、封建土地所有制问题、农民战争问题、资本主义萌芽问题、少数民族史问题、历史主义与阶级观点问题，发表了各种不同意见，提高了思想认识，活跃了学术空气。新中国成立以后的 17 年间，出现了一些有水平、有特色的历史著作，如范文澜的《中国通史简编》修订本、郭沫若的《奴隶制时代》《中国史稿》、翦伯赞的《中国史纲要》、尚钺的《中国历史纲要》、罗尔纲的《太平天国史稿》、胡华的《中国革命史讲义》及其他通史、断代史、专门史著作。

17 年间，中国历史学继承了上半个世纪马克思主义史学的传统，并吸收了实证史学的成果，取得的成绩是十分巨大的。但是，也产生了严重的失误和弊端，主要是：接二连三的政治运动严重地干扰了学术界，把学术问题当作政治问题进行批判，混淆了界限，挫伤了历史学家的积极性。“左”的倾向十分严重，教条主义、简单化、公式化盛行。“以阶级斗争为纲”，在史学领域表现为拔高历史上农民战争的地位，每个朝代都以农民战争打头。农民战争史几乎代替了整个的中国历史。不但帝王将相被打倒，连陶渊明、杜甫、苏轼这些著名的诗人、文学家也失去了光彩。到“文化大革命”中，甚至农民起义的领袖很多也被打倒。项羽出身贵族，自应在被贬之列。刘邦、朱元璋后来背离农民，蜕化为地主阶级。李密投降了唐朝，宋江受招安，李秀成成了叛徒，都受到了批判。历史人物大多被否定，中国历史上一片黑暗，历史内容贫乏干枯，文化遗产被无情践踏，表现了可悲而荒唐的历史虚无主义，令人浩叹，发人深思。

“文化大革命”即是从历史学界打开缺口的，对吴晗《海瑞罢官》的批判拉开了十年浩劫的序幕。此后，历史被践踏、被滥用，是非颠倒，黑白不分，影射史学流行，全民批林批孔，学习儒法斗争，批《水浒传》、批宋江，历史学成为阴谋家篡党夺权的工具，给国家和人民带来了巨大的灾难，也玷污了历史学的科学性和声誉。

这里，不能不提到历史与现实之间的关系，这是 20 世纪历史学汲取的重要教训之一。历史与现实是相联系的，现实由历史发展而来，历史学从根本上说要服务于现实。历史学如果不食人间烟火，对现实不发生任何作用，就会失去生命力而萎缩消亡。历史学的基本功能是揭示历史规律，提供历史经验，启发人们的智慧，提高人们的文化素质。在某种意义上，人类的知识都是历史的，都是对过去经历的经验总结。“鉴古而知今”，人类总是从过去了解今天，进而开拓未来。一个国家、一个民族，如果忘记了自己的过去，也就失去了今天和未来。但是，为现实服务，必须以尊重历史事实、尊重客观规律为前提，必须尊重历史学自身的科学性。只有实事求是，按照历史的本来面目揭示真相，才能昭示真理，给人们以真知和新知，推动人类的进步。任何以现实需要为借口，随意剪裁历史都是不允许的，都是对历史的歪曲和篡改。历史学要保持相对的独立精神，不能变成政治的侍婢。

中国历史学经历了十年浩劫，从一片文化废墟中走出来，经过拨乱反正，迅速地恢复发展，呈现出蓬勃生机。大学的历史教育重新恢复，走上正轨，培养了大批博士生、硕士生、本科生、师范生，新一代的史学工作者大批成长。“文化大革命”压抑下的积极力量，一旦被解放，就势如春潮奔放，形成生动、活泼、繁荣的局面，教条主义在很大程度上得到纠正，研究禁区被冲破，外国史学理论被大量引进，各种学术意见畅所欲言，百家争鸣，各种观点和体裁的史书络绎出版。改革开放 20 年来，累计出版的史学著作、回忆录、地方史、资料集有 2 万多种，各类史学文章不下 20 万篇①，研究工作得到长足的进展。

近 20 年，中国历史学处在一个新的反思和探索时期。一是经过“文化大革命”，接受了深刻教训，人们在反思 20 世纪中国历史学经历的曲折道路、取得的成绩、存在的问题，何以历史学一度被“四人帮”作为篡党夺权的工具？人们经历了前一段的灾难，才会有后来的清醒。二是新中国成立以后的将近 30 年间，由于国际国内的政治环境，中国史学界与国际史学界几乎隔绝，不了解国际历史学的动态和新发展。改革开放以来，人们思想解放，认识活跃，对于外国的各种学术流派，诸如德国和英国的文化形态史学、法国的年鉴史学、美国的边疆史学，以及近代化史学、计量史学、社会史学、心理史学、比较史学都感到很新鲜。外国史学在理论、方法和研究成果方面有不少可资借鉴的地方，许多史学家翻译介绍国外的史学

① 据《中国历史学年鉴》历年记载。

流派和动态，试图探索中国历史学发展的路径。三是中国面临从计划经济向社会主义市场经济的转变，经济体制的巨大变革给思想文化领域带来很大冲击。历史学如何适应形势的变化，激发新的活力，保持发展的势头？尤其是苏联、东欧国家发生巨大的变故，马克思主义历史学受到严峻挑战，马克思主义理论是否已经过时？今后还要不要坚持？怎样坚持？这些重大问题，摆在了世纪之交的中国历史学家面前。

20世纪的中国历史学即将走完百年路程，跨进21世纪。在新的世纪，我国的社会主义建设将沿着邓小平理论指引的道路更快前进，国民经济将走上一个新台阶。从小康社会向着富裕社会迈进，更加需要加强社会主义精神文明建设。中国是个历史悠久、文明灿烂的国家，在近现代又经历了漫长、崎岖而独特的道路，将成为世界上最强大的国家之一。历史科学作为社会的记录，是先辈们实践经验、成就和创造性文明的贮存库，人类可以从中汲取智慧和力量。中国独立地发展起来的华夏文明和独特地走向社会主义的经验将能极大地丰富世界历史文明的宝藏。在21世纪会有许多重大的历史课题和文化工程被提上日程，如编写大型的中国通史、大型清史、大型中华民国史、大型中共党史、大型中华人民共和国史，并加强对中国古代史、近现代史、世界史和各种专门史的研究。社会将更加关注历史学的发展，会有巨大的人力、财力投入，会涌现大批历史学家，会有许多精品佳作问世，将从历史上开发出更多更好、符合群众需要的精神产品，中国历史学将迎来阳光灿烂的新世纪。

马克思主义是21世纪指导史学研究的理论武器。马克思主义是科学的体系，给我们提供研究的立场、观点、方法，使主观认识更加符合历史实际。尽管人们在学习和运用马克思主义时发生过这样那样的偏差，但20世纪的中国历史学正是在马克思主义指导下取得如此巨大的成绩的，完成了从传统史学向近代史学的转变。到21世纪，马克思主义、毛泽东思想、邓小平理论仍将引导中国历史学迅速前进，再创辉煌。马克思主义不是宗教，将在社会主义建设过程中不断丰富、发展。它依靠自身的理论威力确立指导地位，而不是靠行政手段发号施令。它允许各种学派、各种理论存在和发展，将和非马克思主义的理论、学说展开讨论，百家争鸣，明辨是非，从中汲取营养。马克思主义本身就是一个开放的学派，它在产生时期，吸收了德国古典哲学、英国古典政治经济学、法国空想社会主义的合理内核。“有容乃大”，我们只有批判地吸收全人类文化中的营养，才能发展马克思主义，而不能唯我独尊、排斥异己、故步自封。只有坚持马克思主义，才能发展马克思主义，而马克思主义又必须在发展中才能很好地坚持。如何正确对待各种学术流派和学说，是21世纪马克思主义面临的重大问题。解决好这一问题，马克思主义才能青春常驻，马克思主义历史学才能保持强大的生命力。

21世纪的中国历史学将更加拓宽研究领域。当前，历史学同社会科学的其他学科以及自然科学相互交叉、渗透、融合，科学研究呈现整体结合的趋势，一些边缘学科、交叉学科方兴未艾，诸如社会史学、人口史学、生态史学、心理史学、城市史学、计量史学正在崛起。由于跨学科的研究，历史学从其他学科借用了新概念、新模式、新方法，扩大了自己的研究范围，将真正全人类生活发展的整个过程纳入了历史学研究的视野，致力于通史研究与专史研究的结合，致力于宏观研究与微观研究的结合，不再局限于条块分割，不再满足于政治、经济、文化鼎足三分的格局。这将使整个世纪的历史学克服内容狭隘、选题单一、方法陈旧的缺陷，有利于历史学改变面貌、焕发青春。

21世纪的中国历史学将把20世纪的近现代史作为研究重点，而予以特别关注。尽管尘埃尚未落定，盖棺犹难定论。人们惯常要考察昨天的事件，从刚刚过去的历史中寻找经验，获取教益，增长智慧。因此，近现代史永远显示出新鲜的光泽和永久的魅力。历史学家总是努力克服收集资料的困难，冲破禁忌，越过雷区，投身于近现代史的研究，试图对刚刚完成的历史过程做出科学的、合理的阐释。司马迁作《史记》，一直写到刘邦、项羽和《今上本纪》。司马光作《资治通鉴》，隋唐五代史部分写得最为详尽，最为用心，篇幅亦最大。马克思所写《路易·波拿巴的雾月十八日》更是研究当代历史的典范，恩格斯称赞说："他对当前的活的历史的有这种卓越的理解，他在事变刚刚发生时就对事变有这种透彻的洞察，的确是无与伦比"①。21 世纪的中国历史学将深入研究 20 世纪的中国社会及其事件、人物、思想、制度，并做出公允的评价。20 世纪是苦难的世纪，也是伟大的世纪，中国贫困、屈辱，进而奋起抗争，富有慷慨悲壮、可歌可泣、催人奋进的内涵。人的痛苦、人的力量、人的价值，表现得淋漓尽致。21 世纪的历史学将透视、描摹、再现这个伟大的时代，给后人以深刻的教育。

历史学的繁荣常常和新史料的发现、公布有关。我国历史悠久，还有许多未为人知的重要史料隐藏在各处，如深埋在地下的古代陵墓、城垣、民居、实物。随着基本建设的进展，考古发掘将会有重大的收获。即拿现存古籍来说，亦数量众多，浩如烟海，分散庋藏于全国各地，至今尚无精确统计，更谈不上整理、出版和利用。21 世纪将会对存世古籍进行全面清查和大规模整理，这批丰厚的文化遗产将推动历史研究更快前进。近现代档案是研究近现代历史最重要的史料，汗牛充栋，现尚深藏库中，许多文件有待解密公开。至于外国资料，分散在世界各国，用各个国家的语言写成，数量浩瀚，情况复杂，亦需要弄清藏地、数量、类别，进行认读。总之，21 世纪，将有大量史料需要挖掘、整理、刊布、利用，将要投入大量人力和财力。大规模的史料整理工作，将是历史学繁荣的起点。

随着科学技术和电子信息的发展，历史研究的观念、手段、工具正在发生重大革命。这将给 21 世纪的中国历史学带来难以估量的影响。利用电子计算机寻找、积累、贮存历史资料将极大地减轻史料工作的劳动强度，使浩繁的史料得到方便而充分的利用。通过对计算机整理出来的数据进行分析，用统计图表和数字公式显示某种历史趋势，将使研究工作更加规范化、科学化，以弥补研究中例证性和罗列性的不足。我相信，高科技手段的应用和推广将使历史研究跨入广阔的新天地。

---

① 《马克思恩格斯选集》，1 版，第 1 卷，601 页。

尽管在21世纪，中国历史学将会有很多发展的新机遇，但历史学要前进，最重要的是靠历史学家素质的提高和主观的努力。我们应该深入学习马克思主义、毛泽东思想、邓小平理论，用以指导历史研究工作，要树立勤奋钻研、孜孜不倦、淡泊名利的敬业精神，要坚持实事求是、秉笔直书、史论结合的优良传统，要发扬谦虚谨慎、戒急戒躁、严肃认真、尊重学术规范的学风。这样，21世纪的中国历史学就一定能繁荣昌盛，为建设我国社会主义精神文明做出重要贡献。

二十世纪中国的学术文化*

回顾20世纪中国学术的发展历程，应该说这是一个丰收的世纪、创新的世纪、辉煌的世纪。100年间，名家辈出，群星灿烂，成果丰硕，推陈出新。中国传统的学术发生蜕变，西方学术被大量引入中国，在中西方学术的交流、撞击、融合中，20世纪的中国学术文化诞育并迅速地茁壮成长。100年间，各个学术领域均有新的突破和重大进展，构建了完整的中国近现代学术文化体系。回顾和总结20世纪的学术发展，明辨其是非得失，是一桩很有意义的工作，是推进21世纪的学术、进一步建构中国社会主义学术文化必不可少的重要步骤。

中国传统的学术文化，历史悠久，源远流长，有着璀璨的成果和丰厚的积累。它长期以来哺育了中华儿女，塑造了中华民族的性格与精神，在世界学术文化史上具有重要地位。但从19世纪中叶以来，帝国主义侵略中国，也带来了西方的学术文化。西学东渐，经历了几个阶段，先是器物文明的传播，其后是制度文明、精神文明的传播，直到马克思主义传入中国。西方的学术文化，涵盖广阔，影响深远，进入中国后生根、开花、结果。它改变了中国学术思想界以至全社会的发展方向和前进步伐，中国从传统的封建社会跨进近代社会。其间，中学和西学、旧学和新学、传统学术和近代学术发生了激烈斗争与逐步融合。中国20世纪之学术即在这一斗争与融合的再创造过程中呱呱坠地。

中国近现代学术肇始于严复翻译西方的学术名著。19世纪末，严复翻译了赫胥黎的《天演论》，向中国人介绍了进化学说，使中国

---

* 原载《语冰集》，南宁，广西人民出版社，1999。

学术界的观念发生了革命性的变化。此后，他又陆续翻译亚当·斯密的《原富》、穆勒的《群己权界论》和《名学》、甄克斯的《社会通诠》、斯宾塞的《群学肄言》、孟德斯鸠的《法意》、耶方斯的《名学浅说》。这些都是中国传统学术界罕有研究、著述的领域，中国近代的经济学、政治学、法学、社会学、逻辑学得以借鉴，因之萌生。

1901 年，梁启超发表《中国史叙论》，说明近代历史学与传统历史学之区别："自世界学术日进，故近世史家之本分，与前者史家有异。前者史家不过记载事实，近世史家必说其事实之关系，与其原因结果。前者史家不过记述人间一二有权力者兴亡隆替之事。虽名为史，实不过一人一家之谱牒。近世史家必探察人间全体之运动进步，即国民全部之经历及其相互之关系。"他大声疾呼，历史学必须冲破传统，发生革命性的变化，并认为这是有关国家兴亡的大事。他说："史界革命不起，则吾国遂不可救，悠悠万事，唯此为大。"此时，夏曾佑编写《最新中学中国历史教科书》，是我国第一部用章节体写作的、具有近代色彩的中国通史。其他学科也在 20 世纪之初相继跨入近代时期，1910 年沈家本创办的法学会和《法学会杂志》，可说是近代法学的萌芽；王国维、罗振玉研究殷墟出土的甲骨，可说是近代考古学的滥觞；章太炎研究印度哲学，王国维研究叔本华，开中国人研究西方哲学的先河；五四时代，陈独秀、胡适高倡文学革命，中国近现代文学得以诞生，胡适写作《中国哲学史大纲》，第一次用西方观点对中国古代思想进行分析研究。至于自然科学，19 世纪后期已由李善兰、徐寿、华蘅芳等翻译了许多著作，做了大量的准备。1915 年，留美的中国留学生成立中国科学社并创办《科学杂志》，中国近代的自然科学研究逐步展开。

20 世纪的中国学术是先进知识界为了挽救国家危亡，向西方寻找救国真理的产物。西方的各派学说、众多著作，像打开了闸门的洪水一样，冲进了中国。中国的学者在自己的基地上进行选择、甄别、吸收，创造适应于自己时代的学术文化。学者们作为中国人，生于斯，长于斯，在中国接受教育，必定会受中国传统文化的深刻影响。20 世纪的第一代学者，从旧时代过来，大都精通中国的传统文化。五四时代激进的反传统文化的战士们，如陈独秀、李大钊、鲁迅、胡适、钱玄同、吴虞等，他们为了完成除旧创新的历史使命，竭力反对旧传统，要与旧传统决裂，但实际上旧传统已渗进他们的血液里，他们不可能完全斩断传统。正像他们自己所说：他们是从旧营垒中冲杀出来，进行了反戈一击。即使像陈序经那样的“全盘西化论”者，也不可能完全摆脱旧传统。只要是中国人，曾受中国文化的教育，就不能完全摆脱中国学术文化的影响，“今日之我”不可能全盘否定和完全丢弃“昨日之我”。

同样，20世纪的中国学者，不管他们的思想多么保守、顽固，都不可能完全反对西方的学术文化。西方学术文化的先进性、优越性日益明显，人们不能不在一定程度上接受它，全盘反对和摒弃西方学术文化的人是没有的。近代生活中的衣、食、住、行大多受西方的影响，西装革履、西式大菜、洋房高楼、汽车飞机，西方文明无处不在，哪个人的生活能离开这些？茅盾在《子夜》中写的吴老太爷顽固不化，但从乡下来到上海，口诵《太上感应篇》，居住的却是洋房，出门更非坐汽车不可。拖着辫子、倡导复古的辜鸿铭其实是一位受过西方完备高等教育的大学者。20世纪的重大特点是中西文化从斗争走向融合，人们都在亦中亦西、非中非西、中西合璧的文化氛围中成长。

两种异质文化的斗争与融合不会在短时间内结束。历史上，佛教文化传入中国，经历了汉魏两晋南北朝唐宋，儒佛之间发生了激烈斗争和相互排拒，才逐渐地融合，产生了儒学化的佛学——禅宗和佛学化的儒学——理学。明清之际，耶稣会传教士将西方文化带入中国，虽有徐光启、李之藻甚至顺治帝、康熙帝等上层人物的扶植，但也遇到了儒学的顽强抵抗，经一二百年之久而烟消云散，并未能生根、开花、结果。可见异质文化之间的融合，尤其是要从融合中诞生出新的学术文化，是一个长期、缓慢而艰难的过程。

鸦片战争后西方文化在中国传播，这是历史上异质文化第三次进入中国，其声势之大、影响之远，大大超过了之前的两次。西方学术文化的先进性使中国传统文化相形见绌。在19世纪末，在中学和西学的两军对战中，中学已阵脚大乱，败下阵来。因此，必须吸取西学之长，“以洋为师”，在中国学术文化的基地上重新创造，才能重建中国的学术文化。正是在这一历史背景下，经过中国学人们不懈的努力，20 世纪的中国学术才得以孕育成形，脱颖而出，并显示了崭新的面目和蓬勃的生命力。

20 世纪的中国学术文化，大体上说有以下特点：

第一，以进化学说和唯物史观为指导思想。中国传统学术赞美上古时代的制度和人物，颂先圣而薄后王，把尧、舜、禹、汤、文、武、周公、孔子视为道统所在，后世丢失了古代道统，故而欺凌争斗，社会日益退步。19 世纪末，严复翻译《天演论》，社会进化原理风靡全国，完全改变了陈腐观念，中国人懂得了用进化史观来观察和研究人类社会，得出了与古人全然不同的结论。这样，20 世纪的学术文化抛弃了传统观念，树立起近代新观念。五四运动前后，马克思主义传入中国，先进的知识分子掌握了科学的唯物史观，进一步了解了生产力与生产关系、经济基础与上层建筑、社会发展的客观规律与主观能动作用的关系等，把学术文化的研究置于唯物史观和科学方法的指导下。20 世纪中国的学术文化有了长足的发展，20 世纪的中国学人全都信从进化原理。特别是 1949 年后，马克思主义唯物史观占居主导地位，在它的哺育下，诞育和成长了大批学者。

第二，形成了新的知识分类体系。中国传统学术分成经、史、子、集，并不严格地建立在学科分类的基础上，其中经学特别重要，凌驾于上，且涵盖一切。《易经》中包括数学、哲学、自然科学，《书经》中包括政治学、历史学、地理学，《诗经》中包括文学、艺术、自然科学，《礼记》中包括政治学、伦理学、教育学，《春秋》中包括历史学、政治学。许多学科尚在幼年萌芽状态，尚未从笼统的经学中分化、独立出来，学科之间的界限极为模糊。20 世纪的中国学术文化茁壮成长，规模齐备，形成了新的知识分类体系。自然科学移植了西方几百年积累的学术成果，独立为一大学科。其中分门别类，学支林立，建立了数、理、化、生、农、工、医等大学科，门类繁多，内容充实，洋洋大观，达到了较高水平，且有裨于国计民生。而人文和社会科学中，文、史、哲分离，形成各自的专业，经济学、法学、教育学、社会学、新闻学、政治学、心理学等新学科纷纷诞生、独立。由于20世纪人类社会的飞速进步，人们对自然、社会、人类自身的认识更加深入，知识量、信息量急剧增长，学术文化的内容日益充实，范围日益扩展，完全突破了传统经、史、子、集的旧框架，形成了近现代社会科学与自然科学的新的学科分类体系。

第三，理性方法的运用。传统学术研究的方法不够精密，逻辑不够严谨，推理、判断带有一定程度的主观色彩。治学中带有直观感悟、冥心静思、自省修养等某些非理性的方法，如形象的、感悟的、信仰的、揣测的、情绪的方法。只要能表达研究对象或真实或虚幻的状态，就能形成某种学术性的知识，如古代的瀛海九州说、天人感应说、明心见性说。20世纪的中国学术引进西方的研究方法，运用归纳和演绎，重视证据，"无征不信""孤证不立"，摒弃主观成见，抱着冷静、客观的态度，以理性方法对确定的对象进行具体、准确的认知活动。在自然科学中运用显微镜、望远镜、电子计算机以及其他科学仪器和实验手段，在社会科学中则着重调查研究的方法，获取第一手材料。20世纪的学术文化追求的是精确而具体地把握现实世界的丰富多样性，进而认识其本质和规律。近现代学术崇尚的是理性精神而非感悟、信仰或权威。

第四，高扬爱国主义精神。中国进入20世纪，帝国主义的侵略更加凶狠，封建军阀和国民党政府的压迫更加残酷，内忧外患，民不聊生。20世纪的中国学者们目睹山河破碎、人民苦难，抱着无限的同情，唤起自己的责任感，慷慨以拯救天下为己任，在各个学术领域苦心探索，矢志钻研，就是为了救国。20世纪的中国学术是在风雨如磐的苦难岁月中诞生、发育的。反对帝国主义侵略，反对封建主义压迫，使国家富强、人民幸福，是20世纪中国学者们共同的强烈愿望。搞自然科学的希望科学救国，搞经济学的希望实业救国，搞教育学的希望教育救国，搞政治学的希望国家繁荣昌盛，搞哲学的希望振兴民族精神，搞历史学的希望以历史经验教育和唤起民众，搞文学的塑造了众多威武不屈的民族英雄形象。20 世纪的中国学术文化伴随中国的苦难而产生，它推动国家的前进，呼唤民族的奋起，激励大众的斗争，因此，爱国主义渗透其中，成为它主要的精神支持。20 世纪的中国学术高扬着爱国主义的旗帜。

治史四要素*

《安徽史学》办得很好。我记得“文化大革命”以前，《安徽史学》就有了，起初刊名为《安徽史学通讯》。当时全国省一级的史学刊物还是极少的，所以安徽办历史刊物是有传统的。我那个时候经常看《安徽史学》，因为那个时候刊物比较少，除了《历史研究》《历史教学》外，河南有个《史学月刊》，安徽有个《安徽史学》。我记得当时发表文章的有一位吴虞、一位张珊，讲安徽地方的历史。安徽本身有很多文化名人，这个刊物反映了这些，发表过很多有关安徽历史人物的文章。

至于谈治学，我治学没有成绩，经验也就谈不上。从我自己来说，搞历史主要是兴趣和爱好。我本来不是学历史的，后来转到历史上来，实际主要是兴趣。我从小就对文史兴趣比较浓厚。多少年搞下来，感到作为一个历史工作者，脑子里要经常考虑一些事情，主要是四件事：一是材料，二是思想，三是文采，四是品德。我觉得搞历史、治史的人应该注意这些。第一是材料。搞历史要有大量的、丰富的、准确的材料，我们搞了一辈子历史，花在材料上的功夫非常多，因为历史材料浩如烟海，看都看不完，你很多精力都投入材料中，去看材料、找材料、抄材料。这可能是每一位历史工作者都有的体会。勤奋治学，很多精力都花在材料上了。有了材料才能够筑起辉煌的科学殿堂，没有材料就是空谈。第二是思想。有了材料以后，从材料里归纳出一些问题，从现象背后抓住本质，那就要靠思维的能力，进行分析、概括、综合、推理，等等。思维对历史研究非常重要，没有这个，科学研究就没有完成。仅仅是材料收

---

* 原载《安徽史学》，1996 年第 1 期。

集，仅仅是材料排比，那还谈不上是完成了历史研究。历史研究重要的是进行抽象的概括，能够从纷繁复杂的现象背后看到一些规律，看到一些本质性的东西。第三是文采，就是表达，就是要写出来，或者讲出来。言之无文，行而不远。要注意自己的行文，要锻炼自己的写作能力、表达能力。研究要深入，表达、写文章要浅出，让人看得懂。要写得通顺，写得精练、生动、有文采，能吸引人来看。不仅让人看懂，而且要让人喜欢看，有可读性。这是要费很大的努力来锻炼的。写文章不是马马虎虎、大笔一挥、下笔千言就能写好的，要精心地推敲、反复地修改。我觉得这是治史的人非常重要的一点。第四是品德。治史的人要有高尚的品德，能够不因为荣辱、不因为名利等而改变自己的态度，能够矢志搞历史，沉下心来真正地坚持在这个岗位上辛勤地劳动。中国传统的史德就是秉笔直书，对于历史，不能因为任何其他的影响、其他的干扰而做改变，不能歪曲历史，不能隐瞒历史，不能篡改历史，要追求历史的真理。章学诚讲的史德，就是要使自己写的历史成为信史。历史不能追求名利，随波逐流。现在历史学家的待遇很菲薄，一方面我们要呼吁社会重视历史，呼吁社会改善历史学家研究的条件，我们历史学家应该赢得、争取社会的承认，争取政府的支持，使我们更有条件来研究；另一方面对我们历史学家来说，那就要能够坐冷板凳，能够甘于清贫的生活，不能认为书中自有黄金屋，不能指望搞历史能升官发财。要培养高尚的品德、史德，这一点对治史非常重要，是成为优秀历史学家的基本条件。

历史学家的过去与现在*

历史科学是基础性学科和综合性学科。历史学研究人类社会发展中的各种生活现象的总和，这些现象是历史的、能动的、合乎规律的过程。它们是人们有意识、有激情，并追求自己目的的活动，然而，人们的历史活动又被已经形成的环境和条件所制约，只有顺应历史趋势，人们的活动才能取得接近于预期的结果。在历史过程中，客观的和主观的、物质的和精神的、必然的和偶然的、规律的和随机的，有机地交织在一起，构成非常错综复杂的历史图景。历史科学所涉及的内容非常广泛，因为客观世界无限丰富并不断发展。人类活动的各个领域都可以追溯自己的起源和由来，各有其专门的历史，如政治史、经济史、军事史、文化史、社会史、科技史；每个时代各个地区、国家、民族又各有自己具体的历史规律和特殊内容，因而有各种断代史、地区史、国别史、民族史。历史科学包含各种专门史和通史，涵盖面宽广，内容丰富多样，无所不包。正是在这个意义上，马克思和恩格斯在《德意志意识形态》的手稿中写道："我们仅仅知道一门唯一的科学，即历史科学。"

在中国，历史学又是时间悠久、积累丰厚的传统学科。我国有几千年未曾中断的、完整的文字历史记载，有浩瀚的、体裁多样的历史典籍，有包括各民族文字的文献碑版、丰富的档案史料、珍贵的文物遗存，有像左丘明、司马迁、刘知幾、司马光、郑樵、章学诚、梁启超、王国维那样杰出的历史学家，直至近代开创了马克思主义历史研究的李大钊、郭沫若、范文澜等人。过去几千年的史学成就是我国文化遗产中弥足珍贵的部分，它记录了中华民族生活、

* 原载《历史研究》，1989年第5期。

战斗和前进的历程，总结了先辈们生产斗争和阶级斗争的经验，反映了祖国伟大光辉的文明成果。

历史科学对一个国家、一个民族的重要性是显而易见的，它给人们以智慧、力量和信心。为了认识社会、认识前途、认识人类自我，必须借助过去，观察它在一个较长时段中存在和发展的形式，进行历史的反思。过去和现在是相互关联的，把过去当作不值一瞥的瘠野荒漠，而过分局限于眼前事件，往往会被一连串眼花缭乱的短暂变化弄得头晕目眩，而无法把握住社会运动的本质和未来。历史科学的作用，可以使我们在一个巨大的远景中，在过去至现在的长期发展中，观察自己和自己的社会。这样才能透彻地了解现在、预见未来。因此，历史科学研究的对象虽然是过去，它只为过去提供较为客观、较为正确的图像，但它的意义并非只局限于过去。现在和未来，都是过去的继续延伸，历史的因铸成现实的果。现实的一切，或成就，或挫折，或胜利，或困难，无不萌生于过去，无不和过去结有不解之缘。对过去的事情进行研究和解释，正是为了更好地理解现在和未来。人们之所以重视历史科学，是因为他们带着现实中的迷惘和困惑，不得不求助历史，寻求比较正确的答案。一个国家、一个民族，如果忘记了过去，就不可能正确地面对现在和未来。

人生活在现实中，每个人在观察和研究过去的时候，总不免带着现在的思想感情和认识方法，人们经常会用现在生活中的要求和兴趣去研究过去的历史。过去历史中与现在密切相关的史实和史料，总会首先凸显在历史学家眼前，引起历史学家的优先关注，这一点并不妨碍历史发展过程的客观性。各个时代的历史学家在选择研究课题和进行分析思考的时候，大多会选择那些与现实较有关系的问题，并站在当代达到的科学水平上开展研究。历史学家越是关心现在、理解现在，就越能深入地反思历史。现在的生活为他提供了一个比较成熟的发展形态，以便理解历史上尚未成熟的发展形态。如果人们对现在的事件漠不关心、失去兴趣，又怎能深入理解曾经发生过的历史事件？现实生活中的感受有助于历史学家体验各样的历史生活，正像人们常说的那样，对人体的解剖有助于理解类人猿的骨骼体态。

当前，中国历史正在发生前所未有的伟大变革，在党的领导下，我国正在社会主义现代化的道路上迅速奔驰，为建设高度的社会主义物质文明和精神文明而努力奋斗。历史学家有责任，在过去与现在、历史与现实之间架起沟通的桥梁，在建设今天新生活的时候，反思过去，回顾国家和民族已经走过的艰难而光荣的历程，这对人们是大有裨益的。改革和开放，需要人们更加了解我国的国情和传统，更多知道世界的历史和现状，也需要更加抓紧爱国主义、社会主义与坚持四项基本原则的思想教育。历史科学在现实中是大有作为的。它能够提高全民族的文化素质，培育爱国主义、社会主义精神，陶冶人们的性格、情操，帮助人们认识国情，了解自己的过去，廓清迷雾，以把握现在、面向未来。历史科学之树是常青的，它将为我们开辟新生活做出重大贡献。

资料　思想　文采　道德*

——对历史学家的四项要求

当前，历史科学虽有长足的发展，但也碰到了许多问题和困难。国家由于财政困难，对人文科学研究的投入不足，学校缺少经费。历史学人才的培养颇不景气，教学和研究工作待遇菲薄，学生望而却步，故招生的生源不足，毕业生就业的渠道不畅，经商成风，旁骛他业，使人才不能脱颖而出。社会主义现代化事业非常需要人文科学，需要历史学人才。其实，社会要培养一名合格的历史学家是很不容易的，不仅国家要投入，学校要重视，学生本人更要付出艰辛的努力。所谓“百年树人”，是说要造就人才，必须在很长的时间内形成重视人才、培养人才的良好风气与环境。

前人说过，优秀的历史学家应具备史学、史识、史才、史德。我把前人说的这八个字转换成“资料、思想、文采、道德”。含义不完全相同，但大体上还是接近的。“学”是指知识、资料、信息，“识”是指理论、思想，“才”是指文才、才华，“德”是指道德、人格。这是对历史学家四个方面的要求。每位历史工作者都必须从这四个方面下功夫，努力锻炼，不断提高，才能成为合格的以至优秀的历史学家。

一、资料

科学研究必须重视资料，重视知识信息，历史学家要掌握丰富

---

* 原载《历史教学》，1996年第10期。

的第一手资料。我们的研究是从事实出发，对事实材料进行归纳、分析、综合，抽引出规律，而不是从概念或定义出发，也不是单凭头脑玄想。没有丰富而确凿的材料，就不能进行科学的概括。资料对于研究者来说，犹如水对于鱼、空气对于鸟一样。离开了水，鱼就不能游动；离开了空气，鸟就不能飞翔；离开了资料，研究就不能进行。丰硕的科学之果是在坚实的资料之树上结出来的。

客观世界，浩浩茫茫，无限广阔，反映客观事物的资料也是无限繁多的。古人形容资料、书籍之多，或云浩如烟海，或云汗牛充栋，或云一部"二十四史"不知从何说起。其实，"二十四史"篇幅并不大，共 3 000 多卷，已号称繁多，学者难窥全史。像记载清朝一代历史的《清实录》有 4 000 多卷，《古今图书集成》有 10 000 卷，《四库全书》有 79 000 多卷，"二十四史"与这些大书相比，真是小巫见大巫。至于历史档案馆中贮存的档案册籍更是多得不可胜数。中国的全部文献遗存究竟有多少？至今还弄不清楚。我们一辈子搞历史研究，犹如在浩渺无际的资料海洋中漂航，穷毕生之力，也仅能窥测到资料海洋的某个角落，范围很小。人的生命有限，而知识无穷、资料无穷。因此，每个研究者都有自己的研究方向、研究领域，专攻某个学科的某门专业，按照一定的方向和题目去读书、研究，去收集并积累资料。人类的全部知识，是由许多学者分工合作进行研究的结果。人类知识日益丰富，专业分工日益细密，越来越难以出现那种精通许多专业的全能式学者了。

"博"和"专"是摆在每个研究者面前的一对矛盾。研究者应更多地浏览书籍，尽可能广博些，用各种知识武装自己。学问广博，眼界开阔，才能高屋建瓴地思考问题，博学才能深思。"博"能促进"专"，提高人的研究能力。但个人认知的范围是有限的，不可能穷尽全部知识，只能成为某个领域的专家。所谓"专业化"，就是研究领域的窄化，只有窄化了科研领域，才能集中精力，攻克难关，取得成果。在某个窄小的专业范围内，要求研究者的知识和资料越多越好，对资料的占有最好做到"竭泽而渔"。

资料并不是现成地、完整地集中在一个地方，而往往是分散庋藏、凌乱无序。因此，收集、整理、积累资料是很艰苦的工作，要跑到各地方探访寻找，风尘仆仆，奔波劳碌，日夜阅读，手不停抄。有时候跑了许多天、许多地方，也找不到自己需要的资料；有时候资料找到了，但人家不肯给你看，或者索要很高的价钱，或者给你吃闭门羹。为了找资料，可能会碰到很多困难，切不可灰心丧气，要不嫌麻烦、不辞劳累、不怕挫折，要有一股韧劲，锲而不舍，持之以恒，才能积累越来越丰富的资料，向着科学的高峰攀登。

阅读和抄录资料，要花费很多时间和精力。只能逐字逐句摘录抄写，并无捷径可走。如果不抄资料，单凭记忆，长年累月，所积既多，即使你的记忆力超常出众，也不可能记牢、记准。今后，计算机技术也许可以简省抄录工作，但目前的科学技术尚未达到可以全部简省抄写工作的程度，在未来一段时间，抄写工作尚不可省。

古往今来的大学者都在资料方面花费了大量的时间和精力，顾炎武谈到他著作《日知录》的过程时说："愚自少读书，有所得，辄记之……积三十余年，乃成一编。"（《日知录·自序》）郭沫若自述其研究先秦诸子，如《管子》《吕氏春秋》，翻来覆去把书读过好几遍，把材料分门别类摘抄在本子上，有些篇章几乎是整篇抄录的。明史专家吴晗，早年在清华大学任教，经常去北京图书馆阅览。他读《朝鲜李朝实录》时，发现其中有许多有关明朝和清朝的史料，这些都是当时朝鲜人来到中国的所见所闻，为中国史书中所不载。他将这些资料抄录下来，长期坚持，不辞劳累，积累了400万字，编成《朝鲜李朝实录中所见中国史料》，共12册，直到吴晗同志逝世后方才出版。这是今天研究明清史十分重要的书籍。

二、思想

收集和积累资料十分重要，但这只是研究工作的开始，而不是终结。研究工作要运用分析推理，从资料中引绎出规律。因此，开动脑筋，分析资料，把智慧的光芒投射到看似没有条理的、凌乱的资料上，进行思考，由此及彼、由表及里、去粗取精、去伪存真，使感性认识上升到理性认识，这就是进行科学的概括、科学的抽象，也是研究过程中的决定性环节。科学研究是精神领域中的创造活动，要探索未知的领域，揭露事物的本质，如果仅仅停留在资料的收集、抄录、排比上，还不能算是完成了科学研究。因此，对于刚刚在研究道路上起步的人，养成思考习惯、锻炼思考能力是十分重要的。

锻炼思考能力，一是要发现问题，勤于提问，善于提问，勇于提问。提出问题可能是提出科学新说的先声，有了问题，蓄疑于胸，以后就会为寻找答案而力学深思，上下求索，取得研究的成果。威廉·哈维是创立血液循环学说的生理学家。在他之前，人们都认为血液的流动是直线进行的。威廉·哈维提出了一个非常简单的问题，即通过心脏、直线行进的大量血液，既没有排出体外，也没有被身体吸收，那么它最后流到哪里去了？据说，他带着这个问题进行研究，经过观察、分析、实验，发现人体内的血液是循环流动的。

锻炼思考能力，要善于发现矛盾，抓住矛盾，追溯究竟，从而得出有价值的成果。例如关于太平天国起义的日期，有种种不同的说法。赖文光说："庚戌秋倡义金田。"庚戌是道光三十年，公历1850年。李秀成说："道光三十年十月，金田、花州、陆川、博白、白沙，不约同日起义。"而洪仁玕则说："此时天王在花州胡以晃家驻跸，乃大会各队，齐到花州，迎接圣驾，合到金田，恭祝万寿起义。"所谓"恭祝万寿"，是祝贺洪秀全的生日，他的生日是十二月初十日，道光三十年十二月初十日，已是公历1851年1月11日。赖文光、李秀成、洪仁玕都是太平天国革命的元勋，所言起义日期，一说道光三十年秋，一说十月，一说十二月，此外还有许多说法，相互矛盾，言人人殊，莫衷一是。从这些矛盾中，太平天国史专家罗尔纲先生细加考证，认为应从洪仁玕"恭祝万寿起义"之说，于是1851年1月11日为太平天国起义日期遂成定论。原来赖文光、李秀成所说亦非错误，而是太平军"团营"的日期。"团营"是起义队伍的集合，"团营"并非起义，各地"团营"的时间亦不是齐一的，从"团营"到起义还有一个发展过程。这样，金田起义的日期得以认定，而赖文光、李秀成的不同说法亦得到合理的解释，矛盾得到较圆满的解决。

锻炼思考能力，要学会辩证思考，从事物的发展和相互联系中看问题，不要孤立地、静止地看问题。例如，看到光绪元年（1875）某地粮价每石若干，仅此一条资料，不与其他资料联系，不会产生什么思想。但如果这类资料积累多了，从光绪元年到三十四年（1908），每年某地粮价的记录收集齐全，那么你就了解了粮价起落变化的发展过程，可以画出粮食价格变动的曲线，这本身就是晚清经济史方面的重要信息。然后进一步探索为什么这一年的粮价上涨了，那一年的粮价下跌了？是自然方面的原因（气候、雨水、灾荒），还是社会方面的原因（战争、社会动荡、囤积居奇）？这样就可能写出一篇论述晚清粮价变动的有价值的论文。

经常阅读富有思想内容的著作，是帮助提高思考能力的重要途径。像马克思的《资本论》《路易·波拿巴的雾月十八日》、恩格斯的《反杜林论》等名著，就是能提高思想水平的书。只要认真读它们，就会被一种思想力量所吸引，领会到书中所蕴含的智慧和深刻的洞察力。我们学习经典著作，最重要的不是学习其中的个别结论，而是学习其思考能力。

思考能力的锻炼是循序渐进的，不能一蹴而就，不能急于求成。从事科研的新手往往面对一大堆收集起来的资料，不知怎样进行分析、综合、反复思考，因而进度不大。甚至像明朝的王阳明那样，要“格物致知”，坐在那里“格”竹子，并无所得，却“格”出一场病来。王阳明是大思想家，尚有这样的经历，可见在科研道路上总会碰到困难或挫折，重要的是鼓起勇气，树立信心，不要灰心丧气。

思考不得要领，研究深入不下去，大体上有三种情况：一是收集的资料还不丰富，事实过程和各方面的联系还不很清楚，客观的矛盾并未充分显露出来。我们的观点是从事实中来的，事实材料不充分，信息量不足，就难以形成自己的观点，这样就要回过头来再去收集资料。二是没有很好地开动脑筋。古人云：心之官则思。头脑的功能就是进行思考，反映客观事物，进行归纳、演绎、分析、综合，由感性认识进到理性认识，得出自己的看法，这就是独立思考，不能抄袭陈言，不能人云亦云。三是资料也充足了，思考也进行了，但分析与综合的能力差，这是可以通过学习、锻炼提高的。学习辩证思维方法，学习马克思主义经典著作，学习人类优秀的文化遗产，持之以恒，必有成效。

三、文采

研究的成果要表达出来，写成文章，这样就要讲究表达方式，力求写得通顺流畅、文采斐然。

写文章表达科研的成果，首先要写得明白易懂，要让大家容易理解你的研究成果，力求把深奥的道理浅显而又准确地讲出来。文章如果艰深晦涩，那么你的研究成果就难以被人理解和接受。有一位研究先秦史和甲骨文的先生，他写了一篇论文，向郭沫若请教，郭沫若说：我读了几遍，这文章的意思，我没有读懂。如果连郭沫若这样的专家都读不懂这篇有关古代史和甲骨文的文章，那恐怕世界上就不会有人能够读懂它了。文章本来是写给别人看的，谁也看不懂的文章，大可不写。这位先生的研究成果，即使极有价值，也不会有人理解它、接受它。

写文章和平时的说话、聊天不完全一样。尤其是写学术论文，不是率尔操觚，随意为之，而要非常用心，力求合乎文法，合乎逻辑，文从字顺，概念准确，条理清楚，观点鲜明。要勤写多写，孜孜以赴，切不可粗心大意。

写文章是很艰苦的，一篇精彩的文章，读起来优美流畅，如行云流水，但写作时却冥心苦想，惨淡经营，并不是轻轻松松地挥洒立就的。当然，才思敏捷的人也是有的，但要写出好的文章，仅靠先天的聪慧是不行的，必须有后天的勤学苦练。有的人文章写得快，所谓“文不加点”“一气呵成”“倚马千言”，是形容文章写得快。有的人早已构想好了，已有腹稿，成竹在胸，故落笔很快。也有的人下笔甚快，写成草稿之后，还要反复修改，后期加工做得非常细致。

我主张初学写作的人，对自己文章的质量要严格要求，养成良好的写作习惯，反复修改自己的文章，字斟句酌，精心推敲。“推敲”这两个字，包含一个典故，唐代贾岛是著名的“苦吟”诗人，他写诗琢磨修改，极费心力，故多佳作。他曾经写一首诗，描写寺庙夜晚的景色，其中有两句：“鸟宿池边树，僧推月下门。”写下这两句后，他想：是用“僧推月下门”好，还是用“僧敲月下门”好？反复考虑，于是“推”啊，“敲”啊，琢磨得出了神，别的事都不注意了，走在路上竟冲撞了官府的仪仗。这个“推敲”的故事，说明写文章时注意力的集中。在我们一般人来说：“推”字也好，“敲”字也好，差别不大，都可以用，不值得多加考虑。而贾岛竟为这一字之差，踌躇徘徊，走路也出了神。在似乎很细微的差别上，也要下大功夫，这就是大诗人和一般人的不同之处。杜甫有两句诗：“繁枝容易纷纷落，嫩叶商量细细开。”拿来形容写文章是非常贴切的。“繁枝容易纷纷落”，是指噜苏冗繁的空话赘语要大刀阔斧、毫不顾惜地砍掉；“嫩叶商量细细开”，是指对新颖的思想、微小的细节要下大功夫，仔细琢磨，精心考虑。这样才能写出好文章。

写文章力求精练，提倡写短文章。中国有写短文的传统。远古时代还没有纸张，文字刻在甲骨上，或铸在青铜器上，或写在竹简上，不允许写许多废话、空话，要求开门见山，直书其事，文章简练扼要。老子的一部《道德经》，内容丰富深奥，只有 5 000 字。孔子的《论语》，都是很短的语录，只有几个字或几十个字。从前向皇帝上万言书，议论很多重要事情，那是了不起的长文章、大文章，但也不过 10 000 字。像今天动辄数万言，有时离题千里、不着边际，令人难以卒读。

应该用简短的篇幅表达丰富的内容，切忌用庞大的篇幅表达贫乏的内容。因此，写文章要字斟句酌，惜墨如金，写的内容充实而文字精练，把那种无用的空话、套话、废话统统删掉。历史学家范文澜有两句名言：“板凳要坐十年冷，文章不写一句空。”上联是说，做学问要甘于清苦，甘于寂寞，甘于长期坐冷板凳；下联是说，写文章要有内容，不要空话连篇。这两句话可以作为我们治学的座右铭。

四、道德

做人有做人的道德，其中即包括了做学问的道德，做学问要遵循学术行为的规范。人品和学问是联系在一起的，是衡量和评价学者的两把尺子，伟大的学者，其道德、文章均为世人景仰。

治学应有严肃认真的态度，应把学术当作神圣的事业、崇高的责任，全身心地投入，孜孜矻矻、锲而不舍，不热衷名利，不畏惧困难，不追求功利，一心一意探索历史真理。从收集材料、思考问题、讨论交流到撰写文章都要认真对待，一丝不苟，不是马马虎虎、敷衍塞责，不是追逐时髦、趋时媚俗。引用一条史料，拈出一个证据，都要查清来历，注明出处，不是信手转引，人云亦云，否则别人错了，你也跟着错下去，闹出笑话来。下一个判断，必须谨慎，证据确凿，才能立于不败之地。证据不足，宁可存疑。历史学家重视的是客观事实，排除一切单凭主观的臆测和猜想，不可以为取得轰动效应而故作惊人之笔，不可以作毫无根据的翻案文章。引用他人的研究成果，应标明来历，尊重他人的劳动。至于有意地抄袭、剽窃或掠夺他人的成果，更是科研工作者所不容许的，是学术道德的沦丧。

治学应有谦虚宽容的精神，古人说："满招损，谦受益。"学术上小有成绩，就沾沾自喜、扬扬得意，这会妨碍自己的继续进步。真正有学问的人，总是虚怀若谷，胸襟旷达。胸怀像山谷那样空阔广博，才能容纳得下许多东西，骄傲自满就装不进新的知识。骄傲是无知和愚昧的表现，因为骄傲自满的人实际上并不了解自己，也并不了解客观世界，他对主观与客观都做了错误的估计。中国古话说："夜郎自大。"夜郎是我国西南地区的一个小国，但夜郎王只看到周围的邦国都比自己小，误以为自己最大、最了不起，不知道在不远的距离之外就存在一个比夜郎大许多倍的汉朝。因此，夜郎王是无知的、愚昧的。中国还有一句古话："井蛙窥天。"坐在井底的青蛙所看到的天空只有井圈那样大，但实际上天是宽广无垠的。因此，井蛙也是无知的、愚昧的。虚心使人进步，骄傲引向失败。三国时的马谡熟读兵书，颇有名气，自以为将才出众。他太骄傲自满，不服从诸葛亮的指示，听不进王平的忠告，把军队驻扎在远离水源的山冈上，被司马懿包围，打了败仗，丢失街亭，闹得身败名裂。做学问的人可以从这个故事中吸取教训，培养起谦虚谨慎、从善如流的品德。

学问是无止境的。我们取得的每一项科研成果都只是绝对真理长河中的一滴水珠，对自己的学问和成果，一定要清醒地、实事求是地评价。在今天，知识量急剧膨胀，科学的进步一日千里，已有的许多知识迅速被超越。对于学术上的不同意见，一定要充分尊重，认真听取，坚持"百家争鸣"的方针，才能使学术健康发展、不断进步。不要因为有人对自己的学术观点提出不同见解而一触即跳，大发雷霆，即使有些意见听起来不甚有理，论证尚不充分，也应持宽容的态度，允许它存在和发展。对旧权威的挑战和突破是科学发展的规律，一种新的理论和学说，当它初出现时，可能并不完善，随着时间的推移，会发展得更加成熟，最后闪耀出真理的光辉。骄傲、偏见、狭隘、保守是科学发展的大敌。

治学要有坚持真理的勇气。研究学问是探索未知领域，追求客观真理。而真理并不是一下子都能被大家所认同、所接受，有时真理掌握在少数人手里。明白地宣告未被大众所认同的真理会遭到许多人的误解，被斥责、唾骂，甚至遭到迫害。科学家要敢于坚持真理，甚至为真理献身。世界科学史上布鲁诺为宣传和捍卫哥白尼的天文学说，被教会处以死刑，这是众所周知的著名事件。

撰写历史，涉及当时的政治事件和政治人物，常常会触犯某些人或某个集团的利益，更会引起强烈的反对，甚至会招来杀身之祸。敢不敢面对事实，秉笔直书，这是对历史学家的严峻考验。文天祥的《正气歌》中有"在齐太史简，在晋董狐笔"两句，这里说了古代两位历史学家刚正不屈、敢于揭露历史真实的故事。春秋时，齐国的大夫崔杼很有权势，杀掉了国君齐庄公，齐国的太史据事直书，在简册上写了“崔杼弑其君”，崔杼看了大怒，把太史杀了，太史的弟弟仍然这样写，崔杼又把他杀了，又一个弟弟还是这样写，崔杼也把他杀了。太史最后一个弟弟仍然这样写，崔杼感到不好对付，没有杀他，把他释放了。当这位太史的弟弟离开崔杼家时，在大门口看见南史氏拿着简册在那里等候，南史氏说，他听说太史一家因如实记录历史真相而全被杀害，他怕这件事没有人记载下来，特意赶来记录这段历史。既然没事了，历史真相已经被记下来，他也就回家去了。这个故事说明了中国古代历史学家为如实记录历史而前仆后继、不惧杀身之祸的崇高品德，淫威与残杀是不能阻止历史学家说真话的。还有晋国的太史董狐，当时晋灵公与大夫赵盾的矛盾很尖锐，赵盾逃出了国都，但走得不远，没有离开晋国的国境。他的弟弟赵穿发动政变，杀死晋灵公，赵盾就回来了，还当大夫。董狐在史册上记下“赵盾弑其君”，赵盾不服气，辩解说：“晋灵公不是我杀的。”董狐说：“子为正卿，而亡不越境，反不诛国乱，非子而谁?”意思是说：你负责国政，逃亡没有离开国境，回来后又不对赵穿治罪；你是政变的后台，杀君的策划者。古代的历史学家非常尊重历史事实，非常注意褒贬是非。孔子说：“董狐，古之良史也，书法不隐。”尊重事实，秉笔直书，正是我国历史学家的优良传统。历史学家应该抛开利害得失，排除一切干扰，坚持真理，坚持揭示历史的本来面貌。

以上谈了资料、思想、文采、道德，这是对历史学家四个方面的要求，从这些方面进行锻炼，加强修养，就能成为优秀的历史学家。

读新编中学历史教材有感*

人民教育出版社为九年制义务教育新编出版的初中历史教材——《中国历史》，它的第一、二册为古代史部分。这部新教材开本大，插图多，色泽鲜明，从外观上就给人焕然一新的感觉。

翻阅课本，从体例到内容、标题，与以往的历史教材有很大不同。它并不强求“系统性”“全面性”，而是根据初中生的水平和兴趣，突出重点。以课为单位，不分编、章、节，标题简明活泼。正文按不同的内容分别排成大字和小字，使学生学习时有所选择、有所侧重。

作为一个史学工作者，我由衷地欢迎这部新编教材的出版，它既包容了较大的知识容量，又注意了青少年的特点，对提高中学历史教学的水平将会起到有益的作用。听说这部教材在很多地区试教，很受老师和同学们喜爱。这部教材由于内容丰富，文字生动、流畅，得到国内外一些专家学者的称赞，说它既是教科书，又可作为历史的普及读物。

这部新编教材的突出优点就是很好地发挥了历史学的教育功能。通过对丰富史实和人物的娓娓叙述，指明生活中的许多道理，给青少年树立起崇高的人生理想和品德风范。像屈原、李白、杜甫的爱国主义激情；陈胜、黄巢、李自成反抗封建压迫的英勇斗争；张骞、玄奘、鉴真、郑和历尽千辛万苦，进行国际间经济、文化交流的伟大壮举；商鞅、魏孝文帝、王安石坚定不移的改革决心；王充、范缜、李贽不盲从前人，追求真理的执着精神；戚继光、郑成功反抗

---

* 原载《人民日报》，1991年11月27日。原题目为《既是教科书又是普及读物——读新编中学历史教材有感》。

外来侵略的坚定立场；沈括、徐霞客对科学事业艰难探索的毅力，以及岳飞、文天祥、史可法的民族气节等等，在教材里都有生动、感人的描述。这些内容将给青少年以强烈的感染，发生潜移默化的作用，有助于他们健康成长。

这部新教材的另一个优点是拓宽了知识面。除了讲述政治、经济的发展外，还包括了民族、外交、思想、宗教、文学、艺术以至衣、食、住、行、社会风俗等方面的最基本的内容。教材中尤其增加了文化部分。文化是一个民族聪明才智的集中表现，最能反映国情，体现国家和民族的特点。我国历史悠久，文化源远流长，辉煌灿烂。历史书上多讲一些文化内容，既有利于在青少年中弘扬祖国的传统文化，又有利于使青少年扩充知识，砥砺品德，热爱祖国。

重史料、重文物古迹也是新教材的一个优点。如讲长安的城市繁华，汉代时引用了历史学家班固的话“人不得顾，车不得旋”，唐代时引用了文学家韩愈的诗“长安百万家”。引用史料时，考虑到学生的接受能力，一般都短而精，而且引证广泛，包括正史，也包括当时的诗歌、谚语、对联、小说，等等。如讲隋朝开大运河的作用，引用了唐朝诗人皮日休的诗句：“尽道隋亡为此河，至今千里赖通波”。讲元末社会的黑暗腐败，引用了当时流行的一首散曲：“堂堂大元，奸佞专权。开河变钞祸根源，惹红巾万千”。短短的 20 个字，概括了红巾军起义的原因，与文字叙述相比，既简明又生动。教材里的图画很多，大部分是文物古迹，讲商朝的青铜器，从冶铸方法到实物都用图画表现，从中可以了解到青铜器的铸造和商代青铜器造型之雄奇、花纹之精美。还有，汉代丝织品的细薄艳丽，唐代三彩陶器的精致、多姿，各个时代生产工具、衣饰、房屋、家具以及文化风俗、生活场景，都在图片上有所反映。尤其是艺术方面，如书法、绘画、音乐、舞蹈，尽量用存世的珍贵文物图画来表现，几乎是图文各占一半。盛唐的著名书法“颜筋柳骨”“狂草书”，名画《步辇图》《天王送子图》，敦煌莫高窟的彩色壁画和生动塑像以及大型的乐队、歌舞都跃然纸上，使学生从直观的形象中获得美的享受。

新教材的优点还有一些，如吸收了史学、考古学的新成果，删去了一些传统的但对初中生来说比较艰深、不易理解的内容，有利于减轻学生的负担，增进学习的兴趣。

当然，新教材也有不足之处，如文字的推敲不够、选图的重复、印刷的错误等，需要在教学实践中进行总结，不断改进。

新闻和历史*

新闻和历史是一对同胞兄弟。新闻是明天的历史，而历史则是昨天的新闻，它们共同的姓是个“信”字，亦即真实可信。新闻和历史都是向人们报道这个世界上发生的种种事情。世界之大，事情之多，空间之广阔，时间之久远，每个人不能事事接触，亲历亲睹，而必须借助新闻媒介。至于已经过去千百年的往事，便需要有卷帙浩繁的历史书籍。新闻和历史帮助人们认识林林总总的外部世界，形成知识，揭示规律，得出经验教训，以指导人们的生活和行动。没有新闻和历史，世界将一团漆黑，人们无从形成和积累知识，将会变成闭目塞聪的盲人和聋人。因此，反映客观真实，给读者以可信的精神食粮，是对新闻和历史的根本要求。

中国是个历史悠久的文明古国，保存有几千年连续不断的、丰富的历史记录。中国历史学家从来就有实事求是、秉笔直书的优良传统。孔子称赞晋国的史官董狐，“古之良史也，书法不隐”，也就是写历史不隐瞒、不歪曲事实。清朝有位历史学家章学诚提倡“史德”，认为写历史要讲史德，要尊重客观事实，而不能涂饰篡改，也不能掺杂主观的私心偏见，即所谓“尽其天而不益以人”。新闻和历史虽有不同，新闻是新鲜的事实，是对现实生活的报道；历史是已逝的陈迹，是对过去事件的记录，但二者都源自客观事实，对历史学的要求同样适用于新闻报道，尤其要尊奉真实性原则。新闻记者必须深入生活，调查研究，弄清事件的全貌、细节和来龙去脉，进行忠实的报道。事件发生的时间、地点、背景，涉及的人物、情节、原因、后果，必须真实可信，力戒虚构、

---

* 原载《新闻记者》，1997年第5期。

隐讳、粉饰、浮夸、引申。用事实说话，才能取信于人。违背了真实性原则就败坏了自己的名声，将被广大读者所唾弃。马克思在《摩塞尔记者的辩护》中说："人民的信任是报刊赖以生存的条件，没有这种条件，报刊就会完全萎靡不振。"这句话是新闻工作者极好的座右铭。

图书在版编目（CIP）数据

史论纵横/戴逸著. —北京：中国人民大学出版社，2018.11
（戴逸文集）
ISBN 978-7-300-26402-8

Ⅰ. ①史… Ⅱ. ①戴… Ⅲ. ①中国历史-文集 Ⅳ. ①K207-53

中国版本图书馆 CIP 数据核字（2018）第 248563 号

北京市社会科学理论著作出版基金重点资助项目

戴逸文集
史论纵横
Shilun Zongheng

出版发行	中国人民大学出版社		
社　　址	北京中关村大街 31 号	**邮政编码**	100080
电　　话	010－62511242（总编室）		010－62511770（质管部）
	010－82501766（邮购部）		010－62514148（门市部）
	010－62515195（发行公司）		010－62515275（盗版举报）
网　　址	http://www.crup.com.cn		
	http://www.ttrnet.com（人大教研网）		
经　　销	新华书店		
印　　刷	涿州市星河印刷有限公司		
规　　格	160 mm×230 mm　16 开本	**版　　次**	2018 年 11 月第 1 版
印　　张	23.5　插页 2	**印　　次**	2018 年 11 月第 1 次印刷
字　　数	324 000	**定　　价**	79.00 元